はしがき

　本書は、日本弁護士連合会編『実務解説 改正債権法』（弘文堂・2017）と同様の企画趣旨にて、相続法改正について解説したものである。私は、同書の執筆にも関与していたところ、債権法改正に続き、相続法改正についても、日本弁護士連合会バックアップ会議に所属し、法制審議会の部会に随行した（部会を傍聴し、バックアップのための議事録速報版を作成していた）ことなどから、本書を執筆する機会を与えられた。

　下森定先生（法政大学名誉教授）と高須順一先生（東京弁護士会法制委員会委員長、元法制審議会民法（債権関係）部会幹事）にご指導いただいた民法の基礎を大切にしながら、改正条文を何度も読み直し、力の及ぶ限り、分かりやすく丁寧に記載した。形式については統一性を徹底し、関連箇所の相互参照にも意を尽くした。内容については、法制審議会民法（相続関係）部会の資料・議事録、国会の会議録、参考判例等を丁寧に紹介しながら、改正が実務に与える影響を示すことを重視した。

　昨年成立の「民法及び家事事件手続法の一部を改正する法律」及び「法務局における遺言書の保管等に関する法律」の双方について、附則を含め、すべての条文について解説したことも、本書の特色といえよう。

　本書は、日本弁護士連合会バックアップ会議や東京弁護士会法制委員会における議論から多くの影響を受けている。そして、原稿案の段階で、東京弁護士会法制委員会副委員長である岩田真由美先生・木村真理子先生・全未来先生に検討を依頼し、様々な助言をいただいた。また、初校の段階になって『一問一答 新しい相続法』が出版され、再校の段階では家事事件手続規則の改正が公表されたところ、弘文堂編集部の北川陽子氏のご配慮によって必要な加筆をすることができた。これらのことによって本書の内容は、より充実したものになったと思う。もとより本書に関する責任は私にあるが、ここに名前を掲げきれないほど多くの方々にご指導をいただいていることに、心より感謝している。

　本書が、相続法改正の理解を通じて、トラブルの予防や早期解決の一助となることを期待しつつ。

　　　平成31年3月

　　　　　　　　　　　　　　　　　　　　　　　　　　弁護士　中込一洋

contents

はしがき……… i
目　次……… ii
凡　例……… vii

序　改正の概要・経緯と本書の構成………001
　1　相続法改正の概要　001
　2　本書の構成　002
　3　改正の経緯　003

第1　相続の効力………007
　第885条（相続財産に関する費用）　007
　第899条の2（共同相続における権利の承継の対抗要件）　008
　第902条（遺言による相続分の指定）　023
　第902条の2（相続分の指定がある場合の債権者の権利の行使）　024
　第903条（特別受益者の相続分）　029
　第906条の2（遺産の分割前に遺産に属する財産が処分された場合の遺産の範囲）　039
　第907条（遺産の分割の協議又は審判等）　047
　第909条の2（遺産の分割前における預貯金債権の行使）　051

第2　遺言………060
　第964条（包括遺贈及び特定遺贈）　060
　第968条（自筆証書遺言）　061
　第970条（秘密証書遺言）　068
　第982条（普通の方式による遺言の規定の準用）　069
　第998条（遺贈義務者の引渡義務）／第1000条〔削除〕　069
　第1007条（遺言執行者の任務の開始）　072
　第1012条（遺言執行者の権利義務）　073
　第1013条（遺言の執行の妨害行為の禁止）　075
　第1014条（特定財産に関する遺言の執行）　079
　第1015条（遺言執行者の行為の効果）　086
　第1016条（遺言執行者の復任権）　088
　第1025条（撤回された遺言の効力）　091

第3　配偶者居住権 094

第1028条（配偶者居住権）　094
第1029条（審判による配偶者居住権の取得）　109
第1030条（配偶者居住権の存続期間）　111
第1031条（配偶者居住権の登記等）　113
第1032条（配偶者による使用及び収益）　117
第1033条（居住建物の修繕等）　122
第1034条（居住建物の費用の負担）　124
第1035条（居住建物の返還等）　126
第1036条（使用貸借及び賃貸借の規定の準用）　129

第4　配偶者短期居住権 134

第1037条（配偶者短期居住権）　134
第1038条（配偶者による使用）　151
第1039条（配偶者居住権の取得による配偶者短期居住権の消滅）　153
第1040条（居住建物の返還等）　155
第1041条（使用貸借等の規定の準用）　157

第5　遺留分 162

第1042条（遺留分の帰属及びその割合）　162
第1043条（遺留分を算定するための財産の価額・1）　164
第1044条（遺留分を算定するための財産の価額・2）　165
第1045条（遺留分を算定するための財産の価額・3）　169
第1046条（遺留分侵害額の請求）　171
第1047条（受遺者又は受贈者の負担額）　186
第1048条（遺留分侵害額請求権の期間の制限）　201
第1049条（遺留分の放棄）　203

第6　特別の寄与 205

第1050条（特別の寄与）　205

第7　家事事件手続法 228

第3条の11（相続に関する審判事件の管轄権）　228
第3条の14（特別の事情による申立ての却下）　230
第200条（遺産の分割の審判事件を本案とする保全処分）　231
第216条の2（管轄）　236

第216条の3（給付命令）　238
　　第216条の4（即時抗告）　239
　　第216条の5（特別の寄与に関する審判事件を本案とする保全処分）　240
　　第233条（厚生年金保険法に規定する審判事件）　241
　　第240条（生活保護法等に規定する審判事件）　242
　　別表第1　244
　　別表第2　245

第8　附則（民法等改正法）……………247
　　第1条（施行期日）　247
　　第2条（民法の一部改正に伴う経過措置の原則）　251
　　第3条（共同相続における権利の承継の対抗要件に関する経過措置）　253
　　第4条（夫婦間における居住用不動産の遺贈又は贈与に関する経過措置）　255
　　第5条（遺産の分割前における預貯金債権の行使に関する経過措置）　256
　　第6条（自筆証書遺言の方式に関する経過措置）　258
　　第7条（遺贈義務者の引渡義務等に関する経過措置）　259
　　第8条（遺言執行者の権利義務等に関する経過措置）　261
　　第9条（撤回された遺言の効力に関する経過措置）　263
　　第10条（配偶者の居住の権利に関する経過措置）　264
　　第11条（家事事件手続法の一部改正に伴う経過措置）　266
　　第12条（家事事件手続法の一部改正に伴う調整規定）　268
　　第13条（刑法の一部改正）　269
　　第14条（抵当証券法の一部改正）　270
　　第15条（農業協同組合法及び農地中間管理事業の推進に関する法律の一部改正）　271
　　第16条（農業協同組合法及び農地中間管理事業の推進に関する法律の一部改正に伴う経過措置）　272
　　第17条（公共用地の取得に関する特別措置法の一部改正）　273
　　第18条（都市再開発法の一部改正）　274
　　第19条（著作権法の一部改正）　279
　　第20条（著作権法の一部改正に伴う経過措置）　279
　　第21条（半導体集積回路の回路配置に関する法律の一部改正）　280
　　第22条（半導体集積回路の回路配置に関する法律の一部改正に伴う経過措置）　281

第23条（密集市街地における防災街区の整備の促進に関する法律の一部改正） 282
第24条（マンションの建替え等の円滑化に関する法律の一部改正） 287
第25条（独立行政法人都市再生機構法の一部改正） 291
第26条（不動産登記法の一部改正） 292
第27条（信託法の一部改正） 294
第28条（信託法の一部改正に伴う経過措置） 295
第29条（中小企業における経営の承継の円滑化に関する法律の一部改正） 295
第30条（民法の一部を改正する法律の一部改正） 297
第31条（政令への委任） 299

第9 法務局における遺言書の保管等に関する法律
………… 300

第1条（趣旨） 300
第2条（遺言書保管所） 305
第3条（遺言書保管官） 306
第4条（遺言書の保管の申請） 307
第5条（遺言書保管官による本人確認） 312
第6条（遺言書の保管等） 314
第7条（遺言書に係る情報の管理） 317
第8条（遺言書の保管の申請の撤回） 319
第9条（遺言書情報証明書の交付等） 321
第10条（遺言書保管事実証明書の交付） 334
第11条（遺言書の検認の適用除外） 336
第12条（手数料） 338
第13条（行政手続法の適用除外） 339
第14条（行政機関の保有する情報の公開に関する法律の適用除外） 340
第15条（行政機関の保有する個人情報の保護に関する法律の適用除外） 341
第16条（審査請求） 342
第17条（行政不服審査法の適用除外） 345
第18条（政令への委任） 346

contents

第10 附則(法務局における遺言書の保管等に関する法律) ……………347
附則(法務局における遺言書の保管等に関する法律)　347

事項索引………349
判例索引………353
条文索引………354

凡　例

1　本書は、「民法及び家事事件手続法の一部を改正する法律」の本則については改正後の条文の順序に従い、それ以外の事項（同法の附則、及び、「法務局における遺言書の保管等に関する法律」）については改正法の条文の順序に従っている。
2　巻末に条文索引も付しているが、各頁のフッターに大項目（例えば、「第1 相続の効力」）、ヘッダーに掲載条文（例えば、「§885」）があることも活用されたい。
3　今回の改正は広範囲に及ぶが、その中心となるのは、民法及び家事事件手続法の一部改正である。今回の一部改正の対象となった条文は「改正前民法」「改正前家事事件手続法」と表示し、改正後の条文は「改正民法」「改正家事事件手続法」と表示した。また、必要に応じて、「債権法改正前民法」「債権法改正後民法」と表示したところがある。改正の前後を通じて変更されなかった条文は単に「民法」「家事事件手続法」と表示した。
　「法務局における遺言書の保管等に関する法律」は、「遺言書保管法」と略称した。
4　解説においては、改正の理由等を「1　趣旨」にて、改正条文の文言の意義等を「2　内容」にて、今後の実務上の注意点等を「3　実務への影響」にて、および関連する判例・裁判例を「【参考判例等】」にて、それぞれ記載している。
　なお、解説中に「（⇨判例1、2）」などとあるのは、各解説の参考判例等において掲載した判例・裁判例の記載番号1、2などを示している。
5　文献、判例集・雑誌の略称については下記を参照されたい。

記

【文献】

部会資料1〜26-2	法制審議会民法（相続関係）部会資料1から26-2まで
	（いずれも法務省のウェブサイトにて公開されている）
部会議事録1〜26回	法制審議会民法（相続関係）部会第1回から第26回までの議事録
	（いずれも法務省のウェブサイトにて公開されている）
衆議院会議録	第196回国会（平成30年）衆議院法務委員会会議録
参議院会議録	第196回国会（平成30年）参議院法務委員会会議録
中間試案補足	法務省民事局参事官室「民法（相続関係）等の改正に関する中間試

	案の補足説明」（2016年7月）（法務省のウェブサイトにて公開されている）
追加試案補足	「中間試案後に追加された民法（相続関係）等の改正に関する試案（追加試案）の補足説明」（2017年7月18日）（法務省のウェブサイトにて公開されている）
法制審要綱	民法（相続関係）等の改正に関する要綱（法務省のウェブサイトにて公開されている。要綱案も同内容）
新注民	『新注釈民法（15）』（有斐閣・2017）
逐条解説	金子修編著『逐条解説家事事件手続法』（商事法務・2013）
ワークブック	法制執務研究会編『新訂ワークブック法制執務〔第2版〕』（ぎょうせい・2018）
大村新基本1・2・8	大村敦志『新基本民法1総則編・2物権編・8相続編』（有斐閣・2017・2015・2017）
小粥	小粥太郎「相続不動産取引に潜むリスク」水野紀子編著『相続法の立法的課題』（有斐閣・2016）
一問一答（債権）	筒井健夫＝村松秀樹編著『一問一答 民法（債権関係）改正』（商事法務・2018）
一問一答（相続）	堂薗幹一郎＝野口宣大編著『一問一答 新しい相続法』（商事法務・2019）
要点(1)(3)	堂薗幹一郎＝笹井朋昭ほか「改正相続法の要点(1)(3)」金融法務事情2099号・2103号（きんざい・2018）

【判例集・雑誌】

民録	大審院民事判決録
判決全集	大審院判決全集
民集	最高裁判所（大審院）民事判例集
集民	最高裁判所裁判集民事
高民集	高等裁判所民事判例集
下民集	下級裁判所民事裁判例集
家月	家庭裁判月報
法時	法律時報
判時	判例時報
判タ	判例タイムズ
金法	金融法務事情
金判	金融・商事判例

序 改正の概要・経緯と本書の構成

1 相続法改正の概要

いわゆる相続法改正は、第196回国会において成立し平成30（2018）年7月13日に公布された、以下の2つの法律を内容としている。

（1） 民法及び家事事件手続法の一部を改正する法律（平成30年法律72号）
この法律案を提出する理由については、「高齢化の進展等の社会経済情勢の変化に鑑み、相続が開始した場合における配偶者の居住の権利及び遺産分割前における預貯金債権の行使に関する規定の新設、自筆証書遺言の方式の緩和、遺留分の減殺請求権の金銭債権化等を行う必要がある」と説明された。

この法律は、3つの条文から成っている。

(a) 1条（民法の一部改正）では、目次中「899条」を「899条の2」に、「1027条」を「1041条」に、「8章　遺留分（1028条〜1044条）」を「8章　遺留分（1042条〜1049条）　9章　特別の寄与（1050条）」に改めた上で、配偶者の居住の権利以外の民法の改正の内容を定めている。改正法1条の規定による改正後の民法を、附則3条以下では「新民法」としている。

(b) 2条では、目次中「1041条」を「1027条」に、「8章　遺留分（1042条〜1049条）　9章　特別の寄与（1050条）」を「8章　配偶者の居住の権利　1節　配偶者居住権（1028条〜1036条）　2節　配偶者短期居住権（1037条〜1041条）　9章　遺留分（1042条〜1049条）　10章　特別の寄与（1050条）」に改めた上で、配偶者の居住の権利に関する民法の一部改正の内容を定めている。改正法2条の規定による改正後の民法を、附則10条では「第四号新民法」としている。

(c) 3条（家事事件手続法の一部改正）では、目次中「18節　遺留分に関する審判事件（216条）」を「18節　遺留分に関する審判事件（216条）　18節の2　特別の寄与に関する審判事件（216条の2〜216条の5）」に改めた上で、家事事件手続法の一部改正の内容を定めている。

（2） 法務局における遺言書の保管等に関する法律（平成30年法律73号）　この法律案を提出する理由は、「高齢化の進展等の社会経済情勢の変化に鑑み、相続をめぐる紛争を防止するため、法務局において自筆証書遺言に係る遺言書

の保管及び情報の管理を行う制度を創設するとともに、当該遺言書については、家庭裁判所の検認を要しないこととする等の措置を講ずる必要がある」と説明された。

本法律の内容は、遺言（民法5編7章）に関連するものとして検討されてきたが、その内容に鑑みて、独立の法律とされたものである。

2　本書の構成

本書は、相続法改正の全体について、以下の順により解説している。

　　第1　相続の効力（民法5編3章）
　　第2　遺言（民法5編7章）
　　第3　配偶者居住権（民法5編8章1節）
　　第4　配偶者短期居住権（民法5編8章2節）
　　第5　遺留分（民法5編9章）
　　第6　特別の寄与（民法5編10章）
　　第7　家事事件手続法
　　第8　附則（民法及び家事事件手続法の一部を改正する法律）
　　第9　法務局における遺言書の保管等に関する法律
　　第10　附則（法務局における遺言の保管等に関する法律）

前記第1ないし第7は、民法及び家事事件手続法の一部を改正する法律の「本則」（法律の本体を成す部分）に対応している。同法は、既存の法令の一部を改正する法令（一部改正法令）である。一部改正法令の本則は、改正する法令（本改正法においては民法）を特定し、その一部を改正する旨を規定する改正文（改正の柱書）と、どの部分をどのように改正するかを規定する改正規定とによって構成されている。そして、一部改正法令が施行されるのと同時に、その対象となる法令の本則が改正される。このことを、大島稔彦『立法学―理論と実務』（第一法規・2013）57頁は、「『溶け込む』ことになる」と表現し、同書294頁は「一部改正法令の施行は、施行により改正が行われ（溶け込み）、改正された法令が適用される状態に置かれる、という二つの効果がある」と指摘している。本書の第1ないし第7においては、改正後の民法及び家事事件手続法の条文の順に、改正が行われた（溶け込んだ）後の条文を掲げ、その下に改正前の条文を記載した（改正前の条文がない場合には、新設と表記した）。これによって、改正（溶け込み）の前後を比較することが容易になっている。

前記第8は、民法及び家事事件手続法の一部を改正する法律の「附則」（法

律の付随的事項を規定する部分）に対応している。一般に、法律には、少なくともその施行時期を定める必要があるため、本則の後に附則が置かれている。法律の附則には、当該法律の施行時期、既存の法律関係と本則に定められた新しい法律関係との調整などの経過措置、関係法令の改廃等に関する事項が規定されることが多い。一般の法令集では、法令は本則の次に附則を置くように掲載されるため、法改正が別の法律によって行われたことは明確には意識されないであろう。しかし、相続法改正の大半は、民法及び家事事件手続法の一部を改正する法律（一部改正法令）が成立・施行された結果であるから、附則の内容を理解することも重要である。

　前記第9は、法務局における遺言書の保管等に関する法律の「本則」に対応している。この法律は、新たに制定される法令（新規制定法令）であるため、改正前の条文はない。

　前記第10は、法務局における遺言書の保管等に関する法律の「附則」に対応している。

3　改正の経緯

(1)　法務大臣の諮問　今回の相続法の改正のきっかけは、嫡出でない子の相続分に関する違憲判決を受けた民法改正にある。最大決平成25年9月4日民集67巻6号1320頁が、嫡出でない子の相続分を嫡出子の2分の1と定めていた民法900条4号ただし書前半について憲法違反と判断したことを受けて、それに沿った民法改正が行われたところ、その過程において、各方面から、配偶者の死亡により残された他方配偶者の生活への配慮等の観点から相続法制を見直すべきではないかという問題が提起された。なお、前記改正により嫡出子と嫡出でない子の相続分が同等にされても、子の相続分が全体として遺産の2分の1、配偶者の相続分も2分の1であることは変わらないため（民法900条1号）、前記改正は直接には配偶者の相続分に影響を及ぼさない。その意味で、前記の問題提起は、配偶者とその子である嫡出子とを合わせた相続分が相対的に少なくなるため、そのことによって配偶者が実質的な不利益を受けることがないかという趣旨と思われる。

　そして、これをきっかけに、法制審議会において「民法（相続関係）部会」が設置された。その設置に係る法務大臣による諮問第100号（平成27年2月）は、「高齢化社会の進展や家族の在り方に関する国民意識の変化等の社会情勢に鑑み、配偶者の死亡により残された他方配偶者の生活への配慮等の観点から、相

続に関する規律を見直す必要があると思われる」と指摘した。すなわち、法制審議会は、前記違憲判決の関係だけではなく、「高齢化社会の進展や家族の在り方に関する国民意識の変化等の社会情勢」に対応して、相続法制をひろく見直すよう求められたのである。

（2）　**法制審議会における検討**　民法が規律している相続法制は、配偶者の法定相続分の引上げ、寄与分制度の新設等を行った昭和55年の改正以来、大きな見直しはされていない。その間に日本人の平均寿命は伸び、社会の高齢化が進展するとともに、晩婚化、非婚化が進む一方で、再婚家庭が増加するなど、相続を取り巻く社会情勢には大きな変化が生じた。

第1回法制審議会民法（相続関係）部会においては、昭和55年改正当時と比較して、「平均寿命は男女ともに7歳から8歳程度伸長しております。これに伴いまして、相続開始時における配偶者の年齢が70代、80代に達している場合が多くなっており、配偶者の生活保障の必要性が相対的に高まっている反面、相続開始時における子の年齢は40代、50代に達しており、既に親から独立して安定した生活を営んでいる場合が多くなっていることから、子の生活保障の必要性は相対的に低下しているのではないか」という指摘や、「高齢者の再婚が増加するなど家族形態にも変化が見られることから、法定相続分に従った遺産の分配では実質的な公平を図れない場合が増えてきている」という指摘を紹介し、「これらの社会情勢の変化も十分に踏まえた上で議論を進めていくことが必要になる」と指摘された（堂薗幹事：部会議事録1回6・7頁）。

法制審議会民法（相続関係）部会は、合計26回開催された。この26回の検討を経て法制審議会総会において承認された要綱には、当初提案（部会資料1）と比べると、かなりの変化がみられた。また、「中間試案」のパブリックコメント実施後に、新たな内容として追加された論点についても、予定を変更して、「追加試案」として2回目のパブリックコメントを実施したことは、改正内容について国民の声をしっかり受け止めようとしたものと評価できる。

（3）　**国会における検討**　国会でも衆議院法務委員会および参議院法務委員会において各3人の参考人が招致されるなどして、丁寧に議論がされた。法律案の内容は変更されることなく、民法及び家事事件手続法の一部を改正する法律および法務局における遺言書の保管等に関する法律が成立した。

ただし、以下の内容の附帯決議がされている。

(a) 衆議院法務委員会の附帯決議（平成30年6月15日）

　政府は、本法の施行に当たり、次の事項について格段の配慮をすべきである。

一　現代社会において家族の在り方が多様に変化してきていることに鑑み、多様な家族の在り方を尊重する観点から、特別の寄与の制度その他の本法の施行状況を踏まえつつ、その保護の在り方について検討すること。

二　性的マイノリティを含む様々な立場にある者が遺言の内容について事前に相談できる仕組みを構築するとともに、遺言の積極的活用により、遺言者の意思を尊重した遺産の分配が可能となるよう、遺言制度の周知に努めること。

三　法務局における自筆証書遺言に係る遺言書の保管制度の実効性を確保するため、遺言者の死亡届が提出された後、遺言書の存在が相続人、受遺者等に通知される仕組みを可及的速やかに構築すること。

四　法務局における自筆証書遺言に係る遺言書の保管制度の信頼を得るため、遺言書の保管等の業務をつかさどる遺言書保管官の適正な業務の遂行を担保する措置を講ずるよう検討すること。

(b) 参議院法務委員会の附帯決議（平成30年7月5日）

　政府は、本法の施行に当たり、次の事項について格段の配慮をすべきである。

一　現代社会において家族の在り方が多様に変化してきていることに鑑み、多様な家族の在り方を尊重する観点から、特別の寄与の制度その他本法の施行状況を踏まえつつ、その保護の在り方について検討すること。

二　性的マイノリティを含む様々な立場にある者が遺言の内容について事前に相談できる仕組みを構築するとともに、遺言の積極的活用により、遺言者の意思を尊重した遺産の分配が可能となるよう、遺言制度の周知に努めること。

三　配偶者居住権については、これまでにない新たな権利を創設することになることから、その制度の普及を図ることができるよう、配偶者居住権の財産評価を適切に行うことができる手法について、関係機関と連携しつつ、検討を行うこと。

四　法務局における自筆証書遺言に係る遺言書の保管制度の実効性を確保するため、遺言者の死亡届が提出された後、遺言書の存在が相続人、受

遺者等に通知される仕組みを可及的速やかに構築すること。
五　法務局における自筆証書遺言に係る遺言書の保管制度の信頼を高めるため、遺言書の保管等の業務をつかさどる遺言書保管官の適正な業務の遂行及び利便性の向上のための体制の整備に努めること。
六　今回の相続法制の見直しが国民生活に重大な影響を及ぼすものであることから、国民全般に十分に浸透するよう、積極的かつ細やかな広報活動を行い、その周知徹底に努めること。

第1 相続の効力

（相続財産に関する費用）
第885条
相続財産に関する費用は、その財産の中から支弁する。ただし、相続人の過失によるものは、この限りでない。

（改正前民法885条）
1 相続財産に関する費用は、その財産の中から支弁する。ただし、相続人の過失によるものは、この限りでない。
2 前項の費用は、遺留分権利者が贈与の減殺によって得た財産をもって支弁することを要しない。

◆解説

1 趣旨
遺留分について、物権的効力が否定され、金銭債権に一本化されたこと（改正民法1046条1項）に合わせたものである。

2 内容
改正前民法885条2項は、相続財産に関する費用について「遺留分権利者が贈与の減殺によって得た財産をもって支弁することを要しない」と定めていた。しかし、改正民法1046条1項は「遺留分侵害額に相当する金銭の支払を請求することができる」と定め、物権的効力が生じることを認めていない。そのため、遺留分の行使によって「財産」を得ることはないため、改正前民法885条2項は削除された。

3 実務への影響
遺留分が金銭債権に一本化された（物権的効力が否定された）ことによって、実務は大きく変更されることになる。相続財産に関する費用についても、その影響があることを意識しておく必要はある。

> **（共同相続における権利の承継の対抗要件）**
> **第899条の2**
> 1　相続による権利の承継は、遺産の分割によるものかどうかにかかわらず、次条及び第901条の規定により算定した相続分を超える部分については、登記、登録その他の対抗要件を備えなければ、第三者に対抗することができない。
> 2　前項の権利が債権である場合において、次条及び第901条の規定により算定した相続分を超えて当該債権を承継した共同相続人が当該債権に係る遺言の内容（遺産の分割により当該債権を承継した場合にあっては、当該債権に係る遺産の分割の内容）を明らかにして債務者にその承継の通知をしたときは、共同相続人の全員が債務者に通知をしたものとみなして、同項の規定を適用する。
>
> （新設）

◆解説

1　趣旨

　相続分の指定や遺産分割方法の指定は、法的性質は包括承継であり、その意味では、法定相続分の割合に従った包括承継と共通している。判例は、①法定相続分による不動産の権利の取得について登記なくしてその権利を第三者に対抗できる（⇨**判例1**）、②相続分の指定による不動産の権利の取得についても登記なくしてその権利を第三者に対抗できる（⇨**判例2**）、③いわゆる「相続させる」旨の遺言についても、特段の事情がない限り「遺産分割方法の指定」（908条）に当たるとした上で遺産分割方法の指定そのものに遺産分割の効果を認め、当該遺言によって不動産を取得した者は、登記なくしてその権利を第三者に対抗できるとした（⇨**判例3**）。**判例2**、**3**は、相続分の指定や遺産分割方法の指定について、包括承継であるという意味では、法定相続と同じであるとして177条を適用しなかったものと理解できる。また、④相続放棄の効果は絶対的であり、登記なくしてその権利を第三者に対抗できる（⇨**判例4**）。

　他方で、判例は、⑤遺贈による不動産の取得については、登記をしなければ、これを第三者に対抗することはできないとしている（⇨**判例5、6**）。**判例5、6**は、遺贈は意思表示による物権変動であって特定承継であることを理由に民

法177条を適用したものである。また、⑥遺産分割による不動産の取得も、登記をしなければ、これを第三者に対抗することはできない（⇨**判例7**）。

　しかし、相続分の指定や遺産分割方法の指定は、「実質的には、被相続人の意思表示によって法定の承継割合（法定相続分）を変更するという意味合いを有しており、その意味では、『法定相続分の割合に従った包括承継』と『意思表示による特定承継』の中間類型と位置付けることも可能であるように思われる。そうであるとすれば、立法論としては、対抗要件主義の適用範囲をできる限り広く認めることにより取引の安全等を図る観点から、包括承継である相続による権利変動のうち対抗要件主義の適用対象外とするのは、相続開始の事実や被相続人との身分関係によって客観的に定まる法定相続分の割合に従ったものに限定し、包括承継の性質を有するものであっても、意思表示が介在し、被相続人による処分性が認められるものについては対抗要件主義の適用対象とすることにも十分な合理性がある」（部会資料17・6頁）。ここでは、包括承継について分析的に理解していることが重要であり、（包括承継ではあっても）相続分の指定や遺産分割方法の指定については（法定相続とは異なり）、意思表示が介在し、被相続人による処分性が認められるという意味では、遺贈と同じであるとして民法177条を適用するものと理解できる。

　改正民法899条の2は、このような理解に基づいて、相続分の指定や遺産分割方法の指定も対抗要件主義の対象とした。これは前記判例のうち、**判例2、3**の規律を変更したものである（改正後も、**判例1、4、5、6、7**には影響がない）。

　これは、②相続分の指定、③遺産分割方法の指定、および、⑤遺贈は、いずれも遺言がある場合であるところ、「第三者の目から見ると遺言があるかどうか、あるいは遺言がどういう内容になっているのか分からないという面がありますので、その権利関係を公示するためには、そういったものについても登記を要求する必要がある」と整理したものである（堂薗幹事：部会議事録17回13頁）。

　この改正を支える実質的理由は、①「現行の判例を前提とすると、遺言がある場合には、遺言がない場合に対し、相続債権者や被相続人の債務者の法的地位が相当程度不安定なものになるが、被相続人の法的地位を包括的に承継するという相続の法的性質に照らし、被相続人の相手方当事者（相続債権者や被相続人の債務者）が相続の開始によってこのように不安定な地位に置かれるのは必ずしも合理的でない」こと、②「相続債権者との関係では、被相続人は自ら

債務を負っていたのであるから、遺言によりその権利行使を困難にすることを可能とする権限を付与することは相当でない」こと、③「判例の考え方によれば、遺言によって法定相続分とは異なる権利の承継がされた場合には、対抗要件なくしてこれを第三者にも対抗することができるようになるため、個別の取引の安全が害されるおそれがあるほか、実体的な権利と公示の不一致が生ずる場面が多く存在することになり、とりわけ公的な公示制度として定着している不動産登記制度に対する信頼を害するおそれがある」こと、および、④「不動産競売等の民事執行手続においても、遺言の存在を知らずに、法定相続分による権利承継を前提として差押えがされ、その目的物が売却された場合には、その買受人は、遺言の内容と異なる部分については権利を取得することができないこととなって、競売における取引の安全が害されるほか、債務者である相続人が無資力である場合には、相続債権者は、競売の目的物が一部他人物であったことを理由に、買受人から担保責任を追及され、代金の一部を返還しなければならなくなるおそれがあるなど（民法568条2項）、強制執行制度そのものに対する信頼を害するおそれもある」ことにある（部会資料21・28頁）。

　なお、松岡久和『物権法』（成文堂・2017）152頁は、**判例2**、**3**を批判し、「相続開始後に単独申請の登記が可能である」という判例（⇨**判例8**）によれば「財産取得者には登記具備の期待可能性が十分にあり、登記を備えないと第三者に対抗できないと解する方が自然である。登記を不要とすることは特定遺贈の場合に登記を必要とする判例と不均衡である」と指摘していた。そして、小粥144頁も「最高裁判決の理論を一般化すれば、遺産分割終了後に分割によって相続財産中の特定不動産を取得した者（売主＝相続人）から当該不動産を買い受けた者は、直ちにその旨の登記をしたとしても、分割後に発見された相続させる旨の遺言によって当該不動産を取得した相続人（売主以外の共同相続人）に権利取得を対抗できないとされる可能性も出てくる。いずれにせよ、相続させる旨の遺言による特定不動産の処分は、買主にとってもリスクが非常に大きい」と指摘していた。今回の改正は、このような指摘に応えたものと評価できる。

2　内容

(1)　原則的な規律（本条1項）

(a)　**相続による権利の承継**　「相続による権利の承継は、遺産の分割によるものかどうかにかかわらず」対抗要件主義の対象とされた（本条1項）。

§899の2

　これによって、遺贈や遺産分割だけではなく、相続分の指定や遺産分割方法の指定についても、対抗要件主義が適用されることになる。その趣旨は前記**1**のとおりであるが、そこで指摘された判例はいずれも不動産に関するものであるところ、改正民法899条の2第1項では「権利」とされており、不動産に関するものに限定されていないことに注意する必要がある。「ここでは不動産や動産の所有権のような物権だけではなく、債権も含めるという趣旨であり、第三者には相続財産に属する債権の債務者も含める趣旨」であって、「債権譲渡に関する第三者対抗要件や債務者対抗要件も備える必要がある」（渡辺関係官：部会議事録5回28頁）。動産については「基本的には譲渡ではない、したがって、178条の適用場面ではないんですが、相続の場面でも、そういう意思表示が介在するようなものについては、178条と同様の要件を備えなければ第三者には対抗できないという規律を新たに設けたと、そういう整理です」とされ、また、「債権のところも同じような整理をしております」と説明された（堂薗幹事：部会議事録22回47頁）。

　(b)　**法定相続分を超える部分**　　対抗要件主義が適用されるのは、法定相続分（民法900条および901条の規定により算定した相続分）を「超える部分」に限られる（本条1項）。

　これは、「現行の判例法理のうち、遺言（遺産分割方法の指定、相続分の指定）による権利の承継があった場合には、第三者との関係でも、それ以外の相続人は完全な無権利者（法定相続分を前提とした権利の承継はないこと）として取り扱われるという点を見直すことを意図したものであることからすれば……対抗要件主義が適用される範囲についても、法定相続分を超える部分の取得に限定されることを法律上明示することとした方が上記の立法趣旨がより明らかになる」という理解に基づいている（部会資料24-2・36頁）。

　改正後も、法定相続分による不動産の権利の取得について登記なくしてその権利を第三者に対抗できるとした**判例1**は維持され、法定相続分の割合に従った包括承継については対抗要件主義（民法177条）が適用されない。これは、意思表示が介在しないため理論的に民法177条の適用が困難であるというだけでなく、実質的にも、法定相続分の割合は「相続開始の事実や被相続人との身分関係によって客観的に定まる」（部会資料17・6頁）ため、戸籍調査等によって認識可能である（遺言書等を調査する必要はない）から、相続債権者や被相続人の債務者の法的地位が不安定になる程度は低く、個別の取引の安全が害される

第1　相続の効力　　11

おそれも少ないためである。この実質的理由は、遺言（遺産分割方法の指定、相続分の指定）による権利の承継があった場合であっても、法定相続分を超えない範囲については妥当する。そのため、対抗要件主義が適用される範囲は、法定相続分を超える部分の取得に限定されたのである。

(c) **対抗要件**　本条1項は、「登記、登録その他の対抗要件を備えなければ、第三者に対抗することができない」と規定している。

対抗要件を備えなければ対抗できないのは「第三者」であり、これに相続人は含まれない。「ここでの規律は、相続人以外の第三者との関係では、相続分の指定あるいは遺産分割方法の指定による財産の取得を主張するためには登記などの対抗要件が必要だということ」であり、「相続人が先に手続をして、更にそれを第三者に譲渡した上で、第三者が先に登記まで備えたという場合に、その第三者が優先するということであって、相続人間ではこれまでどおり登記がなくても権利主張はできる」（堂薗幹事：部会議事録17回14頁）。

ここで「登記、登録その他の対抗要件」とされたのは、この規律の対象が不動産に限らず、動産、債権などを含むためである。以下、場合を分けて説明する。

(i) **不動産の対抗要件**　不動産に関する物権の得喪および変更は、不動産登記法その他の登記に関する法律の定めるところに従いその登記をしなければ、第三者に対抗することができない（民法177条）。

本条1項によって対抗要件主義の対象とされたことにより、相続分の指定や遺産分割方法の指定による不動産の権利の取得についても、遺贈や遺産分割と同様に、登記を備えない限り、第三者に対抗できなくなる。これは、登記なくして対抗できるとしていた**判例2、3**と異なる規律である。

この適用場面については、「現行の判例の考え方ですと、相続分の指定や遺産分割方法の指定の場合には、受益相続人以外の相続人は何ら権利を取得しない。したがって、処分権限がないという前提なんだと思うんですが、こういった規律を設けることによって、そこはそうではなくて、少なくとも第三者との関係では、やはり受益相続人以外の相続人も法定相続分に従った処分権限を相続するということになるのではないか。したがって、相続人がそれを処分した場合には、遺贈の場合と同じように二重譲渡類似の関係に立つという説明が可能になる」とされ、「相続人が第三者に譲渡するなど、第三者が出てきた場合や、あるいは相続人の持分について差押えがされた場合について、対抗問題と

§899の2

して処理する」とされた（堂薗幹事：部会議事録17回28頁）。その結果、「特に差押債権者との関係では、相続分の指定の段階で登記をしないと差押債権者に劣後する、法定相続分を超える部分では負けてしまうということになりますので、そういった意味では、単に相続分の指定で割合が決められているだけの場合には、その後、遺産分割の協議や審判等が必要になってきますので、そういった中間的な状態であるにもかかわらず、登記がないと対抗できないという場面が生じる」ことになる（堂薗幹事：部会議事録17回29頁）。

　(ⅱ) 動産の対抗要件　動産に関する物権の譲渡は、その動産の引渡しがなければ、第三者に対抗することができない（民法178条）。

本条1項によって対抗要件主義の対象とされたことにより、相続分の指定や遺産分割方法の指定による動産の権利の取得についても、遺贈や遺産分割と同様に、引渡しがなければ、第三者に対抗できなくなる。

動産については、取引の安全を図るために占有に公信力を認めた即時取得制度（民法192条）があるため、対抗問題によって解決する場面は少ない。大村新基本民法2　78～79頁では、「不動産物権変動において要となる規定は177条であるが、動産物権変動でこれに対応するのは178条である。しかし、実際には、178条はほとんど機能していない。代わって、192条という規定が大きな役割をはたしている」「その理由は、178条における引渡しが観念化してしまっている点に求められる」と指摘されている。

ただし、自動車については登録（道路運送車両法5条、自動車抵当法5条）ができるなど、一部の動産については引渡しが対抗要件とされていない。判例は、道路運送車両法により登録を受けた自動車について、登録が抹消されていない限り、即時取得（民法192条）は適用されないとしている（⇨**判例9**、**10**）。このことは、動産ではあっても登録が対抗要件とされる物については、対抗要件制度として不動産との類似性が強いことを意味する。

　(ⅲ) 債権の対抗要件　債権の譲渡（現に発生していない債権の譲渡を含む。）は、譲渡人が債務者に通知をし、または債務者が承諾をしなければ、債務者その他の第三者に対抗することができない（債権法改正後民法467条1項）。そして、この通知または承諾は、「確定日付」のある証書によってしなければ、債務者以外の第三者に対抗することができない（債権法改正後民法467条2項）。「確定日付」のある証書は民法施行法5条に列挙されているが、実務上は、内容証明郵便を使うことが多い。

§899の2

　本条1項によって対抗要件主義の対象とされたことにより、相続分の指定や遺産分割方法の指定による債権の取得についても、遺贈や遺産分割と同様に、通知または承諾がなければ債務者に対抗できず、通知または承諾を確定日付のある証書によってしなければ債務者以外の第三者に対抗することができなくなる。必要とされる対抗要件は、前記のとおり、基本的には民法467条のとおりであり、債務者以外の第三者に対する関係については「確定日付ある通知又は承諾を要するという前提」である（堂薗幹事：部会議事録9回17頁）。ただし、不動産の賃借権（民法605条、借地借家法10条・31条）のように登記等を対抗要件とする債権については、本条1項の関係でも登記等をする必要がある。

　本条2項は、法定相続分を超えて債権を承継した共同相続人による通知について特則を設けている。これは、本来、相続における対抗要件としての通知は、共同相続人全員で行うべきものであるが、その方法のほかに、受益相続人が単独で通知をすることができる方法を定める特則である。本条2項は「通知」についての特則であって、債務者の承諾については適用されない（部会資料24-2・38頁）。

　共同相続人全員による通知の方法も妨げられないが、これは明文化されなかった。これについては、「相続が開始して、相続人が法定相続分の権利を承継したという場合に、それを相続人側で証明するというのは、この債権の承継の場面に限らないですし、当然の前提として、債務者も含めて、それ以外の第三者というのはそういった要求ができるのではないかと、法律に書くまでもなく、そこは自分が相続人で、相続人の範囲はこういう人たちですということを債権者の方で証明しない限りは、債務者は応じなくていいというのは書くまでもないのではないかという前提」である。これを明文化しなかったのは「ほかの権利との関係で平仄がとれない」ためである（堂薗幹事：部会議事録21回44頁）。

　また、法制審要綱第5の1(2)の(注)において「遺言執行者は、遺言の執行として通知することができる」とされている。このことは、「遺言執行者については相続人全員でする場合と同様の方法で足りることとしております。これは、遺言執行者は、遺言者に代わって職務を行う者であり、自らの法的資格を証明しさえすれば、別途、虚偽の通知を防止する必要性等は乏しいことなどを理由とするものです」と説明された（満田関係官：部会議事録23回2頁）。

　債務者に対する「対抗要件」については、「一般にはいわゆる対抗要件を定めたものではなくて、債務者に対する権利行使要件を定めたものという理解だ

と思いますので、ここでは、それと同じような趣旨で対抗という言葉を使っているということでございます。実際には……債務者としては本当にこの人が債権者なのかどうか分からないので、その点をきちんと証明してもらわないと権利行使はできませんという趣旨ですので、飽くまで権利を行使するための要件であって、相続開始前から既に履行遅滞に陥っているのであれば、このような証明をしなくても、当然、遅延損害金は発生するという前提」である（堂薗幹事：部会議事録18回23頁）。

また、「債務者の行動としては、飽くまで債務者対抗要件を満たした人が2人以上出た場合に、初めて確定日付がある人に支払わなければいけないという規律が生じるだけだということ」であり、「結局、第三者対抗要件でどちらが早いかというのが問題になるのは、債務者の弁済において問題になるのではなく、要するに第三者対抗要件で優先する人ではない人に弁済してしまった場合に、不当利得返還請求等をする上で、実は第三者対抗要件としては、こっちで勝っていたので二重譲渡類似の関係に立つ債権者同士では、こちらの方が優先しますという限りで意味を持つ」ものと整理されている（堂薗幹事：部会議事録21回54頁）。

この点、「承諾」については、債務者は遺言等の内容を知り得ない立場にあるのが通常であるから、債務者に対抗要件具備の判断をさせるのが相当かという疑問もあり得る。しかし、債務者の判断に委ねてよいとされた。「ここでの承諾も、民法467条の『承諾』と同様、債務者に承諾義務を負わせるものではなく、あくまでも債務者が任意に承諾した場合には、これを対抗要件として認めるものであるから、必ずしも債務者の負担が過当になるとはいえない」ためである（部会資料18・14頁）。

本条は、承諾の相手方について明記していない。「基本的には、遺産分割でその債権を取得した当該債権者に対して承諾をすれば足りるのではないかというのが現段階での整理」とされたこともあり（堂薗幹事：部会議事録9回18頁）、「債権譲渡における承諾は譲渡人と譲受人のいずれに対するものであってもよいとされていること等を踏まえ……承諾の相手方を『受益相続人又は遺言執行者』」とすることが検討された経緯もある（部会資料17・11頁）。

なお、譲渡禁止特約（債権法改正前466条2項。債権法改正後民法466条2項では「譲渡制限の意思表示」）との関係については、「相続の場面でも、法定相続分を超える部分については対抗要件主義を採るということにしておりますが、そ

の法的性質を変更するものではないという整理ですので、飽くまでも包括承継である以上、譲渡禁止特約は適用にならないものと考えております。逆に適用を認めてしまいますと、相続できないのに近い権利を認めることになってしまうということにもなりますので、譲渡禁止特約を相続の場面にも及ぼすというのは難しい」と整理された（堂薗幹事：部会議事録17回13頁）。

（２） 受益相続人が単独でする通知の特則（本条２項）

(a) **受益相続人**　相続によって承継した権利が債権である場合において、法定相続分（民法900条および901条の規定により算定した相続分）を超えて当該債権を承継した共同相続人について、承継の通知について特則が定められた（本条２項）。

これは、相続人間に感情的対立等があるときなどには、債権を取得した者が他の相続人の協力を得られないことにより、債務者が承諾しない限り、対抗要件を具備することができなくなってしまう可能性があるところ、そのような不都合を生じさせないために設けられた規定である。「相続人全員の通知か、債務者の承諾がなければ、遺言による債権全部の取得を債務者に対抗することができないとすると、相続人の中に非協力的な者がいる場合に債務者対抗要件を具備することが困難になる」（中間試案補足40頁）ことや、遺産分割の場合であっても非協力的な者がいる可能性はあることなどに配慮したものである。共同相続人全員による通知や債務者の承諾は改正民法899条の２第１項によることで足りるが、受益相続人が単独でする通知については「他の共同相続人は通知義務を負わない結果特段の措置を講じなければ対抗要件具備義務を負う者がいなくなるため、この部分について別途規律を設ける必要がある」とされたものである（部会資料24-2・38頁）。

(b) **遺言の内容を明らかにした通知**　受益相続人は、遺言により当該債権を承継した場合にあっては、当該債権に係る「遺言の内容を明らかにして」債務者にその承継の通知をする必要がある（本条２項）。

合意による債権譲渡については、譲渡人による通知があれば、それだけで債務者に債権譲渡の事実を対抗することができる（民法467条１項。同条は債権法改正の対象であるが、この内容は債権法改正の前後で変わらない）。これは、債務者は譲渡人が誰であるかを把握していることを前提としている。これに対し、遺言によって債権が承継された場合には、債務者が認識していた債権者（遺言者）が既に死亡しているという特殊性がある。債務者は、相続や遺言の内容に

§899の2

ついて知り得ないのが通常であるため、ここでは受益相続人が当該債権に係る「遺言の内容を明らかにして」通知すべきことを定めた。

ここでいう「遺言の内容を明らかにして」については、「この規定が対抗要件を定める規定であることからしますと、客観的にその遺言の内容を明らかにする必要があるものと考えておりますので、具体的には、単に遺言の内容を通知するというだけでは足りず、例えば、受益相続人が遺言書の原本を提示し、債務者の求めに応じて、債権の承継の記載部分についての写し等を交付するというような方法をもって通知するということ」が想定されている（満田関係官：部会議事録26回14頁）。

当該債権に係る「遺言の内容を明らかに」する書面を法律上限定することも検討されたが、「民法において、上記要件を満たす書面の内容や方式等を過不足なく列挙することは困難である」として採用されなかった（部会資料21・31頁）。

この点、受益相続人による単独通知の場合において虚偽通知を防止するためには、遺言書等の書面の交付を必須の要件とすることにも一定の合理性はある。しかし、本条2項は、遺言書等の交付を必須の要件とはせず、債務者において、客観的に遺言の内容を判断することができる方法による通知を認める観点から、「当該債権に係る遺言の内容」を明らかにして通知することを要件とした。その理由は、①「遺言書等には債権の承継以外の内容も記載されていることからすると、遺言書等の交付を必須の要件とすることは、その開示を望まない相続人にとっては心理的な抵抗が大きい」こと、②「遺言書等の交付までは望まない債務者においても、受益相続人から遺言書等の交付があった場合には拒絶することができず、その返還を求められない場合には、保管等が必要となる場合もあり得るなど、実務上の問題が生ずる懸念がある」こと、および、③虚偽通知の防止という趣旨からすると「遺言書等の交付を必須の要件とするまでの必要はなく、債務者をして、客観的に遺言等の有無やその内容を判断できるような方法（例えば、受益相続人が遺言の原本を提示し、債務者の求めに応じて、債権の承継の記載部分について写しを交付する方法）をもって通知することでも足りる」ことにある（部会資料26-2・10頁）。

(c) **遺産分割の内容を明らかにした通知**　受益相続人は、遺産の分割により当該債権を承継した場合にあっては、当該債権に係る「遺産の分割の内容を明らかにして」債務者にその承継の通知をする必要がある（本条2項）。

§899の2

　これは、遺産分割によって債権が承継された場合にも、債務者が認識していた債権者（被相続人）が既に死亡しているという特殊性があるところ、債務者は、遺産分割の内容を知り得ないのが通常であるため、受益相続人が当該債権に係る「遺産の分割の内容を明らかにして」通知すべきことを定めたものである。

　ここでいう「遺産の分割の内容を明らかにして」については、対抗要件を定める規定である以上、客観的にその遺産分割の内容を明らかにする必要があるから、具体的には、単に遺産分割の内容を通知するというだけでは足りず、例えば、受益相続人が遺産分割協議書の原本を提示し、債務者の求めに応じて、債権の承継の記載部分についての写し等を交付するというような方法をもって通知するということが必要と思われる。

　当該債権に係る「遺産の分割の内容を明らかに」する書面を法律上限定することも検討されたが、「民法において、上記要件を満たす書面の内容や方式等を過不足なく列挙することは困難である」として採用されなかった（部会資料21・31頁）。

　(d)　**相続人全員による通知とみなす**　本条2項は、前記(a)ないし(c)の要件を満たす通知を受益相続人が単独でした場合の効果について、「共同相続人の全員が債務者に通知をしたものとみなして」本条1項を適用すると規定している。

　ここで、受益相続人による単独通知によって債務者その他の第三者に対抗することができると規定していないのは、不動産の賃借権（民法605条、借地借家法10条・31条）のように登記等を対抗要件とする債権については、登記等をする必要があることへの配慮である。すなわち、債務者その他の第三者に対抗することができると規定してしまうと「登記等を対抗要件とする債権についても、受益相続人による承継の通知によって、第三者対抗要件を具備しうるかのような誤解を招くおそれがある」ため、「受益相続人による単独通知によって対抗要件具備が認められる債権の範囲を、譲渡人による通知等を債権譲渡の対抗要件としている債権のみに限定することを明らかにする」表現とされたものである（部会資料25-2・18頁）。

3　実務への影響

　本条1項は、不動産に関する権利の承継に関する相続分の指定や遺産分割方法の指定について、登記なくしてその権利を第三者に対抗できるという判例を

変更し、法定相続分を超える部分については登記を備えなければ第三者に対抗することができないとする改正であり、実務への影響は大きいと思われる。なお、一問一答（相続）161頁は「相続債権者など、相続開始前から利害関係を有していた者の保護を図ることにより重点があるものであり、このことが遺言の執行を妨害する行為がされた場合の効力に関する第1013条第2項及び第3項の規律の在り方に影響を与えている」と指摘している。

動産に関する権利の承継についても実務への影響はあるが、動産所有権については即時取得（民法192条）があるため対抗問題として処理されることが少なく、改正の影響は、不動産に関する権利の承継よりも限定的と思われる。

債権の承継に関する相続分の指定や遺産分割方法の指定については、実務への影響は大きいと思われる。また、本条2項には受益相続人が単独で通知できる特則もあり、適用場面について正確に理解する必要がある。本条2項の通知方法における、当該債権に係る遺言（または遺産分割）の内容が明らかにされたか否かは、基本的には債務者の判断にならざるを得ないところ、その判断を誤った場合については、準占有者に対する弁済（債権法改正前478条。債権法改正後478条は「受領権者としての外観を有する者に対する弁済」）が問題になる。また、「遺産分割又は遺言の内容を明らかにする書面の方式について、例えば約款なり何なりで一定のものに限定するとか、そういったことは十分に考えられる」という指摘（堂薗幹事：部会議事録21回44頁）にも留意すべきである。

【参考判例等】

1　最高裁昭和38年2月22日判決・民集17巻1号235頁

　　相続財産に属する不動産につき単独所有権移転の登記をした共同相続人中の乙ならびに乙から単独所有権移転の登記をうけた第三取得者丙に対し、他の共同相続人甲は自己の持分を登記なくして対抗し得るものと解すべきである。けだし乙の登記は甲の持分に関する限り無権利の登記であり、登記に公信力なき結果丙も甲の持分に関する限りその権利を取得するに由ないからである（大判昭和8年11月3日・民録25輯1944頁参照）。

2　最高裁平成5年7月19日判決・判時1525号61頁

〈事案〉　Aの死亡により、BおよびYを含む4名の子が本件土地を共同相続した。Aが遺言で各相続人の相続分を指定していたため、Bの相続分は80分の13であった。Bは、本件土地につき各相続人の持分を法定相続分である4分の1とする相続登記

が経由されていることを利用し、B名義の4分の1の持分をXに譲渡し、Xは右持分の移転登記を経由した。

〈判旨〉 Bの登記は持分80分の13を超える部分については無権利の登記であり、登記に公信力がない結果、Xが取得した持分は80分の13にとどまるというべきである（前掲**参考判例1**参照）。

3 最高裁平成14年6月10日判決・判時1791号59頁

〈事案〉 Yは、夫である被相続人Aがした、原判決添付物件目録記載の不動産の権利一切をYに相続させる旨の遺言によって、前記不動産ないしその共有持分権を取得した。法定相続人の1人であるBの債権者であるXらは、Bに代位してBが法定相続分により前記不動産および共有持分権を相続した旨の登記を経由した上、Bの持分に対する仮差押えおよび強制競売を申し立て、これに対する仮差押えおよび差押えがされたところ、Yは、この仮差押えの執行および強制執行の排除を求めて第三者異議訴訟を提起した。

〈判旨〉 特定の遺産を特定の相続人に「相続させる」趣旨の遺言は、特段の事情のない限り、何らの行為を要せずに、被相続人の死亡の時に直ちに当該遺産が当該相続人に相続により承継される（最判平成3年4月19日・民集45巻4号477頁参照）。このように、「相続させる」趣旨の遺言による権利の移転は、法定相続分または指定相続分の相続の場合と本質において異なるところはない。そして、法定相続分または指定相続分の相続による不動産の権利の取得については、登記なくしてその権利を第三者に対抗することができる（前掲**参考判例1・2**参照）。したがって、本件において、Yは、本件遺言によって取得した不動産または共有持分権を、登記なくしてXらに対抗することができる。

4 最高裁昭和42年1月20日判決・民集21巻1号16頁

民法が承認、放棄をなすべき期間（民法915条）を定めたのは、相続人に権利義務を無条件に承継することを強制しないこととして、相続人の利益を保護しようとしたものであり、同条所定期間内に家庭裁判所に放棄の申述をすると（民法938条）、相続人は相続開始時に遡ぼって相続がなかったと同じ地位におかれることとなり、この効力は絶対的で、何に対しても、登記等なくしてその効力を生ずると解すべきである。

5 最高裁昭和39年3月6日判決・民集18巻3号437頁

〈事案〉 亡Aは昭和33年6月11日付遺言により本件不動産をB外5名に遺贈し、右遺贈は同月17日Aの死亡により効力を生じたが、遺贈を原因とする所有権移転登記はなされなかった。Yは、同年7月10日Aの相続人の1人であるCに対する強

制執行として、右相続人に代位し同人のために本件不動産につき相続による持分（4分の1）取得の登記をし、ついでCの取得した右持分に対する強制競売申立が登記簿に記入された。

〈判旨〉 不動産の所有者が右不動産を他人に贈与しても、その旨の登記手続をしない間は完全に排他性ある権利変動を生ぜず、所有者は全くの無権利者とはならないと解すべきところ（最判昭和33年10月14日・民集12巻14号3111頁参照）、遺贈は遺言によって受遺者に財産権を与える遺言者の意思表示にほかならず、遺言者の死亡を不確定期限とするものではあるが、意思表示によって物権変動の効果を生ずる点においては贈与と異なるところはないのであるから、遺贈が効力を生じた場合においても、遺贈を原因とする所有権移転登記のなされない間は、完全に排他的な権利変動を生じないものと解すべきである。そして、民法177条が広く物権の得喪変更について登記をもって対抗要件としているところから見れば、遺贈をもってその例外とする理由はないから、遺贈の場合においても不動産の二重譲渡等における場合と同様、登記をもって物権変動の対抗要件とするものと解すべきである。しかるときは、本件不動産につき遺贈による移転登記のなされない間に、亡Aと法律上同一の地位にあるCに対する強制執行として、Cの前記持分に対する強制競売申立が登記簿に記入された前記認定の事実関係の下においては、競売申立をしたYは、前記Cの本件不動産持分に対する差押債権者として民法177条にいう第三者に該当し、受遺者は登記がなければ自己の所有権取得をもってYに対抗できないものと解すべきであり、原判決認定のように競売申立記入登記後に遺言執行者が選任せられても、それはYの前記第三者たる地位に影響を及ぼすものでないと解するのが相当である。

6　最高裁昭和46年11月16日判決・民集25巻8号1182頁

被相続人が、生前、その所有にかかる不動産を推定相続人の1人に贈与したが、その登記未了の間に、他の推定相続人に右不動産の特定遺贈をし、その後相続の開始があった場合、右贈与および遺贈による物権変動の優劣は、対抗要件たる登記の具備の有無をもって決すると解するのが相当であり、この場合、受贈者および受遺者が、相続人として、被相続人の権利義務を包括的に承継し、受贈者が遺贈の履行義務を、受遺者が贈与契約上の履行義務を承継することがあっても、このことは右の理を左右するに足りない。

7　最高裁昭和46年1月26日判決・民集25巻1号90頁

遺産の分割は、相続開始の時にさかのぼってその効力を生ずるものではあるが、第三者に対する関係においては、相続人が相続によりいったん取得した権利につ

き分割時に新たな変更を生ずるのと実質上異ならないものであるから、不動産に対する相続人の共有持分の遺産分割による得喪変更については、民法177条の適用があり、分割により相続分と異なる権利を取得した相続人は、その旨の登記を経なければ、分割後に当該不動産につき権利を取得した第三者に対し、自己の権利の取得を対抗することができないものと解するのが相当である。

　論旨は、遺産分割の効力も相続放棄の効力と同様に解すべきであるという。しかし、民法909条但書の規定によれば、遺産分割は第三者の権利を害することができないものとされ、その限度で分割の遡及効は制限されているのであって、その点において、絶対的に遡及効を生ずる相続放棄とは、同一に論じえないものというべきである。遺産分割についての右規定の趣旨は、相続開始後遺産分割前に相続財産に対し第三者が利害関係を有するにいたることが少なくなく、分割により右第三者の地位を覆えすことは法律関係の安定を害するため、これを保護するよう要請されるというところにあるものと解され、他方、相続放棄については、これが相続開始後短期間にのみ可能であり、かつ、相続財産に対する処分行為があれば放棄は許されなくなるため、右のような第三者の出現を顧慮する余地は比較的乏しいものと考えられるのであって、両者の効力に差別を設けることにも合理的理由が認められるのである。そして、さらに、遺産分割後においても、分割前の状態における共同相続の外観を信頼して、相続人の持分につき第三者が権利を取得することは、相続放棄の場合に比して、多く予想されるところであって、このような第三者をも保護すべき要請は、分割前に利害関係を有するにいたった第三者を保護すべき前示の要請と同様に認められるのであり、したがって、分割後の第三者に対する関係においては、分割により新たな物権変動を生じたものと同視して、分割につき対抗要件を必要とするものと解する理由があるといわなくてはならない。

8　最高裁平成7年1月24日判決・判時1523号81頁

　特定の不動産を特定の相続人甲に相続させる旨の遺言により、甲が被相続人の死亡とともに相続により当該不動産の所有権を取得した場合には、甲が単独でその旨の所有権移転登記手続をすることができ、遺言執行者は、遺言の執行として右の登記手続をする義務を負うものではない。

9　最高裁昭和45年12月4日判決・民集24巻13号1987頁

　道路運送車両法による登録を受けていない自動車は、同法5条1項および自動車抵当法5条（昭和44年法律68号による改正前のもの）の規定により所有権の得喪ならびに抵当権の得喪および変更につき登録を対抗要件とするものではなく、

また同法20条により質権の設定を禁じられるものではないのであるから、取引保護の要請により、一般の動産として民法192条の規定の適用を受けるべきものと解するのを相当とする。そして、この理は、道路運送車両法により登録を受けた自動車が、同法16条（昭和44年法律68号による改正前のもの）の規定により抹消登録を受けた場合においても同様である。

10　最高裁昭和62年4月24日判決・判時1243号24頁

道路運送車両法による登録を受けている自動車については、登録が所有権の得喪並びに抵当権の得喪または変更の公示方法とされているのであるから（同法5条1項、自動車抵当法5条1項）、民法192条の適用はないものと解するのが相当である。

（遺言による相続分の指定）
第902条
1　被相続人は、前2条の規定にかかわらず、遺言で、共同相続人の相続分を定め、又はこれを定めることを第三者に委託することができる。
2　被相続人が、共同相続人中の1人若しくは数人の相続分のみを定め、又はこれを第三者に定めさせたときは、他の共同相続人の相続分は、前2条の規定により定める。

（改正前民法902条）
1　被相続人は、前2条の規定にかかわらず、遺言で、共同相続人の相続分を定め、又はこれを定めることを第三者に委託することができる。ただし、被相続人又は第三者は、遺留分に関する規定に違反することができない。
2　本条2項と同じ。

◆解説

1　趣旨

遺留分に関する規律の変更に合わせたものである。

2　内容

改正前民法902条1項ただし書は「被相続人又は第三者は、遺留分に関する規定に違反することができない」と定めていたが、削除された。その理由について一問一答（相続）158頁は、「新法では、遺留分を侵害する相続分の指定がされた場合も遺留分侵害額請求権の行使の対象になることや、相続分の指定に

よる遺産の割合的取得についても受遺者又は受贈者の負担額の基準となることをそれぞれ明確にしている（第1046条第1項、第1047条第1項）が、これにより、解釈上疑義があった改正前の第902条第1項ただし書の規定は不要となる」と説明している。

3　実務への影響

遺留分が金銭債権に一本化された（物権的効力が否定された）ことによって、実務は大きく変更されることになる。遺言による相続分の指定についても、その影響があることを意識しておく必要はある。

（相続分の指定がある場合の債権者の権利の行使）
第902条の2
被相続人が相続開始の時において有した債務の債権者は、前条の規定による相続分の指定がされた場合であっても、各共同相続人に対し、第900条及び第901条の規定により算定した相続分に応じてその権利を行使することができる。ただし、その債権者が共同相続人の1人に対してその指定された相続分に応じた債務の承継を承認したときは、この限りでない。
（新設）

◆解説

1　趣旨

遺言で相続分の指定や包括遺贈がされた場合には、遺言の内容によっては、相続債務についても積極財産と同じ割合で承継されたものと解釈できる場合がある（遺言による相続分の指定について民法902条、包括受遺者の権利義務について民法990条）。他方で、判例は、相続債務についての相続分の指定は、相続債権者の関与なくされたものであるから、相続債権者に対してはその効力が及ばないと判示している（⇨**判例**）。本条本文は、「相続債務の性質上、債務者である被相続人にその処分権限を認めるのは合理性に欠ける」ことから、前記判例の考え方に基づき、相続債務（消極財産）については遺言において法定相続分と異なる承継割合が定められた場合であっても、相続債権者に対しては原則としてその効力が及ばないことを明確化したものである（部会資料21・38頁）。

本条は、「債務の引当財産を確保する観点から、相続債権者にとっても指定

相続分等に応じた債務の承継の方が望ましいという場合もあり得ること等を考慮し」(中間試案補足42頁)、相続債権者の方から相続債務についての相続分の指定の効力を承認して、各相続人に対し指定相続分に応じた相続債務の履行を請求することは妨げられないことを前提としている。その上で、本条ただし書は、相続債権者が指定相続分等による債務の承継を承認した場合について、法定相続分に応じた権利の行使はできなくなることを定めている。

2　内容

(1)　法定相続分による債務承継の原則(本条本文)　「被相続人が相続開始の時において有した債務の債権者」は、民法902条の規定による「相続分の指定がされた場合」であっても、各共同相続人に対し、法定相続分(民法900条および901条の規定により算定した相続分)に応じてその権利を行使することができる(本条本文)。

　判例は、遺留分の侵害額の算定に当たって加算する相続債務の額が争われた際に、「遺言による相続債務についての相続分の指定は、相続債務の債権者(以下「相続債権者」という)の関与なくされたものであるから、相続債権者に対してはその効力が及ばないものと解するのが相当であり、各相続人は、相続債権者から法定相続分に従った相続債務の履行を求められたときには、これに応じなければならず、指定相続分に応じて相続債務を承継したことを主張することはできない」という原則を示した(⇨**判例**)。本条本文は、この判例を明文化したものである。

　「相続分の指定がされた場合」の意義については、「判例の理解だと、遺産の全体について、遺産分割方法の指定がされているという場合には、遺産全体についての取得割合も定められているということになりますので、そういった意味で相続分の指定も伴っている、遺産分割の方法の指定をするとともに、相続分の指定もされているという理解だと思いますので、ここでもそのような理解を前提としており、特定の財産についての帰属について遺言が作成されている場合についても、相続分の指定に当たる場合というのはあり得る」とされた(堂薗幹事：部会議事録17回14頁)。そして、不動産等の積極財産とは異なり、消極財産である債務の分割については、債権者の利益を考慮する必要がある。大村新基本8 49・50頁は「債務については、少なくとも債権者との関係では任意には分割できないと考えられている。すなわち、消極財産は対外的には分割の対象とはならない」「債務者(相続人)相互の間では、ある者が積極財産を

多く相続する代わりに、債務も多く相続するという形で分割することは不可能ではない。ただし、これはあくまでも内部関係の話であり、相続人B_1が全債務を負い、B_2は債務を負わないといった分割協議は、債権者には対抗することができない（免責的債務引受になるので、個別の債権者の同意が必要）」と指摘していた。ここでは、債権者との関係（対外的な関係）と、債務者（相続人）相互の関係（内部関係）が区別されている。

　本条は、債権者との関係（対外的な関係）についてのみ定めており、債務者（相続人）相互の関係（内部関係）については明示していない。その理由は、判例では「相続人間においては、当該相続人が指定相続分の割合に応じて相続債務をすべて承継することになる」とされているところ、「義務の承継につきましては、基本的には判例の考え方の明文化であるところ、今回、改めて現行民法との連続性という観点から考えた場合に、現行法の規律を維持する場合には共同相続人の内部的な負担割合の規律を民法上、設ける必要はなく、相続人との関係のみを規律すれば足りる」ことによる（満田関係官：部会議事録21回40頁）。

（2）　債権者の承認による例外（本条ただし書）　　本条ただし書は、「その債権者が共同相続人の１人に対してその指定された相続分に応じた債務の承継を承認したときは、この限りでない」と定めている。

　その前提として、判例は、相続分の指定等がされた場合でも、その効力は相続債権者には及ばないとの考え方を採りつつ、債権者が承認した場合については例外とする余地を認めている（⇨**判例**）。これは、「各相続人は、相続債権者から法定相続分に従った相続債務の履行を求められたときには、これに応じなければならず、指定相続分に応じて相続債務を承継したことを主張することはできないが、相続債権者の方から相続債務についての相続分の指定の効力を承認し、各相続人に対し、指定相続分に応じた相続債務の履行を請求することは妨げられない」としたものである。本条ただし書もこのような考え方を前提としている。

　なお、どのような場合に債権者が承認するのかは個別事情によるところではあるが、部会では、「その物件に付着する債務や、敷金返還請求権のようなものについても、必ず指定相続分の割合で負担しなければならないということではないと思いますので、積極財産の取得割合の範囲内で、この債務についてはこの人に全部負わせるとかそういったことは可能だと思う」と指摘されていた（堂薗幹事：部会議事録17回16頁）。これに対して、積極財産の取得割合をはるか

に超えるような債務の負担割合を定められた場合などには、債権者が承認する可能性は極めて低いと思われる。

その上で、本条ただし書は、相続債権者が共同相続人の1人に対して指定相続分に応じた債務の承継を承認したときは、本条本文による法定相続分に応じた権利行使はできないとした。これは、「指定相続分の割合の義務の承継を承認した場合には、それは指定相続分のみの行使によるという形で規律を整理」したものである（満田関係官：部会議事録22回54頁）。

なお、相続債権者が法定相続分による権利行使をした後で、指定相続分による権利行使をする場合について、「指定相続分が法定相続分を超える相続人に対して、法定相続分による権利行使をしたからといって、指定相続分による権利行使を否定する必要もないように思われる」と指摘されたことがある（部会資料22-2・31頁）。ここでは、「相続債権者が遺言の存在を知らなかった場合はもとより、その内容を知った後に、法定相続分の割合による権利行使をした場合でも、それだけでは当然に指定相続分の割合による権利行使は否定されないことを前提としているが、相続債権者が遺言の内容を知った後に、相続人に対し、法定相続分による権利行使しかしない旨を明言していたような場合には、指定相続分による権利行使は禁反言の原則に反し認められないことになる」と説明された（部会資料22-2・32頁）。

3 実務への影響

本文は判例を明文化したものであり、ただし書は不利益を受ける可能性がある者（債権者）が承認している場面について判例の趣旨を敷衍したものであるため、大きな影響はないと思われる。

ただし、本条が債務者（相続人）相互の関係（内部関係）について明示しなかったことに関係して、「遺言者の意思としても、特に遺産分割方法の指定として、特定の財産をそれぞれA、B、Cに取得させるという遺言がされた場合、すなわち、全ての遺産について、この財産はA、この財産はB、この財産はCという形で与えている場合に、債務の内部的な負担割合までその割合で負担してくださいという意思まで本当に持っているんだろうか」「債務は法定相続分の割合で負担してもらって、積極財産だけそういう形で分けるという意思の場合がかなり多いのではないか」という問題意識が示され（堂薗幹事：部会議事録17回15頁）、「判例ですと、特段の事由があるような場合は、指定相続分の割合によらないということになりますので、そういった意味では遺言者が内部的

§902の2

な負担割合については決める余地があるということだろうとは思うのですが、ただ、他方、そこを無制限に遺言者の方でどんなものでも債務の負担割合について決められるのだろうかというところはかなり疑問があるように思われまして、特に積極財産の取得割合をはるかに超えるような内部的な債務の負担割合を定めるということまで本当に現行法上認められているのだろうかという辺りが正直なところよく分からない」という疑問が示された（堂薗幹事：部会議事録17回16頁）。どのような遺言であれば相続債務について相続分の指定があったと解釈されるのか、また、相続債務についての相続分の指定が無制限に認められるのかについては、改正民法によって結論が示されたわけではないことを意識しておく必要がある。

【参考判例等】
最高裁平成21年3月24日判決・民集63巻3号427頁

〈事案〉　Aは、平成15年7月23日、Aの有する財産全部をYに相続させる旨の公正証書遺言（以下「本件遺言」という。）をした。本件遺言は、Yの相続分を全部と指定し、その遺産分割の方法の指定として遺産全部の権利を被上告人に移転する内容を定めたものである。その後、Aは死亡し、法定相続人は、子であるXとYであった。

　Aは、相続開始時において、第1審判決別紙物件目録記載の不動産を含む積極財産として4億3,231万7,003円、消極財産として4億2,483万2,503円の各財産を有していた。本件遺言により、遺産全部の権利が相続開始時に直ちにYに承継された。XはYに対し、平成16年4月4日、遺留分減殺請求権を行使する旨の意思表示をした。

〈判旨〉　相続人のうちの1人に対して財産全部を相続させる旨の遺言により相続分の全部が当該相続人に指定された場合、遺言の趣旨等から相続債務については当該相続人にすべてを相続させる意思のないことが明らかであるなどの特段の事情のない限り、当該相続人に相続債務もすべて相続させる旨の意思が表示されたものと解すべきであり、これにより、相続人間においては、当該相続人が指定相続分の割合に応じて相続債務をすべて承継することになると解するのが相当である。もっとも、前記遺言による相続債務についての相続分の指定は、相続債務の債権者（以下「相続債権者」という。）の関与なくされたものであるから、相続債権者に対してはその効力が及ばないものと解するのが相当であり、各相続人は、相続債権者から法定相続分に従った相続債務の履行を求められたときには、これに応

じなければならず、指定相続分に応じて相続債務を承継したことを主張することはできないが、相続債権者の方から相続債務についての相続分の指定の効力を承認し、各相続人に対し、指定相続分に応じた相続債務の履行を請求することは妨げられないというべきである。

　そして、遺留分の侵害額は、確定された遺留分算定の基礎となる財産額に改正前民法1028条所定の遺留分の割合を乗じるなどして算定された遺留分の額から、遺留分権利者が相続によって得た財産の額を控除し、同人が負担すべき相続債務の額を加算して算定すべきものであり（最高裁平成8年11月26日判決・民集50巻10号2747頁参照）、その算定は、相続人間において、遺留分権利者の手元に最終的に取り戻すべき遺産の数額を算出するものというべきである。したがって、相続人のうちの1人に対して財産全部を相続させる旨の遺言がされ、当該相続人が相続債務もすべて承継したと解される場合、遺留分の侵害額の算定においては、遺留分権利者の法定相続分に応じた相続債務の額を遺留分の額に加算することは許されないものと解するのが相当である。遺留分権利者が相続債権者から相続債務について法定相続分に応じた履行を求められ、これに応じた場合も、履行した相続債務の額を遺留分の額に加算することはできず、相続債務をすべて承継した相続人に対して求償し得るにとどまるものというべきである。

（特別受益者の相続分）
第903条
1　共同相続人中に、被相続人から、遺贈を受け、又は婚姻若しくは養子縁組のため若しくは生計の資本として贈与を受けた者があるときは、被相続人が相続開始の時において有した財産の価額にその贈与の価額を加えたものを相続財産とみなし、第900条から第902条までの規定により算定した相続分の中からその遺贈又は贈与の価額を控除した残額をもってその者の相続分とする。
2　遺贈又は贈与の価額が、相続分の価額に等しく、又はこれを超えるときは、受遺者又は受贈者は、その相続分を受けることができない。
3　被相続人が前2項の規定と異なった意思を表示したときは、その意思に従う。
4　婚姻期間が20年以上の夫婦の一方である被相続人が、他の一方に対し、その居住の用に供する建物又は敷地について遺贈又は贈与をしたときは、

> 当該被相続人は、その遺贈又は贈与について第1項の規定を適用しない旨の意思を表示したものと推定する。

(改正前民法903条)
1 共同相続人中に、被相続人から、遺贈を受け、又は婚姻若しくは養子縁組のため若しくは生計の資本として贈与を受けた者があるときは、被相続人が相続開始の時において有した財産の価額にその贈与の価額を加えたものを相続財産とみなし、前3条の規定により算定した相続分の中からその遺贈又は贈与の価額を控除した残額をもってその者の相続分とする。
2 本条2項と同じ。
3 被相続人が前2項の規定と異なった意思を表示したときは、その意思表示は、遺留分に関する規定に違反しない範囲内で、その効力を有する。

◆解説

1 趣旨

　本条1項および3項も改正されたが、重要なのは、持戻し免除の意思表示の推定について本条4項が新設されたことである。

　今回の改正における法務大臣の諮問の趣旨は、配偶者の死亡により残された他方配偶者の生活保障の必要性が高まっているという観点から、配偶者保護のための方策を検討することにあった。その方策として、配偶者の相続分を引き上げることが検討されたが、中間試案におけるパブリックコメントでは否定的な意見が多数を占めた。この経緯は、「中間試案におきましては、婚姻期間が長期間にわたる場合など、被相続人の財産形成に対する配偶者の貢献が類型的に大きいと考えられる場合に、配偶者の相続分を引き上げるという考え方が提示されておりました。しかしながら、配偶者の相続分の引上げにつきましては、昭和55年の民法改正においてこれを引き上げたという経緯もありまして、これ以上引き上げることに対しては、法制審議会においても多くの異論や問題点の指摘がございました。特に、高齢者同士の再婚がふえていること等に照らすと、仮に配偶者の相続分を引き上げるとしても、これを一律に引き上げるのは相当でなく、被相続人の財産の維持又は増加に対する貢献が大きい場合に限定する必要があるのではないか、しかしながら、そういった配偶者の貢献の程度を実質的に考慮しようとすると相続をめぐる紛争が過度に複雑化、長期化するとの

§903

強い懸念が示されました。他方で、配偶者の貢献の程度をある程度形式的に判断するために婚姻期間などによって相続分を変えるという考え方に対しましては、婚姻関係が実質的に破綻している場合にも、長期間これが継続しているときには配偶者の相続分が引き上げられることになって相当ではないという指摘等もされたところでございます。パブリックコメントにおきましても同様の問題点が指摘され、これに反対する意見が多数を占めたことから、その採用は見送られたというものでございます」と説明された（小野瀬民事局長：衆議院会議録19号4頁）。

そこで、配偶者の貢献を相続という場面で評価するのは限界があり、生前贈与を促進する方向で検討されることになった（部会資料15・15頁）。この経緯は、「法制審議会におきましては、配偶者の相続分の引上げは適当ではないものの、少子高齢化の進展等の社会経済情勢の変化等を踏まえると、配偶者保護のための方策を検討することは必要かつ有益であるという意見が相次ぎました。また、配偶者の貢献を相続の場面のみで評価することには限界があるとして、生前贈与や遺贈を促進する方向での検討もすべきであるとの指摘がされました。このような検討経緯を経まして、最終的には、婚姻期間が20年以上の夫婦間において居住用不動産の贈与等がされた場合については、原則としてこれらの贈与等を特別受益として取り扱わないこと、すなわち、持ち戻し免除の意思表示がされたものと法律上推定することとしたものでございます。これは、このような要件を満たす場合には、これらの贈与等は、それまでの配偶者の貢献に報いるとともに、その生活保障を図る目的でされた場合が多く、被相続人の意思としても、これらの相続等により遺産分割における配偶者の取り分を減らす意思は有していないのが通常であると考えられること等を考慮したものでございます」と説明された（小野瀬民事局長：衆議院会議録19号4頁）。

本条4項の要件の検討においては、相続税法上の贈与税の特例という制度が参考にされた。すなわち、相続税法21条の6は、贈与税の特例として、婚姻期間が20年以上の夫婦の間で、居住用不動産または居住用不動産を購入するための金銭の贈与が行われた場合、基礎控除（110万円）のほかに最高2,000万円まで控除（配偶者控除）ができるという特例を定めているところ、「その立法趣旨としては、①夫婦の財産は夫婦の協力によって形成されたものであるとの考え方から夫婦間においては一般に贈与という認識が薄いこと、②配偶者の老後の生活保障を意図して贈与されることが多いことなどを考慮し……、一生に一度

に限り、その取得した居住用財産の課税価格から2,000万円を限度として控除することを登記事項証明書等の提出を要件として認めることとしたなどと説明されている」（追加試案補足6頁）。

　この贈与税の特例（相続税法21条の6）は、配偶者の死亡により残された他方配偶者の生活について配慮するものともいえるものであり、本条4項が、配偶者に対して行われた一定の贈与等について同様の観点から一定の措置を定めたことは、贈与税の特例とあいまって配偶者の生活保障をより厚くするものといえ、今回の改正における法務大臣の諮問の趣旨に沿うものである。そして、「婚姻期間が20年以上の夫婦の間で、居住用不動産の贈与が行われた場合には、当該贈与を行った被相続人としては、これを遺産分割の場面で持戻し計算の対象とするか否かを明示的に認識しているケースは少ないとしても、持戻し計算の対象とするか否かを明示的に問われたとすれば、贈与の対象となる居住用不動産については、長期間にわたる夫婦の協力の下で形成された財産であり、相手方配偶者の老後の生活保障を意図して贈与されるものであるから、持戻し計算の対象としないと回答する蓋然性が高いものと考えられる。また、今回の諮問の趣旨にも示されているとおり、高齢化社会の進展等の社会情勢に鑑み、配偶者の死亡により残された他方配偶者の生活に配慮する必要性が認められるところ、贈与税の特例の対象と重なる長期間婚姻関係にあった配偶者間の居住用不動産の贈与につき、民法上も一定の措置を講ずることは配偶者の生活保障をより厚くするものといえる。このように、本方策のような贈与等が行われた場合に、持戻し免除の意思表示を推定する規定を設けることは、一般の経験則に合致するとともに、高齢配偶者の生活保障を図るといった政策的観点（なお、政策的観点とはいっても、民法が配偶者に最低でも2分の1の相続分を保障していることや、贈与税の特例など他の法律上も高齢配偶者の生活保障を図る旨の規定が設けられていること、我が国において高齢化の進展が更に進むことが見込まれることなどからすると、高齢配偶者の生活保障を図るということは、現代社会に要請されている恒常的な価値判断であるといえよう。）からもその合理性が認められるものであって、経験則及び政策的観点の双方から立法事実が根拠付けられるものである」（部会資料18・2頁）と説明されている。

　なお、居住用不動産の持分を配偶者に生前贈与した場合において「長年にわたる妻としての貢献に報い、その老後の生活の安定を図るためにしたものと認められる。そして……他に老後の生活を支えるに足る資産も住居もないことが

認められるから、右の贈与については、暗黙のうちに持戻し免除の意思表示をしたものと解するのが相当である」と判断された事例がある（⇨**判例**）。そのため、本条4項の要件に該当する事案では、施行期日等の関係から改正前民法が適用される場合であっても、「黙示の持戻し免除の意思表示が認められることになるケースが多いものと思われる」と指摘された（追加試案補足7頁）。

2 内容

（1） 引用条文の変更（本条1項） 　本条1項では、「前3条」を「900条から902条まで」に改めた。

これは本条（相続分の指定がある場合の債権者の権利の行使）が設けられたことを受けたものであり、実質的な変更はない。

（2） 遺留分に関する表現の変更（本条3項） 　本条3項では、「その意思表示は、遺留分に関する規定に違反しない範囲内で、その効力を有する」を「その意思に従う」に改めた。

これは、遺留分に関する権利行使の効果が金銭債権に一本化されたことによる。改正民法1046条1項は「遺留分侵害額に相当する金銭の支払を請求することができる」と定め、物権的効力が生じることを認めてないため、特別受益に関する被相続人の意思表示によって「遺留分に関する規定に違反」することはないため、表現が変更された。

（3） 持戻し免除の意思表示の推定（本条4項）

　(a)　**婚姻期間が20年以上の夫婦**　本条4項は、持戻し免除の意思表示の推定の要件を「婚姻期間が20年以上の夫婦の一方である被相続人が、他の一方に対し」と定めている。

これは、「20年以上婚姻関係にある夫婦については、通常、一方配偶者が行った財産形成における他方配偶者の貢献・協力の度合いが高いものと考えられ、そのような状況にある夫婦が行った贈与等については、類型的に、当該配偶者の老後の生活保障を考慮して行われる場合が多いといえ、民法上も特段の配慮をする必要がある」ためである（追加試案補足7頁）。

婚姻期間20年という要件は、贈与税の特例（相続税法21条の6）と同じである。この特例は昭和41年度改正において創設されたものであり、「創設当時では、居住用財産の取得ができる程度の財産形成には通常の勤労世帯では相当長時間を要すること、また残された配偶者の老後の生活保障がある程度の年齢に達した後において必要であることなどを勘案いたしまして、長年夫婦として連れ添

った期間として25年以上としていた」ところ、「昭和46年度改正におきまして、経済の成長に伴って財産形成のテンポが速まっていることなどを反映しまして、この婚姻期間を25年以上から20年以上に短縮し、以後、現在まで継続している」ものである（田島参考人：衆議院会議録19号4頁）。そして、この婚姻期間については、「相続税法施行令第4条の6第2項におきまして、婚姻の届出があった日から贈与があった日までの期間により計算し、その期間から贈与を受けた者が贈与者の配偶者でなかった期間を除くこととされてございますので、連続20年以上ではなく通算20年以上とされている」（田島参考人：衆議院会議録19号4頁）。

　本条4項の「20年」について通算を認めるか否かは明示されていないが、贈与税の特例を認める相続税法の解釈が参考になるものと思われる。このことは、「贈与税の特例に当たりましては、離婚中の期間を除いた上で、複数にまたがり婚姻期間を通算することができることとされておりまして、改正後の民法903条4項の解釈につきましても同様の解釈がされることになるものと考えております」と説明された（小野瀬民事局長：衆議院会議録19号4頁）。

　(b)　**居住用不動産**　本条4項は、持戻し免除の意思表示の推定の要件を「その居住の用に供する建物又は敷地について」と定めている。

　これは、贈与税の特例（相続税法21条の6）における立法趣旨からすると、夫婦が「その居住の用に供する建物又は敷地」すなわち居住用不動産の贈与等については、類型的に、相手方配偶者の老後の生活保障を考慮して行われる場合が多いといえ、民法上も特段の配慮をする必要があるといえるためである。

　夫婦の一方である被相続人が、他の一方である配偶者の老後の生活保障を考慮して行う贈与等の対象は、居住用不動産に限らないと思われるが、本条4項は、居住用不動産に限定することとしている。その理由は、①居住用不動産については老後の生活保障という観点で特に重要なものであり、「成年被後見人の居住用不動産を成年後見人が処分する際には家庭裁判所の許可を要するものとされている（民法859条の3）など、既に民法においても居住用不動産については生活保障の観点から特に重要な財産であるという位置付けをしている」こと、および、②「その他の財産も含めるとすると、配偶者以外の相続人に与える影響も大きいこと等」にある（追加試案補足7〜8頁）。ここでは、「居住用不動産以外の財産を贈与する場合というのは様々なケースが考えられ、長期間婚姻関係にある配偶者が、他方配偶者にこれらの財産を生前贈与したとしても、

持戻し免除の意思表示を有しているとは一概に言い切れないこと（先行する立法における説明が当てはまらない。）」が意識されている（部会資料18・2頁）。

　また、対象を居住用不動産に限定することの実際上の妥当性については、③「高齢者のいる主世帯について、世帯構造別に住宅の所有関係を見てみると、高齢者のいる夫婦のみの主世帯や高齢者のいるその他の主世帯では、9割近くが持ち家を有しており、本方策の対象を居住用不動産に限定したとしても、大多数の高齢者が本方策を用いることができること」が指摘された（部会資料18・3頁）。居住用不動産の生前贈与については、贈与税の特例（相続税法21条の6）の実績が参考になるところ、「贈与税の配偶者控除の特例の適用件数につきまして、直近3年分ということで申し上げますと、平成26年分は1万6660件、平成27年分は1万3959件、平成28年分は1万1261件となっている」（並木参考人：衆議院会議録19号4頁）。この実績からすれば、本条4項の要件を満たす事例は少なくないものと予想できる。

　(c)　**遺贈または贈与**　本条4項は、持戻し免除の意思表示の推定の要件を「遺贈又は贈与をしたときは」と定め、贈与だけではなく、遺贈により居住用不動産の譲渡が行われた場合も対象としている。そして、一問一答（相続）62～63頁は「居住用不動産について遺産分割方法の指定がされた場合についても……特段の事情がない限り、遺産分割方法の指定と併せて相続分の指定がされたものとして取り扱い……居住用不動産については別枠として取り扱うべき場合が多い」とし、「同項の規定を直接適用することはできないものの、結果的には、同項の規定を適用したのと同様の結果になる場合が多い」と指摘している。

　贈与税の特例（相続税法21条の6）は、居住用不動産の生前贈与を対象としたものであるから、ここでは要件が異なっている。これは、「居住用不動産の遺贈についても、高齢配偶者の生活保障の観点からされる場合が多いものと考えられ、上記の趣旨が同様に当てはまる」ためである（追加試案補足8頁）。これは、婚姻期間が20年以上の夫婦の一方である被相続人が、他の一方に対し、その居住の用に供する建物または敷地について遺贈をしたときは、その遺贈は、それまでの配偶者の貢献に報いるとともに、その生活保障を図る目的でされた場合が多く、被相続人の意思としても、この遺贈により遺産分割における配偶者の取り分を減らす意思は有していないのが通常であると考えられること等から、持戻し免除の意思表示の推定の対象としたものである。

(d) **意思表示の推定**　本条4項は、持戻し免除の意思表示の推定の要件を「当該被相続人は、その遺贈又は贈与について1項の規定を適用しない旨の意思を表示したものと推定する」と定めている。

これは、特別受益の持戻しに関する本条1項の規定を適用しない旨の意思表示（持戻し免除の意思表示）を推定するものである。「持戻し計算を行った場合には、いわゆる超過特別受益が存在する場合を除き、結局は法定相続分を超える財産の取得をすることはできないが、被相続人が特別受益の持戻し免除の意思表示をした場合には、特別受益の持戻し計算をする必要はなくなる結果、生前贈与を受けた相続人は、より多くの財産を最終的に取得できることとなる（民法903条3項）」（部会資料15・16頁）。このことは本条3項によっても同じである。そして本条4項による推定によって、被相続人の意思表示が明確でない場合でも特別受益の持戻し計算をする必要がなくなり、居住用不動産の遺贈または贈与を受けた配偶者は、より多くの財産を最終的に取得できることとなる。

この点、推定ではなく、一定の要件を満たした場合には持戻しをしないとすることも検討されたが、採用されなかった。その理由は、「居住用不動産があって、そういう点について贈与とか遺贈がされた場合には、実質的には、その場合には現行の法定相続よりもより多くの取得が配偶者はできるということになりますので、被相続人の意思でそうしたんだということで説明ができるのであれば、遺留分を侵害しない限りで、そこは尊重するということはあり得ると思うんですが、そこは一切、被相続人の意思にかかわらず、こういった場合にはほかの場合よりも多く配偶者に財産の取得を認めるという点について生活保障ですとか、そういったことだけで説明ができるのかと。逆に言うと、居住用不動産がない配偶者の方がより生活保障の必要性が高いという場合も当然ありますので、この要件を満たす場合だけ、通常の場合より配偶者の取得額が増えるという点について合理的に説明ができるのだろうか」という疑問があるためである（堂薗幹事：部会議事録15回44頁）。

贈与税の特例（相続税法21条の6）は、一生に一度しか使えないことになっているのに対し、本条4項は、そのような限定をしていない。遺贈の効力が生じるのは死亡時であるが、生前贈与については何回も行うことが可能であり、その場合の要件の判断は贈与時が基準となるため、転居をすることによって複数の不動産が推定の対象となる可能性がある。この点については、「贈与税というのは比較的高い税率が課されておりますので、実際は何度も何度も転居を

して贈与を繰り返すということは、余り考えられない」ところであり、「一般に一度、居住用不動産を贈与した者が転居して、その後、また、居住用不動産を贈与したという場合については、さきの贈与については老後の生活保障のためにしたものではないということが、後の贈与によって示されているとも考えられるのではないかなと。そうすると、さきの贈与についての持戻し免除の意思表示について撤回の意思表示があったと考えることもできるのではないか」と説明された（神吉関係官：部会議事録15回48頁）。また、「濫用しようと思えば、この規定がなくても何回も贈与して持戻し免除をすれば同じ結果になるので、別にこの規定があるから濫用が増えるということではない」こと、「贈与時における意思を推定するということだとすると、同じ前提事実であるにもかかわらず、こちらの方では推定をかけるけれども、こちらの方では推定をかけないと。事後的に転居があったかどうかという事実によって推定されるかどうかが変わってくるというのは、法制的にも説明が難しい」という事情もある（堂薗幹事：部会議事録15回48頁）。本条4項は、持戻し免除の意思表示を推定するものにすぎないから、制度の趣旨に反するような濫用事例については、撤回の意思表示があったと認定するなどの方法により、適切に対応できると思われる。

　(e)　**配偶者居住権との関係**　　本条4項の規定は、「配偶者居住権の遺贈」について準用されている（改正民法1028条3項）。

　これは、婚姻期間が20年以上の夫婦間で、配偶者居住権が遺贈または死因贈与された場合についても、本条4項の「趣旨は当てはまるものと考えられる」ためである（追加試案補足8頁）。これは、婚姻期間が20年以上の夫婦の一方である被相続人が、他の一方に対し、配偶者居住権について遺贈または贈与をしたときは、その遺贈等は、それまでの配偶者の貢献に報いるとともに、その生活保障を図る目的でされた場合が多く、被相続人の意思としても、この遺贈等により遺産分割における配偶者の取り分を減らす意思は有していないのが通常であると考えられること等から、持戻し免除の意思表示の推定の対象としたものである。配偶者居住権に関する詳細は、改正民法1028条～1036条の解説（第3）を参照されたい。

3　実務への影響

　本条4項は、意思表示の推定に関する規定であり、その要件を満たさない事案についても影響する可能性がある。

　本条4項の対象は、「婚姻期間が20年以上の夫婦」であり、遺贈または贈与

§903

をした時点での意思を推定するというものであるから、20年が経過した後に遺贈または贈与があった場合に適用される。婚姻期間が20年に満たない場合に本条4項は適用されないが、「現行法上もそういった場合には黙示の持戻免除の意思表示があったのかどうかが問題になりますので、その点については、このような規律ができた後も、同じようにその点を考慮することはできる」と説明された（堂薗幹事：部会議事録15回5頁）。そして、「21年目に行われた生前贈与と18年目、19年目の生前贈与とは、それほど違わないのではないかということは正しくそのとおりかなと思っておりますので、このような制度を設けることによって、18年目、19年目に仮に生前贈与した場合についても、事実上の推定が及びやすくなるということは、そういった効果はあろうかと思っております。ただ、一方で……現在の贈与税……かなり高い税率が課されておりますので、1年、2年待てばこういった控除があるにもかかわらず、18年目、19年目にあえてするという人がどこまでいるかという問題はあろうかなと思っております」とも指摘された（神吉関係官：部会議事録18回7～8頁）。

　また、本条4項の対象は、居住用不動産の遺贈または贈与であり、これは「配偶者居住権の遺贈」について準用されている（改正民法1028条3項）。これは、①居住用不動産や配偶者居住権のように「非常に価値のあるものを贈与したということであれば、それは特に配偶者の貢献に報いるという趣旨が強い」こと、および②居住用不動産や配偶者居住権は「正に生活の基本となるものですので、配偶者の生活保障という観点からも、贈与者の意思としては本来の法定相続分より多く与える趣旨だったのだろう」という経験則が成り立つためである。したがって、居住用不動産や配偶者居住権ではなくても「同様のことが言えるのであれば、先ほどと同じような形で、この規定を根拠に事実上の推定を働かせるという解釈があり得るのではないかというようにも考えております」と指摘されたことがある（堂薗幹事：部会議事録18回8～9頁）。

【参考判例等】
東京高裁平成8年8月26日決定・家月49巻4号52頁

　記録によると、Aが昭和62年9月30日にした別紙遺産目録一1記載の土地（持分5分の4）のXへの贈与は、Xの長年にわたる妻としての貢献に報い、その老後の生活の安定を図るためにしたものと認められる。そして、記録によると、Xには、他に老後の生活を支えるに足る資産も住居もないことが認められるから、右の贈

与については、Aは、暗黙のうちに持戻し免除の意思表示をしたものと解するのが相当である。

　Yは、Xが抗告審で初めて持戻し免除の主張をしたことなどを理由に、右の意思表示の存在を争うが、右の贈与がなされた当時のAおよびXの年齢や収入などを考慮に入れると、前記の贈与の目的が前記のようなものであることは否定できないのであり、そのような贈与について、遺産分割の際にこれを持ち戻したのでは、すでに老境にある妻の生活を維持することはできないのであるから、持戻しを免除する意思がなかったとする、Yの主張は採用することができない。

（遺産の分割前に遺産に属する財産が処分された場合の遺産の範囲）
第906条の2
1　遺産の分割前に遺産に属する財産が処分された場合であっても、共同相続人は、その全員の同意により、当該処分された財産が遺産の分割時に遺産として存在するものとみなすことができる。
2　前項の規定にかかわらず、共同相続人の1人又は数人により同項の財産が処分されたときは、当該共同相続人については、同項の同意を得ることを要しない。
（新設）

◆解説

1　趣旨

　共同相続された相続財産については、原則として遺産共有となるところ（民法898条）、その共有状態の解消について、民法は遺産分割の手続によることを想定している（民法907条）。そして、遺産分割の手続においては、民法903条（民法904条の2によって修正される場合も含む）の規定によって算定される具体的相続分を基準として、各相続人に遺産を分割することとされている。

　改正前民法では、遺産共有となった遺産については、共同相続人がその共有持分を処分することは禁じられておらず、処分がされた場合に遺産分割においてどのように処理すべきかについて明文の規定がなかった。また、明確にこれに言及した判例も見当たらない。本条は、遺産の分割前に遺産に関する財産が処分された場合について、明文の規定を新設したものである。

§906の2

（1）　判例変更の影響　　遺産分割については、分割の時に現実に存在する財産を分配する手続であるという考え方が伝統的なものとされている。これによると、共同相続人の1人または数人により遺産分割の前に遺産の一部が処分された場合（例えば、被相続人の死後に共同相続人の1人または数人が無断で預貯金の引出しを行った場合など）には、遺産分割の当事者が当該処分された財産も遺産分割の対象とする旨の合意をした場合を除き、当該処分された財産を除いた遺産を基準に遺産分割をすべきこととなる。

しかし、これによると当該処分をした者の最終的な取得額が、処分が行われなかった場合と比べて大きくなり、その反面、他の共同相続人の遺産分割における取得額が小さくなるという計算上の不公平が生じる。この結論については疑問も指摘されていたが、判例において預貯金債権は原則として法定相続分で分割されると解されていたため（⇨§909の2・**判例2**）、共同相続人の1人または数人がその法定相続分に相当する額の払戻しをしたとしても、それはそもそも遺産ではなかったのであるから、これを含めた計算において不公平が生じたとしてもやむを得ないと考えることも可能であった。

ところが、平成28（2016）年12月19日に判例は変更され、「共同相続された普通預金債権、通常貯金債権及び定期貯金債権は、いずれも、相続開始と同時に当然に相続分に応じて分割されることはなく、遺産分割の対象となるものと解するのが相当である」と判断された（⇨§909の2・**判例3**）。

この判例変更によって「預貯金債権が遺産分割の対象とされ、これを含めて公平かつ公正な遺産分割をするのが法の要請であるといえることからすると、共同相続人の1人が、遺産分割前に預貯金を処分したことにより、処分がなかった場合と比べて利得をするということを正当化することは相当に困難である」ところ、「今まで以上に共同相続人の一部の者による口座凍結前の預金払戻しが増える可能性があり、決して看過することのできない問題である」と指摘された（追加試案補足32頁）。

（2）　改正民法909条の2との関係　　遺産の分割前における預貯金債権の行使について、改正民法909条の2前段は一定の要件を満たす場合にこれを適法な払戻しとして認めているが、その場合、同条後段では「当該権利を行使した預貯金債権については、当該共同相続人が遺産の一部の分割によりこれを取得したものとみなす」こととされている。この規定と本条との関係については、「適法な払戻しであれば当該権利行使をした者は遺産分割において精算を義務

付けられるのに対し、この方策に基づかずに払戻しを受けた場合については精算を義務付けられず不公平な結果が生ずることを是認することは、結果の具体的妥当性等の観点から極めて困難である」という指摘を受けて、本条の規律が追加された、という経緯がある（追加試案補足32頁）。

具体的な適用関係としては、改正民法909条の2を適用して適法な払戻しとするためには「共同相続人が債務者である金融機関に対しまして、自らが被相続人の相続人であるということを主張してその履行を求めること」が必要であり、「共同相続人の1人が被相続人名義のキャッシュカードを用いてATMから勝手に預金を引き出したりとか、被相続人の名義を冒用して、自らが被相続人であると称して銀行窓口で支払を求めたりする、そういった行為」については、被相続人名義の預金債権そのものの行使を求めているということからすると改正民法909条の2は適用されず、本条の規律によって処理がされることになる（神吉関係官：部会議事録25回8〜9頁）。

2　内容
(1)　共同相続人全員の同意（本条1項）
(a)　財産の処分　本条1項は、「遺産の分割前に遺産に属する財産が処分された場合であっても」と定めている。

ここでは、本条2項と異なり、共同相続人が処分をしたのか否かということは限定されていない。そのため、第三者によって遺産に属する財産が処分された場合であっても、本条1項は適用される。これは共同相続人「全員の同意により遺産に組み入れるもので、いずれにしても同意で処理されるものですので、特段問題がない」ためである（神吉関係官：部会議事録25回10頁）。

本条1項にいう「処分」の概念については、「物理的に毀損がされた場合ということも含み得る」とされており、また、「預金の引出しをして現金で持っていると、そういった行為までも処分に当たるのかどうかといったことについては恐らく議論があり得るところだと思います。その点については、預金を引き出して単に現金として保管をしているにすぎないといったケースまでここの処分に当たるということを言えるかどうかは、遺産から当該財産が逸失をしたと言えるかどうかというところがポイントかなというふうに考えているところであり、遺産から逸失をしたと言えるのであればここでの処分に当たりますし、そうでなければここでの処分には当たらないと考えている」と説明された（神吉関係官：部会議事録25回10頁）。

また、本条1項にいう「財産が処分された場合」については格別の限定がないため、遺産の一部が処分された場合だけではなく、遺産の全部が処分された場合も対象としているものと解することも文言上は可能である。しかし、「この場合には、遺産分割の時点では実際には分割すべき遺産がないことになるから、このような場合にも本方策の規律を適用してこれを遺産分割事件として処理することについては、（遺産）共有状態にある財産を分割するという遺産分割の性質を変えることにもつながり、もはや遺産分割とは言い難いという批判もあり得るように思われる。また、遺産分割の審判事件は、遺産の分割方法について裁判所に裁量が認められることから、これを審判事件で取り扱うことが許容されているものと考えられるが、遺産の全部が処分された場合には金銭的に調整するほかはなく、この点に裁判所の裁量を認める余地はないとも考えられ、これを審判により行うことができるかという問題があるように思われる」と説明されたことがある（追加試案補足51～52頁）。そして、一問一答（相続）97頁は、「動産等も含めれば、遺産分割前に遺産に属する財産全てが処分されてしまい、何も分割すべき遺産がないといったケースはかなり稀ではないか」としつつ、「遺産分割前に遺産に属する財産が全て処分された場合又は先行する遺産分割手続において処分された財産以外の全財産について全て分割が終了している場合については、そもそも遺産分割がされるべき場合でないため、同条の適用はないものと考えられる」と指摘している。

　(b)　**全員の同意**　本条1項は、「共同相続人は、その全員の同意により」と定めている。

　共同相続人全員の「同意」があることが要件であるから、遺産に属する財産が処分された場合であっても、その財産が葬儀費用の弁済や相続債務の弁済に用いられた等の事情により、他の共同相続人が処分の結果を容認し、その精算を望まない場合には、遺産分割において考慮されることはない。また、「遺産分割前に預貯金の不当な払戻しが行われた場合には、他の共同相続人との関係で、不法行為又は不当利得が成立するものと考えられる」ところ、他の共同相続人が当該処分をした相続人に対して不法行為（民法709条）または不当利得（民法703条・704条）による救済を求めている場合には、遺産分割における精算を希望せず、「同意」をしないため本条は適用されないことになる。「そうすると、不法行為等による民事上の救済と遺産分割における処理とが重畳することは考えられず、その調整を考える必要はないものと考えられる」（部会資料

§906の2

24-3・5頁)。

　この「同意」の対象は、「処分された財産(以下「処分財産」という。)を遺産分割の対象に含めること(遺産の分割時に遺産として存在するものとみなすこと)」であり、「処分財産が誰によって処分されたか(第三者によって処分されたのか否か、共同相続人のうち誰によって処分されたのか)については、同意の対象ではない」(部会資料25-2・13頁)。

　共同相続人の全員が「同意」した時点で処分財産を遺産とみなすという実体法上の効果が生ずる。このようにして「一度生じた実体法上の効果を共同相続人の一部の意思のみによって覆滅させることができるとするのは相当ではないから、本方策の『同意』は原則として撤回できない」(部会資料25-2・13頁)。

　この「同意」をする時期については、遺産分割が終了するまでにされることが必要と指摘されている。その理由は、「遺産から逸失した財産については、もはや遺産ではないことを前提として、遺産分割時に共同相続人全員の同意がある場合には、当該処分した財産(又は代償財産)を遺産に含めることができるにすぎないので、遺産分割がすでに終了している場合にはその適用がない」という点にある(部会資料24-3・3頁)。この点については、「現行法の実務においても、共同相続人による同意で遺産から逸失した財産についても遺産に含めることができるという運用があるところではございますが、その同意の限界もある」「既に遺産分割が終了している場合には、事後的にその同意があったからといってまた遺産分割をしてくれということは余りやっていないのではないか」「そういった意味で同意の限界があるのではないかなといったところで、現行の実務と一緒である」と説明された(神吉関係官：部会議事録24回19頁)。このように整理することによって、事後的に(みなし)遺産の存在が判明し、遺産分割に関する紛争が繰り返されるということは少なくなる。

　もっとも、共同相続人の1人または数人が遺産に属する財産を処分したとして、他の共同相続人全員が当該処分した財産を遺産とみなして遺産分割をすることを求めた場合において、当該処分をしたとされる相続人がその処分の有無を争うときは、紛争が長期化・複雑化することになる。この点について、「当該処分された財産が遺産の大半を占めている場合において、家庭裁判所がその判断を誤り、当該処分された財産を遺産分割の対象とした場合については、遺産分割審判が事後的に覆る可能性がないとはいえない」ため、当該処分をしたのが共同相続人の1人または数人であるか否か、ひいては本条を適用した結果

§906の2

「みなし遺産となるかどうかについての確認訴訟を経た上で遺産分割の審判をすることになると思われる（……規律を設けることにより、過去の一定の事実であっても、確認の利益は肯定することができるように思われる。）」と指摘されたことがある（部会資料24-3・4頁）。しかし、確認の利益について明文化はされなかった。その理由は、「遺産確認訴訟においても、判決理由中の判断ではあるものの財産の処分者に関する事実認定はされることになるし、また、仮に、遺産分割においてその前提を誤認するなどして、真の処分者ではない者に処分財産を帰属させることとしたとしても、遺産分割自体の効力に影響を与えるものではなく、遺産分割審判が事後的に覆るというおそれはないことなどからすると、処分要件の確認の利益が認められるかどうかは解釈に委ねることとし、明文上の規定を設ける必要はない」という点にある（部会資料25-2・12頁）。

また、共同相続人のなかに被保佐人がいた場合について、当該被保佐人が本条1項の「同意」をするために、保佐人の同意を要求すべきかどうかという問題については、解釈に委ねられた。この点については、「本方策の同意をすることは、特別受益を考慮した遺産分割をすることができ、基本的には同意をする被保佐人の利益に資する行為であることや、また、平成11年民法改正の趣旨、ノーマライゼーションの促進や、成年後見制度利用促進計画におきまして、成年後見人等の権利制限に関する措置の見直しが掲げられていることなどを踏まえますと、現時点でむやみに被保佐人の権利を制限するような規定を拡張すべきではないことなどからいたしますと、本方策の同意につきましては、被保佐人の同意を要すべき行為ではないと整理すべきと考えられるかと思います。もっとも本方策の同意をすることにつきましては、常に被保佐人の利益になるかといいますと、被保佐人に多額の特別受益があるようなケースにつきましては必ずしもそうではなく、そういった難しい判断を被保佐人にさせることが相当ではないといった立場に立てば、本方策の同意をすることについて保佐人の同意を要求すべきという考え方もあり得るように思います。この場合、解釈論といたしましては、民法13条1項3号又は6号の行為に該当するとして処理をすることになるかと思われます」と指摘された（神吉関係官：部会議事録25回6〜7頁）。

(c) **当該処分された財産**　本条1項は、「当該処分された財産が」と定めている。

共同相続人全員の同意によって遺産として存在するものとみなすことができ

るのは、処分された財産（処分財産）だけであり、代償財産は含まれない。

　この点、代償財産（処分により得られた財産）についても規律の対象とし、同意を拒むことができない範囲について「当該処分により得られた財産の限度で」とすることも検討されたが、採用されなかった。その理由は、「従前の実務から離れており、これらを含める必要がない」ことにある（部会資料25-2・11頁）。

　(d)　**遺産として存在するものとみなす**　本条1項は、「遺産の分割時に遺産として存在するものとみなすことができる」と定めている。

　遺産分割時には存在しない財産であっても、これについて遺産分割の対象に含めることについて共同相続人全員が同意した場合には、遺産分割の対象となることは、改正前民法下における判例でも認められていたところであり（⇨**判例1、2**）、「実務においても既に定着した考え方である」（部会資料24-3・2頁）。本条1項は、前記判例や実務の取扱いを明文化したものである。

(2)　**処分した共同相続人の同意（本条2項）**

　(a)　**共同相続人の一部による処分**　本条2項は、「前項の規定にかかわらず、共同相続人の1人又は数人により同項の財産が処分されたときは」と定めている。

　ここでは「共同相続人の1人又は数人」が主体とされているから、本条2項が適用されるのは、共同相続人が処分した場合に限られる。本条1項とは適用場面が異なることに注意すべきである。

　(b)　**処分した者の「同意」は不要**　本条2項は、「当該共同相続人については、同項の同意を得ることを要しない」と定めている。

　これは、「遺産分割前に、共同相続人の1人が、他の共同相続人の同意を得ずに預貯金債権を行使するなど遺産に属する財産を処分することは許されておらず（もちろん、共有持分の処分自体は遺産分割前においても有効にこれを行うことができるが、その処分によって、処分がなかった場合と比べて利得を多く得るということを民法が積極的に是認しているとはいえないものと考えられる。）、このような処分を行った者が処分をしなかった場合と比べて利得を得るということを放置することは、不公平な状態を是認することとなるから、仮に、他の共同相続人が遺産分割において処分した財産を遺産に含めて遺産分割をすることについて同意を求めた場合に、その処分者に拒絶権を認める必要はない」ためである（部会資料24-3・2頁）。ここでは、「各種法令において、関係人の同意を得

なければならないとしつつ、当該関係人が同意を拒むことについて正当な事由がない場合にはこれを許さないこととしている例は、相当数存在する（土地改良法41条2項、漁業法13条4項、土地区画整理法132条など）」ことも指摘された。

　本条2項が「同意を得ることを要しない」としたことにより、①当該処分を行ったのが、共同相続人の1人又は数人である場合には、②遺産分割時に当該処分した財産を遺産に含めることについて、他の共同相続人（処分した者以外の共同相続人全員）の同意があれば、遺産分割の対象とすることができる。

3　実務への影響

　本条2項が処分をした共同相続人について「同意を得ることを要しない」としたことは新たな規律であり、全員の同意があることを要件としていた従来の実務を変更するものである。その影響は大きく、「処分」の主体や内容等をめぐって紛争が生じることが予想される。

【参考判例等】
1　最高裁昭和54年2月22日判決・判時923号77頁
　　共有持分権を有する共同相続人全員によって他に売却された右各土地は遺産分割の対象たる相続財産から逸出するとともに、その売却代金は、これを一括して共同相続人の1人に保管させて遺産分割の対象に含める合意をするなどの特別の事情のない限り、相続財産には加えられず、共同相続人が各持分に応じて個々にこれを分割取得すべきものであるところ（最高裁昭和52年9月19日判決・集民121号247頁参照）、前記各土地を売却した際本件共同相続人の一部はXに代金受領を委任せず自らこれを受領し、また、Xに代金受領を委任した共同相続人もその一部はXから代金の交付を受けているなど、原審の適法に確定した事実関係の下では、右特別の事情もないことが明らかであるから、Yらは、代金債権を相続財産としてでなく固有の権利として取得したものというべきであり、したがって、同債権について相続権侵害ということは考えられない。

2　福岡高裁那覇支部平成13年4月26日判決・判時1764号76頁
　　相続財産である株式は、遺産分割の手続を経ることなく当然に共同相続人各人に帰属するものではなく、Y、他の共同相続人であるXらの承諾なく本件株式を売却したのであるから、その効果は直ちにはXらに及ばない。しかしながら、本件株式の買主がこれを善意取得した結果、右株式は相続財産から逸出し、Xらは右株式に係る権利（共有持分権）を喪失したのであり、それは、Yの無断売却によるも

のであることは前判示のとおりであるから、XらはYに対し、各々不法行為に基づく損害賠償請求権を取得したものというべきである。

　すなわち、相続財産中に金銭その他の可分債権があるときは、法律上当然に分割され、各共同相続人がその相続分に応じて権利を承継し（最高裁昭和29年４月８日判決・民集８巻４号819頁参照）、また、共同相続人が全員の合意によって遺産分割前に遺産を構成する特定不動産を第三者に売却したときは、右不動産は遺産分割の対象たる相続財産から逸出するとともに、その売却代金は、これを一括して共同相続人に保管させて遺産分割の対象に含める合意をするなどの特別の事情のない限り、相続財産には加えられず、共同相続人が各持分に応じて個々にこれを分割取得すべきものと解されるところ（最高裁昭和52年９月19日判決・集民121号247頁、前掲**参考判例１**参照）、本件では、相続財産が株式であり、その売却について共同相続人の全員の合意はないが、第三者への売却によって当該株式が相続財産から逸出した点では右不動産の売却の場合と変わりがないこと、右売却代金を遺産分割の対象に含める合意をするなどの特別の事情は存しないことに鑑みると、共同相続人であるXらは、前記損害賠償請求権を各法定相続分に応じて個々に分割取得したものと認めるのが相当であるからである。

（遺産の分割の協議又は審判等）
第907条
1　共同相続人は、次条の規定により被相続人が遺言で禁じた場合を除き、いつでも、その協議で、遺産の全部又は一部の分割をすることができる。
2　遺産の分割について、共同相続人間に協議が調わないとき、又は協議をすることができないときは、各共同相続人は、その全部又は一部の分割を家庭裁判所に請求することができる。ただし、遺産の一部を分割することにより他の共同相続人の利益を害するおそれがある場合におけるその一部の分割については、この限りでない。
3　前項本文の場合において特別の事由があるときは、家庭裁判所は、期間を定めて、遺産の全部又は一部について、その分割を禁ずることができる。

（改正前民法907条）
1　共同相続人は、次条の規定により被相続人が遺言で禁じた場合を除き、いつでも、

遺産の分割をすることができる。
2 　遺産の分割について、共同相続人間に協議が調わないとき、又は協議をすることができないときは、各共同相続人は、その分割を家庭裁判所に請求することができる。
3 　前項の場合において特別の事由があるときは、家庭裁判所は、期間を定めて、遺産の全部又は一部について、その分割を禁ずることができる。

◆解説
1 　趣旨

　一部分割が許容される場合があることを明文化したものである。

　広義の「一部分割」の審判には、①家事事件手続法73条2項に規定する一部審判（残余遺産について審判事件が引き続き係属するもの）と、②全部審判として行われている一部分割（残余遺産については審判事件が係属せず、事件が終了するもの）の二類型がある。このうち、「①の一部分割については、家庭裁判所が遺産分割の一部について審判をするのに熟していると判断をしたときに、一部分割の審判をすることができるが、その審判の成熟性の判断の中で、一部分割をする必要性と相当性の審査が行われているものと考えられ、特に①の場合を規律するルールを別途設ける必要性は乏しい」（追加試案補足25頁）。

　前記②（全部審判として行われている一部分割）は、さらに、審判時点において、分割の対象となる残余遺産の存在が裁判所（および当事者）に判明していない場合（②-1）と、残余財産が存在するあるいは存在する可能性があるが、当事者が現時点では残余遺産の分割を希望していないこと等を理由としてその一部のみの分割が行われる場合（②-2）の2種類に分けられる。このうち、「②-1の場合については、少なくとも裁判所は他に分割の対象となる遺産はないものと認識をして全部分割の審判をしているのであるから、このような場合をとらえて規律を設けることは困難といえる」（追加試案補足25頁）。

　そうすると、②-2の場合（全部審判として行われている一部分割のうち、残余財産が存在するあるいは存在する可能性があるが、当事者が現時点では残余遺産の分割を希望していないこと等を理由としてその一部のみの分割が行われる場合）について規律を設けることができるかどうかが残る問題であるといえ、本条は、この場合について規定している。

2　内容

(1) 一部分割の明文化（改正民法907条1項）　本条1項では、「遺産の」の下に「全部又は一部の」を加えて、共同相続人は一部の分割もできることを認めた。

これは、「一般に、遺産分割においては、遺産の範囲を確定させた上で、遺産の全部について一回的解決を図ることが望ましいと考えられるが、実務上、遺産分割を一回的に行うことに支障があるなど一部分割の必要性があり、民法906条に定める基準に基づき最終的に遺産の全部について公平な分配を実現することができる場合には、審判、調停又は協議のいずれにおいても、遺産の一部を除外して分割することができると解されている」ことの明文化である（中間試案補足33頁）。

この規定は、必要性がある場合には一部分割が許容されることもあるということを示しているにすぎず、「一部分割を認める旨の明文規定を設けたとしても、遺産分割は原則として全ての遺産を対象として行われるべきことに変わりはないものと考えられる」（部会資料18・37頁）。

この点、財産的価値の低い遺産をことさら放置する意図で一部分割を行うこと等は適切ではないところ、「相続人間の遺産分割協議においては、懸念されているような一部分割が行われる可能性があることは否定できないが、この点は、私人間の遺産分割協議（及び一部分割）を認める以上回避し難い問題であり、一部分割を認める明文規定を設けることによって濫用的な一部分割が助長されるという関係にはない」と整理された（部会資料18・37～38頁）。本条1項は、共同相続人全員の意見が一致した場合には一部分割ができることを認めたにすぎず、濫用的な一部分割を推奨するものではないことに留意する必要がある。

(2) 一部分割の審判ができない場合（本条2項）　本条2項本文は、「その」の下に「全部又は一部の」を加えて家庭裁判所に請求する場合であっても一部分割が許容されるという原則を示した。

本条2項ただし書では「遺産の一部を分割することにより他の共同相続人の利益を害するおそれがある場合におけるその一部の分割については、この限りではない」とし、例外的に一部分割が許容されない場合があることを示した。

(a) 一部分割の必要性　本条2項では、一部分割の必要性については定めていない。その理由は、「当事者全員が申立てに係る一部の遺産について分割

を求めているということは、遺産分割を求めている範囲の上限については当事者全員に異論がないということになる。このように考えると、一部分割の必要性については、家庭裁判所が一部分割の審判をする場合の要件として特に明文化する必要はない」という点にある（部会資料21・15頁）。

　(b)　一部分割の許容性　　本条2項ただし書の定める「他の共同相続人の利益を害するおそれがある場合」という要件は、一部分割の許容性に関するものである。このことは、一部分割によって遺産全体についての適正な分割が不可能にならない場合に許容されることを意味しており、具体的には、特別受益（民法903条）等について検討し、代償金、換価等の分割方法をも検討した上で、最終的に適正な分割を達成し得るという明確な見通しが得られた場合に許容されることになる。そのため、「一部分割においては具体的相続分を超過する遺産を取得させることとなるおそれがある場合であっても、残部分割の際に当該遺産を取得する相続人が代償金を支払うことが確実視されるような場合であれば、一部分割を行うことも可能であると考えられる。そして、このような観点で検討しても、一部分割をすることによって、最終的に適正な分割を達成しうるという明確な見通しが立たない場合には、当事者が遺産の一部について遺産分割をすることに合意があったとしても、家庭裁判所は一部分割の審判をするのは相当ではなく、当該一部分割の請求は不適法であるとして、却下するのが相当であるといえる」と指摘された（部会資料21・15頁）。

(3)　字句の変更（本条3項）　　家庭裁判所が遺産の分割を禁じる場合に関する本条3項では、「前項」を「前項本文」に改めた。これは、本条2項にただし書が加えられたことを受けたものであり、内容には変更がない。

3　実務への影響

　一部分割は従来の実務でも認められていたが、その要件が明文化されたことによって実務においても一部分割をする場合が増える可能性がある。ただし、これは必要性がある場合に一部分割を許容するものにすぎないから、実務においては一部分割をする必要性があるか否かを慎重に検討すべきである。

　一部分割の要件の明文化に伴い、家事事件手続規則102条1項に3号が加えられ、遺産の分割の審判の申立書には「遺産の一部の分割の有無及びこれがあるときはその内容」を記載しなければならないこととされた。一部分割が行われた場合、その余の遺産分割に影響を及ぼす可能性があるためである。

> **（遺産の分割前における預貯金債権の行使）**
> **第909条の2**
> 各共同相続人は、遺産に属する預貯金債権のうち相続開始の時の債権額の3分の1に第900条及び第901条の規定により算定した当該共同相続人の相続分を乗じた額（標準的な当面の必要生計費、平均的な葬式の費用の額その他の事情を勘案して預貯金債権の債務者ごとに法務省令で定める額を限度とする。）については、単独でその権利を行使することができる。この場合において、当該権利の行使をした預貯金債権については、当該共同相続人が遺産の一部の分割によりこれを取得したものとみなす。
> （新設）

◆解説

1　趣旨

　判例は、可分債権は当然に分割されるから遺産分割の対象ではないとし（⇨**判例1**）、預貯金債権についても同様としていた（⇨**判例2**）。ところが、平成28（2016）年12月19日に預貯金債権については判例が変更され、「共同相続された普通預金債権、通常貯金債権及び定期貯金債権は、いずれも、相続開始と同時に当然に相続分に応じて分割されることはなく、遺産分割の対象となるものと解するのが相当である」と判断するに至った（⇨**判例3**）。

　この判例変更によって、「共同相続人において被相続人が負っていた債務の弁済をする必要がある、あるいは、被相続人から扶養を受けていた共同相続人の当面の生活費を支出する必要があるなどの事情により被相続人が有していた預貯金を遺産分割前に払い戻す必要があるにもかかわらず、共同相続人全員の同意を得ることができない場合に払い戻すことができないという不都合が生ずるおそれがあることとなった」（追加試案補足12頁）。

　この不都合を生じさせないため、家事事件手続法200条（遺産の分割の審判事件を本案とする保全処分）も改正されたが、「保全処分の要件を緩和したとしても、相続開始後に資金需要が生じた場合に、裁判所に保全処分の申立てをしなければ単独での払戻しが一切認められないことになれば、相続人にとっては大きな負担になるとも考えられる」（追加試案補足17頁）。

　そこで、本条は、相続人にとって負担が大きくなりすぎないようにするため、

裁判所に保全処分の申立てをすることなく、一部の相続人が単独で払戻しができる場合について要件・効果を定めた。

2 内容

（1） 単独の権利行使　　本条前段は、「各共同相続人は……単独でその権利を行使することができる」と定めている。

これは、**判例3**によって遺産分割がされるまでは各共同相続人が単独で預貯金債権の払戻しを受けることができないこととなったため、遺産に含まれる預貯金債権のうち一定額については、各共同相続人が裁判所の判断を経ることなく、単独でその払戻しを請求することができる制度を設けたものである。

この制度に基づいて金融機関に対して払戻しを請求する際の提出書類については、「被相続人が死亡した事実、相続人の範囲、それから払戻しを求める法定相続分がわかる資料を提出していただく必要がございます。具体的には、これらの事実を証します戸籍や法定相続情報証明書がこれに該当することと考えられますが、共同相続人であれば比較的容易に入手することができるものでありまして、その手続は基本的に容易なものであると考えております」と説明された（小野瀬民事局長：衆議院会議録21号3頁）。

（2） 権利行使の限度額　　本条前段は、各相続人が単独で行使できる範囲について、「遺産に属する預貯金債権のうち相続開始の時の債権額の3分の1に900条及び901条の規定により算定した当該共同相続人の相続分を乗じた額（標準的な当面の必要生計費、平均的な葬式の費用の額その他の事情を勘案して預貯金債権の債務者ごとに法務省令で定める額を限度とする。）」と定めている。

ここでは、①預貯金口座ごとの上限額について、相続開始時の預貯金債権額の3分の1に法定相続分（900条および901条の規定により算定した当該共同相続人の相続分）を乗じた額を基本としつつ、②預貯金債権の債務者ごとに法務省令で定める額が上限とされている。この点については、裁判所の個別的判断を経ないで定型的に預貯金の払戻しの必要性が認められる額に限定するという観点から、預貯金債権全部を対象として上限額を定めることも検討されたが、採用されなかった。その理由は、「この考え方を採用した場合には、金融機関に一定の調査義務を課すことにつながり、そうすると裁判所の判断を経ることなく、簡易かつ迅速にごく一部の預貯金の払戻しを受けることを阻害しかねない」という点にある（神吉関係官：部会議事録20回5頁）。

　(a)　**預貯金口座ごとの上限額**　　相続開始時の預貯金の債権額の3分の1に

法定相続分を乗じた額という基準は、各共同相続人の権利行使可能な額を定めるに当たって、以下の2つの要請を調和させるためのものである。

　(i)　**遺産分割の対象とする預貯金を残すという要請**　判例3は、預貯金債権を遺産分割の対象に含める必要があるという理由として、①遺産分割の手続では、特別受益や寄与分による調整など共同相続人間の公平を図る規定が設けられているため、被相続人の財産についてはできる限り遺産分割の対象に含めることが望ましいということ、および、②預貯金債権は現金と同様に評価についての不確定要素が少ないために、各共同相続人にその具体的相続分に従った遺産の分配をするに当たり、金額の調整に資する財産であることなどを挙げている。このような最高裁判所の判例変更の趣旨からすれば、預貯金債権の大半が遺産分割前に行使されるような事態を生じさせるべきではない。そのため、「立法によって、預貯金債権の一部について、ほかの共同相続人の同意を得ることなく単独で権利行使を認めるとしましても、その割合、金額については預貯金債権の一部に限定する必要がある」ことになる（小野瀬民事局長：参議院会議録21号6頁）。

　(ii)　**各共同相続人の資金需要に応える要請**　本条は、相続人にとって負担が大きくなりすぎないようにするため、裁判所に保全処分の申立てをすることなく、一部の相続人が単独で払戻しができる場合を認めるものである。「各共同相続人が権利行使可能な金額が小さ過ぎますと、各共同相続人に生じます資金の需要を十分に賄うことができなくなりまして、新たな制度を設ける意義が没却される」ということになる（小野瀬民事局長：参議院会議録21号6頁）。

　この点、追加試案では債権額の2割に法定相続分を乗じた額とすることが提案されていたが、「高齢者の貯蓄額の中央値や貯蓄額に占める預貯金の割合などのデータを総合いたしますと、追加試案の2割という基準では特に仮払いを必要とされる葬儀費用を賄えないのではないかという疑問が生じて」きたことを受けて、その割合を3分の1に引き上げた経緯がある（神吉関係官：部会議事録24回2頁）。

　(b)　**預貯金債権の債務者（金融機関）ごとに法務省令で定める額**　前記(a)（預貯金口座ごとの上限額）に加えて、金融機関ごとの金額による上限額を定めることとしたのは、預貯金口座ごとの上限額の要件を満たしていれば常に払戻しができるということにしてしまうと、「例えば多額な預貯金がある場合、あるいは多数の預貯金口座がある場合には、結局、権利行使可能な額が相当高額

となりまして、定型的に預貯金の払戻しの必要性が認められる額を超える」ことになりかねないことに配慮したものである（小野瀬民事局長：参議院会議録21号6頁）。

ここで上限を（預貯金債権全部を対象とせず）預貯金債権の債務者（金融機関）ごとに定めているのは、「裁判所の個別的判断を経ないでも預貯金の払戻しの必要性が認められる部分に限定すべきという要請と、簡易かつ迅速に預貯金の払戻しを受けられるようにするという要請、この両方の要請を満たすものとしては、金融機関ごとに上限額を定めるという……考え方を採用」したものである（神吉関係官：部会議事録20回5頁）。

追加試案では100万円と定めることが提案されていたが、本条では、金額を定めることは法務省令に委任された。その理由は、①「相続開始直後に資金需要が一番高いと考えられる葬儀費用の平均的な額や、高齢世帯の貯蓄額の中央値や貯蓄に占める預貯金の割合等の事情を考慮すると、追加試案の基準では十分な払戻しを得られない可能性がある」こと、および、②「これらの事情は、景気や社会情勢によっても変動することが考えられ、少なくとも債務者ごとに払戻しを認める金額の上限額については、法律で規定するのではなく、政令又は省令に委任し、柔軟な対応をするのが相当である」ことにある（部会資料24-2・10頁）。

本条に規定する法務省令で定める額を定める省令は、この額を「150万円」と定めた（平成30年法務省令29号）。

（3）　権利行使の効果　　本条後段は、「この場合において、当該権利の行使をした預貯金債権については、当該共同相続人が遺産の一部の分割によりこれを取得したものとみなす」と定めている。

これは、遺産の分割前に預貯金債権の行使をした共同相続人に、精算義務を課したものである。この規律には、以下のとおり、必要性・許容性がある。

　(a)　**必要性**　　本条後段の規定を設けることにより、「預貯金債権全体について遺産分割の対象とすることができ、相続人間の公平を担保できるとともに、本決定が預貯金債権を遺産分割の対象とすると判断した趣旨を徹底することができる」（追加試案補足19頁）。

なお、この点については、遺産の分割前に遺産に属する財産が処分された場合の規律（改正民法906条の2）との関係、すなわち同条があれば本条後段の規定は不要ではないかということも検討された。しかし、改正民法906条の2で

は、共同相続人全員の同意があることを原則とした上で、財産を処分した共同相続人の1人または数人については同意を得ることを要しないとしているため、財産を処分していない共同相続人の1人または数人が同意しない場合等、遺産の分割における精算の対象にならない場合が生じ得る。そのため、これとは別に、本条において精算の規律を設けることが必要になった。本条前段の場合には、「権利行使された預貯金債権の額等につきましては、誰がこれを払い戻したのかということは客観的に明らかであり、また、当該権利行使された預貯金債権を当該権利行使をした相続人以外の者に遺産分割において帰属させる必要性もないことから」、本条後段において一律に「当該権利の行使をした預貯金債権については、当該共同相続人が遺産の一部の分割によりこれを取得したものとみなす」ことが適切であるとされた（神吉関係官：部会議事録25回6頁）。

(b) **許容性** **判例3**によれば、共同相続された預貯金債権は遺産分割の対象財産となっており、各共同相続人の単独での権利行使は認められないところ、本条は、「その例外として、相続人の小口の資金需要に対応できるよう預貯金債権の一部について単独での権利行使を認めることとしたものであり、専ら権利行使をする相続人のための規定であるから、そのような権利行使をした者に遺産分割において精算の義務を課したとしても、当該相続人に特段過大な負担を課すとか、不利益を課すことにはならない」と説明されている（追加試案補足19頁）。

3　実務への影響

（1）　預貯金債権について　　本条は、**判例3**によって遺産分割の対象とされた預貯金債権について、家庭裁判所の判断を経ることなく単独で権利行使できる場合を認めるものであり、実務上の意義は大きい。本条の新設に伴い、家事事件手続規則102条1項に4号が加えられ、遺産の分割の審判の申立書には「民法909条の2に規定する遺産の分割前における預貯金債権の行使の有無及びこれがあるときはその内容」を記載しなければならないこととされた。本条による権利行使がされたことはその余の遺産分割に影響を及ぼすためである。

　この点、預金規定上の契約上の制限との関係については、「預貯金債権につき、本来は共同相続人全員でなければ権利行使をすることができないところ、法律上の規定を設けて、一定額の範囲内で共同相続人の1人による単独での権利行使をすることができるということですので、預金規定上にその制限が付いている場合について、その契約上の制限まで解除する趣旨ではない」と説明さ

れた。このことは本条が強行法規ではないことを意味しており、「基本的には契約上の制限を解除するものではないという理解でございますので、別途契約で制限が払戻し制限が付いているといった場合については、そちらに委ねられるということ」になる。ただし、「その契約上の制限が、民法第90条や消費者契約法に反するような場合については、その制限そのもの自体が無効となる可能性がある」ことに注意する必要がある（神吉関係官：部会議事録24回6～7頁）。

（2）　預貯金債権以外の可分債権および仮想通貨について　今回の改正民法では、どのような債権であれば遺産分割の対象となる債権なのかという点については明文化されていない。

本条は、預貯金債権が遺産分割の対象となるということを前提としているが、そのことも明示されなかった。その理由は、①「遺産分割の対象となる債権について、どういう基準でその範囲を画するのかというところを明確にするのは、その要件設定が難しい」こと、②「預貯金債権が遺産分割の対象となるということを正面から書くと、それは反対解釈のおそれがある」こと、および、③遺産の分割前における預貯金債権の行使（改正民法909条の2）について規定するだけであれば「少なくとも預貯金債権が遺産分割の対象となるということが前提になるわけですが、それ以外については何も述べていないということになりますし、飽くまで裏から書いているにすぎませんので、表の部分については何ら明らかにしていないということになる」という点にある（堂薗幹事：部会議事録18回14頁）。

そのため、預貯金債権以外の可分債権が、遺産分割の対象となるか否かは、解釈に委ねられていることになる。この点については、「預貯金債権以外の可分債権で遺産分割の対象に含めることが考えられるものとしては、売買代金債権、貸金債権、賃料債権などの契約に基づく債権や、不法行為に基づく損害賠償請求権、不当利得返還請求権などが考えられますけれども、これらの債権は一般にその存否及び金額が争われることが少ないとは言えず、また、確実な支払いが見込めるとも言えないものであって、遺産分割における調整手段として有用であるとは必ずしも言い難いものと考えられます。また、可分債権を広く遺産分割の対象に取り込むことによって、特別受益や寄与分による調整が可能となり、相続人間の公平を図ることができるという一方で、その存否及び金額が争われることが類型的に多いと考えられるものまで遺産分割の対象に含めることについては、本部会においても、遺産分割事件の長期化を招くおそれが大

きいとして反対する意見もあり、パブリックコメントにおいても同様の懸念が示された」ことが参考になる（下山関係官：部会議事録18回10頁）。

なお、仮想通貨について、「被相続人に属する特定の財産について、これが遺産分割の対象になるかどうかといったものにつきましては、判例は、その財産の内容や性質等を個別に検討した上でその対象になるかどうかということを判断しているものと考えております。……仮想通貨が遺産分割の対象となるか否かにつきましても、その権利の内容や性質等が明らかにならない限り、その判断をするのは困難でございますが、この点については、いまだ議論の蓄積がなく、適切な裁判例も見当たらないものと考えております」と説明されたことがある（小野瀬民事局長：衆議院会議録21号20頁）。なお、金融庁の有識者研究会が平成30（2018）年12月21日にまとめた報告書では、仮想通貨の呼び方を「暗号資産」と変更することを求めており、資金決済法と金融商品取引法の改正が検討されている。

【参考判例等】

1 最高裁昭和29年4月8日判決・民集8巻4号819頁

相続人数人ある場合において、その相続財産中に金銭その他の可分債権あるときは、その債権は法律上当然分割され各共同相続人がその相続分に応じて権利を承継するものと解するを相当とする。

2 最高裁平成16年4月20日判決・判時1859号61頁

相続財産中に可分債権があるときは、その債権は、相続開始と同時に当然に相続分に応じて分割されて各共同相続人の分割単独債権となり、共有関係に立つものではないと解される（前掲**参考判例1**参照）。したがって、共同相続人の1人が、相続財産中の可分債権につき、法律上の権限なく自己の債権となった分以外の債権を行使した場合には、当該権利行使は、当該債権を取得した他の共同相続人の財産に対する侵害となるから、その侵害を受けた共同相続人は、その侵害をした共同相続人に対して不法行為に基づく損害賠償または不当利得の返還を求めることができるものというべきである。

3 最高裁平成28年12月19日大法廷決定・民集70巻8号2121頁

(1) 預貯金契約は、消費寄託の性質を有するものであるが、預貯金契約に基づいて金融機関の処理すべき事務には、預貯金の返還だけでなく、振込入金の受入れ、各種料金の自動支払、定期預金の自動継続処理等、委任事務ないし準委任事務の

性質を有するものも多く含まれている（最高裁平成21年1月22日判決・民集63巻1号228頁参照）。そして、これを前提として、普通預金口座等が賃金や各種年金給付等の受領のために一般的に利用されるほか、公共料金やクレジットカード等の支払のための口座振替が広く利用され、定期預金等についても総合口座取引において当座貸越の担保とされるなど、預貯金は決済手段としての性格を強めてきている。また、一般的な預貯金については、預金保険等によって一定額の元本およびこれに対応する利息の支払が担保されている上（預金保険法第3章第3節等）、その払戻手続は簡易であって、金融機関が預金者に対して預貯金口座の取引経過を開示すべき義務を負うこと（前掲最高裁平成21年1月22日判決参照）などから預貯金債権の存否およびその額が争われる事態は多くなく、預貯金債権を細分化してもこれによりその価値が低下することはないと考えられる。このようなことから、預貯金は、預金者においても、確実かつ簡易に換価することができるという点で現金との差をそれほど意識させない財産であると受け止められているといえる。

共同相続の場合において、一般の可分債権が相続開始と同時に当然に相続分に応じて分割されるという理解を前提としながら、遺産分割手続の当事者の同意を得て預貯金債権を遺産分割の対象とするという運用が実務上広く行われてきているが、これも、以上のような事情を背景とするものであると解される。

(2) そこで、以上のような観点を踏まえて、改めて本件預貯金の内容および性質を子細にみつつ、相続人全員の合意の有無にかかわらずこれを遺産分割の対象とすることができるか否かにつき検討する。

ア　まず、普通預金契約および通常貯金契約は、一旦契約を締結して口座を開設すると、以後預金者がいつでも自由に預入れや払戻しをすることができる継続的取引契約であり、口座に入金が行われるたびにその額についての消費寄託契約が成立するが、その結果発生した預貯金債権は、口座の既存の預貯金債権と合算され、1個の預貯金債権として扱われるものである。また、普通預金契約および通常貯金契約は預貯金残高が零になっても存続し、その後に入金が行われれば入金額相当の預貯金債権が発生する。このように、普通預金債権および通常貯金債権は、いずれも、1個の債権として同一性を保持しながら、常にその残高が変動し得るものである。そして、この理は、預金者が死亡した場合においても異ならないというべきである。すなわち、預金者が死亡することにより、普通預金債権および通常貯金債権は共同相続人全員に帰属するに至るところ、その帰属の態様について検討すると、前記各債権は、口座において管理されており、預貯金契約上の地

§909の2

位を準共有する共同相続人が全員で預貯金契約を解約しない限り、同一性を保持しながら常にその残高が変動し得るものとして存在し、各共同相続人に確定額の債権として分割されることはないと解される。そして、相続開始時における各共同相続人の法定相続分相当額を算定することはできるが、預貯金契約が終了していない以上、その額は観念的なものにすぎないというべきである。預貯金債権が相続開始時の残高に基づいて当然に相続分に応じて分割され、その後口座に入金が行われるたびに、各共同相続人に分割されて帰属した既存の残高に、入金額を相続分に応じて分割した額を合算した預貯金債権が成立すると解することは、預貯金契約の当事者に煩雑な計算を強いるものであり、その合理的意思にも反するとすらいえよう。

イ 次に、定期貯金についても、定期郵便貯金と同様の趣旨で、契約上その分割払戻しが制限されているものと解される。そして、定期貯金の利率が通常貯金のそれよりも高いことは公知の事実であるところ、前記の制限は、預入期間内には払戻しをしないという条件とともに定期貯金の利率が高いことの前提となっており、単なる特約ではなく定期貯金契約の要素というべきである。しかるに、定期貯金債権が相続により分割されると解すると、それに応じた利子を含めた債権額の計算が必要になる事態を生じかねず、定期貯金に係る事務の定型化、簡素化を図るという趣旨に反する。他方、仮に同債権が相続により分割されると解したとしても、同債権には前記の制限がある以上、共同相続人は共同して全額の払戻しを求めざるを得ず、単独でこれを行使する余地はないのであるから、そのように解する意義は乏しい。

ウ 前記(1)に示された預貯金一般の性格等を踏まえつつ以上のような各種預貯金債権の内容および性質をみると、共同相続された普通預金債権、通常貯金債権および定期貯金債権は、いずれも、相続開始と同時に当然に相続分に応じて分割されることはなく、遺産分割の対象となるものと解するのが相当である。

(3) 以上説示するところに従い、最高裁平成16年4月20日判決・集民事214号13頁その他前記見解と異なる当裁判所の判例は、いずれも変更すべきである。

第2　遺言

> （包括遺贈及び特定遺贈）
> 第964条
> 遺言者は、包括又は特定の名義で、その財産の全部又は一部を処分することができる。

（改正前民法964条）
遺言者は、包括又は特定の名義で、その財産の全部又は一部を処分することができる。ただし、遺留分に関する規定に違反することができない。

◆解説
1　趣旨
　遺留分について、物権的効力が否定され、金銭債権に一本化されたこと（改正民法1046条1項）に合わせたものである。
2　内容
　改正前民法964条ただし書は、包括遺贈および特定遺贈について「遺留分に関する規定に違反することができない」と定めていた。しかし、改正民法1046条1項は「遺留分侵害額に相当する金銭の支払を請求することができる」と定め、物権的効力が生じることを認めていない。そのため、包括遺贈および特定遺贈によって「遺留分に関する規定に違反する」ことはないため、改正前民法964条ただし書は削除された。
3　実務への影響
　遺留分が金銭債権に一本化された（物権的効力が否定された）ことによって、実務は大きく変更されることになる。包括遺贈および特定遺贈についても、その影響があることを意識しておく必要はある。

> **（自筆証書遺言）**
> **第968条**
> 1 自筆証書によって遺言をするには、遺言者が、その全文、日付及び氏名を自書し、これに印を押さなければならない。
> 2 前項の規定にかかわらず、自筆証書にこれと一体のものとして相続財産（第997条1項に規定する場合における同項に規定する権利を含む。）の全部又は一部の目録を添付する場合には、その目録については、自書することを要しない。この場合において、遺言者は、その目録の毎葉（自書によらない記載がその両面にある場合にあっては、その両面）に署名し、印を押さなければならない。
> 3 自筆証書（前項の目録を含む。）中の加除その他の変更は、遺言者が、その場所を指示し、これを変更した旨を付記して特にこれに署名し、かつ、その変更の場所に印を押さなければ、その効力を生じない。

（改正前民法968条）
1 本条1項と同じ。
2 自筆証書中の加除その他の変更は、遺言者が、その場所を指示し、これを変更した旨を付記して特にこれに署名し、かつ、その変更の場所に印を押さなければ、その効力を生じない。

◆解説

1 趣旨

　自筆証書遺言の利用を促進するため、その方式を緩和し、相続財産の目録については自書を要しないとする改正である。

　遺言制度は、遺言者の最終意思を尊重し、これを実現するものであり、人は、遺言をすることにより、例えば生前にみずからに尽くしてくれた者に報いるなど、自分の死後の法律関係を定めることができる。また、遺言によって遺言者の最終意思が明らかにされることによって遺産分割が必要なくなる場合もあるなど、相続をめぐる紛争を防止することにも資することがある。

　ところが、現在のところ、遺言を作成する人は必ずしも多くはない。この点について「自筆証書遺言の作成件数そのものに関する統計データはございませんが、家庭裁判所において検認された遺言書の件数については統計のデータがございます。その件数は年々増加しておりますが、平成27年におきますと約1

万7000件でございます。死亡された方が約130万人でございますので、これと比較すると約1.3％にすぎないという状況でございます。また、公正証書遺言の作成件数につきましては、これも年々増加傾向にございますが、平成27年は約11万件作成されております。死亡者数との比較といたしますと約8.6％にとどまっていると、こういう状況でございます」と説明された（小野瀬民事局長：参議院会議録19号2頁）。

このように遺言書作成が多くない要因として、「現行法の下では、自筆証書遺言は『全文、日付及び氏名』を全て自書しなければならないとされている（民法968条1項）が、高齢者等にとって全文を自書することはかなりの労力を伴うものであり、この点が自筆証書遺言の利用を妨げる要因になっているとの指摘がされている」（中間試案補足37頁）。本条は、この指摘に応えるために改正された。

このことは、「今、社会が高齢化しております。そういうことで、遺言を作成する方、自筆証書をつくろうとする方も高齢化が進んでいるというところがございます。現在の現行法では、この自筆証書遺言につきましては、その全文を自書しなければいけないということになっておりますが、例えば不動産がたくさんあるような場合あるいは預金がたくさんあるような場合に、そういったものを特定する財産目録を全て自書するというのは、かなり手間がかかることでございます。そういう点で、そういった財産目録につきましては自書することを要しない。例えば、ワープロで作成するですとか、あるいはそういった何らかのコピーを利用するですとか、そういうことができますと、自筆証書の作成に対する負担が減るということになるわけでございます」と説明された（小野瀬民事局長：衆議院会議録21号5～6頁）。

今回の改正では、居住権の対象となる「配偶者」は法律上の配偶者であるとされ、内縁配偶者や同性パートナーは保護の対象とされていない。このことは、法定相続という制度との関係では、やむを得ないものと思われる。法定相続は、被相続人の権利義務を相続人が包括的に承継することを内容とするものであり、被相続人の債権者や債務者等に対する関係でも権利義務の承継を明確にする必要があるため、その対象は画一的に判断することができる必要があるからである。法律上の婚姻は届出によって効力が生じるから（民法739条1項）、その関係は戸籍等によって確認できるのに対して、内縁配偶者や同性パートナーに該当するか否かは諸要素を総合的に考慮して判断するほかない。ただし、このこ

とは、法定相続以外の場面における内縁配偶者や同性パートナーの保護までを否定するものではない。例えば、遺言を活用することによって、被相続人の財産の全部または一部を与えることが可能である。本条の改正によって自筆証書遺言が活用しやすくなることには、内縁配偶者や同性パートナーの保護という側面もある。

2　内容

(1)　作成方式の緩和（本条2項）

(a)　**目録を添付する場合**　本条2項前段は、「前項の規定にかかわらず、自筆証書にこれと一体のものとして相続財産（997条1項に規定する場合における同項に規定する権利を含む。）の全部又は一部の目録を添付する場合には」と定めている。

これは、基本的には、「相続財産の全部又は一部の目録」を自筆証書にこれと一体のものとして添付する場合に、その目録についてだけ、要件を緩和するものである。ここでは、改正によって新たに許されたのは、自書のみによる本文の紙面に、自書によらない財産目録を添付する方式に限定されていることに留意する必要がある。

この点、自書によることを要しないものを「目録」に限定せず、「自筆証書中の財産の特定に必要な事項」とすることも検討されたが、採用されなかった。その理由は、このような規律によるときは「例えば、1ページからなる遺言書であっても、その中に自書による部分と印刷による部分とを混在させて作成することも可能となる」が、「そのような方法で遺言書を作成する具体的ニーズがあるとは思えない一方で、このような規律によると、許される方式とそうでない方式との区別が曖昧になるおそれがある」ためである（部会資料24-2・21頁）。

なお、本条2項前段では、「相続財産」のほか、民法「997条1項に規定する場合における同項に規定する権利を含む。」とされているため、相続財産に属しない権利を目的とする遺贈が民法996条ただし書の規定により有効であることにより遺贈義務者が「権利」を取得して受遺者に移転する義務を負う場合における「権利」の全部または一部を目録とした場合も、同様に要件が緩和される。

(b)　**目録について自書は不要**　本条2項前段は、「その目録については、自書することを要しない」と定めている。

この改正によって、財産の目録については、「パソコンや代筆で作成するこ

とはもちろん……不動産の登記事項証明書や預貯金通帳の写し等を目録として添付しても差し支えない」ことになる（倉重関係官：部会議事録24回42頁）。

自書することを要しないとされたのは目録だけであるから、改正後も、遺言書の本文部分、日付および氏名については自書が必要である（本条1項）。

このように目録と本文部分とで異なる規律とされた理由は、①「財産目録は財産の特定に関する形式的な事項が記載されているもの」であり、これを全部自書しなければならないとすることは「非常に遺言者にとってかなり負担になるということ」、②「財産目録が自書されていなくても、遺言書の本文部分、日付及び氏名の自書を要求すれば、遺言者の真意に反する遺言書を作成することを防止することが可能である」こと、③遺言書の本文部分についてまで自書を要しないこととしてしまうと「例えば、遺言者の親族等が自己に有利な遺言書の原案をパソコン等で作成して、その書面に遺言者の署名等の記載を求めるということになりまして、遺言者の真意に基づかない遺言書が作成される危険性が高まる」こと、および、④「遺言書の本文部分や日付等につきましては自書を要求いたしましたとしましても、財産目録に関する記載と比較しますと、その負担はそれほど大きくない」ことによる（小野瀬民事局長：衆議院会議録19号15頁）。

(c) **目録について署名押印は必要**　本条2項後段は、「この場合において、遺言者は、その目録の毎葉（自書によらない記載がその両面にある場合にあっては、その両面）に署名し、印を押さなければならない」と定めている。

これは、自筆証書遺言の利用を促進する観点から、財産目録について自書を要求しないこととして要件を緩和したことを受けて、方式緩和により偽造や変造の危険性が高まることのないよう、自書にかわる方法を定めたものである。

その目録の毎葉に署名押印を求めるのは「自書によらない別紙部分を差し替える方法」による偽造・変造を防止するためであり、自書によらない記載がその目録の両面にある場合に、その両面に署名押印を求めるのは、「裏面に印刷をする方法」による偽造・変造を防止するためである（部会資料24-2・21〜22頁）。この点について、要点(3) 33頁は、「『毎葉』とは財産目録のすべての用紙という意味であり、表裏は問わないため、自書によらない記載が財産目録の片面にしかない場合には、遺言者は、財産目録の用紙のいずれかの面に署名押印すれば足りる。したがって、例えば、不動産の登記事項証明書を財産目録として添付する場合には、裏面にも自書によらない記載がされている場合を除き、

遺言者は、印刷面を避けて裏面に署名押印することもできる」と指摘している。

　この点、署名があれば真正性は確保できるのではないかという観点から、署名のみを要件とすることも検討されたが、採用されなかった。押印も要求することとされた理由は、①「我が国の社会では、書面が名義人によって真正に作成されたことを証する手段として押印が重要な役割を果たしてきたこと」、および、②「自筆証書遺言の本体については署名及び押印のいずれもが要求されており、これと取扱いを変える必要性に乏しいこと」を考慮したものである（小野瀬民事局長：衆議院会議録21号6頁）。

（2）　加除その他の変更について（本条3項）　　本条3項は、方式緩和のため本条2項が設けられたことを受けて、改正前民法968条2項を3項として、「自筆証書」の下に「（前項の目録を含む。）」と加えたものである。

　「（前項の目録を含む。）」と加えたのは、目録中の記載についても本条3項の規定によって加除その他の変更が可能であることを明確に示すためである。この点、目録も含めて一体として自筆証書になるものとすれば、この記載は不要ともいえそうである。しかし、このように理解すると、ここでは「自筆証書」が目録を含めた全体を指すことになるところ、改正民法968条2項の「自筆証書」は目録を除いた部分を指しているため、同じ用語の意義が若干異なることになる。「そのような読み方は必ずしも一義的なものとはいい難く、同項の規定では目録中の記載の変更ができないとの誤解が生ずるおそれがある」ため、改正民法968条3項では「自筆証書（前項の目録を含む。）」と明示された（部会資料25-2・14頁）。

　目録については、加除その他の変更をする場合にも、必ずしも変更内容を自書することを要せず、古い目録に取り消し線を引いて新たな目録を追加するという方法も許される。その理由は、「作成時に自書によらない目録を添付することを認める以上、加除訂正時にこれを禁ずるとすれば、適式でない方式による遺言が増えることになりかねない」という点にある（倉重関係官：部会議事録24回42頁）。このことは、「本文については手書きでなければいけないので、加除訂正もそういう形になりますが、目録については、自書性の要件を緩和していますので、その訂正についても自書でなくてよいという理解をしている」と説明された（堂薗幹事：部会議事録25回15頁）。

　他方で、目録の変更についても本条3項が適用されるため、「その場所を指示し、これを変更した旨を付記して特にこれに署名し、かつ、その変更の場所

に印を押さなければ、その効力を生じない」ことになる。これは、遺言書の加除その他の変更について厳格な方式を定めて、遺言書が他人によって変造されることを防ぐためである。このように厳格な方式を維持する必要性については、「現行法の方式が我が国におきます一般的な契約書等の修正方法と比べて厳格なものとなっているということでございますが、これは、遺言書は遺言者の死後にその効力が問題となりますため、遺言書の変更については、その記載自体から遺言者の真意によるものであることを明らかにする必要性が高いこと、あるいは、生前の取引では個々の財産を取引の対象とするのが通常でありますが、遺言においては全財産を対象とする遺贈がされることもあり、類型的に重大な効果を伴うことが多いこと等を考慮したものでございまして、制度として現行法のこの規律を維持することにつきましては相応の合理性があるものと考えております」と説明された（小野瀬民事局長：衆議院会議録21号6頁）。

　目録の変更について本条3項の厳格な方式を満たすか否かの基準については、「例えば、別紙の1を2に変更したという場合には、その特定をする必要があるわけですが、別紙記載の土地というのをそのままにしておいて、その別紙にバツをした上で、別の別紙を付けただけだと、そこの特定がきちんとできているかという問題が生ずるのではないかと思います。付記のところで、別紙を差し替えたというところを説明しなければいけないわけですが、やはりその説明をする際には、別紙のうち、どの部分をどれに差し替えたというところが特定できないと、加除訂正の方式を満たさないということになる」と説明された（堂薗幹事：部会議事録23回42頁）。このことは、古い目録に取り消し線を引いて新しい目録を追加することに加えて、遺言の本文中の記載を例えば「別紙記載の土地」から「別紙2記載の土地」へと変更するなど、従来どおりの方法によって加除訂正する必要があることを意味する。

3　実務への影響

（1）　遺言書の一体性について　　遺言書については、それが1つの遺言書なのか、そうでないのかが問題になることがある。これは複数ページある遺言書を全部自書した場合であっても生じる問題であり、封書に入っているかどうか、ホチキスでとじているかどうか、保管場所が同じかどうか等の事情により、総合的に判断されている。

　本条2項が目録について自書を要しないとしたことは、一体性の判断に影響する側面がある。それは「複数ページにわたる遺言書が紙としては別々になっ

ていたとしても、各ページに記載された筆跡が全て同じであれば、確かに遺言者本人の意思が化体されているということで一体性を認める方向につながりやすい」のに対して、「例えば、財産目録がほとんど活字で構成されていて、そこに署名、押印があるというときに、それが遺言書本文と一緒にとじられていないような場合には、一体性を認めるか否かの判断に当たって、全文が自書されている場合よりも相対的にネガティブに働く場面は、それは確かに考えられる」（大塚関係官：部会議事録17回5頁）。この指摘は、目録を自書しない自筆証書遺言を作成される際に、強く意識される必要がある。

　一体性を認められやすくするために、同一の印鑑で全て押印することや契印を要求することも検討されたが、採用されなかった。その理由は、「遺言をより作りやすくするという最初の考え方からしたときに、新たに遺言書の要件を加重するとしたら、それによってかえって混乱をするという懸念も」あることを考慮した結果である（大塚関係官：部会議事録17回5頁）。この点については、①「特に印鑑について印鑑登録がされている必要はないということになりますと、別に同一の印鑑を要求されていたとしても、偽造や変造をしようとする人は同じように同一の印鑑で全て押印することができることになりますので、正直なところ、それでその懸念がどの程度減少するのかよく分からない」こと、および、②「同一の印鑑を要求するということになりますと、それが欠けている場合、すなわち、それを知らずに遺言書を作成した場合には方式違反ということになりますので、遺言者の意思が十分に反映されないおそれがあるといいますか、遺言者本人が作ったにもかかわらず一部無効、あるいは場合によっては全部無効になるおそれがあるということ」も指摘された（堂薗幹事：部会議事録17回8～9頁）。これらの指摘は、法律上の有効要件とすることの不都合に関するものにすぎないから、実務上は、同一の印鑑で全て押印することや契印をすることによって一体性を高めることは有意義と思われる。

（２）　**作成と変更の区別**　　自筆証書遺言の作成については、本条2項によって方式が緩和されているのに対し、加除その他の変更については、本条3項の厳格な方式によることが必要である。そのため、作成と変更の区別が重要になるところ、「最後に財産目録を付け加えた行為によって遺言書が完成したと見ることができるのであれば、それ自体は遺言の作成」であるのに対し、「一度完成している遺言については、そこで差し替えたとすれば、それはやはり遺言の加除訂正等の変更に当たる」と説明されたことがある（倉重関係官：部会議

事録22回37頁)。

　この説明によれば、自筆証書遺言の本文に記載された日付よりも後に作成された目録が添付された場合であっても、それが一体として遺言書の作成と見られるときは、作成として有効になる可能性がありそうである。ただし、これは「真実の作成日と違った日付が書かれた遺言ということで、現行法上でも生じ得る問題かと思いますが、その延長線として解釈すること」の可能性を示したものであるが、これは「完成自体は当日中というのが原則」であることを前提に「そうではないときにどう救済できるかという文脈で」説明されたものである（倉重関係官：部会議事録22回37頁）。

（秘密証書遺言）
第970条
1　秘密証書によって遺言をするには、次に掲げる方式に従わなければならない。
　(1)　遺言者が、その証書に署名し、印を押すこと。
　(2)　遺言者が、その証書を封じ、証書に用いた印章をもってこれに封印すること。
　(3)　遺言者が、公証人1人及び証人2人以上の前に封書を提出して、自己の遺言書である旨並びにその筆者の氏名及び住所を申述すること。
　(4)　公証人が、その証書を提出した日付及び遺言者の申述を封紙に記載した後、遺言者及び証人とともにこれに署名し、印を押すこと。
2　第968条3項の規定は、秘密証書による遺言について準用する。

（改正前民法970条）
1　本条1項と同じ。
2　968条2項の規定は、秘密証書による遺言について準用する。

◆解説

1　趣旨

　自筆証書遺言の方式の緩和について改正民法968条2項が追加され、改正前民法968条2項が改正民法968条3項となったことの影響である。

2　内容
本条2項では、「968条2項」を「968条3項」に改めた。
3　実務への影響
引用条文の表記が変更されたにすぎず、実務への影響はない。

（普通の方式による遺言の規定の準用）
第982条
第968条3項及び第973条から第975条までの規定は、第976条から前条までの規定による遺言について準用する。

（改正前民法982条）
968条2項及び973条から975条までの規定は、976条から前条までの規定による遺言について準用する。

◆解説
1　趣旨
自筆証書遺言の方式の緩和について改正民法968条2項が追加され、改正前民法968条2項が改正民法968条3項となったことの影響である。
2　内容
本条では、「968条2項」を「968条3項」に改めた。
3　実務への影響
引用条文の表記が変更されたにすぎず、実務への影響はない。

（遺贈義務者の引渡義務）
第998条
遺贈義務者は、遺贈の目的である物又は権利を、相続開始の時（その後に当該物又は権利について遺贈の目的として特定した場合にあっては、その特定した時）の状態で引き渡し、又は移転する義務を負う。ただし、遺言者がその遺言に別段の意思を表示したときは、その意思に従う。

第1000条
削除

(改正前民法998条)
1　不特定物を遺贈の目的とした場合において、受遺者がこれにつき第三者から追奪を受けたときは、遺贈義務者は、これに対して、売主と同じく、担保の責任を負う。
2　不特定物を遺贈の目的とした場合において、物に瑕疵があったときは、遺贈義務者は、瑕疵のない物をもってこれに代えなければならない。

(改正前民法1000条)
遺贈の目的である物又は権利が遺言者の死亡の時において第三者の権利の目的であるときは、受遺者は、遺贈義務者に対しその権利を消滅させるべき旨を請求することができない。ただし、遺言者がその遺言に反対の意思を表示したときは、この限りでない。

◆解説

1　趣旨

　これは、債権法改正後の贈与に関する規律とのバランスを考慮した改正である。
　すなわち、債権法改正後民法563条以下では、売買等の有償契約におけるいわゆる特定物ドグマを否定し、目的物が特定物であるか、不特定物であるかにかかわらず、買主は、追完請求権を有することとされている。また、無償行為である贈与においても、基本的にはこのような考え方を採用しており、「贈与者は、贈与の目的である物又は権利を、贈与の目的として特定した時の状態で引き渡し、又は移転することを約したものと推定する」と規定している（債権法改正後民法551条1項）。本条は、この改正を考慮して、遺贈においても同様の考え方を採用したものである。

2　内容

（1）遺贈義務者の引渡義務の内容（本条本文）　本条本文は、「遺贈義務者は、遺贈の目的である物又は権利を、相続開始の時（その後に当該物又は権利について遺贈の目的として特定した場合にあっては、その特定した時）の状態で引き渡し、又は移転する義務を負う」と規定している。
　ここでは「遺贈の目的である物又は権利」とされており、相続財産に属する遺贈を目的とした場合に限定されていない。その理由は、①「遺言者があえて他人物を遺贈の対象とした場合に、他人物贈与と異なる取扱いをすることについて合理的な説明をすることは困難である」こと、および、②「遺贈について

は、一般に、贈与の場合よりもデフォルト・ルールを明確に定める必要性が高いとすれば、贈与の場合にはその対象財産に特段の限定が付されていないのに、遺贈の場合には相続財産に属する財産の場合に限定した規定を設け、他人物遺贈については解釈に委ねることとするのは相当でない」ことにある（部会資料24-2・25頁）。

（2）　遺言者の意思表示による例外（本条ただし書）　　本条ただし書は、「遺言者がその遺言に別段の意思を表示したときは、その意思に従う」と規定している。

　これは、本条本文の規律は「あくまでも遺言者の通常の意思を前提としたものにすぎないから、その遺言において、遺言者がこれとは異なる意思を表示していた場合には、遺贈義務者はその意思に従った履行をすべき義務を負う」ことを定めたものである（中間試案補足43頁）。

　この点について、要点(3) 33頁は、「贈与の場合とは異なり、別段の意思を表示する方法を遺言に限定したのは、遺贈の場合には、その効力が生ずる時点では既に遺言者が死亡していることから、死者の意思をめぐる紛争を可及的に防止するためである」と指摘している。

（3）　改正前民法998条の削除　　改正前民法998条は不特定物の遺贈義務者の担保責任を定めていたが、削除された。その理由は、以下のとおりである。

　債権法改正後民法における贈与の規律と平仄を合わせた本条の規律を設けた場合において、改正前民法998条を維持しようとすれば、不特定物について遺贈義務者の追完義務に関する特則を設けたものと整理することになる。しかし、これは採用されなかった。その理由は、①「遺贈の場合にその無償性を考慮して遺贈義務者の追完義務について特則を設け、その責任を軽減することは考えられるところであるが、このような観点から特則を設けるのであれば、必ずしもその対象は不特定物に限られないのではないかと考えられる」こと、および、②「同じく無償行為である贈与についてはそのような特則は設けられていないことを考慮すると、遺贈についてのみ特則を設けるのはバランスを失する」ことにある（中間試案補足43頁）。

（4）　改正前民法1000条の削除　　改正前民法1000条は第三者の権利の目的である財産の遺贈について定めていたが、削除された。これは、本条を設けたことによって「特定遺贈の目的である物又は権利が、第三者の権利の対象となっていた場合においても、遺贈義務者は、その状態で引き渡し又は権利を移転す

れば足りることとなり、当該第三者の権利を消滅させる必要はないことが明らかになる」ためである（部会資料24-2・25〜26頁）。

3　実務への影響

本条は債権法改正後民法551条1項（贈与者の引渡義務等）の規定と同様の考え方を遺贈において採用したものであり、改正前民法998条・改正前民法1000条が削除されたこととともに、実務に影響を与えるものと思われる。

（遺言執行者の任務の開始）
第1007条
1　遺言執行者が就職を承諾したときは、直ちにその任務を行わなければならない。
2　遺言執行者は、その任務を開始したときは、遅滞なく、遺言の内容を相続人に通知しなければならない。

（改正前民法1007条）
本条1項と同じ。

◆解説

1　趣旨

遺言の内容は、遺言執行者がない場合には相続人が実現すべきであるのに対し、遺言執行者がある場合には遺言執行者が実現すべきことになる。そのため、「相続人としては、遺言の内容及び遺言執行者の有無について重大な利害関係を有することになるが、現行法上、遺言執行者がいる場合に、相続人がこれを知る手段が確保されていない」（中間試案補足48頁）。

本条2項は、遺言の内容および遺言執行者の有無について相続人が知る手段を確保するために、通知義務を定めたものである。

2　内容

本条2項は、「遺言執行者は、その任務を開始したときは、遅滞なく、遺言の内容を相続人に通知しなければならない」と定めている。

通知義務を負うのは、「その任務を開始したとき」であり、「就職を承諾していることは当然の前提」とされている（部会資料24-2・27頁）。これは、遺言執行者が就職を承諾したときは、直ちにその任務を行わなければならないところ

(本条1項)、本条2項の通知義務も、その任務の一環だからである。

このことは、「現行法の解釈として、一般に、家庭裁判所に選任された遺言執行者であっても、選任後に諾否の自由があるとの解釈が有力であるとされておりますので、このような解釈を前提とすれば、家庭裁判所に選任された遺言執行者についても、遺言執行者が就職を承諾したときに通知義務を課すことで足りることになるためです」と説明されたことがある（倉重関係官：部会議事録23回39頁）。

3　実務への影響
通知義務が明示されたことは、実務にも影響すると思われる。

（遺言執行者の権利義務）
第1012条
1　遺言執行者は、遺言の内容を実現するため、相続財産の管理その他遺言の執行に必要な一切の行為をする権利義務を有する。
2　遺言執行者がある場合には、遺贈の履行は、遺言執行者のみが行うことができる。
3　第644条、第645条から第647条まで及び第650条の規定は、遺言執行者について準用する。

（改正前民法1012条）
1　遺言執行者は、相続財産の管理その他遺言の執行に必要な一切の行為をする権利義務を有する。
2　本条3項と同じ。
＊債権法改正前民法1012条2項：644条から647条まで及び650条の規定は、遺言執行者について準用する。

◆解説

1　趣旨
遺言執行者は、遺言の内容を実現することを職務とするものであり、その権限は、遺言の内容が遺贈である場合には、その遺贈の履行をするのに必要な行為全般に及ぶことを明確にした。

2 内容

（1） 遺言執行者の法的地位（本条1項）　本条1項については、「遺言執行者は」の下に「、遺言の内容を実現するため」を加える改正をした。

これは、遺言執行者の法的地位を明確にする観点から、遺言執行者は遺言の内容を実現することを職務とするもので、必ずしも相続人の利益のために職務を行うものではないことを明らかにするためである（⇨**判例1**）。この改正によって、遺留分侵害額が請求された場合など、「遺言者の意思と相続人の利益とが対立する場面においても、遺言執行者はあくまでも遺言者の意思に従って職務を行えばよいことが明確になる」（中間試案補足47頁）。

本条1項は、「遺言の内容を実現する」ことが遺言執行者の職務であることを明確にしたものであり、公的な立場であることを示すものではない。この点について、「後見人のように公的な立場で財産を管理する人とは違って、家庭裁判所が遺言執行者に対して後見人と同じような監督をしなければならないとか、そういったものではない」「遺言執行者の監督を現行法よりも強化するとか、そういったところまでは想定していない」と説明された（堂薗幹事：部会議事録13回24頁）。

（2） 遺贈の履行（本条2項）　本条2項は、「遺言執行者がある場合には、遺贈の履行は、遺言執行者のみが行うことができる」と規定している。

これは、遺贈がされ、遺言執行者の定めがある場合には、遺言執行者が遺贈の履行をする権限を有することを明記したものである。その理由は、「遺言執行者制度の趣旨に照らすと、遺言の内容が遺贈である場合には、遺言執行者の権限の範囲は遺贈の履行をするのに必要な行為全般に及ぶものと考えられる」点にある（中間試案補足50頁）。一問一答（相続）114頁は「特定遺贈と包括遺贈とを区別することなく、遺言執行者のみが遺贈義務者となることを明らかにしている」と説明している。

特定遺贈がされた場合の遺言執行者の権限について、判例は、特定遺贈がされた場合、第一義的には相続人が遺贈義務者となるが、遺言執行者がいる場合には、被告適格を有するのは遺言執行者に限られるとしている（⇨**判例2**）。本条は、この趣旨を明確化するものでもある（部会資料25-2・15頁）。

3 実務への影響

遺言執行者の任務を明確にしたものであり、実務上の紛争を減らす効果があるものと思われる。

【参考判例等】
1　最高裁昭和30年5月10日判決・民集9巻6号657頁

　　遺言執行者の任務は、遺言者の真実の意思を実現するにあるから、改正前民法1015条が、遺言執行者は相続人の代理人とみなす旨規定しているからといって、必ずしも相続人の利益のためにのみ行為すべき責務を負うものとは解されない。そして本件仮処分の相手方たるXは、相続人から本件建物を買い受けた第三者であって相続人その人ではないから、遺言執行者であるAが受遺者たるYの代理人としてXに対し、仮処分申請の手続をすることを許されないと解することはできない。

2　最高裁昭和43年5月31日判決・民集22巻5号1137頁

　　遺言の執行について遺言執行者が指定されまたは選任された場合においては、遺言執行者が相続財産の、または遺言が特定財産に関するときはその特定財産の管理その他遺言の執行に必要な一切の行為をする権利義務を有し、相続人は相続財産ないし右特定財産の処分その他遺言の執行を妨げるべき行為をすることはできないこととなるのであるから（改正前民法1012条ないし1014条）、本訴のように、特定不動産の遺贈を受けた者がその遺言の執行として目的不動産の所有権移転登記を求める訴において、被告としての適格を有する者は遺言執行者に限られるのであって、相続人はその適格を有しないものと解するのが相当である（大審院昭和15年2月13日判決・大審院判決全集7輯16号4頁参照）。してみると、本件の遺言について、遺言執行者が存在するものであるならば、原審としては、本訴は被告の適格を欠く者に対する訴としてこれを却下すべきものであったものといわなければならない。

（遺言の執行の妨害行為の禁止）
第1013条
1　遺言執行者がある場合には、相続人は、相続財産の処分その他遺言の執行を妨げるべき行為をすることができない。
2　前項の規定に違反してした行為は、無効とする。ただし、これをもって善意の第三者に対抗することができない。
3　前2項の規定は、相続人の債権者（相続債権者を含む。）が相続財産についてその権利を行使することを妨げない。

(改正前民法1013条)
本条1項と同じ。

◆解説
1 趣旨
　遺言の執行の妨害行為の禁止について、その効果を明確にした。その概要は、相続人による妨害行為は無効であることを原則としつつ、「善意の第三者」は保護されることを示し、あわせて、債権者の権利行使は妨げられないとしたことにある。

2 内容
（1）相続人による執行妨害（本条2項）
　(a) **原則は無効**　本条1項は、改正前民法1013条と同じ内容である。これは、遺言の効力を生じた時には遺言者本人は死亡しており、相続人は常に遺言執行に協力的だとは限らないことを考慮し、遺言執行者を指定した趣旨から導かれたものである。大村新基本8　132頁は、「相続財産の管理権限は必要な限度において、相続人から遺言執行者へと移される。別の言い方をすれば、被相続人は遺言執行者を選任しておくことによって、遺産の管理権を相続人から剥奪することができるわけである」と指摘していた。
　改正前民法1013条に違反した相続人の処分行為について、判例は、絶対無効としていた（⇨**判例1、2**）。
　本条1項に違反する行為について本条2項本文が「無効とする」と規定したのは、原則について、判例の趣旨を採用したものである。
　(b) **善意の第三者保護**　本条2項ただし書は、「これをもって善意の第三者に対抗することができない」と規定している。
　これは、**判例1、2**と異なり、例外的に「善意の第三者」との関係では、無効という主張を認めないものである。
　遺言執行者がある事案について**判例1、2**が改正前民法1013条に違反した相続人の処分行為について絶対無効とするのに対し、遺言執行者がない事案について、判例は、遺言者が不動産を第三者に遺贈して死亡した後に、相続人の債権者が当該不動産の差押えをした事案について、受遺者と相続人の債権者とは対抗関係に立つとしている（⇨**§899の2・判例5**）。このことは、遺贈がされた場合に、遺言執行者があるときは遺贈が絶対的に優先する（対抗関係は生じな

い)のに対し、遺言執行者がないときは対抗関係に立つという違いがあることを意味する。そのため、「遺言の存否及び内容を知り得ない第三者に不測の損害を与え、取引の安全を害するおそれがあるとの指摘」がされていた（中間試案補足49頁）。また、**判例2**について「買主の立場からすれば、取得しようとする不動産について、どれだけ売主＝相続人および周辺について権原調査を行ったとしても、遺言執行者の指定がされていて、かつ、これが第三者に遺贈などされていた場合には、当該不動産を取得することはできない」という不都合も指摘されていた（小粥146頁）。

本条2項ただし書は、これらの指摘を受けて「善意の第三者」を保護し、遺言の内容を知り得ない第三者の取引の安全を図っている。ここで「善意」であれば足りるとし、無過失を要求していないのは「第三者に遺言の内容に関する調査義務を負わせるのは相当でない」ためである（中間試案補足49頁）。

（2） 債権者との関係（本条3項） 本条3項は、「前2項の規定は、相続人の債権者（相続債権者を含む。）が相続財産についてその権利を行使することを妨げない」と規定している。

(a) **債権者の権利行使の自由** 本条3項が「相続人の債権者（相続債権者を含む。）の権利行使について「妨げない」と規定しているのは、相続人とは異なり、相続人の債権者については、遺言執行者がいることによって権利が制限される理由がないためである。

改正民法899条の2第1項は、遺言による遺産分割の指定や相続分の指定があった場合に、対抗要件主義を採用することとした。その理由のうち、相続の開始によって被相続人の相手方当事者の法的地位に著しい変動を生じさせるのは相当でないという点は、遺言執行者がいる場合にも同様に当てはまる。したがって、少なくとも相続債権者との関係では、遺言執行者がいる場合についても対抗要件主義（民法177条・178条・467条等）を採用し、相続債権者は法定相続分による権利取得を前提として、強制執行することができるようにすることが妥当である。このことは、「基本的に対抗要件主義を拡張した結果、相続させる旨の遺言をされた場合ですとか、相続の指定がされた場合も、対抗要件を先に備えれば、基本的には相続人の債権者や相続債権者の方が優先するという規律を……設けているわけですが、遺言執行者がいる場合も、その点は変わらないという趣旨」と説明された（堂薗幹事：部会議事録24回56頁）。

(b) **相続人の債権者を含むことの意義** 相続人の債権者と、相続債権者と

では、利害が異なる側面もある。実際、限定承認（民法922条等）や財産分離（民法941条等）のように、債務と責任の分離を認める場面では、相続債権者と相続人の債権者とを区別して取り扱うことが制度上必要不可欠であるため、そのような取扱いがされている。

しかし、遺言執行の妨害は、債務と責任の分離を認める場面ではない。本条3項では、相続債権者と相続人の債権者を同じに扱われている。これは、「この場合のみ両者を区別して取り扱うことを法制的観点から合理的に説明することには困難な面があること、両者を区別して取り扱うことについては法律関係を複雑にするなどの懸念が示されていること等」による（部会資料24-2・39頁）。このことは、「相続人の債権者を外す、要するに相続債権者だけ権利行使できるという形にした場合に、若干執行の場面、あるいは債務者対抗要件などの場面で権利関係が複雑になるという面がどうしても出てきます」と説明された（堂薗幹事：部会議事録23回5頁）。

3　実務への影響

本条2項ただし書により善意の第三者が保護されるという例外が認められたことは、実務に大きく影響するものと思われる。

本条3項は債権者の権利行使は制限されないことを明文化したものであり、大きな影響はないと思われる。

【参考判例等】
1　大審院昭和5年6月16日判決・民集9巻550頁
　　遺言執行者がある場合に、相続人が相続財産についてした処分行為は、絶対に無効である。そのような行為に対しては、遺言執行者はもちろん包括受遺者のようにその財産につき共有権を有する者もまた事故の利益を保護するために、これが無効であると主張することができる。
2　最高裁昭和62年4月23日判決・民集41巻3号474頁
　　改正前民法1012条1項が「遺言執行者は、相続財産の管理その他遺言の執行に必要な一切の行為をする権利義務を有する。」と規定し、また、改正前民法1013条が「遺言執行者がある場合には、相続人は、相続財産の処分その他遺言の執行を妨げるべき行為をすることができない。」と規定しているのは、遺言者の意思を尊重すべきものとし、遺言執行者をして遺言の公正な実現を図らせる目的に出たものであり、右のような法の趣旨からすると、相続人が改正前民法1013条の規定に

違反して、遺贈の目的不動産を第三者に譲渡しまたはこれに第三者のため抵当権を設定してその登記をしたとしても、相続人の右処分行為は無効であり、受遺者は、遺贈による目的不動産の所有権取得を登記なくして右処分行為の相手方たる第三者に対抗することができるものと解するのが相当である（前掲**参考判例1**参照）。そして、前示のような法の趣旨に照らすと、同条にいう「遺言執行者がある場合」とは、遺言執行者として指定された者が就職を承諾する前をも含むものと解するのが相当であるから、相続人による処分行為が遺言執行者として指定された者の就職の承諾前にされた場合であっても、右行為はその効力を生ずるに由ないものというべきである。

（特定財産に関する遺言の執行）
第1014条
1 　前3条の規定は、遺言が相続財産のうち特定の財産に関する場合には、その財産についてのみ適用する。
2 　遺産の分割の方法の指定として遺産に属する特定の財産を共同相続人の1人又は数人に承継させる旨の遺言（以下「特定財産承継遺言」という。）があったときは、遺言執行者は、当該共同相続人が第899条の2第1項に規定する対抗要件を備えるために必要な行為をすることができる。
3 　前項の財産が預貯金債権である場合には、遺言執行者は、同項に規定する行為のほか、その預金又は貯金の払戻しの請求及びその預金又は貯金に係る契約の解約の申入れをすることができる。ただし、解約の申入れについては、その預貯金債権の全部が特定財産承継遺言の目的である場合に限る。
4 　前2項の規定にかかわらず、被相続人が遺言で別段の意思を表示したときは、その意思に従う。

（改正前民法1014条）
本条1項と同じ。

◆解説

1　趣旨

本条2項ないし4項は、「特定財産承継遺言」、すなわち、遺産の分割の方法の指定として遺産に属する特定の財産を共同相続人の1人または数人に承継さ

せる旨の遺言に関する規律を定めている。

これは、遺言執行者の権限を明確化するものである。

2 内容

(1) 特定財産承継遺言（本条2項）

(a) **特定財産承継遺言** 本条2項は、「遺産の分割の方法の指定として遺産に属する特定の財産を共同相続人の1人又は数人に承継させる旨の遺言（以下「特定財産承継遺言」という。）があったときは」と定めている。

この「特定財産承継遺言」という略称は、民法908条の「遺産分割方法の指定」には、①遺産分割の方式を指定するもの（現物分割、換価分割または代償分割かを定めるもの）と、②遺産分割により特定の遺産を特定の相続人に取得させることを指定するものとが含まれるところ、本条2項の対象となっているのは②であることを明確にするためのものである（部会資料24-2・6頁）。

(b) **遺言執行者の権限** 本条2項は「遺言執行者は」と規定し、対抗要件具備について原則として遺言執行者の権限に含めている。

これは、遺産分割方法の指定の対象財産が不動産であった事案に関する判例を参考にしたものであり（⇨**判例**）、その理由は、①「対抗要件具備行為は、受益相続人にその権利を完全に移転させるために必要な行為であり、遺言の執行に必要な行為といえること」、および、②改正民法899条の2を新設し、「遺産分割方法の指定による権利変動についても受益相続人の法定相続分を超える部分については対抗問題として処理することとする」ので、「これを遺言執行者の権限に含める必要性が高まること」等を考慮したものである（中間試案補足50頁）。

本条2項は、特定財産承継遺言、すなわち、遺産の分割の方法の指定として遺産に属する「特定の財産」を共同相続人の1人または数人に承継させる旨の遺言を対象としており、不動産を除外していない。

この点、遺産分割方法の指定の対象とされた財産が動産や債権である場合のように、受益相続人が単独で対抗要件を取得することができない場合には、遺言執行者に対抗要件具備行為をする権限を認めるべきことになる。これに対して、不動産については、判例が「不動産取引における登記の重要性に鑑み、受益相続人に登記を取得させることは遺言執行者の職務権限に属する」としつつ「登記実務上、相続させる遺言については不動産登記法63条2項により受益相続人が単独で登記申請することができることとされているから、当該不動産が

§1014

被相続人名義である限りは、遺言執行者の職務が顕在化せず、遺言執行者は登記手続をすべき権利も義務も有しない」と判示していることからすれば、遺言執行者に対抗要件具備の権限を付与する必要はないとも考えられるが、そのような規律は採用されなかった。その理由については、「近時、相続時に相続財産に属する不動産について登記がされないために、その所有者が不明確になっている不動産が多数存在することが社会問題となっていること等に鑑みると、遺産分割方法の指定がされた場合に、遺言執行者による単独申請によって登記を認めることができないかについても検討の余地がある」と説明されたことがある（中間試案補足51頁）。

また、動産については、遺言執行者に対抗要件具備権限を付与しないことを原則とすることも検討されたが、採用されなかった。その理由は、①「遺言執行者は一般的に遺言の執行に必要な一切の行為をする権限を有するとされていること」、②「遺言執行者がその職務の過程で受け取ったものについては、相続人に引き渡す義務を負うことなどからすると、動産について、原則として対抗要件を具備させる権限を有しないという規律を設けたとしても、遺言執行者が目的動産を任意に受領し、これを受益相続人に引き渡すことができなくなるわけではない」こと、③「貸金庫内の目的物について、遺産分割方法の指定がされ、かつ遺言執行者が選任されているような場合には、遺言者は第三者対抗要件を具備させるという目的ではなく、遺言の実効的な執行のために受益相続人にこれを直接引き渡すことを遺言執行者の職務として指定したとの解釈をすることができる場合も多い」ため、遺言執行者の一般的な権限の例示として、改正民法1012条１項においても改正前民法1012条１項と同様に「相続財産の管理」を掲げていること、④「他方で、遺言執行者について一般的に対抗要件具備権限を認めることとしながら、上記のような理由だけで動産についてはその例外とすることができるかについては疑問もあること」、および、⑤「遺言執行者には就職するに当たっての諾否の自由があり、動産の引渡権限が加重[ママ]である場合には就職を拒絶することが可能であることなどからすると、遺言執行者の一般的な権限として、動産も含めた対抗要件具備権限を付与したとしても、必ずしも遺言執行者[ママ]に加重な負担を負わせることにはならない」ことによる（倉重関係官：部会議事録23回38～39頁）。

(c) **対抗要件具備**　本条２項は、「当該共同相続人が899条の２第１項に規定する対抗要件を備えるために必要な行為をすることができる」と規定してい

る。

　改正民法899条の2第1項によって対抗要件主義の対象とされるのは、法定相続分を超える部分のみである。このことは、「結果的には、遺産分割方法の指定と相続分の指定と遺産分割がされた場合、これらの場合で、法定相続分を超える権利変動が生じた場合を念頭に置いているということでございまして、そういった意味で、法定相続分での変動を含めた相続による物権変動一般についてという趣旨ではございません」と説明された（堂薗幹事：部会議事録22回42頁）。

　また、ここでは、遺言執行者は、受益相続人の立場からではなく、対抗要件を具備させる義務を負っている相続人の立場として事務を行っているものと位置付けられていることが重要である。このことは、「対抗要件具備に関して言えば、要するに、対抗要件を具備させる義務を負っている相続人の立場として事務を行っているのであって、その権利を取得した受益相続人のために事務を行っているわけではないという位置付けだと思います。現行法の下では、不動産で遺言執行者の職務が顕在化しないのは、それは受益相続人が単独でできるから遺言執行者がやる必要がないということになっていますが、その点を見直し、ここでの規律は、受益者の側からも単独でできるし、義務者の立場にある遺言執行者の側からも単独でできるようにすると、そういう趣旨でございます」と説明された（堂薗幹事：部会議事録17回23頁）。

(2) 預貯金債権の特則 (本条3項)

(a) 払戻しおよび解約の権限

本条3項本文は、「前項の財産が預貯金債権である場合には、遺言執行者は、同項に規定する行為のほか、その預金又は貯金の払戻しの請求及びその預金又は貯金に係る契約の解約の申入れをすることができる」と規定している。

　本条3項では、後記(b)のとおり、預貯金の払戻しについて解約よりも広く認めている。これは、①「現行の銀行実務においては、預金債権について遺贈や相続させる旨の遺言がされた場合には、受遺者等に名義変更をした上で、その預金口座を維持する取扱いはほとんどされていない」こと、および、②「遺言執行者がいる場合にも、受遺者等に当該預金債権の対抗要件を具備させた上で、受遺者等が自ら預金債権を行使することとするよりは、遺言執行者に預金債権の払戻権限を認め、遺言執行者に引き出した預金の分配まで委ねる方が手続として簡便であり、また、遺言者の通常の意思に合致する場合が多い」こと等を

考慮したものである（中間試案補足52頁）。

　また、本条3項では、払戻しや解約とは異なり、預貯金契約上の地位の移転については定められなかった。これは、預貯金債権を遺産分割の対象とする判例（⇨§909の2・判例3）の「趣旨を踏まえますと、預貯金債権について遺産分割方法の指定をした遺言者の意思としましても、相続人又は第三者に対し、預貯金契約上の地位まで移転するということを意図していない場合が多いものと考えられ」るため、「遺言執行者に対しましては、契約上の地位の移転までの権限を付与する必要はなく、定期貯金等を含めた預貯金債権に係る基本契約についての解約権限を付与するという規律を設ける」ものと説明された（満田関係官：部会議事録20回35頁）。

　本条3項は「預貯金債権」について設けられた特則であり、預貯金債権以外の金融商品は解約権限の対象とされていない。その理由は、預貯金については「解約時期如何によって相続人の利益を害し得るというような問題が生じない」（堂薗幹事：部会議事録22回40頁）のに対し、その他の金融商品については「投機的な性質を有する面もございますので、受益者の不利益等も考慮」した点にある（満田関係官：部会議事録20回35頁）。そのため、本条3項は、預貯金債権以外の金融商品については解釈に委ねているのであり、遺言書に記載がない場合には解約できないというところまで規律したものではない。本条3項が遺言書の解釈に与える影響について、「預貯金債権に関する規律として書いていますので、それ以外のものについて解約権限はないというところまで、この規定が含意しているわけではございませんので、それ以外の契約については、それぞれの遺言の解釈として判断するという前提です。ただ、預貯金債権について解約権限を認めた……規律を設けることによって、ほかの契約について解約権限があるかどうかを解釈するに当たっても、参考になるのではないかと思います。要するに、預貯金債権に近いものについては解約権限が認められやすくなるでしょうし、……解約時期によってかなり金額が変動するようなものについては認められないというような解釈がされやすくなるのではないか」と説明された（堂薗幹事：部会議事録22回40頁）。

　(b)　**解約の制限**　　本条3項ただし書は、「解約の申入れについては、その預貯金債権の全部が特定財産承継遺言の目的である場合に限る」と規定している。

　これは、預貯金債権の全部について遺産分割方法の指定がされた場合に限っ

て遺言執行者に解約権限を付与するものであるから、預貯金の一部について遺産分割方法の指定がされた場合には、遺言執行者に解約権限はないことになる。このように規定した理由は、①「預貯金の一部のみについて遺産分割方法の指定がされた場合にも預貯金契約の全部を解約することができることとすると、遺言執行者に遺言の執行に必要な限度を超えて、相続財産の処分権限を認めることにもなり得ること」、および、②「遺言執行者の職務としては、通常、相続の開始後比較的短期間のうちに遂行可能なものが想定されているものと考えられるが、仮に遺産分割の対象となる預貯金債権についても解約権限を認めることとなると、遺言執行者は、解約により取得した預貯金（現金）を遺産分割が終了するまで保管すべき義務を負うこととなって相当でない」こと等にある（部会資料22-2・21頁）。

　本条3項ただし書は、預貯金の一部について遺産分割方法の指定がされた場合には、遺言執行者に預貯金の全部を解約する権限はないとしたものであり、指定された一部について払戻しを申し入れることはできる。このことは「1,000万の預金があって、そのうち800万円をAさんに取得させる」という例について「遺言執行者は全体の解約はできないけれども、800万円の払戻しを申し入れることはできる」「契約を全体として解約するには、その預貯金全部について誰かに帰属させるという遺言がなければいけないという趣旨でございますので、定期預金のような場合にも、銀行側で一部の払戻しに応じると、一部解約という形で払戻しに応じることは可能であるという整理でございます。最後の点はなかなか難しいところはあると思いますけれども、原則からいきますと、1,000万のうち800万ということですので、全体の解約はできないということにはなるわけですけれども、この規定の趣旨は、要するに800万円誰かに取得させるという遺言がされているにもかかわらず、1,000万円を遺言執行者に払い戻すというのは、それは行き過ぎではないかという趣旨でございますので、200万円、銀行に残るような形で仕組まれているのであれば、この規定の趣旨には反しないという解釈があり得る」と説明されたことがある（堂薗幹事：部会議事録22回38〜39頁）。

（3）　別段の意思表示（本条4項）　　本条4項は、「前2項の規定にかかわらず、被相続人が遺言で別段の意思を表示したときは、その意思に従う」と規定している。

　特定財産承継遺言がある場合の遺言執行者の対抗要件具備権限（本条2項）

と特定財産承継遺言の対象が預貯金債権である場合の解約権限（本条3項）について、遺言者の意思によって変更することを認めたものである。

3　実務への影響

特定財産承継遺言がある場合について、原則的な遺言執行者の権限を明らかにしたものであり、実務に影響すると思われる。

【参考判例等】
最高裁平成11年12月16日判決・民集53巻9号1989頁
(1)　特定の不動産を特定の相続人甲に相続させる趣旨の遺言（相続させる遺言）は、特段の事情がない限り、当該不動産を甲をして単独で相続させる遺産分割方法の指定の性質を有するものであり、これにより何らの行為を要することなく被相続人の死亡の時に直ちに当該不動産が甲に相続により承継されるものと解される（最高裁平成3年4月19日判決・民集45巻4号477頁参照）。しかしながら、相続させる遺言が右のような即時の権利移転の効力を有するからといって、当該遺言の内容を具体的に実現するための執行行為が当然に不要になるというものではない。
(2)　そして、不動産取引における登記の重要性にかんがみると、相続させる遺言による権利移転について対抗要件を必要とすると解すると否とを問わず、甲に当該不動産の所有権移転登記を取得させることは、改正前民法1012条1項にいう「遺言の執行に必要な行為」に当たり、遺言執行者の職務権限に属するものと解するのが相当である。もっとも、登記実務上、相続させる遺言については不動産登記法27条により甲が単独で登記申請をすることができるとされているから、当該不動産が被相続人名義である限りは、遺言執行者の職務は顕在化せず、遺言執行者は登記手続をすべき権利も義務もしない（最高裁平成7年1月24日判決・集民174号67頁参照）。しかし、本件のように、甲への所有権移転登記がされる前に、他の相続人が当該不動産につき自己名義の所有権移転登記を経由したため、遺言の実現が妨害される状態が出現したような場合には、遺言執行者は、遺言執行の一環として、右の妨害を排除するため、右所有権移転登記の抹消登記手続を求めることができ、さらには、甲への真正な登記名義の回復を原因とする所有権移転登記手続を求めることもできると解するのが相当である。この場合には、甲において自ら当該不動産の所有権に基づき同様の登記手続請求をすることができるが、このことは遺言執行者の右職務権限に影響を及ぼすものではない。
(3)　したがって、Xは、新遺言に基づく遺言執行者として、Yに対する本件訴えの原告適格を有するというべきである。

> **(遺言執行者の行為の効果)**
> **第1015条**
> 遺言執行者がその権限内において遺言執行者であることを示してした行為は、相続人に対して直接にその効力を生ずる。

(改正前民法1015条)
遺言執行者は、相続人の代理人とみなす。

◆解説

1　趣旨

　遺言執行者制度は、遺言の執行を遺言執行者に委ねることにより、遺言の適正かつ迅速な執行の実現を可能とするためのものである。

　遺言の内容は、本来であれば、遺言者の権利義務の承継人である相続人がこれを実現すべきものであるが、遺言の内容によっては、相続人との利害対立、相続人間の意見の不一致、一部の相続人の非協力などによって、公正な執行が期待できない場合がある。このような場合に、遺言執行者は、一部の相続人の意思や利益に反する内容であっても、遺言者の意思を実現することを職務とする。このことから、「本来は遺言者の代理人としての立場を有するものである。したがって、遺言執行者は、必ずしも破産管財人のように中立的な立場において職務を遂行することが期待されているわけではなく」、例えば、遺留分侵害額の請求がされた場合のように、「遺言者の意思と相続人の利益とが対立する場面でも、遺言執行者としてはあくまでも遺言者の意思を実現するために職務を行えば足りる」ことになる（中間試案補足46頁）。

　ところが、改正前民法1015条は「相続人の代理人とみなす」と規定しており、遺言執行者の法的地位は、必ずしも明確ではなかった。そのため、「遺言者の意思と相続人の利益とが対立する場合に、遺言執行者と相続人との間でトラブルを生ずることがある」という指摘（中間試案補足46頁）や「相続人の利益のために活動すべきものだという誤解が生じている」という指摘（堂薗幹事：部会議事録17回23頁）がされた。

　本条は、これらの指摘を受けて、改正前民法1015条の「相続人の代理人とみなす」という部分の「実質的な意味を明らかにすることを意図したものであり、遺言執行者の行為の効果は相続人に帰属することとしたもの」である。これに

伴い、改正前民法1015条は削除された（中間試案補足48頁）。

2 内容

（1） 権限と顕名　本条は、「遺言執行者がその権限内において遺言執行者であることを示してした行為は」と規定している。

これは、改正前民法1015条を改正して「相続人に対して直接にその効力を生ずる」という表現に改めることから、代理行為の要件および効果に関する民法99条が「本人のためにすることを示してした」としていることを参考として、顕名に相当する要件についても規定するのが相当であるとされ、「遺言執行者であることを示してした」との要件を付加したものである（部会資料25-2・15頁、満田関係官：部会議事録25回13頁）。

（2） 効果帰属　本条は、「相続人に対して直接にその効力を生ずる」と規定している。

この改正は、遺言者の意思と相続人の利益とが対立する場合等にも、遺言執行者としては、遺言者の意思を実現するために職務を遂行すれば足りるということを明らかにするためのものであり、改正前民法1015条の規律を実質的に変更するということを意図したものではない。

この点について、自己契約および双方代理等に関する債権法改正後民法108条を遺言執行者に準用することも検討されたが、採用されなかった。その理由は、①代理に関する規定の一部についてのみ「その適用関係を明確にするというのは法制的に困難な面がある」ため、仮に債権法改正後民法108条の適用関係を明確にするのであれば、代理に関するほかの規定（民法99条～民法118条）についても同様の手当てをする必要があること、および、②本条によっても遺言執行者の行為の効果は相続人に帰属することは明示されているから、遺言執行者について債権法改正後民法108条が「適用ないし準用されることにつきましては、解釈によっても十分に導き得る」ことにある（満田関係官：部会議事録20回34頁）。

3 実務への影響

本条の改正は、遺言執行者の法的地位について、遺言者の意思を実現するということを明確にしたものである。実質的な変更ではないが、趣旨が明確にされたことによって紛争が生じにくくなると思われる。

> **(遺言執行者の復任権)**
> **第1016条**
> 1 遺言執行者は、自己の責任で第三者にその任務を行わせることができる。ただし、遺言者がその遺言に別段の意思を表示したときは、その意思に従う。
> 2 前項本文の場合において、第三者に任務を行わせることについてやむを得ない事由があるときは、遺言執行者は、相続人に対してその選任及び監督についての責任のみを負う。

(改正前民法1016条)
遺言執行者は、やむを得ない事由がなければ、第三者にその任務を行わせることができない。ただし、遺言者がその遺言に反対の意思を表示したときは、この限りでない。

＊債権法改正前民法1016条
1 改正前民法1016条と同じ。
2 遺言者が前項ただし書の規定により第三者にその任務を行わせる場合には、相続人に対して、105条に規定する責任を負う。

◆解説

1 趣旨

遺言執行者の復任権の要件について、あらためて検討し、債権法改正後民法1016条の内容を変更するものである。

2 内容

(1) 自己責任の原則(本条1項本文) 本条1項本文は、「遺言執行者は、自己の責任で第三者にその任務を行わせることができる」と規定している。

これは、一般に法定代理人であると解されている遺言執行者について、改正前民法1016条の規律を変更し、法定代理人による復代理人の選任(債権法改正前民法106条、債権法改正後民法105条)と同じ「自己の責任で」という要件において「第三者にその任務を行わせること」を認めるものである。

前記のとおり、債権法改正前民法106条前段(債権法改正後民法105条前段)は、「法定代理人は、自己の責任で復代理人を選任することができる」と規定している。その理由は、①「法定代理人の職務は広範に及ぶため単独では処理し得

ない場合も多いこと」、②「法定代理人については任意に辞任することが認められていないこと」、および、③「法定代理人が選任される場合の本人は制限行為能力者、不在者など、復代理についての許諾能力に欠ける場合が多いこと」等にある（中間試案補足53頁）。

そして、本条1項本文は、前記の法定代理人による復代理人の選任と同じ「自己の責任で」という要件で、遺言執行者が第三者にその任務を行わせることを認めており、委任ができる場面を改正前民法1016条（債権法改正前民法1016条1項）よりも広く認めている。その理由は、①「遺言執行者についても、遺言の内容如何によっては、その職務が非常に広範に及ぶこともあり得、また、遺言の執行を適切に行うためには相応の法律知識等を有していることが必要となる場合があるなど、事案によっては弁護士等の法律専門家にこれを一任した方が適切な処理を期待することができる場合もある」こと、②「遺言執行者は、実質的には既に死亡した遺言者の代理人として、その意思を実現することが任務とされており、その意味では、復代理を許諾すべき本人もない状況にある」ところ、改正前民法1016条（債権法改正前民法1016条1項）は「やむを得ない事由がなければ、第三者にその任務を行わせることができない」と規定しており、この要件は「任意代理人による復代理人選任の要件（民法104条）よりもさらに狭く、このことが遺言執行者の任務の遂行を困難にしている面がある」こと、および、③判例は、遺言執行者の任務の一部を委任することは債権法改正前民法1016条1項（改正前民法1016条と同内容）に違反しないと判示しているところ（⇨**判例**）、「遺言執行者は法律上包括的な権限が付与されている者ではなく、遺言の執行をするのに必要な範囲で権限が付与されているのにすぎないこと等に照らすと、任務の一部について委任することはできるが、任務の全部を委任することはできないこととするのは、合理性に欠ける」ことにある（中間試案補足53～55頁）。

(2) 別段の意思表示（本条1項ただし書）　　本条1項ただし書は、「遺言者がその遺言に別段の意思を表示したときは、その意思に従う」と規定している。

これは、「自己の責任で第三者にその任務を行わせることができる」という原則（本条1項本文）について、遺言者の意思によって変更することを認めたものである。

(3) やむを得ない事由（本条2項）　　本条2項は、「前項本文の場合において、第三者に任務を行わせることについてやむを得ない事由があるときは、遺

言執行者は、相続人に対してその選任及び監督についての責任のみを負う」と規定している。

　これは、遺言執行者が復任権を行使した場合の責任について、法定代理人による復代理人の選任（債権法改正前民法106条後段、債権法改正後民法105条後段）と同様の規律を設けるものである。

　この点、信託法35条と同様の規律にすることも検討されたが、採用されなかった。信託法35条の考え方は、「信託における受託者が信託事務の処理を第三者に委託した場合の責任については、原則として、選任監督について過失がなければ受託者はその責任を免れるが（信託法35条1項・2項）、信託行為において指名された第三者に委託した場合等においては、受託者の責任が更に軽減されている（同条3項）。他方で、私的自治の尊重の観点から、信託行為の定めにより、3項の義務については加重・軽減することができる」というものである（部会資料23-2・15頁）。この考え方を採用しなかった理由は、「基本的には遺言執行者の場合にも妥当するものと思われますが、遺言者の意思等を踏まえましても、遺言執行者において当然に復任権の行使が予定されているとまでは言えないことから、信託法のような詳細な規律を設ける必要性は高くないように思われましたので、遺言執行者が復任権を行使した場合の規律については、法定代理の場合と同様、包括的なものにとどめ、遺言者が特段の定めをした場合における責任の範囲については解釈に委ねる」という点にある（倉重関係官：部会議事録23回39頁）。

　なお、債権法改正前1016条2項は債権法改正により削られたが、今回の相続法改正により本条2項が規定された。そのため、今回の改正の附則30条において「1016条2項を削る改正規定を削る」とされている。

3　実務への影響

　遺言執行者の復任権の要件について、債権法改正後民法1016条の内容を変更するものである。実務に与える影響は大きいと思われる。

【参考判例等】

大審院昭和2年9月17日決定・民集6巻501頁

　　遺言執行者は第三者をしてその任務を行わせることができないとされているのは、第三者をして自分に代わってその地位に就かせて遺言執行の事務に当たらせること、いい換えれば、遺言執行の権利義務を挙げて他人に移すことを禁止した

ものである。すべてのことを自ら手を下してこれを行わなければならないという意味ではないから、ある特定の行為またはある範囲の行為について第三者に代理権を授与することはもとより妨げられるところではない。

（撤回された遺言の効力）
第1025条
前3条の規定により撤回された遺言は、その撤回の行為が、撤回され、取り消され、又は効力を生じなくなるに至ったときであっても、その効力を回復しない。ただし、その行為が錯誤、詐欺又は強迫による場合は、この限りでない。

（改正前民法1025条）
前3条の規定により撤回された遺言は、その撤回の行為が、撤回され、取り消され、又は効力を生じなくなるに至ったときであっても、その効力を回復しない。ただし、その行為が詐欺又は強迫による場合は、この限りでない。

◆解説

1　趣旨

　錯誤の効力について、債権法改正前民法95条は無効としていたところ、債権法改正により「取り消すことができる」に変更されたことを受けて、改正前民法1025条ただし書に「錯誤」を加えるものである。

2　内容

（1）　原則としての非復活主義（改正の対象外）　本条本文は、①いったん遺言（以下、甲遺言という）がされたものの、②甲遺言が撤回され（以下、撤回行為という）、その後、③撤回行為の効力が否定された場合について、甲遺言は復活しないという原則（以下、非復活主義という）を規定している。

　非復活主義が原則とされている理由は、甲遺言の撤回行為が効力を失った場合の取扱いは、本来、遺言者の意思によって決定されるべきところ、遺言者の意思は明らかでないことが少なくなく、真意が不明の場合には甲遺言を復活させない方が、遺言者の意思に反しない結論となる可能性が高いことにある。

（2）　例外としての復活主義（改正の対象）　改正前民法1025条ただし書は「詐欺又は強迫による場合は、この限りでない」として非復活主義の例外を認

めていた。これは、撤回行為が詐欺または強迫を理由に取り消された場合には、撤回の行為が遺言者の真意に出たものではないことが明らかであり、甲遺言を復活させる方が、遺言者の意思に反しない結論となるためである。

今回の改正は、改正前民法1025条ただし書の「詐欺……」の前に「錯誤、」と加えるものである。これにより、甲遺言の撤回行為が遺言者の「錯誤」によるものとして取り消された場合についても、甲遺言が復活することが明確になる。

錯誤とは、表示行為から推測される意思と表意者の真実の意思が食い違っていることに、表意者自身が気づいていない場合である。その効力について、債権法改正前民法95条は無効としていたが、債権法改正により「取り消すことができる」に変更された。この理由について、大村新基本1　104頁は「従来から、錯誤無効の効果は取消しに近づきつつあったことに加えて、動機の錯誤も考慮に入れるとなると、錯誤＝意思の不存在＝無効という図式を維持することは無用（さらに言えば不適切）になることによる」とし、一問一答（債権）20頁は「より表意者の帰責性が乏しい詐欺について意思を否定することができる期間は『取消し』であるため制限されていたこと（民法126条）とのバランスを考慮」したことを指摘している。

ところで、部会資料24-2・26頁は、「一般に、撤回行為が当初から効力を有しない場合……には、本条本文の適用はないと解されているようである」とし、意思無能力により当初より撤回行為が無効である場合（⇨**判例**）を例示し、現行法の解釈として、撤回行為に「錯誤」がある場合には、甲遺言の効力は否定されないと説明した上で、「債権法改正後の民法においては、錯誤に基づく意思表示は、詐欺、強迫とともに、取消しの対象とされたが、1025条の規律を実質的に改める必要性は特に見当たらない」ことから、本条ただし書に「錯誤」を含め、甲遺言の効力が否定されない旨を明らかにするのが適切としていた。この説明は、債権法改正によって「錯誤」の効果が取消しとなった（詐欺・強迫と同じ効果となった）ことにより反対解釈の可能性が生じることを考慮し、本条ただし書に明示することによって、改正前と同じ結論（非復活主義の原則を適用しない＝甲遺言が復活する）を確実に導いていることになる。

3　実務への影響

債権法改正によって「錯誤」の効果が変わったことを受けたものであり、復活主義によるという結論は同じであるから、実務への影響はないと思われる。

【参考判例等】
大阪高裁平成 2 年 2 月28日判決・判時1372号83頁

〈事案〉 Aは、遺言書①を作成した後、遺言書①は取り消されたものとする内容の遺言書②を作成した。遺言書②を作成した当時Aは意思無能力者であったため、遺言書②は無効であるという判決が確定した。

〈判旨〉 改正前民法1025条は、遺言書①の取消しがいったん有効にされた場合の規定であって、先の遺言を取り消す旨の遺言書②が当初から効力を有しない場合には、遺言の撤回そのものが効力を生じていないのであるから、同条の適用はあり得ないものというべきである。

第3 配偶者居住権

（配偶者居住権）
第1028条
1 　被相続人の配偶者（以下この章において単に「配偶者」という。）は、被相続人の財産に属した建物に相続開始の時に居住していた場合において、次の各号のいずれかに該当するときは、その居住していた建物（以下この節において「居住建物」という。）の全部について無償で使用及び収益をする権利（以下この章において「配偶者居住権」という。）を取得する。ただし、被相続人が相続開始の時に居住建物を配偶者以外の者と共有していた場合にあっては、この限りでない。
　⑴　遺産の分割によって配偶者居住権を取得するものとされたとき。
　⑵　配偶者居住権が遺贈の目的とされたとき。
2 　居住建物が配偶者の財産に属することとなった場合であっても、他の者がその共有持分を有するときは、配偶者居住権は、消滅しない。
3 　第903条4項の規定は、配偶者居住権の遺贈について準用する。
（新設）

◆解説
1　趣旨
（1）高齢化への対応　　日本においては、近年、高齢化が進展している。そのため、配偶者の一方（被相続人）が死亡した場合に、残されたもう一方の配偶者（生存配偶者）が既に高齢となっている事案が増加している。そして、平均寿命が伸長しているため、生存配偶者が、長期間にわたって生活を継続することも少なくない。このような場合には、生存配偶者としては、住み慣れた居住環境での生活を継続するために居住権を確保しつつ、その後の生活資金としてそれ以外の財産についても一定程度確保したいという希望を有する場合も多いと考えられる。配偶者居住権は、このような希望を実現するために新設されたものである。この権利は、中間試案等においては「長期居住権」とされてい

たが、配偶者の死亡によって終了すること（改正民法1036条による民法597条3項の準用）などのため、配偶者短期居住権より常に長いという関係にはない。そのため「両者を対比させるような名称は相当でない」とされ、「配偶者居住権」という名称に改められた（倉重関係官：部会議事録26回1頁）。

　法務大臣は、配偶者居住権を新設した趣旨について、「高齢化の進展等によりまして社会経済情勢の変化に対応しての取組ということ」と説明した。その際には、特に女性の平均寿命について、直近の20～30年間でも10歳程度長くなっているため、配偶者の一方が死亡した場合に、残されたもう一方の配偶者については高齢になって1人で生活をしている期間が長くなっていることなどが指摘され、「この配偶者、長く連れ添いながら、また、それぞれの家庭の中での役割を担いながら生活をしてきたその配偶者の居住権、このことについて保護するための方策」が配偶者居住権であるとされている（上川法務大臣：参議院会議録21号11頁）。

（2）　活用される場面の限定　　配偶者居住権は、基本的には遺産分割等における選択肢を増やす趣旨のものであり、相応しい事案に限って利用すべきこと（相応しくない事案では利用すべきでないこと）が前提とされている。

　新法には明記されていないが、法制審要綱第1の2（注1）に「配偶者が配偶者居住権を取得した場合には、その財産的価値に相当する金額を相続したものと扱う」とされており、配偶者は、自らの具体的相続分で取得することになる。そのため、相応しい事案であるか否かは、配偶者居住権の「財産的価値に相当する金額」（評価額）との関係によって判断される必要がある。

　(a)　**所有権との比較**　　配偶者が従前居住していた建物に住み続ける方法としては、まず、配偶者がその建物の所有権を取得することが考えられる。改正後においても、建物の所有権を取得することに不都合がない事案においては、配偶者居住権よりも充実した権利である所有権を取得することが望ましい。

　しかし、所有権の評価額は、配偶者居住権の評価額よりも高額であるから、配偶者がそれ以外の遺産を取得することができなくなって、その後の生活に支障をきたす場合が生じる可能性がある。このような場合においては、所有権よりも制限された内容の権利である配偶者居住権を取得するという選択をし、所有権よりも評価額を相当に低くすることによって、配偶者居住権以外の遺産を取得することができるようにすることで、その後の生活を維持することを容易にすることが期待できる。

§1028

　配偶者居住権の制度には、「配偶者に居住建物の使用のみを認め、収益権限や処分権限のない権利を創設することによって（これにより、建物の財産的価値を居住権部分とその残余部分とに二分することが可能となる。）、遺産分割の際に、配偶者が居住建物の所有権を取得する場合よりも低廉な価額で居住権を確保することができるようにすることを意図した」という側面がある（中間試案補足9頁）。

　(b) **賃借権との比較**　配偶者が従前居住していた建物に住み続ける方法としては、その建物の所有権を取得した他の相続人との間で賃貸借契約等を締結することも考えられる。

　しかし、この方法による場合には、その建物の所有権を取得する者との間で賃貸借契約等が成立することが前提となるため、契約が成立しなければ、権利を取得できないと考えるのが素直である。審判において賃借権を認めた例もあるが、その理論的な根拠は必ずしも明確ではない（⇨**判例1、2**）。

　これに対して、配偶者居住権は、法定の債権であるから、後述の要件を満たすことによって取得することができる。すなわち、賃貸借契約や使用貸借契約に類似するものにつき当事者間の合意以外で成立を認めるためには法律に根拠規定をおく必要があることなどから、遺産分割の審判において、裁判所が、当事者間の合意がないにもかかわらず配偶者の居住を保護しようとする場合の受け皿となる権利として新設されたという側面がある。ただし、審判による配偶者居住権の取得については、改正民法1029条の要件を満たす必要がある。

(3)　法的性質　配偶者居住権は、「賃借権類似の法定の債権」と位置付けられている。この点、用益物権とすることも検討されたが、不動産の流通を阻害するおそれがあることなどに配慮すると債権の方が望ましいとされた経緯がある（大塚関係官：部会議事録11回3頁）。

2　内容

(1)　配偶者居住権取得の要件（本条1項）

　(a) **配偶者**　配偶者居住権を取得できる主体は、「被相続人の配偶者」に限られている（本条1項本文）。

　被相続人の「配偶者」に限定したのは、民法752条が「夫婦は同居し、互いに協力し扶助しなければならない」と規定するなど、配偶者は最も密接な関係にある親族として構成されており、一方の配偶者が死亡した場合に、残された配偶者の生活を保障すべき必要性が類型的に高いことなどを考慮したためであ

る。

　配偶者居住権は遺産分割等における選択肢を増やす趣旨で新設されたものであるから、本条にいう「配偶者」とは、相続権を有する配偶者、すなわち、法律婚の配偶者を意味する。

　事実婚（内縁）の配偶者も保護すべきであるという意見もあったが、採用されなかった。その理由について、民事局長は、「事実婚の配偶者はそもそも相続権を有しておりませんので、このような前提を見直さない限り、遺産分割によって事実婚の配偶者に配偶者居住権を取得させることはできない」とした上で、「仮に事実婚の配偶者にも相続権を認めるなどして配偶者居住権の取得を認めることといたしますと、その事実婚の配偶者に当たるか否かと、こういったことをめぐった紛争が複雑化、長期化するおそれもある」と指摘した（小野瀬民事局長：参議院会議録19号11～12頁）。それに加えて、法務大臣は、「事実婚の配偶者に当たることを公示するという制度も今現在存在をしていない」ことも指摘し、「今回につきましては、配偶者居住権の創設、これにつきましては対象者を法律婚の配偶者に限定をさせていただいたということでございます。じゃ、事実婚の関係にある方々につきましてはどうかといいますと、この保護につきましては、相互に相続権を持たないということでございますが、遺言を活用すれば貢献に報いたり生活を保護する措置を講じたりすることが可能であるわけでございまして、本法律案につきましても、遺言の利用を促進する方策、これにつきましては講じているところ」と説明した（上川法務大臣：参議院会議録19号12頁）。

　また、改正後の実務やさらなる法改正の可能性については、「配偶者について従前不十分であったものを補うと、その部分の保護を高めていく、そういうふうな措置である」ところ「法律上の配偶者にこのような保護が与えられているということがありますと、その後、他の生活関係にある者についても更なる保護が必要なのではないかという力が働きますので、このこと自体は評価に値する」という指摘（大村部会長：参議院会議録20号5頁）、および、「現時点におきましては、配偶者居住権の帰属主体につきましては配偶者以外の親族や事実婚の配偶者等にまで広げることは考えておりません。しかし、法律案が成立した後におきましては、その施行状況も踏まえまして、また今後の更なる社会情勢の変化に十分に留意しながら相続法制の在り方については必要な検討をしてまいりたい」という指摘（上川法務大臣：参議院会議録21号9頁）がされた。

§1028

(b) 被相続人の財産に属した建物　配偶者居住権の対象は、「被相続人の財産に属した建物」である（本条1項本文）。ここでは、敷地利用権については限定されていないから、「借地権付きのものであっても……成立し得る」ことになる（堂薗幹事：部会議事録15回5頁）。

他方で、被相続人が相続開始の時に居住建物を「配偶者以外の者と共有」していた場合には、配偶者居住権は認められない（本条1項ただし書）。このため、被相続人が単独所有していなかった（共有であった）場合については、以下のように区別する必要がある。

　（i）配偶者と共有していた場合　本条1項ただし書は、被相続人が「配偶者以外の者と共有」していた場合に配偶者居住権を否定するものであり、配偶者と共有していた場合は対象外である。したがって、被相続人と配偶者とが居住建物を共有していたことによって、配偶者居住権の成立が否定されることはない。すなわち、配偶者居住権が成立するのは、①居住建物を被相続人が単独で所有していた場合と、②居住建物を被相続人と配偶者が共有していた場合がある。

この点、配偶者居住権が配偶者の従前の住居における生活を保護しようとするものであるところ、配偶者が居住建物の共有持分を有している場合には、自己の持分に基づいて居住建物を使用することができるから、配偶者居住権を成立させる必要はないのではないかという疑問があり得る。

しかし、配偶者居住権を取得することは、遺産分割において配偶者の居住建物について共有状態を維持した場合よりも、配偶者にとって有利である。すなわち、各共有者は、その持分に応じて共有物の全部の使用をすることができ（民法249条）、共有者の1人は共有物を占有している場合にも、ほかの共有者は当然にはその明渡しを請求することができないと解されている。そのため、遺産分割において配偶者の居住建物について共有状態を維持することによっても、配偶者が被相続人の生前から居住していた建物に居住し続けるという目的自体は達成することはできる。しかし、この方法によるときは、配偶者は他の共有者に対して賃料相当額の金銭の支払義務を負うことになり、配偶者が居住建物に居住する期間等によっては、その経済的負担が大きいものになるおそれがある。これに対して、配偶者居住権は「無償で使用及び収益をする権利」であるから（本条1項本文）、配偶者は、他の共有者に対して賃料相当額の金銭の支払義務を負わない。

また、居住建物が共有となっている場合には「ほかの共有者から分割請求がされる可能性」もあり、それによって「配偶者は、ほかの共有者に対して代償金を払って居住建物の所有権を取得しなければ居住建物での居住を継続することができない、こういったことも生ずるおそれ」もあるため、「配偶者が居住建物の共有持分を有している場合でありましても配偶者の居住の保護が十分であるとは言えません」と説明された（小野瀬民事局長：参議院会議録21号5頁）。

　また、居住建物を被相続人と配偶者が共有していた場合であっても配偶者居住権の成立を認める必要性がある事情として、「特に、近時は、夫婦が居住する自宅を購入する場合に、夫婦の共有名義とすることも多くなっており、その必要性が高まっている」ことも指摘された（部会資料25-2・6頁）。

　(ii)　「配偶者以外の者」と共有していた場合　　被相続人が、配偶者以外の者（以下、第三者という）と建物を共有していた場合には、配偶者居住権は成立しない（本条1項ただし書）。

　配偶者居住権は、配偶者が建物を安定的に占有して居住の用に供することを可能とするためのものであるから、共有持分だけを対象とすることは適切でない。そのため、被相続人と第三者が建物を共有していた場合にまで配偶者居住権を成立させるとすれば、第三者についても配偶者居住権の債務者として扱わなければならないこととなる。しかし、「被相続人の遺言や共同相続人間の遺産分割によって当該第三者に配偶者による無償の居住を受忍するという負担を生じさせることはできない」（部会資料25-2・7頁）。そのため、被相続人が第三者と建物を共有していた場合には、配偶者居住権は成立しないこととされた。

　(c)　相続開始時における居住　　配偶者居住権を取得するためには、「相続開始の時に居住していた場合」であることが必要である（本条1項本文）。

　これは、配偶者居住権が、配偶者の居住利益保護の観点から新設された趣旨に基づき、「その保護要件として、配偶者が相続開始の時に、その建物に居住をしていたことを要求している」ものである（大塚関係官：部会議事録2回6頁）。要点(1)11頁は、「『居住していた』とは、配偶者が当該建物を生活の本拠としていたことを意味するものである。したがって、例えば、配偶者が相続開始の時点では入院していたために、その時点では自宅である居住建物にいなかったような場合であっても、配偶者の家財道具がその建物に存在しており、退院後はそこに帰ることが予定されていた場合のように、その建物が配偶者の生活の本

拠としての実態を失っていないと認められる場合には、配偶者はなおその建物に居住していたということができる」と指摘している。また、一問一答（相続）12頁は「一定の期間（例えば半年）ごとに生活の拠点を変えているような場合には、例外的に、生活の本拠が複数認められることもあり得る」と指摘している。

　この点、高齢化が進展し、残された配偶者が既に高齢となっている事案においても、平均寿命の伸長により長期間にわたって生活を継続することも少なくないことが立法趣旨であることから、年齢による制限を設けることも検討されたが、採用されなかった。その理由は、「なかなかこれを年齢で区切るというのも難しいところがありますし、また……仮に年齢要件を定めなくても、一般的に、この制度を利用するメリットがあるのは高齢の配偶者となるのではないかと思います。そういった観点から、高齢になればなるほど、転居が肉体的にも精神的にも困難になるので、そういったことがないように選択肢をより広げた」と説明された（堂薗幹事：部会議事録2回38頁）。

　(d)　**遺産分割による取得**　　本条1項1号は、配偶者居住権の取得が認められる場合として、「遺産の分割によって配偶者居住権を取得するものとされたとき」を規定している。

　これは、遺産分割について話合いがまとまった場合であるから、配偶者居住権の評価額を含めて、合意されているということになる。そのため、その後に事情が変わって、当初、思っていたほど配偶者居住権を利用できなかったとしても、その後に精算することは予定されていない。したがって、遺産分割について配偶者居住権を取得するか否かを検討する際には、その評価額について、将来の事情変更によって不利益を受ける可能性（リスク）についても考慮された金額となっているかについて、十分に検討する必要がある。

　配偶者居住権の評価額が、遺産分割における配偶者の法定相続分（例えば、子および配偶者が相続人である場合には2分の1。民法900条1号）を上回ることがあり得る。配偶者居住権は無償で居住建物を使用および収益する権利であり、財産的価値を有するから、遺産分割において配偶者居住権を取得する場合において、配偶者居住権の評価額がその配偶者の遺産分割における法定相続分を超えているときは、その配偶者は他の相続人に対し、その差額について代償金を支払わなければならないことになる。配偶者を保護するという趣旨からすれば、代償金を不要とすることも検討に値するところではあるが、そのような規定は

設けられなかった。他の相続人の利益にも配慮する必要があるためである。配偶者居住権を取得して代償金を払う場合であっても、配偶者は、居住建物の所有権を取得する場合に比べれば代償金が低額であるというメリットを受けているのであり、それ以上に配偶者を保護するときは、他の相続人にとって不利益が大きくなりすぎる。

　配偶者居住権の権利内容と評価額との関係については、権利内容が制限されていることに応じて、評価額が所有権よりも相当程度低くなることが重要である。この点については、「所有者に対する買取りを認めてはどうか、あるいは配偶者居住権の譲渡を認めてはどうかと、こういうふうな御意見もありましたけれども、様々な事情を考慮いたしまして、今回はいずれも認めないと、専ら配偶者が居住するための権利という制度設計をしております。これでは不十分ではないかという御指摘もある面ではそのとおりでございますけれども、このような言わばミニマムの権利を設定するということがこの権利の評価額に影響を及ぼすということもございます。この程度の権利であるからこの程度の評価額で済むということになりますと、配偶者が、限られたその相続分の中でこの権利を取得し、その余の部分を他の財産を取得すると、こんな形で使うということもあるのではないか」と指摘されたことがある（大村部会長：参議院会議録20号6頁）。

　(e)　**遺贈による取得**　本条1項2号は、配偶者居住権の取得が認められる場合として、「配偶者居住権が遺贈の目的とされたとき」と規定している。

　ここにいう「遺贈」について、要点(1)11頁は、「被相続人が遺言によって配偶者に配偶者居住権を取得させるためには、遺贈によることを要し、特定財産承継遺言（遺産の分割の方法の指定として遺産に属する特定の財産を共同相続人の1人または数人に承継させる旨の遺言。いわゆる相続させる旨の遺言。改正民法1014条2項参照）によることはできないこととしている。これは、仮に特定財産承継遺言による取得を認めることとすると、配偶者が配偶者居住権の取得を希望しない場合にも、配偶者居住権の取得のみを拒絶することができないために、相続放棄をするか、相続の承認をして配偶者居住権を取得するかの選択を迫られることとなり、かえって配偶者の利益を害するおそれがあること等を考慮したものである」と指摘している。この点については、「遺言の解釈の仕方として、できるだけ被相続人の意思を尊重して無効にならないように解釈するという解釈の仕方自体は、一般的に言われているところだと思いますので、そ

ういった意味で、長期居住権の処分については遺贈でしかできないと規定すれば、少なくともその部分については被相続人の意思としては遺贈の趣旨だったのだろうということで、合理的な解釈がされることになるのではないか」と指摘されたことがある（堂薗幹事：部会議事録15回31頁）。そして、一問一答（相続）14頁は「遺産分割方法の指定については負担を付すことはできないという考え方を前提とすると……特定財産承継遺言ではなく、負担付遺贈と解すべきことになる」と指摘している。

　また、配偶者居住権の取得は、死因贈与契約によることも可能である。この点、新法では明示されていないが、これは死因贈与契約については民法554条により「遺贈に関する規定を準用する」ため、それ以外の規定は不要という理解に基づくものである。

　遺贈による配偶者居住権の取得については、「例えばそれぞれ子供がいる高齢者同士が再婚した場合にも、自宅建物を所有する者は、遺言によって、その配偶者には配偶者居住権を取得させて居住権を確保する、自宅建物の所有権については自分の子供に取得させる、こういうことができるようになりまして、被相続人の財産処分の選択肢もふやすことができる」と説明された（小野瀬民事局長：衆議院会議録19号2頁）。

　(f)　**居住建物の全部**　　配偶者居住権は、配偶者の「居住していた建物の全部」について成立する（本条1項本文）。

　配偶者居住権の場合は、自らの具体的相続分で取得することになるという点において、配偶者短期居住権とは違いがある。したがって、今まで使っていない部分も含めて配偶者居住権の成立を認めても、評価額が適切である限り、他の相続人を不当に害することはない。この点については、「配偶者が居住建物において何らかのお店を営んでいたというような場合には、その営業も配偶者の生活の一部になっていたと考えられますので、そういった生活環境の急激な変化を緩和する必要性があることには変わりはございません。そのため、配偶者居住権につきましては、その配偶者の居住部分だけではなくて、配偶者が無償で使用していた全ての部分に及ぶ、こういう形で配偶者居住権を設定するということも可能である」と説明された（小野瀬民事局長：衆議院会議録19号19頁）。

　配偶者居住権は、無償でその建物を利用できるとしつつ、対抗要件を備えれば排他的に使用できるというところに独自の意義がある。その対抗要件は、登記とされており（改正民法1031条2項による民法605条の準用）、占有による対抗

要件の取得は認められていない。そのため、建物の一部についてのみ対抗要件を取得させるというのは技術的にも難しい面がある。そのため、配偶者居住権の効力が及ぶ範囲は建物全体とするのが相当であるとされた（部会資料15・9～10頁）。

また、仮に建物の一部について対抗要件の取得を認めると、結局、それ以外の部分は明け渡すということになるところ、居住用の建物の一部分を第三者が使用し、その余の部分を配偶者が使用するというのは、実際上はなかなか難しい面があるため、建物の一部について配偶者居住権を認め、それについて対抗要件を取得することを認めると、その方が評価額としては低くなる。このようなことを認めると、建物の一部分に配偶者居住権を設定し、実際上は配偶者居住権が成立していない部分についても他の人は使えないので、結果として建物全体について明渡しを免れるという不当な結果を生じさせる可能性もある。このように「執行妨害的に使われるおそれもあるのではないか」ということも、建物の全体についてのみ配偶者居住権の成立を認める理由として指摘された（堂薗幹事：部会議事録15回5頁）。

そのため、建物の一部についてのみ対抗要件を取得させることが可能な場合、例えば、1階部分と2階部分がある建物について、2階部分が居住部分で、そこを独立の区分所有の対象とすることができる事案などにおいては、そこに限定して配偶者居住権を設定することも認められる（堂薗幹事：部会議事録15回11頁）。この場合には、区分所有として登記することが可能であり、対象が明確にされているから、執行妨害的に使われるおそれもないと思われる。

なお、要点(1)12頁は、「配偶者は、配偶者居住権に基づき建物の使用および収益をする場合には、それに必要な限度で敷地を利用することができる」と指摘している。

(g) **無償**　配偶者居住権は、居住建物を「無償で」使用および収益する権利である（本条1項本文）。

ここにいう「無償」とは、使用および収益の対価を支払わないという意味である。

「配偶者が配偶者居住権を取得した場合には、その財産的価値に相当する価額を相続したものと扱う」とされているから（法制審要綱第1の2（注1））、配偶者居住権の取得そのものは無償ではない。

(h) **使用および収益をする権利**　配偶者居住権は、居住建物を「使用及び

収益をする権利」である（本条1項本文）。

　配偶者居住権は、「基本的に、賃借権と同様の性質を有するものとして構成しており、その観点から」賃借権と同様、「『使用及び収益』をする権限を有すること」とされた（部会資料21・9頁）。

　配偶者居住権は所有者との間の法定の債権であるから、所有者は、配偶者の「使用及び収益をする権利」に対応する義務、すなわち、配偶者が亡くなるまでの間あるいは一定期間、配偶者に使用および収益をさせる義務を負うことになる。したがって、所有者が「義務に違反して第三者に処分して、結果として配偶者が居住することができなくなったという場合には、債務不履行の責任を負い得る」と説明された（小野瀬民事局長：衆議院会議録19号20頁）。

（2）　配偶者が居住建物の共有持分を取得した場合（本条2項）　配偶者居住権が発生した後に、居住建物が「配偶者の財産に属することとなった場合」であっても、「他の者がその共有持分を有するとき」は、配偶者居住権は、消滅しない（本条2項）。

　相続発生前から被相続人と配偶者が共有していた場合であっても、配偶者居住権は成立する（本条1項）。その理由は、共有状態を維持することによって配偶者が建物に居住し続けるときは、配偶者はほかの共有者に対して賃料相当額の金銭の支払義務を負うことになり、ほかの共有者から分割請求がされる可能性もあるため、配偶者が居住建物の共有持分を有している場合でも、配偶者居住権を認める必要があることによる。このことは、配偶者居住権の発生後に配偶者が居住建物の共有持分を取得した場合についても同様に妥当するから、配偶者が元々共有持分を有している場合と別に扱う必要はない。そのため、他に居住建物の共有持分を取得した者がいるときは、配偶者が居住建物の共有持分を取得したことによって配偶者居住権が消滅することはないこととされた。このことは、「配偶者が居住建物の共有持分を取得した場合であっても、配偶者居住権を存続させる必要があることから、借地借家法15条2項類似の規律を置くこととしたもの」と説明されている（部会資料25-2・8頁）。ここで指摘された借地借家法15条2項は、「借地権が借地権設定者に帰した場合であっても、他の者と共にその借地権を有するときは、その借地権は、消滅しない」と規定している。

（3）　特別受益の持戻し免除の意思表示の推定（本条3項）　本条3項は、特別受益の持戻し免除の意思表示の推定に関する規定（改正民法903条4項）を、

配偶者居住権の遺贈について準用している。

　改正民法903条4項は、居住用不動産の生前贈与を対象とした贈与税の特例を参考としたものであるが、贈与だけではなく、遺贈により居住用不動産の譲渡が行われた場合も対象としている。これは、居住用不動産の遺贈についても、高齢配偶者の生活保障の観点からされる場合が多いものと考えられ、前記の趣旨が同様に当てはまるものと考えられるためである。そして、「婚姻期間が20年以上の夫婦間で、長期居住権が遺贈又は死因贈与された場合についても、上記の趣旨は当てはまるものと考えられる」ことから（追加試案補足8頁）、準用することが明記された。

　特別受益の持戻し免除の意思表示の推定に関する詳細については、改正民法903条4項の解説を参照されたい。

3　実務への影響

（1）　配偶者居住権の評価方法　　配偶者居住権については、他の相続人への影響等を考慮し、配偶者は配偶者居住権の財産的価値に相当する金額（財産評価額）を相続したものと扱うこととしている。

　そして、配偶者居住権の対価の支払方法は、「一括前払方式のみとし、賃料支払方式は認めない」こととされた。その理由は、中間試案に対するパブリックコメントにおいて、①賃料支払方式を採った場合には、賃貸借契約を締結するのとほとんど変わらないことになる、②遺言による配偶者居住権の設定を認めることとする場合には、遺言者の一方的意思により配偶者に賃料支払義務を負わせることになり不合理ではないかといった問題点の指摘がされたことを受けたものである。

　そのため、配偶者居住権の財産評価を、遺産分割等の時点において将来予測を含めて決定することになるが、その具体的計算方法は、未だ確定していない。「評価額＝建物の賃料相当額×存続期間－中間利息額」という計算式に対しては「『建物の賃料相当額』を算出するには専門的な鑑定評価が必要となるが……常に専門家に鑑定を依頼する必要があるということになると、制度の利用が進まないおそれがある」という指摘があり、「前記計算式とは別に、一定の数値を機械的に用いることで……価額を比較的容易に算出することが可能な評価方法を提示することができれば、それを用いることについて相続人全員の合意がある場合には……評価が容易」となるとされた（部会資料19-1・10～11頁）。

　簡易な評価方法としては、①建物の価額（固定資産税評価額）＝②配偶者居

住権価額＋③配偶者居住権付所有権の価額という計算式が示されたことがある（部会資料19-2・2頁）。しかし、この点については、配偶者居住権を設定した場合の財産評価について、「配偶者及びその居住建物の所有権を取得する他の相続人の双方にとって一定のリスク（不確定要素）があることから、必ずしも〔①建物所有権の価額＝②長期居住権の価額＋③長期居住権の負担付の建物所有権の価額〕という関係にはならないのではないかとの指摘がされてきたところであるが、日本不動産鑑定士協会連合会作成の資料（参考人提出資料）においても、同様の指摘がされており、これによると、②及び③の価額の和は①の価額よりも低くなり、しかもその差額は無視することができない程度のものに達し得ることになる。このような理解を前提とすれば、審判において長期居住権を設定する場合には、居住建物の所有権を取得する相続人だけでなく、それ以外の相続人についても、その具体的相続分額（遺産分割における現実の取得額）が減少することになり、その分の不利益を受けることになると考えられる」と指摘された（部会資料19-1・9頁。なお、引用文中に「長期居住権」とあるのは、配偶者居住権と名称変更する前の資料であることによる）。

　評価額の算定方法については、民法等に規定されないことが素直であり、数式のようなものを何か法令で規律するということまでは検討されなかった。部会資料19-2等における検討は、「こういった見直しをする以上、事務当局としては基本的にこういうことを想定しているという基本的な考え方は、お示しする必要があるのではないか」ということにすぎない（堂薗幹事：部会議事録14回9〜10頁）。

　前記検討の時点では、所有者の承諾を得ることによって配偶者居住権を譲渡できることが前提とされていたが、その後の議論により、配偶者居住権は譲渡できないこととされた（改正民法1032条2項）。この点については、「第19回部会で提出された参考人公益財団法人日本不動産鑑定士協会連合会の意見書の中で示されました算定式につきましては、同連合会に問い合わせましたところ、まず、譲渡できない権利は鑑定評価基準でいうところの正常価格として求めることはできないという前提での御回答ではございましたが、同資料中に示されております、賃料から配偶者居住権の価値を算定する方法を採用するのであれば、配偶者居住権の価格は、建物の賃料相当額から配偶者負担の必要費を引いたものに年金現価率を乗じたものであるという基本的な考え方は、変更するものではないという返答を頂きました。その上で、御指摘のとおり譲渡禁止とな

った場合には、この年金現価率を算定する際の要素であります割引率に影響することとなること、しかしながら、元々配偶者居住権というのは流動性が高い権利ではないということを前提に算定されていたものですから、その影響というのは比較的限定的なものではないかというようなお答えも、同時に頂いているところでございます」という報告がなされ、「確かに評価額が下がるということにはなろうかと思いますが、それが従前の想定に比べて大きく下がるというものではないのかもしれないと考えている」と説明された（倉重関係官：部会議事録26回3・4頁）。

これから施行に向けて具体的な評価方法について議論が重ねられると予想される。当事者間で早期解決するための簡易な評価方法と、審判のために実施される鑑定等による厳密な評価方法とを区別しつつ、合理的な方法を研究していくことは、実務において極めて重要な課題である。

また、配偶者およびその居住建物の所有権を取得する他の相続人の双方にとって一定のリスク（不確定要素）があることについての対応策として、「遺産分割協議などの場合は、そういったリスクについて全員で合意をすれば、そういったリスクがあることを踏まえて配偶者により多くの相続分を与えてもいいわけですので、その辺りの調整というのは事前に可能ではないか」「事前に買取額を決めるということもあり得るのではないか」と指摘されたこともある（堂薗幹事：部会議事録15回36頁）。

（2） 賃借物件について　　配偶者居住権は「被相続人の財産に属した建物」（本条1項本文）について成立するものであり、いわゆる持家の場合が対象となるから、被相続人が賃借物件に居住していた場合には成立しない。

ただし、配偶者は、遺産分割において建物の借家権を取得すれば、それに基づいて建物に住み続けることができる。そして、配偶者が被相続人とともに借家に居住していた場合で相続開始後も引き続きその借家での生活を続けたいと希望しているときは、遺産分割においても、通常その配偶者が借家権を取得することとなると考えられる。相続人間で遺産分割の協議が調わない場合には、家庭裁判所の審判によるところ、民法906条は、遺産の分割について、「遺産に属する物又は権利の種類及び性質、各相続人の年齢、職業、心身の状態及び生活の状況その他一切の事情」を考慮すると定めており、配偶者が借家に居住していて今後もそれを希望しているという事情は、遺産分割における財産の帰属を定めるに当たり重要な考慮要素になるからである。

被相続人が賃借物件に居住していた場合について規定を設けなかった理由については、前記の事情に加えて、「建物の賃借権につきましては一般的に財産的な価値が乏しいことからしますと、その建物の所有権を取得する場合と異なりまして、その価値を圧縮する手段を設ける必要性も乏しい」ことが指摘された（小野瀬民事局長：参議院会議録19号4頁）。

このような立法過程における議論も、実務において参考とされるべきである。

【参考判例等】

1 東京高裁平成22年9月13日決定・家月63巻6号82頁

Yに本件建物を取得させることとしたが、本件建物にはX一家が居住しているところ、Xが……の土地上に自宅を新築して移住するまでの間は本件建物を使用する必要性がある。そのため、本件の遺産分割に伴う付随処分としてその使用権を設定する必要があるが、その使用権は、自宅新築までの一時使用目的のための賃借権とすることが相当であり、その賃料は、本件建物の評価額がゼロであり、これまでXが被相続人とともに居住を続けてきた建物であることにかんがみて1か月5万円と、その期間は、建物新築に必要な最大の期間として、本決定確定の日から2年間と定めることが相当である。

2 東京家裁昭和52年1月28日審判・家月29巻12号62頁

本件土地建物をXの取得とし、Yに建物の一部に賃借権を設定する方法……は、Yが第3案として希望したものに近い方法であるところ、Xはこれを是とせず、Yも必ずしも強く希望するものではないとしている。この方法の長所としては、①……Xの居住の必要性とYの○科医継続の必要性とをともにみたすことができること、②……権利関係の不明確性の点では、所有権と賃借権とに明定され、のちに共有物分割という手続を経る必要はなくなるので……紛争を減ずることになること、③Xの相続分が最も大であることに調和する結果をもたらすことができること、④……営業補償や代償金の問題が相当少なくなること、である。反面なお残る問題として、XとYが本件家屋をともに利用することとなり、紛争を残すのではないかの点であるが、利用範囲が明定されるので、問題は少なくなるし……現在ではYの妻は本件家屋に居住していないし、Yも昼間の仕事のために週4回位本件家屋を利用しているのみであるので、従来と比較すると、紛争の生ずる可能性は少なくなっているといってよい。

なお、法的には、賃借権の設定という方法は、本来当事者の自由な契約に委ねられるべきであり、裁判所が私人間の自治の関係に介入することの当否の問題お

よび遺産分割の方法としては法の予定するところを超えるのではないかの問題があり得るが、相続人間の衡平と実質的妥当性をはかるため、裁判所に認められた形成作用として許されるものというべきであり、その旨の審判例がほぼ確立しているといってよいと思われる（富山家裁昭和42年1月27日審判・家月19巻9号71頁、高松高裁昭和45年9月25日決定・家月23巻5号74頁、浦和家裁昭和41年1月20日審判・家月18巻9号87頁等参照）。

（審判による配偶者居住権の取得）
第1029条
遺産の分割の請求を受けた家庭裁判所は、次に掲げる場合に限り、配偶者が配偶者居住権を取得する旨を定めることができる。
(1) 共同相続人間に配偶者が配偶者居住権を取得することについて合意が成立しているとき。
(2) 配偶者が家庭裁判所に対して配偶者居住権の取得を希望する旨を申し出た場合において、居住建物の所有者の受ける不利益の程度を考慮してもなお配偶者の生活を維持するために特に必要があると認めるとき（前号に掲げる場合を除く。）。
（新設）

◆解説
1 趣旨
　配偶者に配偶者居住権を取得させる場合には、その建物の所有権を取得する相続人はその存続期間中これを使用することができず、建物所有者と配偶者との間で紛争が生ずるおそれもある。また、下記**3**のとおり、配偶者居住権を設定する場合には、その評価額によって、配偶者、居住建物取得者、その他相続人全員の利益に少なからず影響を与える。そのため、当事者の合意が調った場合とは区別し、審判による取得の要件を限定したものである。
2 内容
　本条は、「遺産の分割の請求を受けた家庭裁判所は、次に掲げる場合に限り、配偶者が配偶者居住権を取得する旨を定めることができる」と規定しており、以下のいずれにも該当しない場合には、審判による配偶者居住権の取得は認め

られない。

（1）共同相続人間における合意がある場合（本条1号）　本条1号は、「共同相続人間に配偶者が配偶者居住権を取得することについて合意が成立しているとき」に、審判による配偶者居住権の取得を認める。

ここで想定されているのは、配偶者居住権を取得させることについては相続人全員の合意があるものの、居住建物以外の財産の分割について合意が得られないために、全体として遺産分割協議が成立していない場合である。この場合には、配偶者居住権の設定によって不利益を受ける者が全てこれに同意しているから、審判で配偶者居住権の設定を認めることに問題はない。

（2）特に必要がある場合（本条2号）　本条2号は、「配偶者が家庭裁判所に対して配偶者居住権の取得を希望する旨を申し出た場合において、居住建物の所有者の受ける不利益の程度を考慮してもなお配偶者の生活を維持するために特に必要があると認めるとき（前号に掲げる場合を除く。）」に、審判による配偶者居住権の取得を認める。

これは、建物の所有権を取得する相続人は、配偶者居住権の存続期間中は建物を使用することができず、建物所有者と配偶者との間で紛争が生ずるおそれもあることなどを考慮し、その建物の所有権を取得することとなる相続人の意思に反して裁判所が配偶者居住権を取得させることができる場合を、配偶者保護の必要性が特に高い場合に限定したものである（中間試案補足11頁）。また、下記**3**のとおり、配偶者居住権を設定する場合には、その評価額によって、配偶者、居住建物取得者、その他相続人全員の利益に少なからず影響を与える可能性もある。このようなことからすると「共同相続人間に配偶者が配偶者居住権を取得することについての合意が成立しているとき」（本条1号）以外において配偶者居住権を審判で認めることには慎重であるべきことになるが、具体的事案によっては配偶者保護の必要性が高いこともあり得るところであり、「配偶者以外の相続人は、通常は、配偶者に対して扶養義務を負い、又は負い得る関係にあると考えられること（民法877条1項及び2項）等を考慮すれば、『配偶者の生活を維持するために長期居住権を取得させることが特に必要と認められる場合』に限り、他の相続人が前記の限度で不利益を受けることになったとしてもやむを得ない」とされた（部会資料19-1・10頁）。

3　実務への影響

配偶者居住権を設定した場合の財産評価については、配偶者およびその居住

建物の所有権を取得する他の相続人の双方にとって一定のリスク（不確定要素）があることから、必ずしも〔①建物所有権の価額＝②配偶者居住権の価額＋③配偶者居住権の負担付の建物所有権の価額〕という関係にはならないこと（②および③の価額の和は①の価額よりも低くなり、しかもその差額は無視することができない程度のものに達し得ること）という問題がある（詳細は改正民法1028条の解説参照）。この問題が、最も深刻に表れるのは、審判により配偶者居住権を取得させる場合である。②配偶者居住権の価額および③配偶者居住権の負担付の建物所有権の価額の合計額が、①建物所有権の価額よりも大幅に低くなるという理解を前提とすれば、審判において長期居住権を設定する場合には、居住建物の所有権を取得する相続人だけでなく、それ以外の相続人についても、その具体的相続分額（遺産分割における現実の取得額）が減少することになり、その分の不利益を受けることになる（部会資料19-1・9頁）。

　この点については、分筆の場合もどういう形で分筆するかによって評価額が変わってくるなど他にも例はあるが、配偶者居住権の場合は「かなり差が出るということもあります」と指摘されており（堂薗幹事：部会議事録19回6頁）、実務において、慎重に対応する必要性が高い。

（配偶者居住権の存続期間）
第1030条
配偶者居住権の存続期間は、配偶者の終身の間とする。ただし、遺産の分割の協議若しくは遺言に別段の定めがあるとき、又は家庭裁判所が遺産の分割の審判において別段の定めをしたときは、その定めるところによる。
（新設）

◆解説
1　趣旨

　遺産分割協議等において配偶者居住権の存続期間が明示的に定められなかった場合であっても、黙示的な期間の定めを推認することができる場合には、それによることが可能である。しかし、黙示的な期間の定めを推認することができないときには、配偶者居住権の設定が無効となるおそれがある。
　本条は、そのような事態を避けるため、原則的な期間を規定したものである。

2　内容

（1）　終身の原則（本条本文）　本条本文は、「配偶者居住権の存続期間は、配偶者の終身の間とする」と規定している。

　これは、存続期間の定めがないことにより配偶者居住権の設定が「無効になるリスクを回避するという観点を重視」（部会資料23-2・3頁）して、配偶者居住権の取得原因にかかわらず、存続期間について別段の定めがない場合には、これを終身の間としたものである。ここには、高齢配偶者においては終身の間の居住を希望することが多いという判断があるものと思われる。

（2）　別段の定めによる例外（本条ただし書）　本条ただし書は、「遺産の分割の協議若しくは遺言に別段の定めがあるとき、又は家庭裁判所が遺産の分割の審判において別段の定めをしたときは、その定めるところによる」と規定している。

　「配偶者の終身の間」という本条本文の規律は、配偶者居住権の設定が無効になるリスクを回避するために期間を規定する必要があるところ、高齢配偶者においては終身の間の居住を希望することが多いと判断されたものにすぎないから、当事者がこれと異なる「別段の定め」をすることは許容される。

　配偶者居住権の評価方法については今後の検討課題とされているが、若い配偶者が終身の権利を取得したときは、その存続期間が長くなることに対応して（高齢配偶者の場合よりも）評価額が相当高額になる。また、年齢にかかわらず、数年後には転居する予定があるため、一定期間の居住だけが必要とされる事案もあり得る。このような場合には、別段の定めをおくことによって存続期間を限定する方法によって評価額を低くすることも検討に値する。

3　実務への影響

　配偶者居住権は、配偶者の死亡によって終了する（改正民法1036条による民法597条3項の準用）から、「終身の間」が存続期間であるときには、合意による存続を認める余地はない。これに対して、「別段の定め」をした場合、例えば、遺産分割協議において存続期間を5年間と定めた場合、その期間満了後にも存続させるという合意が可能かという問題が生じる可能性がある。この点について規定は置かれていないが、配偶者居住権として、無償の（賃料相当額の支払義務を負わない）権利でありながら対抗要件を認める形としては存続を認めることはできないと解釈することに合理性がある。この点については、「第三者との関係等で問題が大きくなって、流通性がさらに害されるというようなこと

もあります」「執行妨害目的でそういうことも可能になるというような問題もあろうかと思います」と指摘されていたことが参考になる（堂薗幹事：部会議事録6回29頁）。

（配偶者居住権の登記等）
第1031条
1 　居住建物の所有者は、配偶者（配偶者居住権を取得した配偶者に限る。以下この節において同じ。）に対し、配偶者居住権の設定の登記を備えさせる義務を負う。
2 　第605条の規定は配偶者居住権について、第605条の4の規定は配偶者居住権の設定の登記を備えた場合について準用する。
（新設）

◆解説

1　趣旨

本条1項は、配偶者居住権を取得した配偶者に、確実に対抗要件である登記を備えさせるために、登記請求権を認めたものである。

本条2項は、登記を備えた場合の効力について規定している。

2　内容

（1）　登記請求権（本条1項）　　本条1項は、「居住建物の所有者は、配偶者（配偶者居住権を取得した配偶者に限る。以下この節において同じ。）に対し、配偶者居住権の設定の登記を備えさせる義務を負う」と規定している。

この点、配偶者居住権の登記手続については、一般的に配偶者による単独申請を認めることも検討されたが、不動産登記法の基本的な考え方と整合しないとの指摘があり、採用されなかった。すなわち、配偶者居住権は、居住建物の所有権を制限する性質を有する権利であるから、その登記をする場合には、居住建物の所有権に係る登記をした上で、その設定をすることになり、その意味では、居住建物の所有者が登記義務者になると考えるのが素直である。このように登記義務者を観念することができる以上、不動産登記法の原則を修正して、配偶者による単独申請を認める必要性はないとされた（部会資料21・9頁）。

ただし、配偶者は、遺産分割に関する審判や調停によって配偶者居住権を取

得した場合には、その審判書や調停調書には、配偶者が単独で配偶者居住権の登記手続をすることができるように所要の記載がされるのが通常であり、そのような場合には、その審判書や調停手続に基づいて、単独で配偶者居住権の設定の登記を申請することができることとなる（民事執行法174条1項本文）。また、このような審判書や調停調書がない場合であっても、居住建物の所有者が登記の申請に協力しない場合には、配偶者は、居住建物の所有者に対して登記義務の履行を求める訴えを提起し、この請求を認容する確定判決を得ることによって、単独で登記の申請をすることができる（小野瀬民事局長：衆議院会議録19号3頁）。

なお、居住建物の所有権の移転の登記が未了である場合には、配偶者「居住権を取得した配偶者は、その設定登記の前提として、保存行為により相続を原因とする所有権の移転登記等を申請する必要がある」と説明されている（倉重関係官：部会議事録22回2頁）。

（2）　民法605条の準用（本条2項）　　本条2項は、民法605条を配偶者居住権について準用している。

民法605条は「不動産の賃貸借は、これを登記したときは、その不動産について物権を取得した者その他の第三者に対抗することができる」と定めているから、この準用により、配偶者居住権は、これを登記したときは、その不動産について物権を取得した者その他の第三者に対抗することができることになる。

なお、配偶者短期居住権については「居住建物取得者は、第三者に対する居住建物の譲渡その他の方法により配偶者の居住建物の使用を妨げてはならない」とされているところ（改正民法1037条2項）、配偶者居住権には同様の規定がない。これは、配偶者居住権は登記をすれば第三者に対抗できるため（改正民法1031条）、仮に居住建物取得者が第三者に対して居住建物を譲渡したとしても、登記を有する配偶者は、居住を続けることができるためと思われる。

(a)　登記が対抗要件とされた理由　　配偶者居住権の法的性質については「賃借権類似の法定の債権」と位置づけられているが、賃借権とは異なり、対抗要件は登記のみであり、建物の占有をもって対抗要件とすることはできない。これは、配偶者居住権については、相続開始時に配偶者がその建物に居住していたことがその成立要件とされており（改正民法1028条1項本文）、占有を対抗要件として認めると、ほぼすべての事案で配偶者居住権の成立と同時に対抗要件を取得することになるため、「占有を対抗要件として認めると、被相続人の

債権者が相続開始前に差押え等の債権保全手段を講ずるなどして、かえって配偶者の居住権が保護されない事態が生じ得ること」による（中間試案補足10頁）。

　また、賃借権については賃料前払いという事情がない限り、その目的建物の所有権を取得した者が賃借権の存在を知らなかった場合でも、その後の賃料を取得することによって不利益を小さくすることができるのに対し、配偶者居住権は「無償で使用及び収益をする権利」であり（改正民法1028条1項本文）、その存続期間中は対価の支払いも得られないため、「第三者に権利の内容を適切に公示すべき必要性が高い」ことも考慮された。このことは、「建物の引渡しを対抗要件として認めたといたしましても、その建物の外観上は何らの変化もないこととなりまして、公示手段としては極めて不十分になるものと考えられます。このようなことから、配偶者居住権については、建物の引渡しを対抗要件として認めることとはしておらないものでございます。このように、配偶者居住権につきましては、原則としてその設定の登記がされなければ第三者にその権利を取得することができないことになります」と説明された（小野瀬民事局長：参議院会議録19号3頁）。

　(b)　**登記がなくても対抗できる場合**　　登記がないと対抗できないのは、「その不動産について物権を取得した者その他の第三者」であり、善意であることは要求されていない。

　したがって、配偶者居住権の設定の登記がされていなかった場合については、第三者が配偶者居住権が存在していることを知っていたとしても、配偶者は、その第三者に対して配偶者居住権の取得を主張することができないのが原則である。しかし、具体的事情によっては、例外が認められる可能性はある。このことは、「例外的に、その第三者におきまして、配偶者居住権の登記がされていないことを主張することが信義則に反するとか、あるいは権利の濫用に当たると認められるような場合には、配偶者居住権の登記がされていなくてもその第三者からの明渡し請求を拒むことができることにはなる」と説明された（小野瀬民事局長：参議院会議録19号3頁）。

(3)　民法605条の4の準用（本条2項）　　本条2項は、民法605条の4を、配偶者居住権の設定の登記を備えた場合について準用している。

　民法605条の4は、「不動産の賃借人は、605条の2第1項に規定する対抗要件を備えた場合において、次の各号に掲げるときは、それぞれ当該各号に定める請求をすることができる」とし、1号は「その不動産の占有を第三者が妨害

しているとき」に「その第三者に対する妨害の停止の請求」を認め、2号は、「その不動産を第三者が占有しているとき」に「その第三者に対する返還の請求」を認めている。

これは、債権法改正によって、対抗要件を備えた賃貸借について第三者に対して妨害排除請求をすることができることが明文化されたところ、配偶者居住権についても「その趣旨が妥当すると考えられる」ため準用されたものである（部会資料21・10頁）。

3　実務への影響

配偶者居住権については、第三者対抗力が付与されているため、抵当権者との関係について検討する必要がある。配偶者居住権は、基本的には、遺産分割などでこれを取得したことに基づいて登記をした時点で第三者対抗力を取得することになるから、その時期と抵当権の登記時との前後関係で、優劣を決めるということになる。

（1）　配偶者居住権の登記が早い場合　配偶者居住権の登記が抵当権の登記よりも早い場合には、配偶者は、抵当権者に優先することになる。この点については、配偶者居住権が「無償で使用及び収益をする権利」（改正民法1028条1項）であるため抵当権者を害するのではないかという疑問もあり得るところではあるが、格別の対応はされなかった。その理由は、「現行法上も、例えば、被相続人が自分の死亡を効力の発生時期として、第三者と賃貸借契約を締結し、賃料の前払いもしていたというような場合であっても、基本的には被相続人の死亡後に第三者が対抗要件を取得すれば、その後に設定された抵当権には優先するということになる」ことが指摘され、配偶者居住権に基づく無償の使用収益については「賃貸借契約で賃料を全て前払いしているのと同じ状態になりますが、そういった問題は現行法上もあって、そこはやむを得ないのでないか」と説明された（堂薗幹事：部会議事録2回36頁）。

（2）　配偶者居住権の登記が遅い場合　配偶者居住権の登記が抵当権の登記よりも遅い場合には、抵当権が優先することになる。したがって、配偶者居住権の設定の前にもう既に抵当権が登記されている事案では、配偶者が居住し続けることは困難である。抵当権の被担保債権が弁済されていれば問題は現実化しないが、それを滞納していたような場合において配偶者が競売を防ぐというためには、原則として、第三者弁済（民法474条）により被担保債権を自ら支払うなどの対応をとる必要がある。

ただし、具体的事情によって例外が認められる可能性はあるから、抵当権者において配偶者居住権の登記がされていないことを主張することが信義則に反するとか、権利の濫用に当たるという可能性がある場合には、慎重に対応すべきである。

（配偶者による使用及び収益）
第1032条
1 配偶者は、従前の用法に従い、善良な管理者の注意をもって、居住建物の使用及び収益をしなければならない。ただし、従前居住の用に供していなかった部分について、これを居住の用に供することを妨げない。
2 配偶者居住権は、譲渡することができない。
3 配偶者は、居住建物の所有者の承諾を得なければ、居住建物の改築若しくは増築をし、又は第三者に居住建物の使用若しくは収益をさせることができない。
4 配偶者が第1項又は前項の規定に違反した場合において、居住建物の所有者が相当の期間を定めてその是正の催告をし、その期間内に是正がされないときは、居住建物の所有者は、当該配偶者に対する意思表示によって配偶者居住権を消滅させることができる。
（新設）

◆解説

1 趣旨

配偶者居住権は、法定の債権であるため、「使用及び収益をする権利」（改正民法1028条1項本文）の具体的内容について当事者の合意に委ねることができない。そのため、以下のとおり居住建物の所有者に対する配偶者の義務等についての規定が設けられた。

2 内容

（1） 善管注意義務（本条1項）

（a） 従前の用法に従う使用・収益　　本条1項本文は、「配偶者は、従前の用法に従い、善良な管理者の注意をもって、居住建物の使用及び収益をしなければならない」と規定している。

配偶者居住権は賃借権に類似しているが、この規律は、賃貸借契約における「契約又はその目的物の性質によって定まった用法に従い」（債権法改正後民法616条による民法594条1項の準用）という規律とは異なっている。配偶者居住権は法定の債権であるため、その権利の内容は法律で定める必要があるところ、相続開始前と同様の用法であれば、用法遵守義務に違反しないこと（したがって、配偶者が相続開始前に居宅兼店舗として使用していたのであれば、従前から店舗として使用されていた部分については、相続開始後も同様の使用が許容されること）を明らかにするものである（部会資料15・4頁参照）。

　共有者の1人が目的物の全部を使う場合に、善管注意義務を負うのか、通常の自己の財産と同様の義務を負うだけかということは、必ずしも明確ではない。ここで配偶者が善管注意義務を負うことにされたのは、配偶者居住権の場合には、共有物の使用の場合とは異なり、使用の対価を他の共有持分者に払わなくてよい（改正民法1028条により「無償で」使用できる）ため、配偶者短期居住権と同じように善管注意義務を課すことにも合理性があることによる（改正民法1038条の解説参照）。

　(b)　**居住していなかった部分**　　本条1項ただし書は、「従前居住の用に供していなかった部分について、これを居住の用に供することを妨げない」と規定している。

　配偶者居住権は、配偶者が相続開始の時に建物の少なくとも一部を居住の用に供していた場合には、その居住していた建物の全部について成立する（改正民法1028条1項本文）。そのため、「例えば、当該建物の一部を店舗として使用していたり、間借人に賃貸している場合も考えられる。このような場合に、店舗の営業をやめたり、間借人との賃貸借が終了したりしたときに」は、「居住建物の所有者の承諾がなかったとしても、居住の目的の範囲内であれば、元々店舗として使っていた部分や、間貸しの目的となっていた部分を使用することを認める」ことが、建物の全体について配偶者居住権を有していることからして、妥当である（部会資料24-2・5頁）。これは、「居住の目的の範囲内であれば、従前の用法と異なる用法での使用も許容することといたしました」と説明されている（倉重関係官：部会議事録24回32頁）。

（2）　**譲渡禁止（本条2項）**

　(a)　**配偶者居住権の譲渡が禁止された理由**　　本条2項は、「配偶者居住権は、譲渡することができない」と規定している（この規定は、改正民法1041条で

配偶者短期居住権に準用されている)。

　ここで禁止されているのは、配偶者居住権という、新たに作った権利自体の譲渡であり、「居住建物の所有権自体については、居住建物の所有者の方で任意に処分はできます」と説明されている(堂薗幹事:部会議事録26回3頁)。

　配偶者居住権の譲渡が禁止された理由は、「配偶者居住権は配偶者自身の居住環境の継続性を保護するためのものであるから、第三者に対する配偶者居住権の譲渡を認めることは、制度趣旨との関係で必ずしも整合的であるとはいえず、法制的にも問題がある」と説明されている(部会資料26-2・2頁)。そして、債権には原則として譲渡性があること(民法466条1項)との関係で、譲渡が禁止されることを明らかにするために、規定が設けられた。

(b)　**配偶者が投下した資本の回収方法**　譲渡が禁止されたことによって、例えば、配偶者が長期間居住することを前提に配偶者居住権を取得したにもかかわらず、予定していた期間を経過する前に予期しない事情から転居せざるを得なくなったような場合等であっても、居住のための費用を含むその後の生活費を取得するため、配偶者居住権を売却することはできないことになる。このような結論は、配偶者居住権が遺産分割の対象財産またはみなし相続財産として配偶者の具体的相続分の範囲内で取得されるものであることからすると、配偶者に酷であるようにも思われる。しかし、現実的に考えるならば、配偶者居住権は配偶者の死亡によって消滅する債権であり(改正民法1036条による債権法改正後民法597条3項の準用)、継続性において不安定であるから、譲渡を禁止しないとしても、実際に配偶者居住権を売却することができる場面は必ずしも多くない。その意味でいえば、配偶者居住権の譲渡が禁止されたことによって生じる不利益は、大きくはない。

　配偶者居住権は財産評価の対象となり、配偶者の具体的相続分の範囲内で取得されるものであるため、配偶者居住権の譲渡を禁止すると、配偶者が転居せざるを得なくなった場合の投下資本の回収が問題になる。この点については、「建物所有者に買い取ってもらうことのほか、居住建物の所有者の承諾を得た上で第三者に居住建物を賃貸することが考えられる。また、第三者に対する賃貸であれば、一定期間の経過後に配偶者が再度居住建物での生活を営む意思を有している場合にも行うことが可能であるから、配偶者の居住権の保護という立法目的との不整合が生ずるとはいえない。また、賃貸であれば、短期間の需要もあり得ると考えられるし、配偶者、居住建物の所有者及び賃借人の三者の

間で、配偶者居住権の消滅後には居住建物の所有者が賃貸人としての地位を引き継ぐ旨の合意をすることにより、賃借人の法的地位の更なる安定を図ることも可能となるため、第三者に賃貸することによる回収可能性は高まると考えられる」と説明されたことがある（部会資料26-2・2〜3頁）。ただし、この部会資料において「建物所有者に買い取ってもらうこと」とされていた点について、民事局長は、「配偶者が例えば施設への入居等により居住建物から転居せざるを得なくなったような場合には、配偶者居住権を放棄することを条件として、これによって利益を受ける居住建物の所有者から金銭の支払いを受ける、こういうことが考えられまして、居住建物の所有者との間でこのような合意が成立すれば、配偶者は配偶者居住権を事実上換価することができることとなるわけでございます」と説明しており（小野瀬民事局長：衆議院会議録19号3頁）、売買契約による譲渡とは異質なものとして整理されている。

　第三者への賃貸には居住建物の所有者の承諾が必要であり、配偶者居住権の放棄を条件とする対価の受領という手段も居住建物の所有者との合意を要件としており、いずれの場合であっても、配偶者が投下した資本の回収方法が権利として認められているわけでないことに注意が必要である。

　(c)　強制執行の否定　　配偶者居住権の譲渡が禁止された結果として、強制執行はできないことになる。この点は、「一般に、強制執行の対象財産については、譲渡性があることが要件とされておりますので、配偶者居住権については、所有者の意思にかかわらず、譲渡することができないということになりますと、強制執行の対象からは外れるということにはなろうかと思います」と説明された（堂薗幹事：部会議事録26回3頁）。

(3)　第三者の使用・収益等（本条3項）　　本条3項は、「配偶者は、居住建物の所有者の承諾を得なければ、居住建物の改築若しくは増築をし、又は第三者に居住建物の使用若しくは収益をさせることができない」と規定している。

　(a)　増改築　　配偶者居住権は、存続期間が長期にわたることも想定されているため、居住建物の改築または増築をする必要が生じることもあり得る。そこで、所有者の承諾が得られるときには、これを認めることとされた。

　(b)　第三者による使用・収益　　第三者に居住建物の使用若しくは収益をさせることについては、「建物所有者は誰が建物を使用するかについて重大な利害関係を有していることを考慮したものであり、民法上の賃貸借（612条1項）と同様の規律を設けることとするもの」と説明された（中間試案補足12〜13頁）。

これは、「第三者」との関係に関するものであり、配偶者に対する債務を負担している居住建物の所有者は、ここには含まれないと解される。この点は、「所有者の同意を要するとした趣旨からいって、所有者がこの居住建物に一時期無償で住み、その後一定の期間経過後に、配偶者の方で再び配偶者居住権を根拠に居住するということは、当然否定されない」と説明された（堂薗幹事：部会議事録26回2頁）。また、一問一答（相続）24頁は「家族や家事使用人……は配偶者の占有補助者に過ぎず、独立の占有を有しないと考えられるため、同居させたとしても第三者に居住建物を使用収益させたことにはならない」と指摘している。

（4）　消滅請求権（本条4項）　　本条4項は、「配偶者が1項又は前項の規定に違反した場合において、居住建物の所有者が相当の期間を定めてその是正の催告をし、その期間内に是正がされないときは、居住建物の所有者は、当該配偶者に対する意思表示によって配偶者居住権を消滅させることができる」と規定している。

　「催告」が必要とされているのは、配偶者居住権の場合にも、「配偶者は、実質的には自己の相続分において賃料の前払をしたのと同様の経済的負担をしていること等に照らすと、賃貸借契約の場合と同様、その消滅請求をするには、原則として催告を要することとするのが相当である」ことによる（部会資料15・13頁）。一問一答（相続）31頁は、「審判での設定も認められているなど、必ずしも当事者間の信頼関係に基づくものとはいえないこと等」も指摘している。なお、配偶者短期居住権の消滅請求権については催告が必要とされていないが（改正民法1038条3項）、これは前記のような経済的負担を配偶者がしていないためである。

　(a)　**本条1項に違反した場合**　　善管注意義務に違反するなど、配偶者が本条1項に違反した場合には、居住建物の所有者は、相当の期間を定めて、その是正の催告をすることができる。そして、その期間内に是正がされないときは、居住建物の所有者は、当該配偶者に対する意思表示によって配偶者居住権を消滅させることができる（本条4項）。

　(b)　**本条2項に違反した場合**　　本条4項は、「1項又は前項の規定に違反した場合」と定めており、本条2項に違反した場合を対象外としている。

　これは、配偶者居住権の譲渡は禁止されているため、配偶者が第三者との間で譲渡契約を締結しても、効力が生じないためと思われる。

なお、契約締結にとどまらず、譲渡を受けた第三者が現実に居住建物を使用・収益するに至った場合には、本条3項に違反することになり、消滅の意思表示ができることになる。

(c) 本条3項に違反した場合　　所有者の承諾を得ないで第三者に居住建物を使用させるなど、配偶者が本条3項に違反した場合には、居住建物の所有者は、相当の期間を定めて、その是正の催告をすることができる。そして、その期間内に是正がされないときは、居住建物の所有者は、当該配偶者に対する意思表示によって配偶者居住権を消滅させることができる（本条4項）。

3　実務への影響

配偶者居住権は、新たに設けられた権利であり、「賃借権類似の法定の債権」と位置づけられてはいるが、その権利の内容は、賃借権とは異なる点も少なくない。そのため、実務においては、慎重に対応することが必要である。

（居住建物の修繕等）
第1033条
1　配偶者は、居住建物の使用及び収益に必要な修繕をすることができる。
2　居住建物の修繕が必要である場合において、配偶者が相当の期間内に必要な修繕をしないときは、居住建物の所有者は、その修繕をすることができる。
3　居住建物が修繕を要するとき（第1項の規定により配偶者が自らその修繕をするときを除く。）、又は居住建物について権利を主張する者があるときは、配偶者は、居住建物の所有者に対し、遅滞なくその旨を通知しなければならない。ただし、居住建物の所有者が既にこれを知っているときは、この限りでない。

（新設）

◆解説

1　趣旨

配偶者居住権は、法定の債権であるため、修繕に関する権利義務についても当事者の合意に委ねることは適切でない。そのため、以下のとおり、配偶者の修繕についての規定が設けられた。

2　内容

（1）　配偶者の修繕権（本条1項）　　本条1項は、「配偶者は、居住建物の使用及び収益に必要な修繕をすることができる」と規定している（この規定は、改正民法1041条で配偶者短期居住権に準用されている）。

　これは、配偶者に第一次的な修繕権を与えるものである。その理由は、①配偶者居住権は配偶者の居住を保護しようとするものであり、配偶者による即時の修繕を認める必要性が高いこと、②配偶者に通常の必要費を負担させることにしている以上（改正民法1034条1項）、配偶者において第一次的に修繕方法を決められるようにするのが相当であると考えられること、③他の共同相続人が第一次的な修繕権を有することとすると、紛争性のある事案では、配偶者を退去させる口実に使われるおそれがあることなどにある（部会資料24-2・2頁参照）。

　なお、要点(1)12頁は、「賃貸借契約における賃貸人とは異なり、居住建物の所有者は、配偶者に対し、建物の使用および収益をするのに適した状態にする義務（修繕義務等）までは負っておらず、配偶者が無償で居住建物を使用することを受忍すれば足りる」と指摘している。

（2）　所有者の修繕権（本条2項）　　本条2項は、「居住建物の修繕が必要である場合において、配偶者が相当の期間内に必要な修繕をしないときは、居住建物の所有者は、その修繕をすることができる」と規定している（この規定は、改正民法1041条で配偶者短期居住権に準用されている）。

　配偶者が第一次的な修繕権を行使せず、相当の期間内に修繕をしない場合には、居住建物の所有者において修繕することを認める必要があるためである（部会資料24-2・2頁参照）。

（3）　配偶者の通知義務（本条3項）　　本条3項は、「居住建物が修繕を要するとき（1項の規定により配偶者が自らその修繕をするときを除く。）、又は居住建物について権利を主張する者があるときは、配偶者は、居住建物の所有者に対し、遅滞なくその旨を通知しなければならない。ただし、居住建物の所有者が既にこれを知っているときは、この限りでない」と規定している（この規定は、改正民法1041条で配偶者短期居住権に準用されている）。

　これは、賃貸借に関する民法615条を参考にしたものである。民法615条は「賃借物が修繕を要し、又は賃借物について権利を主張する者があるとき」に通知義務を認め、「賃貸人が既にこれを知っているとき」だけを例外としてい

る。民法615条の趣旨は、賃借人に通知義務を課すことによって賃貸人に必要な修繕をする機会を与え、修繕の必要な状態にある賃借物が修繕されないまま放置されて荒廃するという損失が生じないようにする点にあるとされている。これに対して、改正民法1033条3項では「1項の規定により配偶者が自らその修繕をするときを除く」とされており、「居住建物の所有者が既にこれを知っているとき」に加えて、本条1項の規定により配偶者が自らその修繕をするときにも通知義務がないこととされている。その理由は、「居住建物が修繕を要する場合であっても、配偶者が自ら修繕した場合にはもはや通知させる必要がないと思われますことから、そのような場合には通知義務を負わないということにいたしました」と説明された（倉重関係官：部会議事録25回2頁）。この点、配偶者が自ら修繕する場合にも通知義務を負わせることにより建物の修繕方法等について配偶者と協議する機会を与えるとともに、将来特別の必要費として償還請求されることがあり得るか否かを建物所有者に認識させるという意義はあるという指摘もあったが、「民法上の他の場面では、費用の償還請求が認められる場合にも通知義務等は課されておらず、この場合にのみ通知義務を課す必要性及び合理性に乏しい」とされた（部会資料25-2・3頁）。

3　実務への影響

配偶者居住権は、新たに設けられた権利であり、「賃借権類似の法定の債権」と位置づけられてはいるが、修繕に関する規律にも、賃借権と異なる点がある。そのため、実務においては、慎重に対応することが必要である。

（居住建物の費用の負担）

第1034条

1　配偶者は、居住建物の通常の必要費を負担する。

2　第583条2項の規定は、前項の通常の必要費以外の費用について準用する。

（新設）

◆解説

1　趣旨

配偶者居住権は、法定の債権であるため、費用負担に関する権利義務につい

ても当事者の合意に委ねることは適切でない。そのため、以下のとおり、配偶者の費用負担についての規定が設けられた。

　すなわち、「通常の必要費（固定資産税及び通常の修繕費）は配偶者の負担とする一方、臨時の必要費（例えば、不慮の風水害により家屋が損傷した場合の修繕費）及び有益費（例えば、リフォームの工事をした場合の費用）については建物所有者の負担とした上で、これを配偶者が支出した場合には、建物所有者に対し、民法196条の規律に従って、その償還を求めることができることとしている。もっとも、償還すべき有益費が高額の場合には、建物所有者による一括償還が困難となるおそれもあることに配慮し、……有益費の償還については、裁判所が相当の期限を与えることができることとしている」（中間試案補足5頁）。

2　内容

（1）　通常の必要費（本条1項）　　本条1項は、「配偶者は、居住建物の通常の必要費を負担する」と規定している（この規定は、改正民法1041条で配偶者短期居住権に準用されている）。

　これは、使用貸借に関する民法595条1項と同様の規定である。通常の必要費としては、例えば、居住建物の固定資産税がある。固定資産税の納税義務者は居住建物の所有者であるが、配偶者と居住建物の所有者との内部関係においては、配偶者が負担することになる。この点については、「居住建物の所有者は、固定資産税を納付した場合には配偶者に対して求償することとなる、こういったようなことが生ずるということに留意する必要がある」と説明された（小野瀬民事局長：衆議院会議録19号3頁）。

　この点、居住建物の必要費はすべて配偶者の負担とするという案も検討されたが、必要費の中でも、災害等によって大規模な修繕が必要となった場合の修繕費など特別の必要費については、建物を無償で使用および収益する「使用貸借契約の場合でも貸主の負担とされていること等に鑑みると、これを配偶者の負担とするのはバランスを失する」という指摘を受けて、配偶者は、「通常の必要費」のみを負担することとされた（部会資料24-2・5頁）。

（2）　通常の必要費以外の費用（本条2項）　　本条2項は、「583条2項の規定は、前項の通常の必要費以外の費用について準用する」と規定している（この規定は、改正民法1041条で配偶者短期居住権に準用されている）。

　これは、使用貸借に関する民法595条2項と同様の規定である。ここで準用される民法583条2項は、「買主又は転得者が不動産について費用を支出したと

きは、売主は、196条の規定に従い、その償還をしなければならない。ただし、有益費については、裁判所は、売主の請求により、その償還について相当の期限を許与することができる」と規定している。そして、民法196条1項は「占有者が占有物を返還する場合には、その物の保存のために支出した金額その他の必要費を回復者から償還させることができる。ただし、占有者が果実を取得したときは、通常の必要費は、占有者の負担とする」と規定し、民法196条2項は「占有者が占有物の改良のために支出した金額その他の有益費については、その価格の増加が現存する場合に限り、回復者の選択に従い、その支出した金額又は増価額を償還させることができる。ただし、悪意の占有者に対しては、裁判所は、回復者の請求により、その償還について相当の期限を許与することができる」と規定している。

これによる規律は、以下のように整理できる。

(a) **特別の必要費** 災害等によって大規模な修繕が必要となった場合の修繕費など特別の必要費については、配偶者が居住建物を返還する場合には、所有者から償還させることができる。

(b) **有益費** 占有者が占有物の改良のために支出した金額その他の有益費については、その価格の増加が現存する場合に限り、配偶者の選択に従い、その支出した金額または増価額を償還させることができる。ただし、裁判所は、所有者の請求により、その償還について相当の期限を許与することができる。

3 実務への影響

配偶者居住権は新たに設けられた法定の債権であり、実務においては、慎重に対応することが必要である。

（居住建物の返還等）
第1035条
1 配偶者は、配偶者居住権が消滅したときは、居住建物の返還をしなければならない。ただし、配偶者が居住建物について共有持分を有する場合は、居住建物の所有者は、配偶者居住権が消滅したことを理由としては、居住建物の返還を求めることができない。
2 第599条第1項及び第2項並びに第621条の規定は、前項本文の規定により配偶者が相続の開始後に附属させた物がある居住建物又は相続の開

始後に生じた損傷がある居住建物の返還をする場合について準用する。
（新設）

◆解説
1　趣旨
　配偶者居住権は、法定の債権であるため、費用負担に関する権利義務についても当事者の合意に委ねることは適切でない。そのため、以下のとおり、配偶者の費用負担についての規定が設けられた。
2　内容
（1）　居住建物の返還義務（本条1項）
　(a)　原則　　本条1項本文は、「配偶者は、配偶者居住権が消滅したときは、居住建物の返還をしなければならない」と規定している。
　配偶者居住権は、居住建物の使用および収益をする権利であるから、これが消滅したときには、居住建物の返還義務を負うのが素直である。
　配偶者が善管注意義務（改正民法1032条1項）または所有者の承諾なしに第三者に使用・収益させない義務（改正民法1032条3項）に違反し、催告をされた相当期間内に是正しなかったときは、居住建物の所有者の意思表示によって、配偶者居住権は消滅する（改正民法1032条4項）。この結果について、「そういう義務違反を理由に消滅請求が認められた以上は、それでやむを得ないのではないか」と説明された（堂薗幹事：部会議事録21回23頁）。
　(b)　例外　　本条1項ただし書は、「配偶者が居住建物について共有持分を有する場合は、居住建物の所有者は、配偶者居住権が消滅したことを理由としては、居住建物の返還を求めることができない」と規定している。
　これは、配偶者が居住建物について共有持分を有している場合に、配偶者居住権が消滅した場合の規律である。この場合、配偶者居住権が消滅したときでも、配偶者は、なお自己の共有持分に基づいて居住建物を使用することができることから、配偶者居住権の消滅を理由とする返還義務は負わせないこととしたものである。この点は、配偶者短期居住権に関する改正民法1040条1項と同じ規律であり、その後の法律関係については、共有の法理に委ねられたことになる。
（2）　附属物の収去等（本条2項）　　本条2項は、「599条1項及び2項並び

に621条の規定は、前項本文の規定により配偶者が相続の開始後に附属させた物がある居住建物又は相続の開始後に生じた損傷がある居住建物の返還をする場合について準用する」と規定している。

(a) **民法599条1項の準用**　民法599条1項は、「借主は、借用物を受け取った後にこれに附属させた物がある場合において、使用貸借が終了したときは、その附属させた物を収去する義務を負う。ただし、借用物から分離することができない物又は分離するのに過分の費用を要する物については、この限りでない」と規定している。

配偶者短期居住権に関する改正民法1040条2項と同様に、配偶者が建物に附属させた物を収去する義務を有する旨を定めたものである（部会資料15・13頁）。

(b) **民法599条2項の準用**　民法599条2項は、「借主は、借用物を受け取った後にこれに附属させた物を収去することができる」と規定している。

配偶者短期居住権に関する改正民法1040条2項と同様に、配偶者が建物に附属させた物を収去する権利を有する旨を定めたものである（部会資料15・13頁）。

(c) **債権法改正後民法621条の準用**　債権法改正後民法621条は、「賃借人は、賃借物を受け取った後にこれに生じた損傷（通常の使用及び収益によって生じた賃借物の損耗並びに賃借物の経年変化を除く。以下この条において同じ。）がある場合において、賃貸借が終了したときは、その損傷を原状に復する義務を負う。ただし、その損傷が賃借人の責めに帰することができない事由によるものであるときは、この限りでない」と規定している。

配偶者居住権が消滅した場合の原状回復義務の内容については、債権法改正後の賃貸借の取扱いと同様、通常損耗と経年変化を除外する旨が明記された（部会資料15・13頁）。配偶者短期居住権に関する改正民法1040条2項と同じ規律である。

3　実務への影響

配偶者居住権は、新たに設けられた権利であり、「賃借権類似の法定の債権」と位置づけられてはいるが、居住建物の返還等に関する規律にも、賃借権と異なる点がある。そのため、実務においては、慎重に対応することが必要である。

【参考判例等】
最高裁昭和41年5月19日判決・民集20巻5号947頁

共同相続に基づく共有者の1人であって、その持分の価格が共有物の価格の過半数に満たない者（以下単に少数持分権者という）は、他の共有者の協議を経ないで当然に共有物（本件建物）を単独で占有する権原を有するものでないことは、原判決の説示するとおりであるが、他方、他のすべての相続人らがその共有持分を合計すると、その価格が共有物の価格の過半数をこえるからといって（以下このような共有持分権者を多数持分権者という）、共有物を現に占有する前記少数持分権者に対し、当然にその明渡を請求することができるものではない。けだし、このような場合、右の少数持分権者は自己の持分によって、共有物を使用収益する権原を有し、これに基づいて共有物を占有するものと認められるからである。したがって、この場合、多数持分権者が少数持分権者に対して共有物の明渡を求めることができるためには、その明渡を求める理由を主張し立証しなければならないのである。

（使用貸借及び賃貸借の規定の準用）
第1036条
第597条第1項及び第3項、第600条、第613条並びに第616条の2の規定は、配偶者居住権について準用する。
（新設）

◆解説

1　趣旨

配偶者居住権は、「賃借権類似の法定の債権」と位置づけられており、同一の規律による場合について賃貸借に関する規定が準用されることは自然である。

ただし、以下のとおり、使用貸借に関する規定も準用されていることに注意する必要がある。

2　内容

（1）　民法597条1項の準用　民法597条1項は「当事者が使用貸借の期間を定めたときは、使用貸借は、その期間が満了することによって終了する」と規定しており、これを準用することは、「配偶者居住権の存続期間を定めたときは、配偶者居住権は、その期間が満了することによって消滅する」ことを意味する。

配偶者居住権の存続期間は、原則として「配偶者の終身」であるが、「別段の定め」をすることも認められている（改正民法1030条）。存続期間を定めた趣旨からすれば、その期間が満了することによって消滅するのが素直な帰結である。延長や更新をすることができない理由について、一問一答（相続）30頁は、「存続期間の延長や更新を認めることとすると、配偶者居住権の財産評価を適切に行うことが困難になるため」と説明している。

　なお、存続期間が満了する前であっても、配偶者が放棄をした場合には、配偶者居住権は消滅する。ただし、放棄の認定は、慎重になされなければならない。この点については、「配偶者が入院した場合や、あるいは配偶者がほかの親族のところに預けられた場合など、配偶者が居住建物から転居した場合につきましては、それによって配偶者が配偶者居住権を放棄したものと見ることができるのでありますれば、配偶者居住権が消滅することとなりますけれども、一般的には、そのような評価がされることはほとんどないものと思われます」「しばらく海外に行くなど一時的に居住建物の利用を中止するということでありましても、それは戻ってくる御意思があるわけでございますので、その場合には放棄には当たらず、引き続き権利者として居住建物を利用することができるものと考えられます」と説明された（小野瀬民事局長：衆議院会議録21号20～21頁）。

（２）　**民法597条３項の準用**　　民法597条３項は「使用貸借は、借主の死亡によって終了する」と規定しており、これを準用することは、配偶者居住権は、配偶者の死亡によって消滅するということを意味する。配偶者短期居住権に関する改正民法1041条と同じ規律である。

　配偶者居住権は「あくまで配偶者の居住権を保護するための権利であることから、これを相続の対象とはしない」こととしたものである（中間試案補足13頁）。この点については、「一身専属的な権利という理解ですから、相続の対象にはならないという前提です。ですから存続期間満了前に亡くなった場合も、その分は建物所有者が利益を得るわけですが、それは仕方がないと、そもそもそういう権利だという前提でございます。ですので、再度の相続というのは想定しておりません」と説明されていた（堂薗幹事：部会議事録２回34～35頁）。

（３）　**債権法改正後民法600条の準用**
　（a）　**権利行使期間**　　債権法改正後民法600条１項は「契約の本旨に反する使用又は収益によって生じた損害の賠償及び借主が支出した費用の償還は、貸

主が返還を受けた時から1年以内に請求しなければならない」と規定しており、これを準用するということは、配偶者の義務に反する使用または収益によって生じた損害の賠償および配偶者が支出した費用の償還は、所有者が返還を受けた時から1年以内に請求しなければならないことを意味する。配偶者短期居住権に関する改正民法1041条と同じ規律である。

(b) 消滅時効の完成猶予　債権法改正後民法600条2項は「前項の損害賠償の請求権については、貸主が返還を受けた時から1年を経過するまでの間は、時効は、完成しない」と規定しており、これは債権法改正によって追加されたものである。これを準用するということは、前項の損害賠償の請求権については、所有者が返還を受けた時から1年を経過するまでの間は、時効は、完成しないことを意味する。配偶者短期居住権に関する改正民法1041条と同じ規律である。

(4) 債権法改正後民法613条の準用

(a) 第三者の所有者に対する義務　債権法改正後民法613条1項は「賃借人が適法に賃借物を転貸したときは、転借人は、賃貸人と賃借人との間の賃貸借に基づく賃借人の債務の範囲を限度として、賃貸人に対して転貸借に基づく義務を直接履行する義務を負う。この場合においては、賃料の前払をもって賃貸人に対抗することができない」と規定している。これを準用するということは、配偶者が適法に居住建物を第三者に使用または収益させたときは、その第三者は、配偶者居住権に基づく配偶者の債務の範囲を限度として、所有者に対して使用または収益の合意に基づく義務を直接履行する義務を負うことを意味する。この点では、第三者が所有者に対して直接履行する義務を負うのは配偶者の「債務の範囲を限度」とするところ、配偶者居住権は「無償で使用及び収益をする権利」（改正民法1028条1項）であるため配偶者は賃料支払債務を負担していないから、第三者が所有者に対して賃料支払債務を直接履行する義務を負わないと思われる。これに対して、第三者が建物を損壊したことによって損害賠償義務を負った場合等には、第三者は、所有者に対して直接の履行義務を負うことになる。

なお、所有者の承諾を得て、配偶者が第三者との間で居住建物の賃貸借契約を締結した場合に、借地借家法の適用があるかという問題について、「適法に賃貸借が締結されているということは、その前提として建物所有者の承諾があるということになるのではないかと思っておりまして、そうであるとすると、

そちらは普通に適法に賃貸借契約が締結された場合でございますので、検討はしたいと思いますけれども、借地借家法の適用はあるということでもよいのではないかと第一感としては思っています」と説明されたことがある（宇野関係官：部会議事録21回21頁）。

　(b)　**所有者の配偶者に対する権利行使**　債権法改正後民法613条2項は「前項の規定は、賃貸人が賃借人に対してその権利を行使することを妨げない」と規定しており、これを準用するということは、本条で準用される債権法改正後民法613条1項の規定は、所有者が配偶者に対してその権利を行使することを妨げないことを意味する。例えば、第三者が建物を損壊したことによって損害賠償義務を負った場合等において所有者は第三者に対して直接の履行を求めることができるが、そのことによって配偶者に対する損害賠償請求権の行使ができなくなるわけではない。

　(c)　**合意による配偶者居住権の消滅**　債権法改正後民法613条3項は「賃借人が適法に賃借物を転貸した場合には、賃貸人は、賃借人との間の賃貸借を合意により解除したことをもって転借人に対抗することができない。ただし、その解除の当時、賃貸人が賃借人の債務不履行による解除権を有していたときは、この限りでない」と規定している。これを準用するということは、配偶者が適法に居住建物を第三者に使用または収益させた場合には、所有者は、配偶者居住権を合意により消滅させたことをもって第三者に対抗することができないことが原則であるが、その消滅の合意の当時、所有者が配偶者の義務違反による消滅の意思表示をする権利を有していたときは例外であることを意味する。

(5)　債権法改正後民法616条の2の準用　債権法改正後民法616条の2は、「賃借物の全部が滅失その他の事由により使用及び収益をすることができなくなった場合には、賃貸借は、これによって終了する」と規定している。これを準用するということは、居住建物の全部が滅失その他の事由により使用および収益をすることができなくなった場合には、配偶者居住権は、これによって消滅するということを意味する。配偶者短期居住権に関する改正民法1041条と同じ規律である。

　この規定によると、居住建物を取り壊して新たに建物を新築する場合には配偶者居住権は消滅することになるが、居住建物の所有者は、配偶者居住権を有する配偶者に対して居住建物を使用および収益させる義務を負っているから、配偶者の意思に反して居住建物を取り壊すことはできない。この点について、

「居住建物が老朽化しているために近いうちに建て替えが予想されるなどの事情がある場合には、そのような事情を十分に配慮した上で配偶者居住権の存続期間を定めるということが通常であると思います。そういったことから、配偶者居住権が設定される建物が建て替えられるといった場合に、この配偶者居住権が消滅することとしても、その建て替えの際に、例えば新築建物に対して借家権を設定することに基づいて建て替えに同意をいただくであるとか様々なことが可能でございますので、配偶者に酷な結果が生ずるおそれはない」と説明された（山下大臣政務官：参議院会議録21号10頁）。

3　実務への影響

　本条は、使用貸借および賃貸借に関する規定を準用するものであるが、新設された規定との関係を受けて、配偶者居住権の実質に即して読み替える必要がある。基本的には、借主を配偶者、貸主を居住建物の所有者と読み替えることになるところ、前記 **2** でもいくつかの例を説明したところであるが、その解釈の限界については未だ明確ではない。実際の事案に適用する際には、使用貸借および賃貸借とは異なる解釈がされる可能性もあることに注意すべきである。

第4 配偶者短期居住権

（配偶者短期居住権）
第1037条
1 　配偶者は、被相続人の財産に属した建物に相続開始の時に無償で居住していた場合には、次の各号に掲げる区分に応じてそれぞれ当該各号に定める日までの間、その居住していた建物（以下この節において「居住建物」という。）の所有権を相続又は遺贈により取得した者（以下この節において「居住建物取得者」という。）に対し、居住建物について無償で使用する権利（居住建物の一部のみを無償で使用していた場合にあっては、その部分について無償で使用する権利。以下この節において「配偶者短期居住権」という。）を有する。ただし、配偶者が、相続開始の時において居住建物に係る配偶者居住権を取得したとき、又は第891条の規定に該当し若しくは廃除によってその相続権を失ったときは、この限りでない。
　(1)　居住建物について配偶者を含む共同相続人間で遺産の分割をすべき場合　遺産の分割により居住建物の帰属が確定した日又は相続開始の時から6箇月を経過する日のいずれか遅い日
　(2)　前号に掲げる場合以外の場合　第3項の申入れの日から6箇月を経過する日
2 　前項本文の場合においては、居住建物取得者は、第三者に対する居住建物の譲渡その他の方法により配偶者の居住建物の使用を妨げてはならない。
3 　居住建物取得者は、第1項第1号に掲げる場合を除くほか、いつでも配偶者短期居住権の消滅の申入れをすることができる。
（新設）

◆解説

1　趣旨
　（1）　高齢化への対応　　配偶者の一方が建物を単独所有しており、その許

諾を得て他方の配偶者がその建物に居住していた場合には、生きている間は、占有補助者としてその建物に居住していることになる。しかし、建物所有者である配偶者（被相続人）の死亡により、他方の配偶者（生存配偶者）は、その占有補助者としての資格を失うことになる。

　日本においては、近年、高齢化が進展しているため、配偶者の一方が死亡した場合に、残されたもう一方の配偶者が既に高齢となっている事案が増加している。このような場合には、住み慣れた居住建物を離れて新たな生活を立ち上げることは精神的にも肉体的にも大きな負担となる。そのため、生存配偶者としては、住み慣れた居住環境での生活を継続するために居住権を確保したいという希望を有する場合も多いと考えられる。配偶者短期居住権は、前記の事情を背景として、生存配偶者の希望を実現するために新設されたものである。

　配偶者短期居住権は、配偶者の一方（被相続人）が死亡した場合には他方の配偶者（生存配偶者）が当然に取得できる権利であり、これによって基本的に、前記占有補助者としての資格を失った後であっても一定期間は、住み慣れた居住環境での生活を継続できることになる。

　この権利は、中間試案等においては「短期居住権」とされていたが、配偶者居住権（当時の名称は長期居住権）よりも常に存続期間が短いという関係にはないため「両者を対比させるような名称は相当でない」とされ、長期居住権を配偶者居住権とするのと同時に「配偶者短期居住権」という名称に改められた（倉重関係官：部会議事録26回1頁）。

（2）判例との関係　　判例は、相続人の1人が被相続人の許諾を得て被相続人の建物に同居していた場合には、特段の事情のない限り、被相続人と相続人との間で、相続開始時を始期とし、遺産分割時を終期とする使用貸借契約が成立していたものと推認されると判示した（⇨**判例**）。

　そのため、判例の示した要件に該当する場合には、相続人である配偶者は、遺産分割が終了するまでの間の短期的な居住権が確保される。しかし、これは当事者間の合理的意思解釈に基づくものであるから、被相続人が明確にこれと異なる意思を表示していた場合等には、配偶者の居住権は、短期的にも保護されない事態が生じることになる。例えば、「被相続人が配偶者の居住建物を第三者に遺贈した場合には、被相続人の死亡によって建物の所有権を取得した当該第三者からの退去請求を拒むことができないことになる」という結論が導かれることになる（中間試案補足3頁）。

これに対し、配偶者短期居住権は、配偶者の居住する建物を被相続人が第三者に遺贈した場合等においても一定期間の居住を認めており、配偶者の保護は、より強められたものと評価できる。

　なお、判例は「相続人の1人」を保護したものであり、配偶者のみを対象とするものではない。配偶者のみを対象として明文化したのは、「高齢化社会の進展に伴い、配偶者の居住権保護の必要性が高まっていることに加え、夫婦は相互に同居・協力・扶助義務を負うなど（民法752条）、法律上最も緊密な関係にある親族であるとされていること等を考慮すれば、配偶者に限り、このような保護を与えることにも相応の理由がある」ためである（中間試案補足3頁）。

（3）法的性質　配偶者短期居住権は、「使用借権類似の法定の債権」と位置付けられている（中間試案補足3頁）。

　配偶者短期居住権は、比較的短期間の居住利益を保護するために、配偶者に無償での使用を認める権利である。そのため、配偶者居住権は登記により第三者に対抗できるのに対し（改正民法1031条2項による民法605条の準用）、配偶者短期居住権には第三者対抗力を付与されていない。このような違いにより、いずれも「法定の債権」ではあるものの、配偶者居住権は賃借権類似とされ、配偶者短期居住権は「使用借権類似」と整理されている。

2　内容
（1）配偶者短期居住権取得の積極要件（本条1項本文）

　（a）**配偶者**　配偶者居住権を取得できる主体は、「被相続人の配偶者」に限られている（本条1項本文）。

　被相続人の「配偶者」に限定したのは、民法752条が「夫婦は同居し、互いに協力し扶助しなければならない」と規定するなど、配偶者は最も密接な関係にある親族として構成されており、一方の配偶者が死亡した場合に、残された配偶者の生活を保障すべき必要性が類型的に高いことなどを考慮したためである。

　配偶者短期居住権は相続に伴う効力として新設されたものであるから、本条1項本文にいう「配偶者」とは、相続権を有する配偶者、すなわち、法律婚の配偶者を意味する。その趣旨としては、「婚姻の余後効というのは根拠の一つになるのではないかという前提で資料は作成しております。また、内縁の配偶者について、法律上の配偶者と正に同じ保護を与えるかどうかというのは、それぞれの規定の趣旨によって変わってくるんだろうと思いますし、法律上の配

偶者と内縁の配偶者で取扱いが全く同じだということになりますと、それは現行法が法律婚主義を採っている意味がそもそもなくなってしまうというところもございますので、少なくとも相続の場面では、配偶者と内縁の配偶者においてそういった違いを設けるということにも、一応の説明ができる」と説明された（堂薗幹事：部会議事録6回8〜9頁）。

　法律婚の配偶者である限りは、本条1項本文にいう「配偶者」に該当すると解することが素直である。ただし、完全に婚姻関係が破綻している場合にまで、配偶者短期居住権の取得という特別な保護を与える必要があるのかという問題意識はあり得るところであり、解釈の余地は残っている。例えば不貞行為による慰謝料請求事件において婚姻関係が破綻しているか否かが争点となることがあるところ、実際に婚姻関係が破綻していて損害賠償義務を負わない事案というのは少ないものの、存在しないわけではない。この点については、「仮に婚姻関係が完全に破綻していたという場合には、解釈上、保護の対象から外れる余地があるのではないか」と指摘されたことがある（堂薗幹事：部会議事録2回25頁）。

　(b)　**被相続人の財産に属した建物**　　配偶者短期居住権の対象は、「被相続人の財産に属した建物」である（本条1項本文）。ここでは、敷地利用権については限定されていないから、借地権付きのものであっても配偶者短期居住権は成立し得る。

　配偶者居住権は「被相続人が相続開始の時に居住建物を配偶者以外の者と共有していた場合」には認められないと規定されているのに対し（改正民法1028条1項ただし書）、配偶者短期居住権には、このような規定がない。そのため、被相続人が「配偶者以外の者と共有」していた場合であっても、配偶者短期居住権は成立し得る。しかし、配偶者短期居住権には第三者対抗力がないため、その保護には限界がある。この点については、「基本的には共同相続人間でどうするかという話でございますので、共有の場合であっても、配偶者以外の相続人が相続によって共有持分を取得したことを理由として、配偶者に明渡しを求めることはできないということにはなるのだろうと思います。他方で、被相続人が持っていた共有部分以外の共有権者が明渡しを求めてきた場合に、配偶者が短期居住権を対抗できるとか、そういったことまでは考えておりません」と説明されたことがある（堂薗幹事：部会議事録2回21頁）。ただし、一問一答（相続）38頁は、「被相続人と居住建物の他の共有者との間で、被相続人に居住

建物の単独使用を認める旨の取決めがされており、この取決めが被相続人の死後も有効なものと解される場合」について、「持分取得者が他の共有者に対して有する利用権を援用すること」による保護を認めている。

　(c)　**居住要件**　配偶者短期居住権を取得するためには、「相続開始の時に無償で居住していた場合」であることが必要である（本条1項本文）。

　これは、配偶者短期居住権が、配偶者の居住権保護の観点から新設された趣旨に基づき、その保護要件として、配偶者が相続開始の時に、その建物に居住をしていたことを要求しているものである。

　判例は、使用貸借契約を推認する事情として、共同相続人の1人が「被相続人の許諾を得て建物に同居していたこと」を指摘している。しかし、配偶者短期居住権について、これらは要件とされていない。被相続人の許諾を要件としない理由は、配偶者短期居住権は、被相続人の意思に反する場合であっても一定の範囲内において生存配偶者の居住権を保護するという趣旨に基づくから、被相続人の許諾を得ていたことを要求する必要はないという点にある。また、同居を要件としない点については、「例えば、被相続人が自宅から離れた所で単身赴任をしていたため、相続開始時には配偶者が被相続人と同居をしていなかったという場合についても、配偶者の居住権保護の必要性は、同居していた場合とさほど変わりはない」と説明された（大塚関係官：部会議事録2回3頁）。

　(d)　**配偶者を含む共同相続人間で遺産分割すべき場合**

　　(i)　配偶者短期居住権を認める理由　本条1項本文は「次の各号に掲げる区分に応じて」配偶者短期居住権を認めており、本条1項1号は「居住建物について配偶者を含む共同相続人間で遺産の分割をすべき場合」と規定している。

　これは、配偶者が遺産共有持分権を有している場合であり、共有者相互の調整のための規定である。「居住建物について配偶者を含む共同相続人間で遺産の分割をすべき場合」には、基本的に、法定相続であれば配偶者が少なくとも2分の1の持分を有しているため、当然には明渡義務を負わない。その意味では、配偶者短期居住権を認めなくても居住は保護されることになるが、ここでは「一定期間については例外なく居住権を保護する必要」があるとされ、「共有についての判例理論だけで全てが保護されているということにはならない」という問題意識がある（堂薗幹事：部会議事録2回10頁）。これは、判例が、共有者相互間の明渡請求について多数持分権者は少数持分権者に対して「当然に

その明渡を請求することができるものではない」と判示したところ（⇨§1035・判例）、その「当然に」という意味が、必ずしも明確になっていないことによる。共有に関して、仮に、誰が使用するのかというのが管理に関する事項だということであれば、共有者間の協議によって「各共有者の持分の価格に従い、その過半数で決する」ことになるところ（民法252条）、法定相続分を前提とすれば、配偶者は少なくとも2分の1は持っているため（民法900条）、過半数で使用方法を決めるということになったとしても保護されることになる。しかし、「相続分の指定がされているような場合を含めて考えますと、現行法の解釈上も、不明な部分はなお残っている」のであり、配偶者短期居住権を認める必要があるとされた（堂薗幹事：部会議事録2回10頁）。

　(ⅱ)　**遺産分割すべき場合の終期**　本条1項本文は「それぞれ当該各号に定める日までの間」とし、本条1項1号は、「居住建物について配偶者を含む共同相続人間で遺産の分割をすべき場合」について、「遺産の分割により居住建物の帰属が確定した日又は相続開始の時から6箇月を経過する日のいずれか遅い日」と規定している。

　遺産分割すべき場合の終期のうち、「遺産の分割により居住建物の帰属が確定した日」を基準とすることは、判例と基本的には同趣旨のものである。判例は「遺産分割時を終期」としているところ、本条1項1号は「遺産の分割により居住建物の帰属が確定した日」を基準としているが、これは、「遺産分割の全体が終了していなかった場合でも、配偶者の居住建物の帰属に関する協議が成立したような場合につきましては、少なくとも当該建物については、相続開始に伴う暫定的な権利関係が解消されて、短期居住権を認める前提を欠くということになる」という理解に基づいている（大塚関係官：部会議事録6回1頁）。

　ここでは「遺産の分割により居住建物の帰属が確定した」ことが基準であり、配偶者が遺産分割により何を取得したかは考慮されない。このことは、配偶者が遺産分割により共有持分のみを取得した場合であっても、配偶者短期居住権は消滅することを意味している。この点、遺産分割の本来のあり方としては、共有状態を解消して、財産をどう分けるかを最終的に決めることが望ましい。しかし、具体的事案においては、共有として解決する場合もある。このような例外的な分け方がされた場合であっても、基本的には遺産分割で、最終的にそういう形で遺産を分けるということが決まった以上は、少なくとも相続を原因として若干不安定な遺産共有の状態になっていたことは解消するため、配偶者

短期居住権は消滅すると整理されたものである。配偶者短期居住権の趣旨は、遺産分割が終了するまでの暫定的な権利関係が生じている期間について特別に配偶者を保護することにあるから、共有状態が続く場合ではあっても遺産分割が終了した以上は、配偶者短期居住権は消滅すると解することが素直である。

　本条1項1号が「遺産の分割により居住建物の帰属が確定した日」と「相続開始の時から6箇月を経過する日」を比較し、その「いずれか遅い日」を終期とした趣旨は、最低期間の保障にある。この点、配偶者自身が遺産分割に関与する以上、配偶者が遺産分割協議の成立時期を左右することができるから、最低期間の保障は不要であるとも考えられる。しかし、「遺産分割の内容自体は合意に至っており、本来は早期に遺産分割協議が成立し得る事案であるのに、配偶者が急な転居に対応できないことのみを理由として遺産分割を先延ばしにするような事態を生じさせるのは相当でない」（部会資料25-2・2頁）。そのため、遺産分割協議が早期に成立した場合であっても、相続開始から6か月を経過する日までの間は、配偶者短期居住権が存続することとされた。

　なお、存続期間の基準である「遺産の分割により居住建物の帰属が確定した日」については上限が設けられていない。これは、上限を設けると、判例による場合よりも配偶者の保護が弱くなるおそれがあることによる。ただし、そのことから当然に、いつまでも配偶者短期居住権が存続することになるわけではない。条文上も「短期」であることが想定された権利であるから、例えば10年が経過しても遺産分割による帰属の確定ができていない場合等には、配偶者短期居住権が否定される可能性はある。その理由としては、権利濫用（民法1条3項）等の一般条項によることが考えられる。法制審部会においても、「配偶者が意図的に遺産分割協議を引き延ばしているような場合については、権利濫用等の一般条項による解決もあり得る」と指摘された（中間試案補足4頁）。

(e) 前記(d)以外（遺贈等）の場合

　(i) 配偶者短期居住権を認める理由　　本条1項本文は「次の各号に掲げる区分に応じて」配偶者短期居住権を認めており、本条1項2号は「前号に掲げる場合以外の場合」と規定している。「前号に掲げる場合」とは配偶者を含む共同相続人間で遺産分割すべき場合であり、それ「以外の場合」には、配偶者の居住する建物を被相続人が第三者に遺贈した場合等のほか、配偶者が相続を放棄した場合も含まれる。これは、配偶者が共有持分を持っていない場合に、明渡猶予を認めるための規定である。

本条1項2号は、被相続人が配偶者の短期居住を認める意思を有していなかったことが遺言等によって明らかである場合にも、当然に一定期間の配偶者短期居住権を取得することとしており、この点において強行法規性を有している。この点、判例によれば、被相続人が遺言により配偶者以外の第三者に配偶者の居住建物を遺贈した場合など、被相続人がその配偶者との間で使用貸借契約を締結する意思を有していなかったことが明らかな場合には、配偶者の居住権は保護されないことになるが、本条1項2号は、第三者に居住建物が遺贈された場合等についても、配偶者の短期的な居住の利益を保護するために、一定期間に限り、配偶者短期居住権を認めている。その意味で、本条1項2号は、被相続人の意思に左右されない強行法規性を有するものといえる。その許容性については、「このような規律は、被相続人の財産処分権を一部制限するものではあるが、一方の配偶者はその死亡後に他方の配偶者が直ちに建物からの退去を求められるような事態が生ずることがないよう配慮すべき義務を負うと解することが可能であるものと考えられ（婚姻の余後効）、配偶者の短期的な居住の利益を確保するために、その限度で被相続人の処分権限を制約することには相応の合理性がある」と説明された（中間試案補足7頁）。

　配偶者が相続放棄をした場合については、居住建物について他の共同相続人間で遺産分割が行われるときは、その遺産分割終了時までという規律によることも検討されたが、採用されなかった。その理由は、配偶者が遺産分割に関与することができないにもかかわらず、遺産分割終了時までとすると、配偶者短期居住権が消滅する時期を予測することが難しいため、被相続人が第三者に遺贈した場合等と同じ規律による方が適切であるという点にある。

　　(ⅱ)　遺産分割すべき場合の終期　　本条1項本文は、「次の各号に掲げる区分に応じてそれぞれ当該各号に定める日までの間」とし、本条1項2号は、「前号に掲げる場合以外の場合」すなわち配偶者の居住する建物を被相続人が第三者に遺贈した場合・配偶者が相続を放棄した場合等について、「3項の申入れの日から6箇月を経過する日」と規定している。

　「3項の申入れの日から」とされたのは、相続開始時から6か月を経過する日としたのでは、実際上は明渡請求を受けた時にはほとんどその期間が経過していることになり、余り保護にならないためである（堂薗幹事：部会議事録15回4頁）。これによって、本条3項の申入れがない限り配偶者は制限なく無償で居住できることになるが、その必要性については、例えば「相続開始から相当

期間経過後に遺言が発見された場合などには、配偶者の居住を保護する観点から、その間の使用利益の支払義務を免れさせる必要性が高い」ところであり、その許容性については、居住建物の所有者は「少なくとも遺言が発見されるまでの間は、そもそも居住建物の所有者であることを認識しておらず、これを使用する意思を有していなかったのであるから、その間の使用利益を回収することができないとしても、不測の損害を受けることにはならない」と説明された（部会資料21・3頁）。

　本条3項の申入れの日から終了までの期間については1年間とすることも検討されたが、より短期に限定すべきと指摘されて「6箇月」とされた。これにより「明渡猶予期間としての意味合いがより強まる」ことになった（大塚関係官：部会議事録6回2頁）。このことは「基本的には、配偶者が相続開始の直後に住み慣れた住居からの退去を余儀なくされることを防止し、配偶者に転居先確保等のための明渡猶予期間を与えるものであることからすれば、その存続期間については、民法395条1項と同様、6か月間程度とするのが相当である」と説明された（部会資料15・6頁）。ここで指摘された民法395条1項は、抵当建物使用者の引渡しの猶予に関する規定である。

　(f)　**居住建物取得者**　　配偶者短期居住権を負担するのは、居住建物の「所有権を相続又は遺贈により取得した者」（居住建物取得者）である（本条1項本文）。

　これは、配偶者の居住建物の所有権を取得した者の利益を不当に害することを避けるため、配偶者短期居住権の成立を、配偶者以外の者が建物の所有権を取得した理由が「相続又は遺贈」である場合に限定したものである（死因贈与については民法554条により性質に反しない限り遺贈の規定が準用される）。この点については、「遺贈あるいは死因贈与を例として挙げているのは、被相続人が無償で処分をした場合については、短期的な居住権に劣後してもやむを得ないのではないかという点にその趣旨がありますので、被相続人の処分であっても、何らかの経済的な合理性があってやっているもの、有償の処分などについては、強行法規性の対象にはならないという前提」と説明された（堂薗幹事：部会議事録2回27頁）。

　(g)　**居住建物の一部**　　配偶者短期居住権は、「居住建物の一部のみを無償で使用していた場合にあっては、その部分について」成立する（本条1項本文）。権利が成立するのは「使用」していた部分であり、居住していた部分には限ら

れない。一問一答（相続）40頁は、店舗を営んでいた部分も無償で使用していた場合について、「居住していた部分及び店舗を営んでいた部分の全部について配偶者短期居住権が成立する」と指摘している。

これは、配偶者短期居住権は配偶者が相続開始時に享受していた居住利益をその後も一定期間保護することを目的としているから、「従前と同様の形態で居住することができるにとどまり、配偶者にそれ以上の利益を付与することは相当でない」ためである。そして、配偶者短期居住権は「あくまでも相続人の間でのみ効力を有するに過ぎないことからすれば、建物の一部についてのみ短期居住権の効力が生ずることとしても特段の問題は生じない」（部会資料15・3頁）。

配偶者居住権が「建物の全部について」（改正民法1028条）成立することとの違いについては、配偶者居住権の方は対抗要件が登記に限定されており（改正民法1031条）、第三者対抗力まであるところに特色があるため建物全体について権利の設定を認める必要性が高いのに対し、「短期の場合は対抗要件がありませんので、そういった意味では、建物の一部についてのみ認めることも、それほど困難ではない」ためと説明された（堂薗幹事：部会議事録22回6頁）。

(h)　**無償**　　配偶者居住権は、居住建物を「無償で」使用する権利である（本条1項本文）。

ここにいう「無償」とは、使用および収益の対価を支払わないという意味である。

さらに、「配偶者短期居住権によって受けた利益については、配偶者の具体的相続分からその価額を控除することを要しない」とされているから（法制審要綱第1の1（注1））、配偶者短期居住権は取得も無償である。これは、判例（⇨**判例**）では、「使用貸借契約によって得られた利益を配偶者の具体的相続分から控除することは予定されていない」こととのバランスを考慮したものである（中間試案補足5頁）。この点において、配偶者短期居住権は、財産的価値に相当する価額を相続したものと扱われる配偶者居住権と異なっている。

(i)　**使用する権利**　　配偶者短期居住権は、居住建物を「使用する権利」である（本条1項本文）。

配偶者短期居住権は居住建物取得者との間の法定の債権であるから、居住建物取得者は、配偶者の「使用する権利」に対応する義務、すなわち、配偶者短期居住権が存続する期間、配偶者に使用させる義務を負うことになる。

配偶者短期居住権は、使用借権類似の法定の債権であるところ、使用貸借においては、その「使用及び収益」が本質的な要素とされている（民法593条）。判例によって推認される使用貸借契約においても、配偶者（借主）には、居住建物の収益権が認められるという理解もあり得るものと思われる。しかし、配偶者短期居住権は「使用」（改正民法1037条1項本文）する権利であり、収益することは含まれない。配偶者短期居住権は被相続人の生前には占有補助者であった配偶者について、相続開始後に独自の占有権原を付与して相続開始前と同一態様の「使用」を認めることを目的としており、収益を得させるためのものではないからである。判例との関係については、「使用貸借の要素の中に使用と収益が入っている中で、短期居住権についてはその収益の部分を認めないということになりますと、これまで判例上で認められてきたルールから、多少後退している感もなくはない」が、「一方で、元々、使用貸借を推認した判例の中で、どこまで実際に使うことを想定していたのかというところの問題もあろう」と指摘されていた（宇野関係官：部会議事録21回20頁）。

　さらに検討すると、この場面における「収益」としては、第三者に貸すという形式によることが想定される。建物で仮に営業していても、それは基本的には建物の収益とは評価しないため「特に短期の場合に収益をするということは、第三者に貸す以外には考えにくい」ところである（堂薗幹事：部会議事録21回20頁）。

　そして、被相続人が自ら相続開始前に居住建物の一部を第三者に貸して収益をしていた場合については、その収益は、相続人全員に帰属させることが望ましい。第三者の賃料等の収益までを配偶者のみに帰属させることは、配偶者短期居住権による保護の目的を超えており、妥当でない（部会資料22-2・1頁）。

　これに対して、配偶者が、相続開始前に居住建物の一部を第三者に貸して収益を得ていた場合には、相続開始後も、その収益は配偶者のみに帰属することに合理性がある。しかし、このような場合には、通常その部分については被相続人の占有補助者であったとは認められず、配偶者短期居住権による保護が必要となる場面ではない。「配偶者が相続開始前に建物の一部に収益権限を有していた場合には、その部分については被相続人と配偶者との間に使用貸借契約などが成立していることが多い」ところ（倉重関係官：部会議事録22回1頁）、当該建物の一部については、相続開始後も従前の契約関係が継続するものと考えられるから、配偶者はその契約により保護されることになる。

（2） 配偶者短期居住権取得の消極要件（本条1項ただし書）

(a) **配偶者居住権を取得したとき** 本条1項ただし書は、「配偶者が相続開始の時において居住建物に係る配偶者居住権を取得したとき」には、配偶者短期居住権の取得を認めない。

これは、配偶者居住権は「配偶者居住権が遺贈の目的とされたとき」にも取得することができ（改正民法1028条1項2号）、死因贈与契約によることも可能である（民法554条による遺贈の規定の準用）ところ、これらの場合には、相続開始の時において配偶者居住権によって居住を継続することができるから、これに重ねて配偶者短期居住権を認める必要はないためである。この場合の配偶者短期居住権は「明渡猶予期間的なもの」として考えているため、遺言で配偶者居住権を取得させるということであれば「この規律を発動させる必要はない」と説明された（堂薗幹事：部会議事録11回11頁）。

なお、遺贈または死因贈与によって配偶者居住権を取得した場合には、特別受益の持戻しが問題となる可能性はある。しかし、改正民法903条4項は「20年以上の夫婦の一方である被相続人が、他の一方に対し、その居住の用に供する建物又は敷地について遺贈又は贈与をしたとき」について持戻し免除の意思表示があったものと推定しており、これは改正民法1028条3項によって「配偶者居住権の遺贈」に準用されている。そのため、20年以上の夫婦の一方である被相続人が、他の一方に対し、配偶者居住権を遺贈したときにも持戻し免除の意思表示があったものと推定され、「配偶者が取得できる財産が減少するのは、限定された場面に限られる」（部会資料22-2・3頁）ため、配偶者居住権を取得した場合一般につき、重ねて配偶者短期居住権を認める必要はないとされた。

(b) **欠格・廃除によって相続権を失ったとき** 本条1項ただし書は、「891条の規定に該当し若しくは廃除によってその相続権を失ったとき」には、配偶者短期居住権の取得を認めない。

民法891条は相続人の欠格事由を定めており、「故意に被相続人又は相続について先順位若しくは同順位にある者を死亡するに至らせ、又は至らせようとしたために、刑に処せられた者」（民法891条1号）、「相続に関する被相続人の遺言書を偽造し、変造し、破棄し、又は隠匿した者」（同条5号）等について「相続人となることができない」と定めている。そして、廃除は、「被相続人に対して虐待をし、若しくはこれに重大な侮辱を加えたとき」等に関するものである（民法892条）。「欠格制度や廃除制度の趣旨については学説上様々な見解が

あるものの、不相当な行為をした推定相続人に対する『制裁』という性質を有するという限度では概ね見解が一致している。そうすると、欠格事由に該当したり、廃除されたりした配偶者については、他の共同相続人又は居住建物の受遺者等に負担を掛けてまで、その居住を保障する必要性に乏しい」（部会資料24-2・1頁）。これが、民法「891条の規定に該当し若しくは廃除によってその相続権を失ったとき」には、配偶者短期居住権を取得できない理由である。

　これに対して、配偶者が相続権を失った場合であっても、その理由が相続放棄であるときは、配偶者短期居住権を取得することができる。この点、配偶者が相続放棄する事案では被相続人に負債があることが多いところ、負債を承継する相続人の負担の下に配偶者が利益を得るという状況になることは不公平ではないかという指摘もされた。しかし、その一方で、積極財産全てが遺贈されたような場合を想定すると、それにより負債だけが残るので、やむを得ず配偶者としては放棄しなければならないという事態があり得る。このような場合には、配偶者短期居住権を認めることに合理性がある。そこで、「配偶者保護という政策の方向性から考えますと、そういった場合を救う方を重視していいのではないか」という判断に基づき、相続放棄の場合には配偶者短期居住権を認めることとされた（倉重関係官：部会議事録24回34頁）。

　なお、これに関連して、判例と相続放棄の関係についても、使用貸借契約の推認が認められるという事例について「事後的に相続放棄をしたからといって、それが解除条件的に消滅するとか、そういったことまでは考えていないのではないか」と説明された。これに対して、「欠格事由ですとか廃除の場合につきましては、そもそもそういった場合については、使用貸借契約があるという推認が働かない特段の事情があるという場合が多いのではないか」とされており、改正民法の規律は判例による保護と同様であると説明された（堂薗幹事：部会議事録24回33頁）。

（3）　**妨害行為の禁止（本条2項）**　　本条2項は、「前項本文の場合においては、居住建物取得者は、第三者に対する居住建物の譲渡その他の方法により配偶者の居住建物の使用を妨げてはならない」と規定している。

　配偶者短期居住権は配偶者との間の法定の債権であるから、居住建物取得者は、配偶者の「使用する権利」（本条1項本文）に対応する義務、すなわち、配偶者短期居住権が存続する期間、配偶者に使用させる義務を負うことになる。居住建物取得者が、第三者に対する居住建物の譲渡その他の方法により配偶者

の居住建物の使用を妨げることは、この義務に違反することを意味するから、債務不履行に基づく損害賠償義務を負うことになる（民法415条。同条は債権法改正の対象であるが、改正内容は、この点には影響しない）。このことは、「配偶者は他の相続人に対して無償の使用権といいますか、要するに他の相続人にとっては、配偶者に対して無償での使用を受忍する義務があるということを明らかにしたつもりでございまして、それによって使用貸借と同じような規律が配偶者と他の相続人との間に生じ、例えば使用貸借のときに使用貸借の貸主が目的物を第三者に譲り渡してしまって借主が使用することができなくなったという場合は、債務不履行に基づく損害賠償ができるのだと思いますので、ここでも同じように持分を譲り受けた第三者に対しては請求できないけれども、譲渡しをした相続人に対しては債務不履行に基づく損害賠償ができるのではないかと考えております。したがって、最終的には配偶者の方は使用利益については回収さえできれば負担しなくてよくなる」と説明された（堂薗幹事：部会議事録15回7頁）。また、居住建物取得者が差押えを受けた場合についても「要するに相続人が負っている債務が不履行になったので差押えを受けたということであれば、使用貸借の場合でも同じようなことは起こり得るんだと思いますが、そういった場合も含めて、債務不履行に基づく損害賠償というのは認められている」と説明された（堂薗幹事：部会議事録15回9頁）。

　このような妨害行為を禁止する規定は、配偶者居住権にはない。配偶者短期居住権についてだけ明文化されたことには、配偶者短期居住権には第三者対抗力がないことが影響している。すなわち、配偶者居住権は登記をすることで第三者に対抗できるから（改正民法1031条）、仮に居住建物取得者が第三者に対して居住建物を譲渡したとしても、登記を有する配偶者は、居住を続けることができる。これに対して、配偶者短期居住権には第三者対抗力がないため、居住建物取得者が第三者に対して居住建物を譲渡した場合等には、当該第三者から明渡しを請求され、居住を続けられなくなる。そこで、そのような妨害行為を禁止することが規定された。

　また、この規定の第三者に対する効力については、「配偶者に居住権を認める以上は、第三者対抗力までは認めないとしても、その使用利益の回収は認めるのが相当である」ため、配偶者短期居住権は「原則的に債務者との関係でのみ効力を有する法定債権であることを前提としつつ……効力を当事者に限定する旨の規定は置かないこと」とされた。「そうすることで、配偶者以外の相続

人が建物持分を失った場合、配偶者が当該相続人に対して債務不履行に基づく損害賠償請求ができることについて解釈上の疑義がなくなる上、悪意の第三者が当該建物を譲り受けた場合には、債権侵害による不法行為が成立すると解する余地もある」という理解に基づくものである（宇野関係官：部会議事録21回15頁）。

　居住建物取得者が禁止に反して妨害行為をした場合の損害額については、基本的には、使用貸借契約を締結していた場合に、その契約に基づく債務を履行できなくなったことによって債務不履行として使用借人に対して損害賠償義務を負う場合と同じであると思われる。このことは「原則的なパターンの場合でいえば遺産分割時まででございますし、そういうような期間の定めがあった使用貸借について持分を譲渡してしまったりして債務を履行できない状態になった、その場合に債務不履行としてどの程度の損害賠償責任を負うのかということと、そこは違わないのではないか」と説明された（宇野関係官：部会議事録21回16～17頁）。

　遺贈により居住建物取得者が単独所有していた場合等には、配偶者が居住を継続できなくなったことに伴う損害として、本来であれば居住できた期間に応じた使用利益が損害になるものと思われる。これに対して、法定相続による遺産共有状態にあった場合等については、「他の相続人が建物の持分を譲渡したとしても、配偶者も持分を持っていますので、基本的に居住を続けられることにはなりますが、第三者との関係では、持分に応じた使用利益を払わなければいけないことになりますので、実際、第三者に払った分については損害として賠償請求ができるということになる」と説明された（堂薗幹事：部会議事録21回17頁）。

　なお、配偶者短期居住権に第三者対抗力が認められていないのは、判例で認められた使用借権と同様の性質のものとして構成されており、その基本的な性質にそぐわないためである。この点、配偶者短期居住権について居住建物の占有を第三者対抗要件とすることが考えられると指摘されたこともあるが、採用されなかった。その理由は、「第三者対抗力を付与することとしますと、配偶者は被相続人の死亡と同時に……第三者対抗力を取得し、その後に建物を差し押さえた一般債権者に優先するということになろうかと思います。このため、一般債権者の側としましては、履行遅滞にある債務者が高齢であるような場合には、例えば相続開始を避けるために早めに差押えをしてしまって債権を保全

するといったようなことが考えられ、その結果、かえって配偶者が早期に家から追い出されるということにもなりかねないのではないかと懸念される」という点にある（大塚関係官：部会議事録2回4頁）。

（4）消滅の申入れ（本条3項）　本条3項は、「居住建物取得者は、1項1号に掲げる場合を除くほか、いつでも配偶者短期居住権の消滅の申入れをすることができる」と規定している。

　これは、本条1項1号に掲げる場合（配偶者を含む共同相続人間で遺産分割すべき場合）以外の場合に関する規定であるから、本条1項2号と同様に、配偶者の居住する建物を被相続人が第三者に遺贈した場合等のほか、配偶者が相続を放棄した場合も含まれる。

　本条1項本文は「次の各号に掲げる区分に応じてそれぞれ当該各号に定める日までの間」とし、本条1項2号は「前号に掲げる場合以外の場合」について「3項の申入れの日から6箇月を経過する日」と規定しているから、居住建物取得者が本条3項に基づいて「配偶者短期居住権の消滅の申入れ」をしない限り、配偶者は期間制限なく無償で居住できることになる。居住建物取得者が配偶者短期居住権の消滅を希望するときには、速やかに、この申入れをするべきである。本条3項は「いつでも配偶者短期居住権の消滅の申入れをすることができる」としており、この申入れをするために格別の理由は必要とされていない。この規定は、配偶者短期居住権の消滅の申入れをする権限があることを「明確に規定したもの」である（倉重関係官：部会議事録25回2頁）。

　なお、「消滅の申入れ」という文言とされたのは、配偶者は、その申入れを受けた時点では占有権原として配偶者短期居住権を有するから、明渡しの催告とは異質であることによる（部会資料25-2・4～5頁）。

3　実務への影響

（1）判例変更の可能性　配偶者短期居住権が明文化されたことによって、判例に基づいて使用貸借契約の成立を主張できる範囲が変わる可能性がある。

　すなわち、配偶者との関係では、配偶者短期居住権（本条）により使用貸借契約が締結されたときとほぼ同様の状態が確保される（居住建物が第三者に遺贈された場合等については判例よりも保護される）ことになるから、「被相続人とその配偶者の通常の意思としては、それとは別に使用貸借契約を締結する意思まではないと考えるのが自然ではないかと思われ、その限りで使用貸借契約の成立を推認する従前の判例は変更されることになるのではないか」と指摘され

た（中間試案補足4頁）。

　この影響は、配偶者との関係に限定されるものであり、「配偶者以外の相続人については、基本的には、本方策による影響を受けることなく、従前と同様に、……判例等によってその居住権が保護されることになる」（中間試案補足4～5頁）。配偶者短期居住権を取得できるのは「配偶者」のみであり、それ以外の者の関係にまで影響させる理由がないからである。

　また、本条1項本文の「配偶者」は、法律婚の配偶者と解されるが、その理由は「少なくとも相続の場面では、配偶者と内縁の配偶者においてそういった違いを設けるということにも、一応の説明ができるのではないか」という理由による（堂薗幹事：部会議事録6回9頁）。これに対して、判例による保護は、当事者の合理的意思解釈に基づいて使用貸借契約の成立を推認するものであるから、相続の場面に限られる問題ではない。その意味では、内縁の配偶者についても、判例による保護の可能性はあると思われる。

（2）　第三者との関係　　配偶者短期居住権には第三者対抗力がないため、配偶者短期居住権を取得した場合でも、対抗できない相手がいることに注意する必要がある。

　配偶者短期居住権は、被相続人が第三者に居住建物を遺贈した場合等、配偶者の居住を保護する意思を被相続人が有していない場合であっても成立するが（本条1項2号）、これは「基本的には被相続人による処分を制限するという限度で強行法規性を持たせるということ」であり、配偶者「短期居住権に優先する抵当権が既に設定されていて、それに基づいて処分がされ、所有権者が変わったという場合についてまで、明渡猶予期間を認めること」は想定されていない（堂薗幹事：部会議事録2回12頁）。

【参考判例等】
最高裁平成8年12月17日判決・民集50巻10号2778頁

　　共同相続人の1人が相続開始前から被相続人の許諾を得て遺産である建物において被相続人と同居してきたときは、特段の事情のない限り、被相続人と右同居の相続人との間において、被相続人が死亡し相続が開始した後も、遺産分割により右建物の所有関係が最終的に確定するまでの間は、引き続き右同居の相続人にこれを無償で使用させる旨の合意があったものと推認されるのであって、被相続人が死亡した場合は、この時から少なくとも遺産分割終了までの間は、被相続

の地位を承継した他の相続人等が貸主となり、右同居の相続人を借主とする右建物の使用貸借契約関係が存続することになるものというべきである。けだし、建物が右同居の相続人の居住の場であり、同人の居住が被相続人の許諾に基づくものであったことからすると、遺産分割までは同居の相続人に建物全部の使用権原を与えて相続開始前と同一の態様における無償による使用を認めることが、被相続人および同居の相続人の通常の意思に合致するといえるからである。

　本件についてこれを見るのに、Yは、Aの相続人であり、本件不動産においてAの家族として同人と同居生活をしてきたというのであるから、特段の事情のない限り、AとYの間には本件建物について右の趣旨の使用貸借契約が成立していたものと推認するのが相当であり、Yの本件建物の占有、使用が右使用貸借契約に基づくものであるならば、これによりYが得る利益に法律上の原因がないということはできないから、Xの不当利得返還請求は理由がないものというべきである。

（配偶者による使用）
第1038条
1　配偶者（配偶者短期居住権を有する配偶者に限る。以下この節において同じ。）は、従前の用法に従い、善良な管理者の注意をもって、居住建物の使用をしなければならない。
2　配偶者は、居住建物取得者の承諾を得なければ、第三者に居住建物の使用をさせることができない。
3　配偶者が前2項の規定に違反したときは、居住建物取得者は、当該配偶者に対する意思表示によって配偶者短期居住権を消滅させることができる。
（新設）

◆解説

1　趣旨

　配偶者短期居住権は、法定の債権であるため、「使用する権利」（改正民法1037条1項本文）の具体的内容について当事者の合意に委ねることはできない。そのため、以下のとおり配偶者の義務等についての規定が設けられた。

2　内容

（1）　従前の用法に従う義務（本条1項）　　配偶者は「従前の用法に従い」

居住建物の使用をしなければならない（本条1項）。

　配偶者短期居住権は使用借権に類似しているところ、この規律は、使用貸借契約における「契約又はその目的物の性質によって定まった用法に従い」（民法594条1項）とは異なっている。配偶者短期居住権は法定の債権であるため、その権利の内容は法律で定める必要があるところ、「相続開始前と同様の用法であれば、用法遵守義務に違反しないこと（したがって、配偶者が相続開始前に居宅兼店舗として使用していたのであれば、従前から店舗として使用されていた部分については、相続開始後も同様の使用が許容されること）を明らかにする趣旨」である（部会資料15・4頁）。一問一答（相続）48頁は、「居住建物を増改築することは従前の用法を変更することとなるから、居住建物取得者に無断で増改築をすることはできない」と指摘している。

（2）　善管注意義務（本条1項）　　配偶者は、「善良な管理者の注意をもって」居住建物を使用しなければならない（本条1項）。

　共有者の1人が目的物の全部を使う場合に、善管注意義務を負うのか、通常の自己の財産と同様の義務を負うだけかということは、必ずしも明確ではない。ここで配偶者が善管注意義務を負うことにされたのは、配偶者短期居住権の場合には、共有物の使用の場合とは異なり、使用の対価を他の共有持分者に払わなくてよい（改正民法1037条により「無償で」使用できる）ため、「使用貸借と同じように善管注意義務を課すことにも合理性がある」ことによる（堂薗幹事：部会議事録11回6〜7頁）。「ほかの相続人の場合は、一応理屈の上では、ほかの相続人の持分部分については本来的には対価を払わなければいけないという関係があるのに対しまして、配偶者の場合にはそこを免除すると。要するに、居住建物が共有である場合であっても、持分相当分の使用対価を払わなくていいという意味で、そこは配偶者を優遇しているという面がありますので、その結果として、財産の管理については通常の場合よりも重い義務を課している」という整理である（堂薗幹事：部会議事録24回40頁）。

（3）　第三者による使用（本条2項）　　配偶者は、「居住建物取得者の承諾」を得なければ、第三者に居住建物の使用をさせることができない（本条2項）。

　これは、「あくまでも配偶者の短期的な居住権を保護するために新設する権利であり、このような目的に照らすと、配偶者にその収益権限や処分権限まで認める必要はないこと等」を考慮したものである（中間試案補足5〜6頁）。

（4）　消滅請求権（本条3項）　　配偶者が「前2項の規定に違反したとき」、

すなわち用法遵守義務・善管注意義務に違反した場合や、居住建物の所有者の承諾がないのに第三者に居住建物を使用させた場合には、居住建物取得者は、当該配偶者に対する「意思表示によって配偶者短期居住権を消滅させる」ことができる（本条3項）。

　用法遵守義務に違反している場合については、配偶者短期居住権による保護を図る必要はなく、むしろ、「遺産の一部である当該建物の資産価値が毀損されることを防止する観点から」配偶者短期居住権を早期に消滅させて当該建物の資産価値を保全する必要性が高いことから、「用法遵守義務違反を理由とする消滅請求については、保存行為としての性格を有するもの」とされた（部会資料15・5頁）。

　善管注意義務に違反した場合や、居住建物の所有者の承諾がないのに第三者に居住建物を使用させた場合であっても、同様に、配偶者短期居住権を早期に消滅させて当該建物の資産価値を保全する必要性が高いと思われる。

　なお、配偶者居住権の場合には「是正の催告をし、その期間内に是正がされない」ことが要件とされているのに対し（改正民法1032条4項）、本条では、催告が必要とされていない。これは、配偶者居住権については「実質的には自己の相続分において賃料の前払をしたのと同様の経済的負担をしていること等」という事情があることが考慮されているところ（部会資料15・13頁）、配偶者短期居住権においては、そのような経済的負担を配偶者がしていないためと思われる。

3　実務への影響

　配偶者短期居住権の内容は、判例（⇨§1037・判例）による保護とは異なるところも少なくないため、条文の趣旨に即して検討する必要がある。

（配偶者居住権の取得による配偶者短期居住権の消滅）
第1039条
配偶者が居住建物に係る配偶者居住権を取得したときは、配偶者短期居住権は、消滅する。
（新設）

◆解説

1　趣旨

　配偶者短期居住権を取得した配偶者が、その後に、配偶者居住権を取得したときは、その時点からは配偶者居住権によって居住を継続することができるから、これに重ねて配偶者短期居住権を認める必要はない。

　改正民法1037条1項ただし書は「相続開始の時」に配偶者居住権を取得したときに配偶者短期居住権の取得を認めていないところ、本条は、相続開始後に配偶者居住権を取得した場合について、同様の結論（配偶者居住権のみの存続）を導くものである。

2　内容

　本条は、「配偶者が居住建物に係る配偶者居住権を取得したときは、配偶者短期居住権は、消滅する」と定めた。これは、配偶者居住権を取得した場合には、その時点から配偶者居住権に基づく居住を認めることが適切であるためである。

　この点、「配偶者が配偶者居住権を取得した場合には、その財産的価値に相当する価額を相続したものと扱う」とされているところ（法制審要綱第1の2（注1））、配偶者短期居住権を存続させることを優先する方が、配偶者居住権の評価が低くなって配偶者にとって有利になる可能性がある。しかし、配偶者居住権の成立要件（改正民法1028条・1029条）からみて、配偶者居住権を取得したのは配偶者が希望したことの結果であり、自ら希望して配偶者短期居住権よりも強力な権利を取得した以上、「その評価が相対的に高いものとなるのはやむを得ない」とされた（部会資料22-2・3頁）。

3　実務への影響

　配偶者短期居住権の消滅原因については、占有喪失を規定することも検討されたが、明文化は見送られた。これは、占有喪失によって当然に権利を消滅させることには疑問がある上、配偶者が自ら早期に明け渡した場合等については「権利の放棄、短期居住権の場合は債権ですので免除というのが正確かもしれませんが、と捉え」ることによって消滅を認められるためである（倉重関係官：部会議事録24回32頁）。

　また、配偶者が再婚した場合についても明文がないところ、再婚しても配偶者短期居住権は消滅しないことが想定されている。「遺産分割が行われる場合

には、例えば2年程度掛かることが当然想定されるわけですが、ただ、その場合も、再婚したという一事をもって……必ず消滅させなければいけないかというと、そこまでの必要性はないのではないか」という趣旨である（堂薗幹事：部会議事録第6回6頁）。

このように明文化されていない事項についても、一定の価値判断が前提とされているものがある（例えば、占有喪失については権利放棄＝債務免除に該当するかに委ねられたのに対し、再婚については消滅事由としないことが適切と判断されている）ことに留意する必要がある。

（居住建物の返還等）
第1040条
1　配偶者は、前条に規定する場合を除き、配偶者短期居住権が消滅したときは、居住建物の返還をしなければならない。ただし、配偶者が居住建物について共有持分を有する場合は、居住建物取得者は、配偶者短期居住権が消滅したことを理由としては、居住建物の返還を求めることができない。
2　第599条第1項及び第2項並びに第621条の規定は、前項本文の規定により配偶者が相続の開始後に附属させた物がある居住建物又は相続の開始後に生じた損傷がある居住建物の返還をする場合について準用する。
（新設）

◆解説
1　趣旨

配偶者短期居住権は、法定の債権であるため、返還等についても当事者の合意に委ねることはできない。そのため、以下のとおり配偶者の義務等についての規定が設けられた。

2　内容
（1）居住建物の返還（本条1項）
　(a)　原則　　本条1項本文は、配偶者は「配偶者短期居住権が消滅したときは、居住建物の返還をしなければならない」という原則を規定している。

これは、使用貸借について債権法改正後民法593条1項が「契約が終了した

ときに返還をする」義務を定めているところ、配偶者「短期居住権についてもその趣旨が妥当する」ためである（部会資料21・5頁）。

　(b)　**配偶者居住権を取得した場合（例外1）**　本条1項本文は「前条に規定する場合を除き」としており、改正民法1039条に規定する場合、すなわち、配偶者居住権を取得したことによって配偶者短期居住権が消滅したときは、配偶者は、返還義務を負わない。

　配偶者短期居住権が消滅した時点からは、配偶者居住権によって居住を継続することができるためである。

　(c)　**共有持分を有する場合（例外2）**　本条1項ただし書は、「配偶者が居住建物について共有持分を有する場合は、居住建物取得者は、配偶者短期居住権が消滅したことを理由としては、居住建物の返還を求めることができない」と規定している。

　これは、配偶者が居住建物について共有持分を有している場合に、配偶者短期居住権が消滅した場合の規律である。この場合、配偶者短期居住権が消滅したときでも、配偶者は、なお自己の共有持分に基づいて居住建物を使用することができることから、配偶者短期居住権の消滅を理由とする返還義務は負わせないこととしたものである。その後の法律関係については、共有の法理に委ねられたことになる。このことは、「基本的には使用貸借とは別で、短期居住権の場面では、元々共有持分を持っていた場合については、配偶者が短期居住権終了の場合に負う義務として、ここでいう返還義務ですとか、原状回復義務というものを設ける必要はないのではないかという趣旨です。その点については、通常の共有法理に委ねることでいいのではないかという前提で、このような規律に」したと説明された（堂薗幹事：部会議事録25回4頁）。

（2）　附属物等　本条2項は、「前項本文の規定により配偶者が相続の開始後に附属させた物がある居住建物又は相続の開始後に生じた損傷がある居住建物の返還をする場合」について、民法599条1項および民法599条2項並びに民法621条の規定を準用している。

　(a)　**民法599条1項の準用**　民法599条1項は、「借主は、借用物を受け取った後にこれに附属させた物がある場合において、使用貸借が終了したときは、その附属させた物を収去する義務を負う。ただし、借用物から分離することができない物又は分離するのに過分の費用を要する物については、この限りでない」と規定している。

配偶者居住権に関する改正民法1035条2項と同様に、配偶者が建物に附属させた物を収去する義務を有する旨を定めたものである。

(b) **民法599条2項の準用** 民法599条2項は、「借主は、借用物を受け取った後にこれに附属させた物を収去することができる」と規定している。

配偶者短期居住権に関する改正民法1035条2項と同様に、配偶者が建物に附属させた物を収去する権利を有する旨を定めたものである。

(c) **債権法改正後民法621条の準用** 債権法改正後民法621条は、「賃借人は、賃借物を受け取った後にこれに生じた損傷（通常の使用及び収益によって生じた賃借物の損耗並びに賃借物の経年変化を除く。以下この条において同じ。）がある場合において、賃貸借が終了したときは、その損傷を原状に復する義務を負う。ただし、その損傷が賃借人の責めに帰することができない事由によるものであるときは、この限りでない」と規定している。

配偶者短期居住権が消滅した場合の原状回復義務の内容については、債権法改正後の賃貸借の取扱いと同様、通常損耗と経年変化を除外する旨が明記された。配偶者居住権に関する改正民法1035条2項と同じ規律である。

これによって配偶者は「経年変化」について原状回復義務を負わないことになるが、その理由は、「相続開始時から遺産分割時までの経年変化等について、短期居住権の目的とされた建物についてのみ、配偶者に原状回復させることとする必要性に乏しく、また、これを原状回復の対象に含めると法律関係が複雑となって相当でない」ためである（部会資料15・6頁）。

3　実務への影響

配偶者短期居住権は、新たに設けられた権利であり、「使用借権類似の法定の債権」と位置づけられてはいるが（中間試案補足3頁）、居住建物の返還等に関する規律にも、使用借権と異なる点がある。そのため、実務においては、慎重に対応することが必要である。

（使用貸借等の規定の準用）
第1041条
第597条第3項、第600条、第616条の2、第1032条第2項、第1033条及び第1034条の規定は、配偶者短期居住権について準用する。
（新設）

◆解説

1 趣旨

配偶者短期居住権は、法定の債権であるため、その内容について当事者の合意に委ねることはできない。そのため、①使用貸借の借主の死亡による終了、②損害賠償および費用の償還の請求権についての期間制限、③賃借物の全部滅失による賃貸借の終了、④居住建物の修繕等、および、⑤居住建物の費用の負担に関する規定が準用された。

2 内容

（1） 民法597条3項の準用　民法597条3項は「使用貸借は、借主の死亡によって終了する」と規定しており、これを準用することは、配偶者短期居住権は、配偶者の死亡によって消滅するということを意味する。配偶者居住権に関する改正民法1036条と同じ規律である。

配偶者短期居住権は、「配偶者が相続開始によってそれまで居住していた建物から直ちに退去しなければならなくなる事態を生じさせないようにするために設けるものであるから」、配偶者が死亡した場合には、配偶者短期居住権を「存続させる意義がなくなること等を考慮した」ものである（中間試案補足6頁）。

（2） 債権法改正後民法600条の準用

　(a) 権利行使期間　債権法改正後民法600条1項は「契約の本旨に反する使用又は収益によって生じた損害の賠償および借主が支出した費用の償還は、貸主が返還を受けた時から1年以内に請求しなければならない」と規定しており、これを準用するということは、配偶者の義務に反する使用または収益によって生じた損害の賠償および配偶者が支出した費用の償還は、所有者が返還を受けた時から1年以内に請求しなければならないことを意味する。配偶者居住権に関する改正民法1036条と同じ規律である。

　(b) 消滅時効の完成猶予　債権法改正後民法600条2項は「前項の損害賠償の請求権については、貸主が返還を受けた時から1年を経過するまでの間は、時効は、完成しない」と規定しており、これは債権法改正によって追加されたものである。これを準用するということは、前項の損害賠償の請求権については、所有者が返還を受けた時から1年を経過するまでの間は、時効は、完成しないことを意味する。配偶者居住権に関する改正民法1036条と同じ規律である。

（3） 債権法改正後民法616条の2の準用　債権法改正後民法616条の2は

「賃借物の全部が滅失その他の事由により使用及び収益をすることができなくなった場合には、賃貸借は、これによって終了する」と規定している。これを準用することは、居住建物の全部が滅失その他の事由により使用および収益をすることができなくなった場合には、配偶者居住権は、これによって消滅するということを意味する。配偶者居住権に関する改正民法1036条と同じ規律である。

　この規定によると、居住建物を取り壊して新たに建物を新築する場合には配偶者短期居住権は消滅することになるが、居住建物取得者は、配偶者短期居住権を有する配偶者に対して居住建物を使用させる義務を負っているから、配偶者の意思に反して居住建物を取り壊すことはできない（仮に取り壊した場合には、居住建物取得者の債務不履行となり、配偶者に対して損害賠償責任を負うことになる）。

（4）　改正民法1032条2項の準用　改正民法1032条2項は「配偶者居住権は、譲渡することができない」と規定しており、これを準用するということは、配偶者短期居住権は、譲渡することができないことを意味する。ここで禁止されているのは、配偶者短期居住権という、新たに作った権利自体の譲渡である。

　譲渡が禁止されたのは、「配偶者短期居住権は配偶者の居住建物における居住を短期的に保護するために創設する権利であり、また、配偶者に経済的負担を課すことなく当然に成立するものであるから、譲渡を認める必要性に乏しい」ためである。

　そして、債権には原則として譲渡性があること（民法466条1項）との関係で、譲渡が禁止されることを明らかにするために、規定が設けられた。これは、配偶者居住権について譲渡を禁止する明文の規定を設けることとしたため「これとの均衡上、配偶者短期居住権についても、譲渡を禁止することを明文で明らかにすることが相当」とされたものである（部会資料26-2・1頁）。

（5）　改正民法1033条の準用　改正民法1033条1項は「配偶者は、居住建物の使用及び収益に必要な修繕をすることができる」と定めている。これは、配偶者に第一次的な修繕権を与えるものである。その理由は、①配偶者短期居住権は配偶者の居住を保護しようとするものであり、配偶者による即時の修繕を認める必要性が高いこと、②配偶者に通常の必要費を負担させることにしている以上（本条による改正民法1034条1項の準用）、配偶者において第一次的に修繕方法を決められるようにするのが相当であると考えられること、③他の共同

相続人が第一的な修繕権を有することとすると、紛争性のある事案では、配偶者を退去させる口実に使われるおそれがあることなどにある（部会資料24-2・2頁）。

改正民法1033条2項は「居住建物の修繕が必要な場合において、配偶者が相当の期間内に必要な修繕をしないときは、居住建物の所有者は、その修繕をすることができる」と定めている。配偶者が第一次的な修繕権を行使せず、相当の期間内に修繕をしない場合には、居住建物取得者において修繕することを認める必要があるためである（部会資料24-2・2頁）。

改正民法1033条3項は「居住建物が修繕を要するとき（1項の規定により配偶者が自らその修繕をするときを除く。）、又は居住建物について権利を主張する者があるときは、配偶者は、居住建物の所有者に対し、遅滞なくその旨を通知しなければならない。ただし、居住建物の所有者が既にこれを知っているときは、この限りでない」と定めている。これは、居住建物取得者が「既にこれを知っているとき」だけではなく、第一次的な修繕権に基づいて配偶者が自ら修繕した場合には通知させる必要がないためである。

（6）改正民法1034条の準用 改正民法1034条1項は、「配偶者は、居住建物の通常の必要費を負担する」と定めている。これは、使用貸借に関する民法595条1項と同様の規定である。通常の必要費には、固定資産税、通常の修繕費等が含まれる。

改正民法1034条2項は、「583条2項の規定は、前項の通常の必要費以外の費用について準用する」と定めている。これは、使用貸借に関する民法595条2項と同様の規定である。ここで準用される民法583条2項は、「買主又は転得者が不動産について費用を支出したときは、売主は、196条の規定に従い、その償還をしなければならない。ただし、有益費については、裁判所は、売主の請求により、その償還について相当の期限を許与することができる」と規定している。そして、民法196条1項は「占有者が占有物を返還する場合には、その物の保存のために支出した金額その他の必要費を回復者から償還させることができる。ただし、占有者が果実を取得したときは、通常の必要費は、占有者の負担とする」と規定し、民法196条2項は「占有者が占有物の改良のために支出した金額その他の有益費については、その価格の増加が現存する場合に限り、回復者の選択に従い、その支出した金額又は増価額を償還させることができる。ただし、悪意の占有者に対しては、裁判所は、回復者の請求により、その償還

について相当の期限を許与することができる」と規定している。

これによる規律は、以下のように整理できる。

(a) **特別の必要費**　特別の必要費（例えば、不慮の風水害により家屋が損傷したことによって大規模な修繕が必要となった場合の修繕費など）については、配偶者が居住建物を返還する場合には、居住建物取得者から償還させることができる。

(b) **有益費**　有益費（例えば、リフォームの工事をした場合の費用など、配偶者が居住建物の改良のために支出した費用）については、その価格の増加が現存する場合に限り、配偶者の選択に従い、その支出した金額または増価額を償還させることができる。ただし、裁判所は、居住建物取得者の請求により、その償還について相当の期限を許与することができる。これは、償還すべき有益費が高額な場合には、居住建物取得者による一括償還が困難となるおそれもあることに配慮したものである（中間試案補足5頁）。

3　実務への影響

配偶者短期居住権は、「使用借権類似の法定の債権」と位置づけられており、使用貸借に関する規定が準用されることは自然である。ここでは、賃貸借に関する規定や、「賃借権類似の法定債権」である配偶者居住権の規定が準用されている場合もあることに留意し、その関係に注意する必要がある。

第5　遺留分

（遺留分の帰属及びその割合）
第1042条
1　兄弟姉妹以外の相続人は、遺留分として、次条第1項に規定する遺留分を算定するための財産の価額に、次の各号に掲げる区分に応じてそれぞれ当該各号に定める割合を乗じた額を受ける。
　⑴　直系尊属のみが相続人である場合　　3分の1
　⑵　前号に掲げる場合以外の場合　　　　2分の1
2　相続人が数人ある場合には、前項各号に定める割合は、これらに第900条及び第901条の規定により算定したその各自の相続分を乗じた割合とする。

（改正前民法1028条）
兄弟姉妹以外の相続人は、遺留分として、次の各号に掲げる区分に応じてそれぞれ当該各号に定める割合に相当する額を受ける。
　⑴　直系尊属のみが相続人である場合　　被相続人の財産の3分の1
　⑵　前号に掲げる場合以外の場合　　　　被相続人の財産の2分の1
（改正前民法1044条）
887条2項及び3項、900条、901条、903条並びに904条の規定は、遺留分について準用する。

◆解説

1　趣旨

　遺留分における最大の改正点は、物権的効力が否定され、金銭債権に一本化されたことである（改正民法1046条1項）。これに伴い、遺留分については規定が全体的に見直しの対象とされ、その配置も大きく変更された。
　本条の改正は、条文の位置が変わったほか、他の改正に合わせて字句を変更したものである。

2　内容

（1）　遺留分の割合（本条1項）　　本条1項は、改正前民法1028条1項柱書

の「遺留分として」の下に「次条1項に規定する遺留分を算定するための財産の価額に、」を加え、「被相続人の財産の」を各号から削除したものである。

これは、金銭債権に一本化されたこと（改正民法1046条1項）を受けて表現を変えたものである。

(2) 相続人が数人ある場合（本条2項） 本条2項は、「相続人が数人ある場合には、前項各号に定める割合は、これらに900条及び901条の規定により算定したその各自の相続分を乗じた割合とする」と規定している。

これは、改正前民法では、法定相続分に関する規定（民法900条および民法901条）が改正前民法1044条によって「遺留分について準用」されていたところ、改正によって改正前民法1044条が削除されたことを受けたものである。また、改正前民法1044条は「887条2項及び3項」も「遺留分について準用」していたが、本条2項により「900条及び901条の規定により算定」するとしているところ、民法901条は「887条2項及び3項の規定により相続人となる直系卑属の相続分」と規定しているから、その点でも、改正による実質的な変更はないといえる。

本条2項は、相続人が数人ある場合の遺留分の割合について、法定相続分に関する規定との関係を分かりやすくするものといえる。

(3) 改正前民法1044条の削除 改正前民法1044条は「887条2項及び3項、900条、901条、903条並びに904条の規定は、遺留分について準用する」と規定していたが、削除された。

このうち、子の代襲者等の相続権に関する規定（民法887条2項および3項）法定相続分に関する規定（民法900条および民法901条）については前記(2)のとおりである。特別受益者の相続分（民法903条および民法904条）との関係については、改正民法1044条2項・同条3項、および、改正民法1047条2項の解説を参照されたい。

3　実務への影響

他の改正に合わせて字句を変更したものであり、実務への影響は少ないと思われる。

> （遺留分を算定するための財産の価額・1）
> 第1043条
> 1 遺留分を算定するための財産の価額は、被相続人が相続開始の時において有した財産の価額にその贈与した財産の価額を加えた額から債務の全額を控除した額とする。
> 2 条件付きの権利又は存続期間の不確定な権利は、家庭裁判所が選任した鑑定人の評価に従って、その価格を定める。

（改正前民法1029条）
1 遺留分は、被相続人が相続開始の時において有した財産の価額にその贈与した財産の価額を加えた額から債務の全額を控除して、これを算定する。
2 本条2項と同じ。
（改正前民法1032条）
条件付きの権利又は存続期間の不確定な権利を贈与又は遺贈の目的とした場合において、その贈与又は遺贈の一部を減殺すべきときは、遺留分権利者は、1029条2項の規定により定めた価格に従い、直ちにその残部の価額を受贈者又は受遺者に給付しなければならない。

◆解説

1 趣旨

遺留分における最大の改正点は、物権的効力が否定され、金銭債権に一本化されたことである（改正民法1046条1項）。これに伴い、遺留分については規定が全体的に見直しの対象とされ、その配置も大きく変更された。

本条の改正も、条文の位置が変わったほか、他の改正に合わせて字句を変更したものである。

2 内容

（1） 遺留分を算定するための財産の価額（本条1項） 本条1項は、遺留分を算定するための財産の価額について、「被相続人が相続開始の時において有した財産の価額にその贈与した財産の価額を加えた額から債務の全額を控除した額とする」と規定している。

これは、「遺留分は、被相続人が相続開始の時において有した財産の価額にその贈与した財産の価額を加えた額から債務の全額を控除して、これを算定す

る」と規定していた改正前民法1029条1項の字句を、物権的効力が否定され、金銭債権に一本化されたことを受けて変更したものであり、実質的には同じ内容である。

（2）　条件付きの権利等（本条2項）　　本条2項は、改正前民法1029条2項と同じ規定である。遺留分全体の見直しに伴い配置が変えられたにすぎない。

（3）　改正前民法1032条の削除　　改正前民法1032条は、「条件付きの権利又は存続期間の不確定な権利を贈与又は遺贈の目的とした場合において、その贈与又は遺贈の一部を減殺すべきときは、遺留分権利者は、1029条2項の規定により定めた価格に従い、直ちにその残部の価額を受贈者又は受遺者に給付しなければならない」と規定していたが、削除された。

　これは、遺留分の効果について物権的効力が否定され、金銭債権に一本化されたことを受けたものである。

3　実務への影響

　他の改正に合わせて字句を変更するなどしたものであり、実務への影響は少ないと思われる。

（遺留分を算定するための財産の価額・2）
第1044条
1　贈与は、相続開始前の1年間にしたものに限り、前条の規定によりその価額を算入する。当事者双方が遺留分権利者に損害を加えることを知って贈与をしたときは、1年前の日より前にしたものについても、同様とする。
2　第904条の規定は、前項に規定する贈与の価額について準用する。
3　相続人に対する贈与についての第1項の規定の適用については、同項中「1年」とあるのは「10年」と、「価額」とあるのは「価額（婚姻若しくは養子縁組のため又は生計の資本として受けた贈与の価額に限る。）」とする。

（改正前民法1030条）
本条1項と同じ。

◆解説

1 趣旨

本条の改正は、物権的効力の否定に伴う遺留分に関する規定全体の見直しに伴い、条文の位置が変わったほか、相続人に対する贈与の特則を設けたものである。

2 内容

(1) 条数の変更（本条1項）　本条1項は、「贈与は、相続開始前の1年間にしたものに限り、前条の規定によりその価額を算入する。当事者双方が遺留分権利者に損害を加えることを知って贈与をしたときは、1年前の日より前にしたものについても、同様とする」と規定している。

これは、改正前民法1030条と同じ内容である。

(2) 民法904条の準用（本条2項）　本条2項は、「904条の規定は、前項に規定する贈与の価額について準用する」と規定している。

民法904条は「前条に規定する贈与の価額は、受遺者の行為によって、その目的である財産が滅失し、又はその価格の増減があったときであっても、相続開始の時においてなお原状のままであるものとみなしてこれを定める」と規定しているところ、これは、改正前民法1044条によって「遺留分について準用」されていた。本条2項は、改正前民法1044条は削除されたことを受けたものである。本条1項に規定する贈与の価額について準用することを分かりやすくするための明文化といえる。

(3) 相続人に対する贈与の特則（本条3項）

(a) **対象期間の変更**　本条3項は、相続人に対する贈与について本条1項にいう「1年」を「10年」とすることを規定している。これは、本条1項前段との関係では、相続人に対する贈与は、相続開始前の10年間にしたものに限り、改正民法1043条の規定によりその価額を算入することを意味する。

判例は、改正前民法1030条の規定は相続人以外の第三者に対して贈与がされた場合に適用されるものであり、相続人に対して生前贈与がされた場合には、その時期を問わず原則としてその全てが遺留分算定の基礎となる財産の価額に算入されるとの考え方に立っているものと解されてきた（⇨**判例**）。

本条3項は、この判例と異なる規律を設けるものである。その理由は、「被相続人が相続開始時の何十年も前にした相続人に対する贈与の存在によって、

第三者である受遺者又は受贈者が受ける減殺の範囲が大きく変わることになり得るが、第三者である受遺者又は受贈者は、相続人に対する古い贈与の存在を知り得ないのが通常であるため、第三者である受遺者又は受贈者に不測の損害を与え、その法的安定性を害するおそれがある」ため期間を制限する点にある（中間試案補足62頁）。

この贈与に関する相続開始前の期間については、5年とすることも検討されたが、「10年」とされた。その理由は、「パブリックコメントにおいて中間試案の考え方に賛成する意見においても、5年では短いのではないか、平均寿命の伸長や節税対策の普及と共に、10年くらい前から計画して遺産分けを実施する例もあり、一定の期間については10年程度にすべきではないかとの意見が複数寄せられていること」等にある（部会資料16・14頁）。

(b) 贈与の当事者双方に加害の認識がある場合の対象期間　本条3項は、相続人に対する贈与についても基本的に本条1項の規律が適用されることを規定している。そのため、本条1項後段により、当事者双方が遺留分権利者に損害を加えることを知って贈与したときは、10年前の日より前にしたものについても、改正民法1043条の規定によりその価額を算入することを意味する。

これは、当事者双方に加害の認識がある場合については、その時期にかかわらず、遺留分算定の基礎に加算し、遺留分侵害額の請求の対象とすることに合理性があるため、改正前民法1030条後段の規律を維持したものである（部会資料16・15頁）。

(c) 特別受益に限定　本条3項は、本条1項にいう「価額」は、相続人に対する贈与については「婚姻若しくは養子縁組のため又は生計の資本として受けた贈与の価額に限る」と規定している。

これは、相続人に対する贈与については、改正前民法1044条が改正前民法903条を「遺留分について準用」していたことから、原則として改正前民法903条1項に規定する贈与（特別受益に該当する贈与）である必要があると解釈されてきたところ、この解釈を維持するものである。このように、前記規定は、改正前民法1044条が削除されたことを受けて、相続人に対する贈与が遺留分を算定するための財産の価額に加えられるのは、特別受益に該当する贈与の場合に限られるということを分かりやすくするための明文化といえる。

なお、この点に関連して、相続人に対する贈与のうち、相続開始前1年以内にしたものについても、特別受益に当たるものに限るのかどうかについても検

討された。そこでは、第三者に対する贈与については全ての贈与が計算の対象となることとの平仄を重視して、相続開始前1年以内にした贈与については特別受益に当たるものに限らないとする見解（非限定説）と、相続開始前1年以内にした贈与についても特別受益に該当しなければ計算の対象に含めるべきではないとする見解（限定説）が対立した。本条3項は、本条1項にいう「価額」を「婚姻若しくは養子縁組のため又は生計の資本として受けた贈与の価額に限る」期間を定めていないから、相続開始前1年以内にした贈与についても特別受益に該当する場合であることを要するという限定説を採用したものと解するのが素直である。限定説の理由は、①「相続人に対する贈与については、日常的な生活費の交付と区別し難いものも多く、相当額以上のものに限るべき」であること、②「一般的に人的な関係が強い相続人に対する贈与と第三者に対する贈与については意味内容が異なるといえ、相続人に対する贈与については特別受益に限定する相応の理由がある」こと、および、③「非限定説によると贈与の時期によって計算の対象とするか否かを区別しなければならず、遺留分に関する争点を増やすこととになり徒に紛争を複雑化させるおそれがあること」にある（部会資料24-2・35頁）。

3 実務への影響

本条3項は、相続人に対する贈与について従来の判例と異なる規律を設けるものであり、実務を大きく変える可能性がある。

【参考判例等】
最高裁平成10年3月24日判決・民集52巻2号433頁

　　民法903条1項の定める相続人に対する贈与は、右贈与が相続開始よりも相当以前にされたものであって、その後の時の経過に伴う社会経済事情や相続人など関係人の個人的事情の変化をも考慮するとき、減殺請求を認めることが右相続人に酷であるなどの特段の事情のない限り、改正前民法1030条の定める要件を満たさないものであっても、遺留分減殺の対象となるものと解するのが相当である。けだし、民法903条1項の定める相続人に対する贈与は、すべて改正前民法1044条、民法903条の規定により遺留分算定の基礎となる財産に含まれるところ、右贈与のうち改正前民法1030条の定める要件を満たさないものが遺留分減殺の対象とならないとすると、遺留分を侵害された相続人が存在するにもかかわらず、減殺の対象となるべき遺贈、贈与がないために右の者が遺留分相当額を確保できないこと

が起こり得るが、このことは遺留分制度の趣旨を没却するものというべきであるからである。

　本件についてこれをみると、相続人であるYに対する4の土地並びに2および5の土地の持分各4分の1の贈与は、格別の事情の主張立証もない本件においては、民法903条1項の定める相続人に対する贈与に当たるものと推定されるところ、右各土地に対する減殺請求を認めることがYに酷であるなどの特段の事情の存在を認定することなく、直ちに右各土地が遺留分減殺の対象にならないことが明らかであるとした原審の判断には、法令の解釈適用を誤った違法があり、この違法は判決に影響を及ぼすことが明らかである。

（遺留分を算定するための財産の価額・3）
第1045条
1　負担付贈与がされた場合における1043条1項に規定する贈与した財産の価額は、その目的の価額から負担の価額を控除した額とする。
2　不相当な対価をもってした有償行為は、当事者双方が遺留分権利者に損害を加えることを知ってしたものに限り、当該対価を負担の価額とする負担付贈与とみなす。

（改正前民法1038条）
負担付贈与は、その目的の価額から負担の価額を控除したものについて、その減殺を請求することができる。
（改正前民法1039条）
不相当な対価をもってした有償行為は、当事者双方が遺留分権利者に損害を加えることを知ってしたものに限り、これを贈与とみなす。この場合において、遺留分権利者がその減殺を請求するときは、その対価を償還しなければならない。

◆解説

1　趣旨

　負担付贈与および不相当な対価をもってした有償行為について、遺留分を算定するための財産の価額に参入する範囲を、明確にするものである。

2　内容

（1）　**負担付贈与（本条1項）**　　本条1項は、「負担付贈与がされた場合における1043条1項に規定する贈与した財産の価額は、その目的の価額から負担の

価額を控除した額とする」と規定している。

　これは、改正前民法において後述の一部算入説と全部算入説が対立していたところを立法的に解決するため、「その目的の価額から負担の価額を控除した額」が遺留分を算定するための財産の価額に算入されること（一部算入説を採用すること）を明文化したものである。

　改正前民法1038条は「負担付贈与は、その目的の価額から負担の価額を控除したものについて、その減殺を請求することができる」と規定していたところ、一部算入説は「この規定が遺留分算定の基礎となる財産の額を算定するに当たっても同様の取扱いをすることを意図したもの」とするのに対し、全部算入説は「遺留分算定の基礎となる財産の額を算定する際には、その目的財産の価額を全額算入しつつ、減殺の対象を前記控除後の残額に限定した趣旨」としていた。本条1項が、この対立を立法的に解決し、一部算入説を採用することを明らかにした理由は、①全額算入説によると、「贈与をもらっている相続人が贈与をもらっていない相続人より最終的な取得額が少ないという逆転現象が生じ得る」こと、および、②全額算入説には、「費用の前払とみるか、負担付贈与の負担部分とみるかという微妙なケースにおける事実認定次第で結論が大きく変わるという問題点がある」ことによる（部会資料16・15頁）。

（2）　不相当な対価による有償行為（本条2項）　　本条2項は、「不相当な対価をもってした有償行為は、当事者双方が遺留分権利者に損害を加えることを知ってしたものに限り、当該対価を負担の価額とする負担付贈与とみなす」と規定している。

　これは、不相当な対価による有償行為がある場合について、当事者双方に加害の認識がある場合に限って、これを負担付贈与とみなして本条1項を適用することを定めるものである。また、改正前民法1039条の規律を変更し、本条1項と同様に、目的財産の価額から不相当な対価の額を控除した残額のみを遺留分制度の対象とすること（目的財産全体を遺留分制度の対象とはせず、対価の償還もしないこと）という規律を設けたものである。その理由は、①遺留分権利者に、本来権利行使できる価額（不相当な対価を控除した残額）を超えて権利行使を認める必要性は乏しいこと、および、②遺留分について、物権的効力が否定され、金銭債権に一本化されたことからしても（改正民法1046条1項）、目的財産全部に対する権利行使を認めつつ対価を償還させるという枠組みを採用する合理性に欠けることにある（部会資料16・17頁）。

3　実務への影響

　負担付贈与と不相当な対価をもってした有償行為について、遺留分を算定するための財産の価額に参入する範囲が明確にされたため、紛争が生じにくくなるものと思われる。

> （遺留分侵害額の請求）
> 第1046条
> 1　遺留分権利者及びその承継人は、受遺者（特定財産承継遺言により財産を承継し又は相続分の指定を受けた相続人を含む。以下この章において同じ。）又は受贈者に対し、遺留分侵害額に相当する金銭の支払を請求することができる。
> 2　遺留分侵害額は、第1042条の規定による遺留分から第１号及び第２号に掲げる額を控除し、これに第３号に掲げる額を加算して算定する。
> 　(1)　遺留分権利者が受けた遺贈又は第903条第１項に規定する贈与の価額
> 　(2)　第900条から第902条まで、第903条及び第904条の規定により算定した相続分に応じて遺留分権利者が取得すべき遺産の価額
> 　(3)　被相続人が相続開始の時において有した債務のうち、第899条の規定により遺留分権利者が承継する債務（次条第３項において「遺留分権利者承継債務」という。）の額

（改正前民法1031条）
遺留分権利者及びその承継人は、遺留分を保全するのに必要な限度で、遺贈及び前条に規定する贈与の減殺を請求することができる。
（改正前民法1032条）
条件付きの権利又は存続期間の不確定な権利を贈与又は遺贈の目的とした場合において、その贈与又は遺贈の一部を減殺すべきときは、遺留分権利者は、1029条２項の規定により定めた価格に従い、直ちにその残部の価額を受贈者又は受遺者に給付しなければならない。
（改正前民法1036条）
受贈者は、その返還すべき財産のほか、減殺の請求があった日以後の果実を返還しなければならない。

§1046

(改正前民法1040条)
1 　減殺を受けるべき受贈者が贈与の目的を他人に譲り渡したときは、遺留分権利者にその価額を弁償しなければならない。ただし、譲受人が譲渡の時において遺留分権利者に損害を加えることを知っていたときは、遺留分権利者は、これに対しても減殺を請求することができる。
2 　前項の規定は、受贈者が贈与の目的につき権利を設定した場合について準用する。

(改正前民法1041条)
1 　受贈者及び受遺者は、減殺を受けるべき限度において、贈与又は遺贈の目的の価額を遺留分権利者に弁償して返還の義務を免れることができる。
2 　前項の規定は、前条1項ただし書の場合について準用する。

◆解説

1　趣旨

　遺留分制度は、今回の改正において、全面的に見直された。その最大の変更点は、物権的効力が否定され、金銭債権に一本化されたことである（本条1項）。

　改正前民法における遺留分の物権的効力とは、遺留分権利者が受遺者または受贈者に対して減殺する旨の意思表示をすれば、直ちに遺贈または贈与が失効し、その目的財産の所有権または共有持分権が遺留分権利者に帰属するという効果のことである。この効果は、最高裁の判例によっても認められてきた（⇨**判例1**、**2**、**3**）。これに対し、本条1項は「遺留分侵害額に相当する金銭の支払を請求することができる」と規定しており、この例外を定める規定はおかれていないことから、改正民法は、物権的効力を否定し、遺留分の効果を金銭債権に一本化したことになる。

　これは、遺留分に関する改正前民法の規定は、単独相続である家督相続制度を中心とした戦前の旧民法の規定に最小限度の修正を加えたものであったため、共同相続制度において生ずる問題について十分な配慮がされていないという指摘を受けた改正である。すなわち、家督相続制度の下においては、遺留分制度は「家」の財産（家産）の維持を目的とする制度であったため、その目的を達成するためには物権的効力を認める必要性が高かった。しかし、改正前民法における遺留分制度は、「遺留分権利者の生活保障や遺産の形成に貢献した遺留分権利者の潜在的持分の清算等を目的とする制度となっており、その目的を達成するために、必ずしも物権的効果まで認める必要性はなく、遺留分権利者に

遺留分侵害額に相当する価値を返還させることで十分」であるとして、金銭債権化すべきことが指摘された（中間試案補足56頁）。

　また、金銭債権に一本化することによって、物権的効力が生じる不都合を回避することも期待されている。改正前民法においては、減殺の対象となる遺贈の目的財産が複数ある場合には、遺留分減殺請求権の行使に物権的効力があるため、それぞれの財産について共有関係が生ずることになる。このことに関しては、「当然に物権的効果が生ずることとされているため、減殺請求の結果、遺贈又は贈与の目的財産は受遺者又は受贈者と遺留分権利者との共有になることが多いが、このような帰結は、円滑な事業承継を困難にするものであり、また、共有関係の解消をめぐって新たな紛争を生じさせる」と指摘されていた（中間試案補足55頁）。例えば、①自宅を遺贈等された配偶者や、②事業用財産を遺贈等された当該事業の承継者は、他の相続人から遺留分減殺請求権を行使されると、その者とともにこれらの財産を共有することになる。そして、この共有関係を解消するためには、別途、共有物の分割の手続を経なければならない（民法256条以下）。しかし、このような事態は、①自宅を遺贈等された配偶者の保護として十分ではなく、②事業用財産を遺贈等された事案においては、事業承継の障害となり得る。すなわち、被相続人が特定の相続人に家業を継がせるため、株式や店舗等の事業用の財産をその者に相続させる旨の遺言をしても、改正前民法においては遺留分減殺請求権の行使により株式や事業用財産が他の相続人との共有となってしまう結果、円滑な事業承継の障害となる場合があった。これに対して、改正民法においては物権的効力がなく、遺贈等を受けた者は金銭支払義務を負うにすぎないため、①配偶者は自宅に居住し続けることが容易になり、②事業承継も円滑に行われやすくなる。

　ところで、遺言を利用する人は増加する傾向にある。今回の改正でも自筆証書遺言を活用しやすくしつつ、遺言に関する紛争が生じにくくするために、自筆証書遺言の作成の方式が緩和され（改正民法968条2項）、自筆証書遺言の保管制度も新設された（遺言書保管法）。遺留分制度は、遺言の内容を一部無効にする効力を有するものであるから、遺言をしようとする人のためにも、遺留分制度は、分かりやすい制度である必要がある。この見地からしても、金銭債権に一本化されたことには意義がある。

　なお、今回の改正の影響については、「遺留分制度の趣旨自体を、これによって根本的に変えるということにはならないのではないかという認識を持って

おります。現行法の下では、例えば、遺贈の対象となる財産がたくさんあった場合には、それらの財産の全てについて共有になるわけですが、生活保障の観点からしますと、非常に換価が難しいということにもなりますので、現行法においても、一般に、遺留分権利者の生活保障という趣旨が含まれていると理解されておりますが、今回の見直しによって、遺留分権利者が取得する権利が……金銭債権化され……ますので、一概に現行法と比べて生活保障という側面が弱くなるということにはならないように思われます。また、最低限の取り分の保障というところにつきましては……現行法の下でも、例えば、受遺者が一部要らないものについて最初から遺贈の放棄をしていたとか、あるいは、被相続人の方で、遺留分権利者はあまり欲しくないけれども、一定の価値のある財産を残していて、それで遺留分の侵害はないというような場合には、それで満足せざるを得ない地位にあるということでございますので、遺留分制度の趣旨を根本から変えるということではないのではないかと考えております」と説明されたことがある（堂薗幹事：部会議事録21回3〜4頁）。

2　内容

(1)　遺留分侵害額に相当する金銭債権（本条1項）

(a)　**遺留分権利者**　本条1項は、遺留分侵害額に相当する金銭債権の権利者を、「遺留分権利者及びその承継人」と規定している。

これは、改正前民法1031条における権利者と同じである。

(b)　**受遺者または受贈者**　本条1項は、遺留分侵害額に相当する金銭支払請求の対象者を、「受遺者（特定財産承継遺言により財産を承継し又は相続分の指定を受けた相続人を含む。以下この章において同じ。）又は受贈者」と規定している。

ここにいう「特定財産承継遺言」とは、「遺産の分割の方法の指定として遺産に属する特定の財産を共同相続人の1人又は数人に承継させる旨の遺言」のことである（改正民法1014条2項）。いわゆる「相続させる」遺言は、これに当たることが多いと思われる。

改正前民法においても受遺者または受贈者は対象とされていたが、相続分の指定等を受けた相続人については規定がなかった。そして、判例は、「相続させる」趣旨の遺言について、「特段の事情がない限り、遺贈と解すべきではない」としていた（⇨**判例4**）。本条1項は、「特定財産承継遺言により財産を承継し又は相続分の指定を受けた相続人」も対象者に含まれると規定した。これ

は、改正前民法においても「遺産分割方法の指定（相続させる旨の遺言）又は相続分の指定を受けた相続人については、遺留分減殺の対象となっているところ、この点を……明らかにする」ものである（追加試案補足59頁）。

　(c)　**金銭債権化**　本条1項は、「遺留分侵害額に相当する金銭の支払を請求することができる」と規定している。

　これは、改正前民法1031条が「遺留分を保全するのに必要な限度で、遺贈及び前条に規定する贈与の減殺を請求することができる」と規定していたことを変更したものである。ここでは、改正前民法における「減殺」という表現が使われていないことに留意する必要がある。その理由は、「減殺というのは……贈与ですとか遺贈の効力を一部無効にするという意味だと思うんですけれども、それで、物権的効力が生じるという点を見直す……ことになりますと、それは、要するに、遺贈とか贈与の一部を無効にするという取扱いではおよそなくなっているのではないかと。したがって、そういう意味では、減殺という言葉はふさわしくない」ためである（堂薗幹事：部会議事録23回46頁）。そのため、法制審要綱第4の1（注2）において「遺留分侵害額請求権の行使により生ずる権利を金銭債権化することに伴い、遺贈や贈与の『減殺』を前提とした規定を逐次改めるなどの整備が必要となる」と指摘された。

　他方で、改正前民法において、遺留分権の行使は形成権であるとされているが、今回の改正は、その点の見直しまでを意図するものではない。受遺者または受贈者に対する具体的な金銭請求権は、本条1項の請求権を行使して初めて発生するものとすることが前提とされている（追加試案補足60頁）。

　遺留分権利者が請求する金額の基準時については、①遺留分に相当する金銭支払の「請求権を行使した時点を基準に考える」と説明された（堂薗幹事：部会議事録10回25頁）。

　本条1項の請求を受けた者が履行遅滞（民法412条。債権法改正の対象であるが、以下の結論には影響がない）になる時期については、「請求権の行使によって金銭債権が発生する、それは民法412条3項でいう期限の定めのない債務であると考えられます。普通は、……請求とともに、金銭を払えという履行請求もするので、……請求時に履行遅滞に陥ることになる」と説明された（神吉関係官：部会議事録16回10頁）。

　遺留分権利者の意思表示は、「観念的には、①……請求権の行使という意思表示と、②それに基づき生ずる金銭債権に係る履行請求という2つの意思表示

があるものと整理」されている。そして、両者の関係については、「事実上、①と②の意思表示が同一の書面で行われることも多いと思われるが、①の意思表示の時点では、必ずしも金額を明示する必要はないものと考えられる。このように考えると、例えば、遺留分権利者が、①の意思表示を行った結果、客観的には1000万円の金銭債権が生じているのにもかかわらず、②の当初の金銭請求の時点においては、500万円の支払しか求めなかったというケースにおいては、いわゆる一部請求の問題として扱うことができ、消滅時効の問題についても、遺留分権利者があえて金銭債権の一部のみを請求する旨を明らかにして訴えを提起しない以上、金銭債権全体について時効中断の効力が生じていると考えることができる」（部会資料16・3頁）と説明されている。なお、この説明は、いわゆる一部請求の問題に関する判例を前提としている（⇨**判例5**）。

　倒産手続との関係については、改正民法においては、遺留分権利者の権利は金銭債権に一本化されているから、破産手続等においては、一般債権（破産債権・再生債権等）にしか当たらないことになる。このことは、改正前民法においては物権的効果が生じるため、遺留分権利者は共有持分権等を有することになり、破産になった場合は取戻権を行使できることを変更するものである。そのため、遺留分権利者の権利が弱くなるのではないかという指摘があり、別除権者の地位を付与することを検討した経緯もあるが、採用されなかった。その理由は、①「仮に遺贈とか贈与がなければ、遺留分権利者は飽くまでも相続人としてその相続財産の中から一定の財産を取得できたにすぎない立場」であり「相続財産における優先順位としては、一般債権者や受遺者よりもむしろ劣後するような法的地位にある」こと、②「相続財産、遺留分算定の基礎となる財産が……受遺者なり受贈者のところに行ったからといって、遺留分権利者に強い法的地位を付与する必要があるのだろうかという……疑問」があることからすれば、③「一般債権、ほかの貸金返還請求権などと同じような一般債権者として扱ったとしても、特に問題はない」という点にある（堂薗幹事：部会議事録10回25頁）。

　他方で、今回の改正により遺留分権利者の権利が弱められたか否という問題は、どのような場面を想定するかによって異なり得るものである。このことは、①「遺留分権利者の権利行使によって生じる権利が金銭債権となりますが、この金銭債権が受遺者又は受贈者に対する破産手続の開始前に生じたものである場合には破産債権となるというように考えられます。したがいまして、この金

銭債権につきましては、免責不許可事由がない限り免責され得るということになります。このように、受遺者又は受贈者が破産したような場合を想定しますと、今回の改正により、今申し上げた点では遺留分権利者の権利は弱められるということとなります」、および、②「受遺者又は受贈者が経済的に破綻している場合を除きますれば、遺留分権利者はその金銭債権に基づいて受遺者又は受贈者の固有財産に対しても強制執行することができることとなりますので、その意味では遺留分権利者の権利の実効性がより高まるといったような評価もできるように思われます」と説明された（小野瀬民事局長：参議院会議録21号2頁）。

(2) 遺留分侵害額の計算（本条2項）

(a) **計算方法** 本条2項は、「遺留分侵害額は、1042条の規定による遺留分から1号及び2号に掲げる額を控除し、これに3号に掲げる額を加算して算定する」と規定している。

これは、改正前民法における判例・実務を明文化したものである。すなわち、「遺留分侵害額の計算は、遺留分算定の基礎となる財産を確定し、それに遺留分の割合を乗じ、遺留分権利者が特別受益を得ているときはその額を控除して遺留分の額を算定した上、同遺留分の額から、遺留分権利者が相続によって得た財産がある場合はその額を控除し、また、同人が負担すべき相続債務がある場合はその額を加算して求める」こととされており（⇨**判例6**）、「これを計算式で示すと、以下のとおりとなる」ことの明文化である（中間試案補足70〜71頁）。

（計算式） 遺留分侵害額＝（遺留分算定の基礎となる財産の額）
　　　　　　　　　　　×（総体的遺留分率）
　　　　　　　　　　　×（法定相続分率）
　　　　　　　　　　　－（遺留分権利者の特別受益の額）
　　　　　　　　　　　－（遺留分権利者が相続によって得た積極財産の額）
　　　　　　　　　　　＋（遺留分権利者が相続によって負担する債務の額）

(b) **改正民法1042条の規定による遺留分** 遺留分の帰属およびその割合について、改正民法1042条1項は、前記(a)の計算式のとおり、「遺留分を算定するための財産の価額」（改正民法1043条1項）に、改正民法1042条1項1号または同項2号に定める割合（総体的遺留分率）を乗じた額を受けることを規定し、改正民法1042条2項は、相続人が数人ある場合には、前項各号に定める割合は、

これらに民法900条および民法901条により算定した各自の相続分(法定相続分率)を乗じた割合とすることを規定している。

　(c)　**遺贈等**　本条2項1号は、前記(a)の計算式のとおり、前記(b)の遺留分から控除するものについて「遺留分権利者が受けた遺贈又は903条1項に規定する贈与の価額」と規定している。

　これは、遺留分権利者の特別受益の額を控除するものである。

　改正民法903条1項は「共同相続人中に、被相続人から、遺贈を受け、又は婚姻若しくは養子縁組のため若しくは生計の資本として贈与を受けた者があるとき」と規定しており、遺贈はすべて対象になるのと異なり、贈与は一定の要件を満たすものに限っている。本条2項1号が「遺贈又は903条1項に規定する贈与」としているのは、ここで遺留分から控除するものを特別受益の額に限定するためである。

　(d)　**遺留分権利者の取得分**　本条2項2号は、前記(a)の計算式のとおり、前記(b)の遺留分から控除するものについて「900条から902条まで、903条及び904条の規定により算定した相続分に応じて遺留分権利者が取得すべき遺産の価額」と規定している。

　これは、遺留分権利者が相続によって得た積極財産の額を控除するものである。

　民法900条および民法901条は法定相続分、改正民法902条は遺言による相続分の指定、改正民法903条および民法904条は特別受益者の相続分を規定している。本条2項2号が、これらの規定により算定した相続分を基準としていることは、改正前民法における学説の対立について、具体的相続分説を採用したことを意味する。

　未分割の遺産がある場合に、遺留分権利者が相続によって得た積極財産の価額をどのように算定すべきかについては、法定相続分説(法定相続分を前提に算定すべきという見解)と、具体的相続分説(寄与分による修正を考慮しない具体的相続分を前提に算定すべきという見解)が対立してきた。両説の具体的な違いは、特別受益による修正を考慮するか否かである。本条2項2号は、具体的相続分説に立って算定することとするものであるが、その理由は、以下のとおりである。①いわゆる特別受益の有無は、相続開始時までに生じた事実であり、その価額を考慮して算出された具体的相続分は相続開始時にも観念し得る。また、②遺留分の侵害が問題となる事案においては多くの特別受益が存する場合

が多いところ、法定相続分説によるときは特別受益が考慮されないため、「その後に行われる遺産分割の結果との齟齬が大きくなり、事案によっては、遺贈を受けている相続人が、遺贈を受けていない相続人に比して最終的な取得額が少ないという逆転現象が生ずる場合があること等」から、具体的相続分説の方が実際上も妥当だからである（中間試案補足71～72頁）。なお、具体的相続分説（特別受益による修正を考慮する）においても寄与分による修正は考慮しないとされているところ、その理由は、寄与分は、家庭裁判所の審判等によってはじめてその有無および額が決定されるものである点において（民法904条の2）、特別受益（改正民法903条）と異質であるということにある。

　本条2項2号は、遺産分割の対象財産がある場合には、具体的相続分に相当する額を控除することとしており、遺産分割が終了しているか否かによる区別をしていない。この点、遺産分割が終了している場合の取扱いについては、現実に分割された内容を前提に控除すべきという見解も示されたが、採用されなかった。その理由は、①遺留分侵害額に相当する金銭支払請求の内容は「相続開始時に存在する諸要因（相続開始時の積極・消極財産の額、特別受益の有無及び額等）により定まるというべきであり、遺産分割手続の進行状況如何によって遺留分侵害額が変動し、これによって遺留分権利者に帰属した権利の内容が変動するというのは理論的にも説明が困難」であること、および、②「遺産が未分割の場合と既分割の場合で最終的な取得額が異なることとなるのは相当でない」ことによる（中間試案補足72頁）。

　(e)　**債務**　本条2項3号は、前記(a)の計算式のとおり、前記(b)の遺留分に加えるものについて「被相続人が相続開始の時において有した債務のうち、899条の規定により遺留分権利者が承継する債務（次条3項において「遺留分権利者承継債務」という。）の額」と規定している。

　これは、遺留分権利者が相続によって負担する債務の額を加算するものである。

　この「遺留分権利者承継債務の額」は、原則として法定相続分に従って計算された額を指すが、債務についても相続分の指定があったとみられる場合には、指定相続分の割合に応じて計算されると考えられる（⇨**判例7**）。

（3）　改正前民法1036条の削除　改正前民法1036条は、「受贈者は、その返還すべき財産のほか、減殺の請求があった日以後の果実を返還しなければならない」と規定していたが、削除された。

§1046

　これは、遺留分の効果について物権的効力が否定され、金銭債権に一本化されたことにより、「果実」に関する規律が不要となったためである。

（4）　**改正前民法1040条の削除**　改正前民法1040条1項は「減殺を受けるべき受贈者が贈与の目的を他人に譲り渡したときは、遺留分権利者にその価額を弁償しなければならない。ただし、譲受人が譲渡の時において遺留分権利者に損害を加えることを知っていたときは、遺留分権利者は、これに対しても減殺を請求することができる」、同条2項は「前項の規定は、受贈者が贈与の目的につき権利を設定した場合について準用する」と規定していたが、いずれも削除された。

　これは、遺留分の効果について物権的効力が否定され、金銭債権に一本化されたことにより、「贈与の目的を他人に譲り渡したとき」などに関する規律が不要となったためである。

（5）　**改正前民法1041条の削除**　改正前民法1041条1項は「受贈者及び受遺者は、減殺を受けるべき限度において、贈与又は遺贈の目的の価額を遺留分権利者に弁償して返還の義務を免れることができる」、同条2項は「前項の規定は、前条第1項ただし書の場合について準用する」と規定していたが、いずれも削除された。

　これは、遺留分の効果について物権的効力が否定され、金銭債権に一本化されたことにより、「返還の義務を免れる」規律が不要となったためである。

3　実務への影響

　本条1項の遺留分侵害額請求権という形成権の行使によって、遺留分侵害額に相当する金銭が発生する。その具体的な金銭請求の額は、本条2項の計算による。ただし、実際の事案においては、最初に権利行使をする時点では、未だ相続財産の範囲を把握できていないという場合があり得る。この点については、「まずは遺留分侵害額請求権、形成権を行使をすると、それで客観的には遺留分侵害額に相当する金銭債権が発生しているんですけれども、遺留分権利者としてはその額が正確に幾らかということはちょっとまだ計算をしてみないと分からないということはあるので、後日、正確な金額を請求をするということはあり得よう」とされ、改正前民法においても「取りあえず遺留分減殺請求権を行使して、具体的にこんな遺贈があった、贈与があったということで、実際減殺しているのはこれだということを正確に把握・理解をした上で、引渡請求をすることになろうかと思いますが、それと同じというイメージ」と説明された

§1046

(神吉関係官：部会議事録24回28頁)。

　改正前民法においては、物権的効力が当然に生じており、金銭評価の必要性は、遺留分権利者に対する価額による弁償（改正前民法1041条）の場面に限られていた。改正民法においては、すべての事案において金銭評価が必要になるので、実務に与える影響は極めて大きいと思われる。

【参考判例等】

1　最高裁昭和51年8月30日判決・民集30巻7号768頁

　遺留分権利者の減殺請求により贈与または遺贈は遺留分を侵害する限度において失効し、受贈者または受遺者が取得した権利は右の限度で当然に減殺請求をした遺留分権利者に帰属するものと解するのが相当であって（最高裁昭和35年7月19日判決・民集14巻9号1779頁、最高裁昭和41年7月14日判決・民集20巻6号1183頁、最高裁昭和44年1月28日判決・集民94号15頁参照）、侵害された遺留分の回復方法としては贈与または遺贈の目的物を返還すべきものであるが、民法1041条1項が、目的物の価額を弁償することによって目的物返還義務を免れうるとして、目的物を返還するか、価額を弁償するかを義務者である受贈者または受遺者の決するところに委ねたのは、価額の弁償を認めても遺留分権利者の生活保障上支障をきたすことにはならず、一方これを認めることによって、被相続人の意思を尊重しつつ、すでに目的物の上に利害関係を生じた受贈者または受遺者と遺留分権利者との利益の調和をもはかることができるとの理由に基づくものと解されるが、それ以上に、受贈者または受遺者に経済的な利益を与えることを目的とするものと解すべき理由はないから、遺留分権利者の叙上の地位を考慮するときは、価額弁償は目的物の返還に代わるものとしてこれと等価であるべきことが当然に前提とされているものと解されるのである。このようなところからすると、価額弁償における価額算定の基準時は、現実に弁償がされる時であり、遺留分権利者において当該価額弁償を請求する訴訟にあっては現実に弁償がされる時に最も接着した時点としての事実審口頭弁論終結の時であると解するのが相当である。

2　最高裁平成8年1月26日判決・民集50巻1号132頁

　遺贈に対して遺留分権利者が減殺請求権を行使した場合、遺贈は遺留分を侵害する限度において失効し、受遺者が取得した権利は遺留分を侵害する限度で当然に減殺請求をした遺留分権利者に帰属するところ（⇨前掲**参考判例1**）、遺言者の財産全部についての包括遺贈に対して遺留分権利者が減殺請求権を行使した場合に遺留分権利者に帰属する権利は、遺産分割の対象となる相続財産としての性質

を有しないと解するのが相当である。その理由は、次のとおりである。

　特定遺贈が効力を生ずると、特定遺贈の目的とされた特定の財産は何らの行為を要せずして直ちに受遺者に帰属し、遺産分割の対象となることはなく、また、民法は、遺留分減殺請求を減殺請求をした者の遺留分を保全するに必要な限度で認め（改正前民法1031条）、遺留分減殺請求権を行使するか否か、これを放棄するか否かを遺留分権利者の意思にゆだね（改正前民法1031条・1043条参照）、減殺の結果生ずる法律関係を、相続財産との関係としてではなく、請求者と受贈者、受遺者等との個別的な関係として規定する（改正前民法1036条・1037条・1039条・1040条・1041条参照）など、遺留分減殺請求権行使の効果が減殺請求をした遺留分権利者と受贈者、受遺者等との関係で個別的に生ずるものとしていることがうかがえるから、特定遺贈に対して遺留分権利者が減殺請求権を行使した場合に遺留分権利者に帰属する権利は、遺産分割の対象となる相続財産としての性質を有しないと解される。そして、遺言者の財産全部についての包括遺贈は、遺贈の対象となる財産を個々的に掲記する代わりにこれを包括的に表示する実質を有するもので、その限りで特定遺贈とその性質を異にするものではないからである。

3　最高裁平成24年1月26日決定・判時2148号61頁

(1)　本件遺言による相続分の指定がＸらの遺留分を侵害することは明らかであるから、本件遺留分減殺請求により、前記相続分の指定が減殺されることになる。相続分の指定が、特定の財産を処分する行為ではなく、相続人の法定相続分を変更する性質の行為であること、および、遺留分制度が被相続人の財産処分の自由を制限し、相続人に被相続人の財産の一定割合の取得を保障することをその趣旨とするものであることに鑑みれば、遺留分減殺請求により相続分の指定が減殺された場合には、遺留分割合を超える相続分を指定された相続人の指定相続分が、その遺留分割合を超える部分の割合に応じて修正されるものと解するのが相当である（最高裁平成10年2月26日判決・民集52巻1号274頁参照）。

(2)　ところで、遺留分権利者の遺留分の額は、被相続人が相続開始の時に有していた財産の価額にその贈与した財産の価額を加え、その中から債務の全額を控除して遺留分算定の基礎となる財産額を確定し、それに遺留分割合を乗ずるなどして算定すべきところ（民法1028条ないし1030条・1044条）、前記の遺留分制度の趣旨等に鑑みれば、被相続人が、特別受益に当たる贈与につき、当該贈与に係る財産の価額を相続財産に算入することを要しない旨の意思表示（以下「持戻し免除の意思表示」という。）をしていた場合であっても、前記価額は遺留分算定の基礎となる財産額に算入されるものと解される。したがって、前記事実関係の下におい

ては、前記(1)のとおり本件遺言による相続分の指定が減殺されても、Xらの遺留分を確保するには足りないことになる。

　本件遺留分減殺請求は、本件遺言により相続分を零とする指定を受けた共同相続人であるXらから、相続分全部の指定を受けた他の共同相続人であるYらに対して行われたものであることからすれば、Aの遺産分割においてXらの遺留分を確保するのに必要な限度でYらに対するAの生前の財産処分行為を減殺することを、その趣旨とするものと解される。そうすると、本件遺留分減殺請求により、Xらの遺留分を侵害する本件持戻し免除の意思表示が減殺されることになるが、遺留分減殺請求により特別受益に当たる贈与についてされた持戻し免除の意思表示が減殺された場合、持戻し免除の意思表示は、遺留分を侵害する限度で失効し、当該贈与に係る財産の価額は、前記の限度で、遺留分権利者である相続人の相続分に加算され、当該贈与を受けた相続人の相続分から控除されるものと解するのが相当である。持戻し免除の意思表示が前記の限度で失効した場合に、その限度で当該贈与に係る財産の価額を相続財産とみなして各共同相続人の具体的相続分を算定すると、前記価額が共同相続人全員に配分され、遺留分権利者において遺留分相当額の財産を確保し得ないこととなり、前記の遺留分制度の趣旨に反する結果となることは明らかである。

4　最高裁平成3年4月19日判決・民集45巻4号477頁

　被相続人の遺産の承継関係に関する遺言については、遺言書において表明されている遺言者の意思を尊重して合理的にその趣旨を解釈すべきものであるところ、遺言者は、各相続人との関係にあっては、その者と各相続人との身分関係および生活関係、各相続人の現在および将来の生活状況および資力その他の経済関係、特定の不動産その他の遺産についての特定の相続人のかかわりあいの関係等各般の事情を配慮して遺言をするのであるから、遺言書において特定の遺産を特定の相続人に「相続させる」趣旨の遺言者の意思が表明されている場合、当該相続人も当該遺産を他の共同相続人とともにではあるが当然相続する地位にあることにかんがみれば、遺言者の意思は、右の各般の事情を配慮して、当該遺産を当該相続人をして、他の共同相続人とともにではなくして、単独で相続させようとする趣旨のものと解するのが当然の合理的な意思解釈というべきであり、遺言書の記載から、その趣旨が遺贈であることが明らかであるかまたは遺贈と解すべき特段の事情がない限り、遺贈と解すべきではない。

　そして、右の「相続させる」趣旨の遺言、すなわち、特定の遺産を特定の相続人に単独で相続により承継させようとする遺言は、前記の各般の事情を配慮して

の被相続人の意思として当然あり得る合理的な遺産の分割の方法を定めるものであって、民法908条において被相続人が遺言で遺産の分割の方法を定めることができるとしているのも、遺産の分割の方法として、このような特定の遺産を特定の相続人に単独で相続により承継させることをも遺言で定めることを可能にするために外ならない。したがって、右の「相続させる」趣旨の遺言は、正に同条にいう遺産の分割の方法を定めた遺言であり、他の共同相続人も右の遺言に拘束され、これと異なる遺産分割の協議、さらには審判もなし得ないのであるから、このような遺言にあっては、遺言者の意思に合致するものとして、遺産の一部である当該遺産を当該相続人に帰属させる遺産の一部の分割がなされたのと同様の遺産の承継関係を生ぜしめるものであり、当該遺言において相続による承継を当該相続人の受諾の意思表示にかからせたなどの特段の事情のない限り、何らの行為を要せずして、被相続人の死亡の時（遺言の効力の生じた時）に直ちに当該遺産が当該相続人に相続により承継されるものと解すべきである。

そしてその場合、遺産分割の協議または審判においては、当該遺産の承継を参酌して残余の遺産の分割がされることはいうまでもないとしても、当該遺産については、右の協議または審判を経る余地はないものというべきである。もっとも、そのような場合においても、当該特定の相続人はなお相続の放棄の自由を有するのであるから、その者が所定の相続の放棄をしたときは、さかのぼって当該遺産がその者に相続されなかったことになるのはもちろんであり、また、場合によっては、他の相続人の遺留分減殺請求権の行使を妨げるものではない。

5 　最高裁昭和45年7月24日判決・民集24巻7号1177頁

　　1個の債権の一部についてのみ判決を求める趣旨を明らかにして訴を提起した場合、訴提起による消滅時効中断の効力は、その一部についてのみ生じ、残部には及ばないが、右趣旨が明示されていないときは、請求額を訴訟物たる債権の全部として訴求したものと解すべく、この場合には、訴の提起により、右債権の同一性の範囲内において、その全部につき時効中断の効力を生ずるものと解するのが相当である。

6 　最高裁平成8年11月26日判決・民集50巻10号2747頁

(1) 　遺贈に対して遺留分権利者が減殺請求権を行使した場合、遺贈は遺留分を侵害する限度において失効し、受遺者が取得した権利は遺留分を侵害する限度で当然に遺留分権利者に帰属するところ、遺言者の財産全部の包括遺贈に対して遺留分権利者が減殺請求権を行使した場合に遺留分権利者に帰属する権利は、遺産分割の対象となる相続財産としての性質を有しないものであって（最高裁平成8年1

月16日判決・民集50巻1号132頁)、前記事実関係の下では、Xらは、Yに対し、遺留分減殺請求権の行使により帰属した持分の確認および右持分に基づき所有権一部移転登記手続を求めることができる。

(2) 被相続人が相続開始の時に債務を有していた場合の遺留分の額は、民法1029条・1030条・1044条に従って、被相続人が相続開始の時に有していた財産全体の価額にその贈与した財産の価額を加え、その中から債務の全額を控除して遺留分算定の基礎となる財産額を確定し、それに同法1028条所定の遺留分の割合を乗じ、複数の遺留分権利者がいる場合はさらに遺留分権利者それぞれの法定相続分の割合を乗じ、遺留分権利者がいわゆる特別受益財産を得ているときはその価額を控除して算定すべきものであり、遺留分の侵害額は、このようにして算定した遺留分の額から、遺留分権利者が相続によって得た財産がある場合はその額を控除し、同人が負担すべき相続債務がある場合はその額を加算して算定するものである。Xらは、遺留分減殺請求権を行使したことにより、本件不動産1ないし29につき、右の方法により算定された遺留分の侵害額を減殺の対象であるAの全相続財産の相続開始時の価額の総和で除して得た割合の持分を当然に取得したものである。この遺留分算定の方法は、相続開始後にYが相続債務を単独で弁済し、これを消滅させたとしても、また、これによりYがXらに対して有するに至った求償権とXらがYに対して有する損害賠償請求権とを相殺した結果、右求償権が全部消滅したとしても、変わるものではない。

7 最高裁平成21年3月24日判決・民集63巻3号427頁

遺留分の侵害額は、確定された遺留分算定の基礎となる財産額に改正前民法1028条所定の遺留分の割合を乗じるなどして算定された遺留分の額から、遺留分権利者が相続によって得た財産の額を控除し、同人が負担すべき相続債務の額を加算して算定すべきものであり(⇨前掲**参考判例6**)、その算定は、相続人間において、遺留分権利者の手元に最終的に取り戻すべき遺産の数額を算出するものというべきである。したがって、相続人のうちの1人に対して財産全部を相続させる旨の遺言がされ、当該相続人が相続債務もすべて承継したと解される場合、遺留分の侵害額の算定においては、遺留分権利者の法定相続分に応じた相続債務の額を遺留分の額に加算することは許されないものと解するのが相当である。遺留分権利者が相続債権者から相続債務について法定相続分に応じた履行を求められ、これに応じた場合も、履行した相続債務の額を遺留分の額に加算することはできず、相続債務をすべて承継した相続人に対して求償し得るにとどまるものというべきである。

（受遺者又は受贈者の負担額）
第1047条
1　受遺者又は受贈者は、次の各号の定めるところに従い、遺贈（特定財産承継遺言による財産の承継又は相続分の指定による遺産の取得を含む。以下この章において同じ。）又は贈与（遺留分を算定するための財産の価額に算入されるものに限る。以下この章において同じ。）の目的の価額（受遺者又は受贈者が相続人である場合にあっては、当該価額から第1042条の規定による遺留分として当該相続人が受けるべき額を控除した額）を限度として、遺留分侵害額を負担する。
　⑴　受遺者と受贈者とがあるときは、受遺者が先に負担する。
　⑵　受遺者が複数あるとき、又は受贈者が複数ある場合においてその贈与が同時にされたものであるときは、受遺者又は受贈者がその目的の価額の割合に応じて負担する。ただし、遺言者がその遺言に別段の意思を表示したときは、その意思に従う。
　⑶　受贈者が複数あるとき（前号に規定する場合を除く。）は、後の贈与に係る受贈者から順次前の贈与に係る受贈者が負担する。
2　第904条、第1043条第2項及び第1045条の規定は、前項に規定する遺贈又は贈与の目的の価額について準用する。
3　前条第1項の請求を受けた受遺者又は受贈者は、遺留分権利者承継債務について弁済その他の債務を消滅させる行為をしたときは、消滅した債務の額の限度において、遺留分権利者に対する意思表示によって第1項の規定により負担する債務を消滅させることができる。この場合において、当該行為によって遺留分権利者に対して取得した求償権は、消滅した当該債務の額の限度において消滅する。
4　受遺者又は受贈者の無資力によって生じた損失は、遺留分権利者の負担に帰する。
5　裁判所は、受遺者又は受贈者の請求により、第1項の規定により負担する債務の全部又は一部の支払につき相当の期限を許与することができる。

（改正前民法1033条）
贈与は、遺贈を減殺した後でなければ、減殺することができない。

(改正前民法1034条)

遺贈は、その目的の価額の割合に応じて減殺する。ただし、遺言者がその遺言に別段の意思を表示したときは、その意思に従う。

(改正前民法1035条)

贈与の減殺は、後の贈与から順次前の贈与に対してする。

(改正前民法1037条)

減殺を受けるべき受贈者の無資力によって生じた損失は、遺留分権利者の負担に帰する。

◆解説

1 趣旨

　本条は、遺留分制度全体の見直しに伴い、受遺者または受贈者の負担額について規定している。本条1項ないし4項は、改正前民法の規定を整理した上で、その内容をより明確にしたものである。

　本条5項は、遺留分侵害額に相当する金銭の支払債務について、裁判所に「全部又は一部の支払につき相当の期限を許与すること」を認めている。これは、改正民法1046条1項が金銭請求を認め、これに対する例外は規定されていない（現物給付の規律を採用していない）ことを受けて、受遺者又は受贈者が直ちに金銭を用意することができない場合に対応するために「裁判所による期限の許与を認める限度で、その保護を図ることとした」ものである（部会資料26-2・9頁）。

　受遺者または受贈者を保護する必要性については、「遺留分権利者に支払うべき金銭を直ちに用意することができない場合には、遅延損害金がかさむのを防ぐために、自己の財産を売却するなどして金銭を用意する必要があるところ（金銭を用意できない場合には自己の固有財産に執行を受けるおそれもあるし、時間的余裕もない中で遺贈又は贈与を受けた財産を売却しなければならないとなると、その財産の本来的な価値よりも低い価格での売却を迫られるおそれもある。）、受遺者又は受贈者としては、このような事態になるのであれば、遺贈の放棄をするなどしてその目的財産を取得しない方が良かったということにもなりかねないが、一旦遺贈を承認した場合には、その後にそれを撤回することはできず（民法989条1項）、受遺者又は受贈者にとって酷な事態が生ずる」と説明された（追加試案補足63頁）。

2 内容
(1) 負担額（本条1項）
(a) 順序　本条1項は、「受遺者又は受贈者は、次の各号の定めるところに従い」「遺留分侵害額を負担する」と規定している。

これは、遺留分侵害額に相当する金銭の支払を負担する順序を定める規定である。その内容は以下のとおりであるが、改正前民法との関係については、「他の相続人の遺留分を侵害している者が複数いる場合の減殺の順序（負担割合）を変更することを意図するものではない」と説明された（追加試案補足62頁）。

また、死因贈与に関しての規律を定めることも検討されたが、採用されなかった。その理由は、①「仮に順番を明確化することになりますと、東京高裁の平成12年3月8日という判例が死因贈与に関してございますが、この考え方からすると、まずは遺贈、その次に死因贈与、その次にそのほかの生前贈与という形で規律を設けることになるのかなと、恐らくこれが現在の多数説なのではないか」と思われるものの、最高裁の判例はないこと、②学説としては、「遺贈と同順位で考えるべきではないかという説」もあり、「贈与に準じて考えるとしても行為時説とか履行時説とかいろいろな学説があるような状況」であること、③「この問題は、何がどのように減殺されるのかという現行法においてもよりシビアな問題としてありますが、こちらは解釈に委ねられているというところでございますので、この点につきましては、なお解釈の積み重ねを待つのでもよい」という点にある（神吉関係官：部会議事録24回27頁）。死因贈与に関する判例としては、前記東京高裁判決のほか、遺言執行者の選任に関する判断の傍論として「遺贈」に準じて取扱うとした審判例もある（⇨**判例1、2**）。

(i) 受遺者と受贈者　本条1項1号は、「受遺者と受贈者とがあるときは、受遺者が先に負担する」と規定している。

これは、改正前民法1033条が「贈与は、遺贈を減殺した後でなければ、減殺することができない」としていたことを受けて、その字句を変更したものであり、実質的には同じ内容である。

本条1項1号および3号には、本条1項2号と異なり「ただし、遺言者がその遺言に別段の意思を表示したときは、その意思に従う」という規定がない。このことは、これらは強行規定であることを意味する（⇨**判例3**）。

(ii) 複数の受遺者間または同時受贈者間　本条1項2号は、「受遺者が

複数あるとき、又は受贈者が複数ある場合においてその贈与が同時にされたものであるときは、受遺者又は受贈者がその目的の割合に応じて負担する。ただし、遺言者がその遺言に別段の意思を表示したときは、その意思に従う」と規定している。

これは、「受遺者が複数あるとき」については、改正前民法1034条が「遺贈は、その目的の価額の割合に応じて減殺する。ただし、遺言者がその遺言に別段の意思を表示したときは、その意思に従う」としてことを受けて、その字句を変更したものであり、実質的には同じ内容である。本条1項2号が「受遺者又は受贈者がその目的の価額の割合に応じて負担する」と規定しているのは、「遺言は、遺言者の死亡の時からその効力を生じる」ため（民法985条1項）、複数の遺贈は同時にその効力を生じることになり、複数の受遺者に優劣をつけることはできないため、その全員が割合的に負担することを原則とするものである。これを強行法規とする理由はないため、遺言者が別段の意思表示をしたときには例外が認められる。

「受贈者が複数ある場合においてその贈与が同時にされたものであるとき」については、改正前民法には規定がなかったところ、今回の改正において規律を明確にしたものである。ここでは、「贈与が同時にされたものであるとき」には、複数の受贈者に優劣をつけることができないという意味において遺贈と類似するため、遺贈と同じ規律が採用されている。

　　(iii)　複数の異時受贈者間　　本条1項3号は、「受贈者が複数あるとき（前号に規定する場合を除く。）は、後の贈与に係る受贈者から順次前の贈与に係る受贈者が負担する」と規定している。

「受贈者が複数あるとき（前号に規定する場合を除く。）」とは、受贈者が複数ある場合においてその贈与が同時にされたものでないとき、すなわち、異なる時に贈与されたときを意味する。

これは、改正前民法1035条が「贈与の減殺は、後の贈与から順次前の贈与に対してする」としていたことを受けて、その字句を変更したものであり、実質的には同じ内容である。

　(b)　限度額　　本条1項柱書は、受遺者または受贈者が遺留分侵害額に相当する金銭の支払を負担する限度額について、「遺贈（特定財産承継遺言による財産の承継又は相続分の指定による遺産の取得を含む。以下この章において同じ。）又は贈与（遺留分を算定するための財産の価額に算入されるものに限る。以下この章

§1047

において同じ。）の目的の価額（受遺者又は受贈者が相続人である場合にあっては、当該価額から1042条の規定による遺留分として当該相続人が受けるべき額を控除した額）を限度として」と規定している。

　　(i)　**遺贈**　本条1項柱書は、遺贈に「特定財産承継遺言による財産の承継又は相続分の指定による遺産の取得を含む」ことを明確にしている。

　ここにいう「特定財産承継遺言」とは、「遺産の分割の方法の指定として遺産に属する特定の財産を共同相続人の1人又は数人に承継させる旨の遺言」のことである（改正民法1014条2項）。

　改正前民法には相続分の指定等を受けた相続人について規定がなかったが、「遺産分割方法の指定（相続させる旨の遺言）又は相続分の指定を受けた相続人については、遺留分減殺の対象となっている」と理解されてきたのであり、本条1項は、これを明らかにするものである（追加試案補足59頁）。

　　(ii)　**贈与**　本条1項柱書は、贈与を「遺留分を算定するための財産の価額に算入されるものに限る」と規定している。

　これは、受贈者の負担額を定める際に対象となる贈与を、改正民法1044条により遺留分を算定するための財産の価額に算入されるものに限定するものである。

　このことは、「相続人に対する贈与については相続開始前10年前までのものが、また、第三者に対する贈与については相続開始前1年前までのものが原則として算入される」と説明された（追加試案補足62頁）。

　改正民法1044条1項は、贈与は、「相続開始前の1年間にしたもの」に限ることを原則としつつ、「当事者双方が遺留分権利者に損害を加えることを知って贈与したときは、1年前の日より前にしたものについても」対象としている。そして、改正民法1044条3項は、「相続人に対する贈与」について同条1項の「1年」を「10年」と読み替え、かつ、遺留分を算定するための財産の価額に含まれるのは「婚姻若しくは養子縁組のため又は生計の資本として受けた贈与の価額に限る。」と規定している。この規律の詳細については、改正民法1044条の解説を参照されたい。

　　(iii)　**目的の価額**　本条1項は、目的の価額について、「受遺者又は受贈者が相続人である場合にあっては、当該価額から1042条の規定による遺留分として当該相続人が受けるべき額を控除した額」と規定している。

　これは、改正前「民法1034条の『目的の価額』に関する解釈として、受遺者

が相続人である場合にはその遺留分額を超過した額を『遺贈の目的の価額』とするという解釈が有力であり（いわゆる遺留分超過額説）」、判例（⇨**判例4**）も「この解釈を肯定していることから、この点を明らかにする」ものである（追加試案補足62頁）。

(2) **準用（本条2項）** 　本条2項は、「904条、1043条2項及び1045条の規定は、前項に規定する遺贈又は贈与の目的の価額について準用する」と規定している。

(a) **民法904条の準用** 　民法904条は「前条に規定する贈与の価額は、受遺者の行為によって、その目的である財産が滅失し、又はその価格の増減があったときであっても、相続開始の時においてなお原状のままであるものとみなしてこれを定める」と規定しているところ、これは、改正前民法1044条によって「遺留分について準用」されていた。本条2項は、改正前民法1044条が削除されたことを受けたものである。

なお、民法904条は、遺留分を算定するための財産の「贈与の価額」について改正民法1044条2項でも準用されている。本条2項は、受遺者等の負担額を算定するための「遺贈又は贈与の目的の価額」（本条1項）についても民法904条を準用するものである。

(b) **改正民法1043条2項の準用** 　改正民法1043条2項は、改正前民法1029条2項と同じ内容であり、「条件付きの権利又は存続期間の不確定な権利は、家庭裁判所が選任した鑑定人の評価に従って、その価格を定める」と規定している。

改正民法1043条2項は「遺留分を算定するための財産の価額」に関する規定であるところ、本条2項は、これを、本条1項に規定する「遺贈又は贈与の目的の価額」について準用するものである。

(c) **改正民法1045条の準用** 　改正民法1045条1項は、「負担付贈与がされた場合における1043条1項に規定する贈与した財産の価額は、その目的の価額から負担の価額を控除した額とする」、同条2項は、「不相当な対価をもってした有償行為は、当事者双方が遺留分権利者に損害を与えることを知ってしたものに限り、当該対価を負担の価額とする負担付贈与とみなす」と規定している。

改正民法1045条も「遺留分を算定するための財産の価額」に関する規定であるところ、本条2項は、これを、本条1項に規定する「遺贈又は贈与の目的の

価額」について準用するものである。

（3） 債務消滅行為をした場合の金銭支払債務の消滅請求（本条3項）

(a) 消滅の意思表示　本条3項前段は、「前条1項の請求を受けた受遺者又は受贈者は、遺留分権利者承継債務について弁済その他の債務を消滅させる行為をしたときは、消滅した債務の額の限度において、遺留分権利者に対する意思表示によって1項の規定により負担する債務を消滅させることができる」と規定している。

ここにいう「遺留分権利者承継債務」とは、「被相続人が相続開始の時において有した債務のうち、899条の規定により遺留分権利者が承継する債務」のことである（改正民法1046条2項3号）。

本条3項前段は、受遺者または受贈者が、遺留分権利者承継債務について弁済その他の債務を消滅させる行為をしたときについて、受遺者又は受贈者の「遺留分権利者に対する意思表示」によって、遺留分侵害額請求に基づく金銭支払債務を対等額で消滅させることを認めている。これは、相殺（民法505条。同条は債権法改正の対象であるが、以下の内容には変更がない）と類似しているが、下記(i)以下の点において、相殺による処理と本条3項前段による処理とでは違いがある。

なお、本条3項前段は、債務の消滅を「遺留分権利者に対する意思表示」に委ねている。この点、遺留分権利者の権利の内容が当然に減縮されるという規律も検討されたが、採用されなかった。その理由は、遺留分侵害額に相当する金銭支払の請求権は、一身専属権であり、「その権利を行使するかどうかは権利者の意思に委ねられているのであるから、本規律は、遺留分権利者が受遺者又は受贈者に対して現に権利行使をしてきた場合に、防御的に機能させれば足り、また、そのような防御権は、現に第三者弁済をした受遺者又は受贈者にのみ認めれば足りる（それ以外の受遺者又は受贈者についてまで、本規律を適用し……請求権から生ずる金銭債務を減縮させる必要はない。）」ことにある（部会資料16・19頁）。

(i) 免責的債務引受をした場合　相殺においては、「一般に、受遺者又は受贈者が免責的債務引受をしただけでは、遺留分権利者に対する求償債権は生じないと考えられているから、その場合には、相殺による処理では対応することができないことになる」（部会資料16・19頁）。また、債権法改正後民法472条の3は「免責的債務引受の引受人は、債務者に対して求償権を取得しない」

としていることから、債権法改正後の条文が適用される場合には、受遺者等が免責的債務引受の上それを履行までしたとしても、求償債権は発生せず、相殺はできないことになる。

　これに対して、本制度においては、免責的債務引受をしたことは本条3項前段にいう「弁済その他の債務を消滅させる行為をしたとき」に該当し、本条3項前段では2人が互いに債務を負担する場合であることを要件としていないから、この場合でも、受遺者または受贈者の意思表示によって債務を消滅させることができる。

　　（ⅱ）期限未到来で第三者弁済をした場合　　相殺においては、「受遺者又は受贈者が第三者弁済をした場合にも、その債務が弁済期前のものであれば、受遺者又は受贈者は、その弁済期が到来するまで相殺をすることはできないし、……請求がされた後、これによって生じた金銭債権について差押えがされた場合には、その後に受遺者又は受贈者が第三者弁済をしても、差押債権者には相殺を対抗することができないことになる（民法511条）」（部会資料16・19〜20頁。なお、民法511条は債権法改正の対象であるが、この内容には変更がない）。

　これに対して、本制度においては、第三者弁済をしたことは本条3項前段にいう「弁済」に該当し、本条3項前段では弁済期による区別はなく、差押えがされた場合に関する規律も規定されていないから、この場合でも、受遺者または受贈者の意思表示によって債務を消滅させることができる。

　（b）求償権の消滅　　本条3項後段は、「この場合において、当該行為によって遺留分権利者に対して取得した求償権は、消滅した当該債務の額の限度において消滅する」と規定している。

　これは、相殺による処理であれば、「遺留分権利者に対して取得した求償権も対当額で当然に消滅することになるが（民法505条1項本文）」、本条3項前段による「消滅請求により遺留分侵害額に係る債務が消滅した場合に、求償権がどうなるかは必ずしも明らかではなく、新設規定を設ける以上、解釈に疑義がないように明確な規定を設ける方が相当である」として設けられた（部会資料24-2・35頁）。

（4）**無資力の負担**　　本条4項は「受遺者又は受贈者の無資力によって生じた損失は、遺留分権利者の負担に帰する」と規定している。

　これは、改正前民法1037条が「減殺を受けるべき受贈者の無資力によって生じた損失は、遺留分権利者の負担に帰する」と規定していたものを、物権的効

力が否定され、金銭債権に一本化されたことを受けて字句を変更し、配置を変更したものであり、その内容について実質的な変更はない。

(5) 相当の期限の許与　本条5項は、「裁判所は、受遺者又は受贈者の請求により、1項の規定により負担する債務の全部又は一部の支払につき相当の期限を許与することができる」と規定している。

　これは、金銭債権化によって生じる受遺者側の不都合について「裁判所による期限の許与を認める限度で、その保護を図ることとした」ものである（部会資料26-2・9頁）。相当の期限の許与については、「金銭請求が発生するとしても、いきなり全額返せと言われますと、受遺者、受贈者側は、特に善悪を問わずに遺留分減殺請求の相手方になりますので、不利益を受けるということもあろうかと思います。元々、遺留分の制度趣旨が遺留分権利者の生活保障等にあるとしますと、一定の価値がある財産を遺留分権利者に返さなければならないとしても、その弁済期についてはある程度柔軟に定めてもよい……、そのような制度設計をしても遺留分制度の趣旨には必ずしも反しない」と指摘されていた（堂薗幹事：部会議事録10回17頁）。また、「借地借家法13条2項（建物買取請求権を行使された借地権設定者の請求による代金債務の期限の許与）や民法196条2項（有益費償還請求を受けた占有物の回復者の請求による有益費支払債務の期限の許与）などの例を参考にして、金銭請求を受けた受遺者又は受贈者の請求により、裁判所が、金銭債務の全部又は一部の支払につき期限の許与を付することができることとした（なお、金銭請求を原則とするドイツにおいては、2009年法改正において金銭債務の支払の猶予を可能とするなどの法改正が行われている。）」とも説明された（部会資料26-2・8頁）。

　本条5項では、期限の許与を認めるか否かやその期間についての基準というものを例示することも検討されたが、採用されなかった。その理由は、「期限を許与するかどうかの判断につきましては様々な事例が想定されるため、一義的にその考慮要素を書き切るというのがなかなか難しいので……期限の許与を付するかどうかは裁判所の裁量に委ねる」という点にある。ただし、本条5項は、「遺留分権利者から金銭請求を受けた受遺者又は受贈者において、直ちにその資金を調達することができない場合に生ずる不都合を解消するための規律」であるから、「実際の裁判におきましては、受遺者又は受贈者の資力や、遺贈や贈与の目的財産等を売却するなどして資金を調達するのに要する通常の期間、そういったものが典型的には考慮される事情となるのではないか」と指

摘された（神吉関係官：部会議事録26回10～11頁）。

「相当の期限を許与」された場合には、遅延損害金は、裁判所が付与した期限が到来した後から発生することになる。このことは、「裁判所の判断によって弁済期が変更されるということですので、弁済期が到来するまでの間は、遅延損害金は付かない」と説明された（神吉関係官：部会議事録26回12頁）。

3　実務への影響

（1）　本条3項の消滅請求と破産の関係について　　破産法72条1項2号から4号までの規定は、破産者に対して債務を負っていた者が支払不能等の危機時期以降に破産債権を取得した場合に、その破産債権を自働債権とする相殺（民法505条。同条は債権法改正の対象であるが、以下の内容には変更がない）を行うことを禁止している。これは、このような相殺を認めると、債権額分の価値を有しないその破産債権について全額の満足を得させることになり、債権者間の公平を害することを考慮したものである。

本条3項の消滅請求は、相殺とは異なるものの、相殺と類似した性質を有するため、破産法との関係が問題になるが、この点は解釈に委ねられた。そのため実務においては慎重な対応が必要となるが、その際には以下のように説明されたことが参考になる（部会資料25-2・17頁）。

（a）　**弁済した場合**　　「受遺者等が遺留分権利者の債務を弁済したことにより、遺留分侵害額請求権の一部について消滅請求を認める場合については、自働債権に相当する求償権の弁済期が到来していなくても相殺的処理を認める点にその存在意義があるに過ぎず、破産財団との関係では相殺を認めたのとほぼ同様の効果が生ずること等を重視すれば、相殺禁止規定の類推適用を認める余地があるものと考えられる」。

（b）　**免責的債務引受をした場合**　　「他方、本方策のうち、受遺者等が免責的債務引受をしたことにより、遺留分侵害額請求権の一部について消滅請求を認める場合については、受遺者等は求償権を取得することができず、債権の対立自体が観念することができない点を重視すれば、相殺禁止規定を類推適用する基礎がないようにも思われるが、この場合についても、破産債権（遺留分権利者に対する債権）を消滅させることに伴い、破産財団に属すべき財産が減少するという関係にあることに変わりはないこと等に照らすと、本件請求権の行使につき相殺禁止規定を類推適用する余地がないとはいえないように思われる」。

§1047

(2) 本条5項と代物弁済の関係 本条5項による「相当の期限」の許与によって受遺者または受贈者の不都合が十分に回避されるのかについては、議論の余地がある。そのため、事案によっては、「相当の期限」の許与制度を使う代わりに、代物弁済（民法482条。この規定は、債権法改正の対象であるが、この点については変更がない）を検討することになるが、これには債権者と債務者の同意を要する。

この同意のための債権者と債務者の交渉においては、代物弁済の合意が双方にとって合理的な内容であることが重要である。その点では、代物弁済契約と類似する現物給付の規律が検討されたものの、結局採用されなかったという経緯が以下のように存在し、その議論において、裁判所の裁量的判断や、受遺者等の裁量権が問題とされたことが参考になる（部会資料26-2・8～9頁）。

(a) **中間試案の概要と、その不採用の理由** 中間試案においては、金銭請求を受けた受遺者または受贈者が、遺贈または贈与の目的物による現物給付をすることができるとしつつ、その給付する財産の内容を裁判所が定めるという案（甲案）と、現物給付の主張がされた場合には現行法と同様の規律で物権的効果が生ずるという案（乙案）の両案が提案として掲げられていた。

中間試案に対するパブリックコメントにおいては、甲案と乙案を比較すると甲案を支持する意見が多かったものの、いずれの案にも反対するとの意見も相当数寄せられた。また、その後の部会において甲案を中心に検討を行ったところ、裁判所の裁量的判断により現物給付の内容を定めることは当事者の予測可能性を欠き、法的安定性を欠くとの意見が強く、採用されなかった。

(b) **追加試案の概要と、その不採用の理由** 追加試案においては、現物給付の指定権を裁判所に委ねるのではなく、遺留分侵害額請求を受けた受遺者または受贈者に現物給付の指定権を付与するという案が掲げられていた。

追加試案に対するパブリックコメントにおいては、受遺者等に指定権を与えると、遺留分権利者が不要な財産を押しつけられることになりかねず、遺留分権利者の権利を不当に弱めるものではないかとの意見が多く寄せられた。また、その後の部会において追加試案の規律を修正し、受遺者等の裁量権を限定する方向で検討を行ったが、完全にはその懸念を払拭するには至らず、採用されなかった。

(3) 本条5項の「相当の期限を許与」する訴訟について

(a) **訴訟提起の必要性** 遺留分権利者と受遺者等との間で金銭債務の額に

ついては争いがない場合には、遺留分権利者はわざわざ金銭請求訴訟を提起しないことも多いと思われる。その場合において、受遺者等が期限の許与を求める場合には、受遺者が遺留分権利者を相手方として訴訟を提起して、期限の許与を求めることができる。これは、いわゆる形成の訴えである。

　それでは、遺留分権利者と受遺者等との間で金銭債務の額について争いがあるなどして、遺留分権利者が金銭請求訴訟を提起している場合に、受遺者等は、どのような手続によって期限の許与を求めるべきか。抗弁として主張すれば足りるのか、それとも別訴または反訴の提起が必要なのかという問題がある。この点については、「同様の制度が現行法上に、民法196条2項ただし書や借地借家法13条2項などがございます……裁判例としては必ずしも多くはありませんでして、当事者の期限の許与の請求を抗弁として位置付けている例もある一方で、独立の訴えの提起が必要であると判示している例もございまして、必ずしも解釈が固まってはいないのではないかとは思いますが、期限の許与を独立の訴訟物と考える必要があるのであれば、抗弁としてではなく、別訴又は反訴としての訴えが必要だと、独立の訴訟を提起しなければならないという結論になるのではないかと思います。もっとも、当事者が抗弁として主張していたところも、実は裁判所が、やはり独立の訴えが必要であると判断した場合につきましては、適切な訴訟指揮の行使などによりまして、当事者に別訴又は反訴の提起を促すと、そういった運用も考えられる」と説明された（神吉関係官：部会議事録26回12頁）。

　この点については、建物の区分所有等に関する法律61条9項に基づく買取代金についての期限の許与に関する判例も参考になる（⇨**判例5**）。ただし、一問一答（相続）127頁は「必ずしも解釈は固まっていないように思われる」と指摘している。

(b)　**期限を許与する判決の主文**　　裁判所が期限を許与した結果として口頭弁論終結後に期限が到来する場合に、判決主文はどのようになるのか。期限を許与した債務の全部または一部については弁済期が到来していないことになるから、裁判所は、遺留分権利者の請求をそのまま認容することはできない。そこで、期限付きの一部認容判決をすることの可否が問題となる。この点については、「遺留分権利者の無条件の給付請求に対して、裁判所が期限付きの判決をすることにつきましては、その期限が受遺者等の資金調達に要するまでの間であり、通常長期間先にはならないと、そういったことを考えますと、通常は、

§1047

将来給付の要件も満たし、期限付きの一部認容判決をするということを許容するというのが、現在の多数説ではないか」として、同趣旨の判例があるとされ（⇨**判例6**）、「一般に期限付きの判決をすることができると考えられ、例えば、裁判所が、遺留分の額が500万円で、平成32年4月まで期限を許与するとの判断をした場合につきましては、『被告は、原告に対し、平成32年4月1日が到来したときは、500万円及びこれに対する平成32年4月2日から支払済まで年5分の割合による金員を支払え。原告のその余の請求を棄却する。』といった判決になる」と説明された（神吉関係官：部会議事録26回11頁）。

また、分割払を命じることの可否については、「裁判所が金銭債務の全部又は一部の支払につき相当の期限を許与することができることとしておりまして、明示的に分割払を許容する規定にはなっておりません。もっとも、最終的には個々のケースにおける裁判所の判断ということになるものの、先ほど申し上げましたとおり、その一部の支払について相当の期限を許与することができるというふうになっておりますので、例えば、1000万円の金銭債務のうち500万円については平成32年の4月末日まで期限を許与すると、そしてまた残りの500万円については平成33年の4月の末日まで期限を許与すると、こういったような裁判をすることも規定上否定はされておりません。したがいまして、このような手法を取ることによって事実上分割払と異ならない支払を命ずる余地があるものと考えられます」と説明された（小野瀬民事局長：参議院会議録21号2～3頁）。

【参考判例等】
1　東京高裁平成12年3月8日判決・判時1753号57頁

死因贈与は、改正前民法1033条により遺贈（遺贈に準ずる処分を含む。）を減殺した後でなければ、減殺することができない。その理由は、次の(1)ないし(3)のとおりである。

(1)　死因贈与は契約であって、その当事者は行為能力者（成年者）であることを要し、受贈者は、当事者双方の合意によって、贈与者の死亡時に自己が生存することを法定条件とする不確定期限付き債権を取得するものであり、その権利関係は契約時より確定して拘束力を生じており、その権利は民法129条によって保存または担保し得る。これに対し、遺贈は単独行為であって、遺言能力は満15歳に達するをもって足り、その性質は死因贈与と大きく異なり、しかも、受遺者は通常遺言者

§1047

の死後でなければ遺贈の事実を知り得ない。したがって、遺贈が単独行為であることによる規定は死因贈与には準用されず、遺贈に関する規定のうち死因贈与に準用されるのはその一部（例えば、民法994条等）にとどまるものというべきである。

(2) また、死因贈与は、書面によらない場合は民法550条によって取り消すことは可能であるが、信義則上死因贈与の全部または一部を取り消すことがやむを得ないと認められ特段の事情がない限り、民法554条によって民法1022条や民法1023条が準用されることはないのであり、このことは、最高裁判例からも明らかである。

(3) さらに、遺留分算定の基礎および減殺対象の基準時に関し、贈与についてはその行為時すなわち贈与契約成立時が基準とされている（改正前民法1030条・1035条）。しかるに、死因贈与についてのみこれを契約成立時とせず、効力発生時すなわち贈与者の死亡時とするのは筋が通らない。生前贈与であると死因贈与であるとを問わず、右基準時は、契約成立時とすべきである

2　東京家裁昭和47年7月28日審判・判時676号55頁

改正前民法1033条が「贈与」よりも「遺贈」を先に減殺すべきものとしたのも、遺贈が遺留分権利者を害すべき最後のもの——その遺言が何年前になされたものであろうと——であるという点において生前贈与と区別さるべきだと考えたからであり、この点で同条にいわゆる「贈与」が死因贈与をふくむと考えることは同条の規定の決定的な根拠を見失うことになろうし、また、実際的にも死因贈与を同条の「贈与」として取扱うことの不合理と不自然さは、遺言方式に違反した死後処分証書が存在し、しかも相手方が遺贈者に生前に承諾を与えた事実が存すれば、当該の遺贈は書面による死因贈与と解される余地があることを考えればきわめて著しいものであることがわかる。

したがって……少くとも死因贈与契約については改正前民法1033条の適用においてこれを「贈与」として扱うことを必然とすべきではなく、……遺言執行者の問題とは側面を異にする問題として、これを「遺贈」に準じて取扱う必要性があるといえるのである。

3　高松高裁昭和53年9月6日決定・家月31巻4号83頁

贈与は、遺贈を減殺した後でなければ、これを減殺することができないことは、強行規定とされる改正前民法1033条の明記するところであり、かつ減殺の請求は改正前民法1031条により遺留分を保全するに必要な限度で許されるにすぎないから、減殺の順序に関したとえ当事者が別段の意思を表示したとしても、遺贈の減殺をもって遺留分を保全するに足る限り、遺留分権利者のした贈与の減殺の請求

はその効力を生じないものと解すべきである。

4 **最高裁平成10年2月26日判決・民集52巻1号274頁**

　相続人に対する遺贈が遺留分減殺の対象となる場合においては、右遺贈の目的の価額のうち受遺者の遺留分額を超える部分のみが、改正前民法1034条にいう目的の価額に当たるものというべきである。けだし、右の場合には受遺者も遺留分を有するものであるところ、遺贈の全額が減殺の対象となるものとすると減殺を受けた受遺者の遺留分が侵害されることが起こり得るが、このような結果は遺留分制度の趣旨に反すると考えられるからである。そして、特定の遺産を特定の相続人に相続させる趣旨の遺言による当該遺産の相続が遺留分減殺の対象となる場合においても、以上と同様に解すべきである。

5 **大阪高裁平成14年6月21日判決・判時1812号101頁**

　Yは、建物の区分所有等に関する法律61条9項に基づく買取代金の期限の許与を求めている。しかし……平成9年3月末日までには復旧工事が終了するに足りる期間が経過し、この間復旧工事を行うことができたのであるところ、そのころまでには本件復旧決議のときからは1年余りの期間が、本件買取請求のときからも10か月程度の期間がそれぞれ経過しているのであり、なお、Yは大証二部上場の会社でありマンションの開発販売事業をする会社であることを考えると、それよりさらに後の時まで期限の許与をすべき状況があるとは認めがたい。もっとも、期限の許与請求は、前記条項の文言に照らすと形成の訴（反訴）をもって請求すべきものと考えられるところ、Yはその手続を踏んでいない。したがって、期限の付与請求については、請求棄却の判決をしない。

6 **最高裁平成23年3月1日判決・判時2114号52頁**

　本件再生債権は、本件再生計画認可決定が確定することにより、本件再生計画による権利の変更の一般的基準に従い変更されており、Xは、訴訟等において本件再生債権を有していたことおよびその額が確定されることを条件に、その元利金31万3152円のうち30万円について、本件再生債権が確定された日の3か月後に支払を求めることができる本件債権を有するにとどまるものというべきであり、その弁済期は、本件訴訟の口頭弁論終結時にはいまだ到来していないことが明らかである。

　そして、本件の事案の性質、その審理の経過等に鑑みると、Xの請求は、審理の結果、本件債権の弁済期が到来していないと判断されるときは、その弁済期が到来した時点での給付を求める趣旨を含むものと解するのが合理的であり、また、本件においては、あらかじめその請求をする必要があると認められる。

以上説示したところによれば、Xの請求は、Yに対し、本判決確定の日の3か月後の日である平成23年6月1日限り本件債権の元本である30万円およびこれに対するその翌日である同月2日から支払済まで民法所定の年5分の割合による遅延損害金の支払を求める限度で認容すべきところ、Xから上告がない本件において、原判決をYに不利益に変更することは許されないから、原判決を主文のとおり変更するにとどめることとする。

> **（遺留分侵害額請求権の期間の制限）**
> **第1048条**
> 遺留分侵害額の請求権は、遺留分権利者が、相続の開始及び遺留分を侵害する贈与又は遺贈があったことを知った時から1年間行使しないときは、時効によって消滅する。相続開始の時から10年を経過したときも、同様とする。

(改正前民法1042条)
減殺の請求権は、遺留分権利者が、相続の開始及び減殺すべき贈与又は遺贈があったことを知った時から1年間行使しないときは、時効によって消滅する。相続開始の時から10年を経過したときも、同様とする。

◆解説

1 趣旨

本条は、物権的効力が否定され、金銭債権に一本化されたことを受けて、改正前民法1042条の字句を変更し、全体の見直しにおいて条数を変更したものであり、実質的な変更はない。

2 内容

本条は、「遺留分侵害額の請求権」と規定している。これは、改正前民法1042条の「減殺の請求権」という表現を、金銭債権化を受けて変更したものである。

改正前民法における遺留分減殺請求権との関係については、「判例上も行使上の一身専属性があると言われており、その点を変えるという趣旨ではございませんので、基本的に権利行使するかどうかについては遺留分権利者の判断によるということかと思います。したがって、金銭債権化した場合にも、遺留分

§1048

権利者の意思表示があって初めて金銭債権として発生するということを考えており、そういった意味では形成権というところは変わらない」と説明された（堂薗幹事：部会議事録4回11頁）。このことは、法制審要綱第4の1（注1）にも「遺留分侵害額請求権は、現行法の遺留分減殺請求権と同様に形成権であることを前提に、その権利の行使により遺留分侵害額に相当する金銭債権が発生する」と記載された。

　本条にいう「遺留分侵害額の請求権」は、改正前民法1042条の「減殺の請求権」に相当するものであり、短期間の権利行使制限に服する。

　これに対して、遺留分侵害額の請求権を行使することにより生じた金銭債権については、本条の適用はなく、民法の一般の債権と同様の消滅時効の規律に服することになる（債権法改正前民法166条1項・167条1項、債権法改正後民法166条1項）。このことは、「遺留分権利者としては、形成権の行使については1年以内にしなければならないという制限は掛かってくるので、形成権の行使はまずすると、その後、詳細に計算をして、自分はこれだけ請求できると考えて具体的な金銭請求をすることができるということもあろうかということで、形成権の行使と、具体的な金銭請求権の行使は分けて考えている」と説明された（神吉関係官：部会議事録第24回27頁）。これは、改正前民法1042条に関する判例と同趣旨である（⇨**判例1**、**2**）。

　このように①「遺留分侵害額の請求権」と、②遺留分侵害額の請求権を行使することにより生じた金銭債権とを区別することについては、この①の意思を表示しただけで行使上の一身専属性を失わせてよいかが問題とされたが、「例えば名誉棄損[ママ]に基づく損害賠償請求権については、正に本人がどう感じるかとか、本人の慰謝料的なところがありますので、その権利行使について本人の意思を尊重するというところはあろうかと思いますが、遺留分減殺請求権の場合にはある程度客観的に算定できますので、遺留分権利者の方で権利行使の意思表示をした場合には、そこで行使上の一身専属性をなくすということにもそれなりの合理性はある」と説明された（堂薗幹事：部会議事録10回18頁）。

3　実務への影響

　字句等を変更したにすぎず、実務への影響はないと思われる。

【参考判例等】
1　最高裁昭和41年7月14日判決・民集20巻6号1183頁

　　遺留分権利者が改正前民法1031条に基づいて行う減殺請求権は形成権であって、その権利の行使は受贈者または受遺者に対する意思表示によってなせば足り、必ずしも裁判上の請求による要はなく、また一たん、その意思表示がなされた以上、法律上当然に減殺の効力を生ずるものと解するのを相当とする。したがって、右と同じ見解に基づいて、Xが相続の開始および減殺すべき本件遺贈のあったことを知つた昭和36年2月26日から1年以内である昭和37年1月10日に減殺の意思表示をなした以上、右意思表示により確定的に減殺の効力を生じ、もはや右減殺請求権そのものについて改正前民法1042条による消滅時効を考える余地はないとした原審の判断は首肯できる。

2　最高裁昭和57年11月12日判決・民集36巻11号2193頁

　　改正前民法1042条にいう「減殺すべき贈与があったことを知った時」とは、贈与の事実およびこれが減殺できるものであることを知った時と解すべきであるから、遺留分権利者が贈与の無効を信じて訴訟上抗争しているような場合は、贈与の事実を知っただけで直ちに減殺できる贈与があったことまでを知っていたものと断定することはできないというべきである（大審院昭和13年2月16日判決・民集17巻275頁参照）。しかしながら、民法が遺留分減殺請求権につき特別の短期消滅時効を規定した趣旨に鑑みれば、遺留分権利者が訴訟上無効の主張をしさえすれば、それが根拠のないいいがかりにすぎない場合であっても時効は進行を始めないとするのは相当でないから、被相続人の財産のほとんど全部が贈与されていて遺留分権利者が右事実を認識しているという場合においては、無効の主張について、一応、事実上および法律上の根拠があって、遺留分権利者が右無効を信じているため遺留分減殺請求権を行使しなかつたことがもっとも首肯し得る特段の事情が認められない限り、右贈与が減殺することのできるものであることを知っていたものと推認するのが相当というべきである。

（遺留分の放棄）
第1049条
1　相続の開始前における遺留分の放棄は、家庭裁判所の許可を受けたときに限り、その効力を生ずる。
2　共同相続人の1人のした遺留分の放棄は、他の各共同相続人の遺留分

> に影響を及ぼさない。

（改正前民法1043条）
1　本条1項と同じ。
2　本条2項と同じ。

◆解説
1　趣旨
遺留分に関する規律の見直しに伴い、条数が変更されたものである。
2　内容
条数が変更されたものにすぎず、内容に変更はない。
3　実務への影響
影響はない。

第6 特別の寄与

(特別の寄与)
第1050条
1 被相続人に対して無償で療養看護その他の労務の提供をしたことにより被相続人の財産の維持又は増加について特別の寄与をした被相続人の親族(相続人、相続の放棄をした者及び第891条の規定に該当し又は廃除によってその相続権を失った者を除く。以下この条において「特別寄与者」という。)は、相続の開始後、相続人に対し、特別寄与者の寄与に応じた額の金銭(以下この条において「特別寄与料」という。)の支払を請求することができる。
2 前項の規定による特別寄与料の支払について、当事者間に協議が調わないとき、又は協議をすることができないときは、特別寄与者は、家庭裁判所に対して協議に代わる処分を請求することができる。ただし、特別寄与者が相続の開始及び相続人を知った時から6箇月を経過したとき、又は相続開始の時から1年を経過したときは、この限りでない。
3 前項本文の場合には、家庭裁判所は、寄与の時期、方法及び程度、相続財産の額その他一切の事情を考慮して、特別寄与料の額を定める。
4 特別寄与料の額は、被相続人が相続開始の時において有した財産の価額から遺贈の価額を控除した残額を超えることができない。
5 相続人が数人ある場合には、各相続人は、特別寄与料の額に第900条から第902条までの規定により算定した当該相続人の相続分を乗じた額を負担する。
(新設)

◆解説

1 趣旨

本条は、相続人以外の者による「特別の寄与」に応じた額の金銭の支払義務を、相続人に負わせるものである。これは、「被相続人の生前には親族としての愛情や義務感に基づき無償で自発的に療養看護等の寄与行為をしていた場合

でも、被相続人が死亡した場合にその相続の場面で、療養看護等を全く行わなかった相続人が遺産の分配を受ける一方で、実際に療養看護等に努めた者が相続人でないという理由でその分配に与れないことについては、不公平感を覚える者が多いとの指摘」を受けたものである（中間試案補足80頁）。

　寄与分に関する民法904条の2は、「共同相続人中に……被相続人の財産又は増加について特別の寄与をした者があるとき」について、法定相続分（民法900条・901条）または指定相続分（民法902条）に「寄与分を加えた額をもってその者の相続分とする」と規定している。この規定の適用において、「共同相続人」であることが要件となるため、相続人以外の者は寄与分制度では保護されない。したがって、「例えば、相続人の妻が、被相続人（夫の父）の療養看護に努め、被相続人の財産の維持又は増加に寄与した場合（療養看護を外注した場合に要する費用が節減されることとなり、特に長年にわたり療養看護をした場合には、被相続人の財産の維持又は増加に寄与したと認められる場合が多いと考えられる。）であっても、遺産分割手続において、相続人でない妻が寄与分を主張したり、あるいは何らかの財産の分配を請求したりすることはできない」という結論になることが素直である。ただし、判例は、履行補助者的立場にあるなどとして、相続人（夫）の寄与分の中でその妻の寄与を考慮することを認めているため（⇨**判例1、2、3、4、5、6**）、夫が存命中に遺産分割手続がされるときは妥当な結論を導くことが可能である。しかし、「前記事例において、推定相続人である夫が被相続人よりも先に死亡した場合には、前記裁判例のような考え方によっても、妻の寄与行為を考慮することができないことになるが、このような結論は実質的公平に反する」と指摘された（中間試案補足80頁）。

　本条は、例えばこのような不公平を解消するために創設された規定であり、その理由は、①「相続財産の形成又は維持に多大な貢献を行った相続人でない者が、相続の場面で何らの分配を受けられない一方で、特段の貢献をしていない相続人が全て相続財産を取得することが実質的公平に反するという点が根本にある」ことから「すると、現行法の解釈論として、財産法の枠内における解決を志向する解釈努力も否定されるべきではないが、これを立法的に解決する場合には、被相続人の死後の相続の場面において、相続人でない者の相続人に対する請求権と構成して解決を志向することにも相応の合理性がある」こと、および、②「裁判例を見ると、その貢献は、一般に長期間にわたる上、他の者の行為と併存的に行われることも多く、その金額の算定も、労務の提供に対す

る報酬として算定される場合や相続財産のうち一定割合として算定される場合などがあり、必ずしも財産法における金額の算定になじむものではない」から、「相続人の貢献との比較の視点も含め、家庭裁判所の合理的な裁量によって適切な金額の算定がされることも期待されることから、相続法の枠内での解決が相当である」という点にある（部会資料19-1・7〜8頁）。

　なお、民法上、相続人以外の者が被相続人の療養看護を行った場合にとり得るものとしては、すでに以下の**(1)**から**(4)**までの手段があるところ、これらの手段だけでは、実質的公平を十分に図ることは困難とされた。

(1)　特別縁故者制度　　特別縁故者制度は、被相続人の相続人が存在しない場合に、一定の要件の下で、被相続人の療養看護に努めた者など被相続人と特別な縁故があった者に対し、被相続人の財産の全部または一部を家庭裁判所の審判により分与する制度である（民法958条の3）。これは、相続人以外の者を保護するものであり、「内縁配偶者は特別縁故者の具体例の典型とみられるものである」という指摘もある（『新版注釈民法(27)』（有斐閣・1989）731頁［久貴忠彦・犬伏由子］）。

　特別縁故者制度による場合には、分与の内容は「相当」であるか否かを具体的事実関係に応じて家庭裁判所が判断することになるから、相続人以外の者を十分に保護することが可能である。しかし、「特別縁故者制度は、あくまでも被相続人の相続人が不在の場合のみに用いることのできる制度であり、相続人が存在する場合には用いることができない」（中間試案補足81頁）。

(2)　準委任契約に基づく請求　　現在では、役務の提供を内容とする様々な契約が多く存在し、その重要性が高まっている。雇用契約・請負契約・寄託契約のいずれにも該当しないものについては、無名契約として処理されることもあるが、準委任契約（民法656条・民法643条）として処理されることが多い（なお、準委任契約については委任契約の規定が準用されるところ、委任契約は当事者間の信頼関係を基礎とするため任意解除権（民法651条）があるなどの特色があり、一般化することには疑問があり得る。そのため、民法（債権関係）部会においても法改正が検討され、中間試案では準委任に関する規律も提案されていたが（第41・6）、改正はされなかった）。そのため、療養看護等の寄与行為について、当事者間に役務の提供に関する合意があると認められる場合には、基本的には、準委任契約が成立することになると考えられる。

　準委任契約が成立した場合、その効果として、療養看護等を行った者は、委

任者（被相続人）に対し、事務を処理するに当たって支出した費用の償還を請求することができ（民法650条1項）、また、費用償還請求権に係る債務を承継した相続人に対し、その支払いを求めることができる。しかし、これは任意規定であるから、費用償還を請求しない旨の特約がある場合等には、費用の償還を請求することはできない。この点について、「親族間などの親しい間柄における自発的な行為については、当事者間では費用を含め金銭的な清算をする意思がなく、その点について黙示の合意や費用償還請求権の放棄の意思表示が認められる場合も多いように思われる。このような場合には、当事者間において準委任契約が成立するとしても、費用の償還を請求することはできない」と指摘された（中間試案補足81頁）。

また、相続人以外の者を保護するためには、費用の償還だけではなく、報酬を認める必要があるところ、準委任契約は無償が原則であるため（民法648条1項）、療養看護等を行った者が委任者に対して報酬の支払を求めるには、それを認める特約が必要である。しかし、「親族間などの親しい間柄においては、療養看護等の寄与行為に関し、契約書等の証拠が欠けていたり、合意の内容が不明確であったりする場合も多く、実体的には準委任契約の成立が認められる事案でありながら、それを証明することができない場合もある」と指摘されており（中間試案補足81頁）、報酬の特約を証明できる事案は少ないと思われる。

この点について、介護を目的とする準委任契約について有償を原則とするような規律を設けることも検討されたが、採用されなかった。その理由は、①「そのような規律を設けること自体に対する批判（親族間における情義に基づく介護を（被相続人の生前に）金銭的に評価することへの批判や、介護の場面だけを取り出してそのような規律を設けるのは相当でないという批判など）があり得る」こと、および、②「仮にそのような規律を設けるとしても強行法規とすることは考え難いため、依然として、親族間では明示又は黙示の特約によって無償と判断されることも多いと考えられる」ためである（部会資料19-1・7頁）。

(3) **事務管理**　療養看護等の役務の提供について準委任契約の成立が認められない場合には、事務管理（民法697条）が成立する可能性がある。ただし、この点については、「事務管理制度は、私的自治の原則の例外として、本来は違法とされるべき他人の事務への干渉を例外的に許容する制度であるため、これを重視してその適用範囲を謙抑的に考える見解に立てば、親族間における通常の療養看護のように、一定の事務をすることについて当事者間に意思の合致

がある場合には、基本的に事務管理の成立は否定すべきであるという考え方もあり得るところであり、当然に事務管理が成立することにはならない」と指摘された（中間試案補足81頁）。

事務管理が成立した場合には、管理者（相続人以外の者）は本人（被相続人）のために有益な費用を支出したときは、本人（被相続人）に対しその費用の償還を請求することができ（民法702条）、また、費用償還請求権に係る債務を承継した相続人に対し、その支払いを求めることができる。しかし、ここで「償還することができるのは、管理者が支出した有益な費用に限られ、原則として労務に対する対価である報酬の請求権は生じないものとされている」から、相続人以外の者が十分な救済が得られるとは限らない（中間試案補足81〜82頁）。

（4）不当利得返還請求 療養看護等の役務の提供について準委任契約の成立が認められない場合には、不当利得返還請求（民法703条以下）をするということも考えられる。

療養看護に関する準委任契約が認められないときは、「法律上の原因」はない。相続人以外の者の労務によって被相続人が利益を受け、そのために相続人以外の者に損失を及ぼしたという評価が可能な事案はあろう。

不当利得法の理解については多様な学説が展開されているが、実務的には、「わが国の学説が受け入れ、普及したのは、同じく一元説の中でも、いわゆる『衡平説』とネーミングされている学説である。つまり、『形式的・一般的には正当視される財産的価値の異同が、実質的・相対的には正当視されない場合に、公平の理念に従ってその矛盾の調整を試みようとすることが不当利得の本質である』という不当利得法制度の理解であ」り、「わが国の判例も、基本的には以上の衡平説の要件・効果に依拠しているといえる」という評価が穏当と思われる（新注民78〜80頁〔藤原正則〕）。そして、「衡平説は、利得者が自己の財産からの出費を免れた場合は、利得債務者の財産の消極的増加があると説明している。具体例として、他人の物または労務の使用もしくは消費が例としてあげられている」（新注民91〜92頁〔藤原正則〕）。

ただし、療養看護という相続人以外の者の労務によって、被相続人がどのような利益を受けたかなどの要件事実を立証することは必ずしも容易ではない。この点については、「要扶養状態にある被相続人に対して療養看護等の事実行為をした者が扶養義務者に対して償還を求めることができるかどうかについては、学説上も争いがあり、実務上も、療養看護等の労務を金銭的に評価して扶

養料の求償を認めた裁判例は見当たらない」と指摘されたことがある（部会資料7・14頁）。

2 内容

(1) 特別の寄与の意義（本条1項）

(a) **無償** 本条1項は、特別の寄与の要件として、「被相続人に対して無償で」と規定している。

これは、「被相続人に対する貢献に報いるためには、一次的には被相続人において契約や遺言などによる対応を行うことが期待されると考えられることから、その趣旨で契約や遺言で対応された場合には、特別寄与者がその寄与について対価を得たものとして、その請求は認められない……こととなる」ことを示すものである（部会資料19-1・8頁）。

「無償」であるか否かの判断基準については、「被相続人から労務を提供した者に対してその対価の支払がされているかどうか」で判断するとされている。そして、その被相続人が給付した財産が対価に当たるか否かということについては、「その財産の給付についての当事者の認識ですとか、財産の給付と労務の提供との時期的、量的な対応関係等に基づいて判断される」。そのため、「被相続人がそのお礼として金銭等を支払っていた場合にこの要件を満たすかどうか、これは個別の事案に応じた判断でございますので一般的にお答えすることは困難でございますが、例えば僅かな金銭しか交付していないという場合ですとか、あるいは簡単な食事の提供を受けたにとどまると、こういったような場合には対価的な意義はないと判断される場合が多いものと考えられます」と説明された（小野瀬民事局長：参議院会議録21号14～15頁）。

条文の表現として、「ただし、特別寄与者がその寄与について被相続人から対価を得たとき……は、この限りではない」とすることも検討されたが、採用されなかった。その理由は、「本文において請求権発生の要件として示した方が国民にとってより分かりやすいものと考えられ、また、そのように表記することに特段の弊害もない」という点にある（部会資料26-2・12頁）。

(b) **労務の提供** 本条1項は、特別の寄与の要件として、「療養看護その他の労務の提供をしたことにより」と規定している。

ここにいう「療養看護」は、「労務の提供」の例示として挙げられているにすぎないから、労務の提供があれば寄与行為の対象になる。したがって、事業に関する労務の提供も含まれる可能性がある。ただし、一般的には、事業に関

する労務の提供をした場合は、その寄与について対価を得ているという場合が多いため、前記(a)の「無償で」という要件を欠く可能性が高いと思われる。

これに対して、相続人以外の者が、被相続人の介護費を支給した場合には、これは金銭上の給付であり、「労務の提供」ではないから、特別の寄与の要件を満たさない（堂薗幹事：部会議事録19回20頁）。

(c) **特別の寄与**　本条1項は、特別の寄与の要件として、「被相続人の財産の維持又は増加について特別の寄与をした」と規定している。

この要件は、寄与分に関する民法904条の2と同じ表現である。しかし、本条1項にいう「特別の寄与」は、寄与分における「特別の寄与」と異なる側面がある。すなわち、「寄与分における『特別の寄与』は、一般に、寄与の程度が被相続人と相続人の身分関係に基づいて通常期待される程度の貢献を超える高度なものであることを意味すると解されてきたが、本方策における請求権者は相続人ではなく……被相続人に対して民法上の義務を負わない者が含まれる（民法730条、752条、877条参照）。このため、ここでの『特別の』という文言は、寄与分とは異なり、『通常の寄与』との対比の観点から設けられた要件ではなく、貢献の程度が一定程度を超えることを要求する趣旨のものとして理解すべきことになる」（部会資料23-2・23頁）。

この点については、「特別の寄与があるかどうかはある種絶対的な基準で考えるべきということになるのではないかと思います。要するに身分関係に応じてそれを超えるかどうかという相対的な基準ではなく、貢献の程度が著しい、正にそのような意味で特別の貢献をしたのだと言えるようなものを想定しております。したがって、そういった意味では、寄与分のところの特別の寄与の定義として一般的に言われているところとは若干違う意味になる」、「寄与分においてもある程度絶対的な基準みたいなものもあって、特別の貢献ですねと、要するに財産の形成維持に特別の貢献がありましたねという場合に認められているのだろうと思います。特に本方策の場面では、相続人でない人を基本的に対象にしているにもかかわらず、あえて特別の寄与という要件を設けているわけですので、やはりそこは、ここまで貢献した人については何らかの報酬を与えないと不公平でしょうという場合に認める」と説明された（堂薗幹事：部会議事録19回20・21頁）。

(d) **特別寄与者**　本条1項は、特別寄与料の請求権者として、「被相続人の親族（相続人、相続の放棄をした者及び891条の規定に該当し又は廃除によってそ

の相続権を失った者を除く。以下この条において「特別寄与者」という。)」と規定した。

　(i)　被相続人の親族　　本条1項にいう「親族」とは、六親等内の血族、配偶者、三親等内の姻族である（民法725条）。その具体例としては、「例えば三親等内の姻族ということになりますと、配偶者の方は、これは当然相続人となるわけでございますけれども、配偶者の例えば親ですとか、そういった姻族の方は、親族にはなりますけれども相続人にはならない」などと説明された（小野瀬民事局長：衆議院会議録21号16頁）。

　ここでは、相続人の範囲の方が、親族の範囲よりも狭いことが前提とされている。相続人の対象者であって親族にはならないという可能性について、「相続人の中には、例えば、被相続人の子供の代襲者ということで、相続人が先に亡くなっていて、その子供の方が代襲者ということになります。極めて例外的に、そういったずっと下の代襲者が6親等内の血族から外れるということが、論理的にあるのかもしれませんけれども、ちょっとおよそ現実的には考えられないところかと思います。そういう意味では、現実的に、相続人の対象者であって親族にはならないという範囲というものはちょっと考えづらい」と説明された（小野瀬民事局長：衆議院会議録21号16頁）。

　特別の寄与の主体については一切の限定をしないことも検討されたが、様々な議論を経て、「被相続人の親族」という限定がされた。その理由は、①「被相続人と何ら身分関係がない者を請求権者に加えることは、紛争の複雑化、困難化等の観点から相当でない」こと、②「被相続人の親族」という限定をすることによって、「相続財産の分配は、相続人が不存在の場合を除き、被相続人と一定の身分関係がある者の間で行うという限度で、現行法の規律との連続性を維持する」ことができること、③「被相続人と近い関係にあるために有償契約の締結などの生前の対応が類型的に困難である者を救済するという本方策の制度趣旨」からすると、「被相続人の親族」である者のうち、何らかの基準で請求権者の範囲をさらに限定するのは困難であること、および、④「被相続人の親族」は、扶養義務（民法877条）や協力扶助義務（民法752条）を負う者の範囲とは異なるから、本方策は親族間で何らかの義務を負っていることを前提とする制度ではなく、療養看護等の負担義務について一定のメッセージ性を持つものではないと説明することができることにある（部会資料25-2・20頁）。

　前記③（請求権者の限定）については、請求権者を「三親等内の親族」とす

ることも検討されたが、「扶養義務の範囲と重なる部分が多いため、かえって不相当なメッセージ性を持つおそれがある」として否定された（部会資料24-2・40頁）。次に、「被相続人の直系血族及びその配偶者、被相続人の兄弟姉妹及びその配偶者並びに被相続人の兄弟姉妹及びその配偶者」に限ることが検討されたが、これも採用されなかった。その理由は、「いわゆる連れ子のように、被相続人と親族関係を有するものの、相続人にはなり得ない者も一定数存在すると思われるところ、前回の規律を維持し、そのような者を請求権者から排除することは、被相続人と近い関係にあるために有償契約の締結などの生前の対応が類型的に困難である者を救済するという本方策の制度趣旨に照らし、必ずしも相当でない」こと、および、いわゆる連れ子等を含めるために「前回提案の考え方に加え、『被相続人の配偶者の直系血族』（これには、被相続人の配偶者の直系尊属も含まれる。）を請求権者に含めることとすると、もはや、法制的観点から請求権者の範囲について統一的、合理的な説明をすることは極めて困難である」ことによる（部会資料25-2・20頁）。

　また、被相続人と同居していたことを要件とすることも検討されたが、採用されなかった。その理由は、「例えば被相続人の所有建物に同居しているということになりますと、一定の利益を得ているというようなところもあるので」、「同居せずに同程度の貢献をしている場合に、それを同居している人とは違って、その人については請求権を認めなくていいという点の説明が難しい」ことにある（堂薗幹事：部会議事録23回9頁）。

　前記④（メッセージ性）については、「特別の寄与の制度でございますけれども、相続人でない親族が被相続人の療養看護等の貢献をした場合に遺産の分配にあずかれないのは不公平であると、こういった指摘があること等を踏まえまして、実質的公平を実現することを目的として創設するものでございます。したがいまして、この制度の請求権者に当たる者が療養看護等を行うことを期待して制度設計をしたものではございません。むしろ、法制審議会におきましては、このような制度を設けることによって、高齢者の介護を家族に担わせる方向に誘導する趣旨があるかのようなメッセージ性を持つことに懸念を示された委員、幹事が多く、この法律案が成立した場合には、その制度趣旨について適切に周知を行うよう要望がされたところでございます。以上のように、今回のこの特別寄与の制度でございますが、御指摘のような高齢者の介護を家族に担わせる方向に誘導するといった政策的な目的を有するものではございません」

と説明された（小野瀬民事局長：参議院会議録21号14頁）。

　(ⅱ)　被相続人の親族であっても請求権者になれない場合　　本条１項は、特別の寄与の主体である「被相続人の親族」から「相続人、相続の放棄をした者及び891条の規定に該当し又は廃除によってその相続権を失った者を除く」と規定している。

　ここで「相続人」が除かれているのは、本条が相続人以外の者を保護する規定であることから当然である（相続人の特別の寄与は、寄与分に関する民法904条の２によって保護される）。

　そして、「相続の放棄をした者」と、相続人の欠格事由を定める民法「891条の規定に該当し又は廃除によってその相続権を失った者」が除かれている理由は、相続人になり得たが、ならなかった（またはなれなかった）者をこの制度で救済する必要性は乏しいと考えられるためである（部会資料19-1・6頁）。

　なお、配偶者短期居住権に関する改正民法1037条１項ただし書は、「891条の規定に該当し又は廃除によってその相続権を失った」配偶者について、権利取得を否定している。ここでは「相続の放棄をした」配偶者は除かれていない点が、本条と異なる。この詳細は、改正民法1037条の解説を参照されたい。

　(ⅲ)　特別寄与料の請求権者になり得る者　　本条は、新たな制度を創設するものであり、どの程度の利用があるのかを想定することは容易ではない。

　この点について、「特別の寄与の制度における請求権者は、被相続人の親族で相続人以外の者ということになっております。この対象者がどの程度いるかにつきましては、なかなか推計することは困難でございますが、参考となる数値といたしまして、主な介護者の属性に関する厚生労働省の調査結果というものがございます。これを見ますと、要介護者と同居している者が全体の約６割を占めております。また、その６割の中の内訳を見てみますと、要介護者の配偶者が約25％と最も多く、次いで要介護者の子が約22％、要介護者の子の配偶者が約10％となっております。先ほど申し上げました請求権者は相続人以外の者ですので、今申し上げました介護者の中では、要介護者の子の配偶者がこの対象者に含まれるものでございます。その数は、先ほど申し上げましたとおり、主な介護者のうちの約１割を要介護者と同居している子の配偶者が占めている、こういう調査結果がございますので、これに照らしますと、この特別の寄与の制度を利用しようとする者も相当数いるのではないか」と説明されたことがある。ただし、前記の割合には、「事実上の配偶者も入っておりますので、一つ

その点につきましては、数字につきましては少し留意が必要」である（小野瀬民事局長：衆議院会議録19号14頁）。

(e) **被相続人の反対の意思表示**　本条1項には、ただし書として「被相続人が遺言に反対の意思を表示したときは、この限りではない」とすることも検討されたが、採用されなかった。その理由は、①「請求権者の範囲が『被相続人の親族』として定められることとなり、従前よりも広がったところ、これに伴い、本方策の制度趣旨として、被相続人の推定的意思よりも実質的公平を図るという色彩がより色濃くなった」ところ、被相続人の一存をもって、特別の寄与をして被相続人の財産の維持または増加に貢献した者の請求を否定することを認めることは、「場合によっては……実質的公平という本方策の制度趣旨に反する場面もあると考えられる」こと、および、②「本方策は、実質的には、寄与分の主張権者を拡大することを意図するものであるところ、現行法の寄与分に関する規律（民法904条の2）においても」、被相続人が遺言に反対の意思を表示したときに関する「規律は設けられていない一方で、遺贈（被相続人の意思による財産処分）が寄与分により制約を受けないことは、民法904条の2第3項において示されているところ、本方策においても同様の整理をすることには一定の合理性がある」ことにある（部会資料26-2・12頁）。

(f) **相続人への請求**　本条1項は、特別の寄与の効果として、「相続の開始後、相続人に対し……支払を請求することができる」と規定している。

これは、被相続人の療養看護等をした親族の貢献に報いるために、その貢献をした親族、すなわち特別寄与者に対して法定の金銭請求権を付与するものである。この請求権は、本条1項が「相続の開始後、相続人に対し……支払を請求することができる」と規定するとおり、被相続人が負っていた債務の履行をその承継人である相続人に請求するものではなく、被相続人の死亡後に、相続人に対する金銭請求権として初めて発生するものである。

この金銭請求権に対応する債務の法的性質については、「被相続人は、生前は何ら債務を負っていないという前提ですので、相続債務ではないという理解です。したがいまして、基本的には相続人固有の債務という理解だろうと思います。ただ、説明の仕方はいろいろあるのかもしれませんが、要するに本来は遺産分割の当事者となるべきところを当事者にはしないという意味では、910条の死後認知を受けた者について価額での賠償を認める、あれは一種の代償請求を認めるということなのだと思いますが、若干それに近いような性質を持っ

ていて、遺産の分配請求権を認めない代わりに相続人に対して金銭請求を認めるということですので、それに近い性質があるのではないかと思います。ただ、飽くまで被相続人が負っていた債務ではありませんので、そういう意味では相続人固有の債務という位置付けになるのかなというように思います」と説明された（堂薗幹事：部会議事録19回19～20頁）。

また、この金銭請求権と相続との関係については、「特別の寄与の制度は、被相続人の権利義務を包括的に承継する制度、こういう意味での相続制度に含まれるものではないというふうに考えております。もっとも、この支払い請求権は、被相続人の死亡を原因として法律上特別に認められるものでありまして、被相続人の生前には認められないものでありますので、その意味では、相続法上の制度と言うことはできるのではないかというふうに考えております」と説明された（小野瀬民事局長：衆議院会議録21号8頁）。

本条1項は「相続人に対し……支払を請求することができる」と規定しており、その権利行使の方法を制限していない。このことは、「権利行使の相手方について、本案では遺産分割手続との併合を強制することによる不都合を回避する観点から、これとは別個、独立の手続において権利行使を認めることとしており、必ずしも相続人全員を相手方とする必要はないため、各相続人に対する個別の権利行使を認めることとしております」と説明された（合田関係官：部会議事録7回37～38頁）。

(g) 特別寄与料　　本条1項は、特別の寄与の効果として、「特別寄与者の寄与に応じた額の金銭（以下この条において「特別寄与料」という。）の支払を請求することができる」と規定している。

これは、相続人以外の者が特別の寄与をした場合の金銭請求権について、請求できるのは「寄与に応じた額の金銭」であることを明確にし、「特別寄与料の額の基準」を示したものである（部会資料24-2・43頁）。

(2) 特別寄与料の請求（本条2項）

(a) 家庭裁判所の処分　　本条2項本文は、「前項の規定による特別寄与料の支払について、当事者間に協議が調わないとき、又は協議をすることができないときは、特別寄与者は、家庭裁判所に対して協議に代わる処分を請求することができる」と規定している。

ここでは、相続人以外の者が特別の寄与をした場合の金銭請求権について、当事者間において協議をしても合意に至らないとき、またはそもそも協議自体

ができないときについて、家庭裁判所に対して協議に代わる処分を請求することが認められている。管轄が家庭裁判所とされた趣旨は、「現行法の下における寄与分についての審理・判断との類似性から、家庭裁判所において取り扱う」こととしたものである（部会資料19-1・5頁）。

　このことは、特別寄与料の請求権は、「飽くまで家裁で審判がされ、それで確定した場合に初めて具体的な権利が認められるものであって、何か地裁でそういった確認請求ができるというような性質のものではない」ことを意味する（堂薗幹事：部会議事録19回21頁）。

　家庭裁判所における手続については、改正家事事件手続法216条の2以下の解説を参照されたい。

　(b) **権利行使期間**　　本条2項ただし書は、「特別寄与者が相続の開始及び相続人を知った時から6箇月を経過したとき、又は相続開始の時から1年を経過したときは、この限りでない」と規定している。

　これは消滅時効期間を定めたものではなく、「除斥期間」を定めたものである。その理由は、協議または審判により特別寄与料の額が確定する前の段階において、消滅時効の起算点となる「権利を行使することができる時」（債権法改正前民法166条、債権法改正後民法166条1項1号）が到来しているといえるか疑義があることから、財産分与に関する規定（民法768条2項）と同様の規律としたものである（部会資料24-2・41頁）。

　「特別寄与者が相続の開始及び相続人を知った時から6箇月を経過したとき」という期間制限が規定された理由は、①相続人以外の親族からの請求があるかどうかによって遺産分割協議の内容も変わってくるため「相続をめぐる紛争の複雑化、長期化を防止するためには、その権利行使期間を短期間に制限する必要がある」こと、および、②「相続の場面においては、現行法でも様々な短期の権利行使期間が定められている上、本方策で真に保護されるべき貢献の認められる者であれば、通常、相続の開始（被相続人の死亡）の事実を知り得ると考えられる」ため、権利行使の機会の保障としては比較的短い期間でも足りることにある（部会資料19-1・3〜4頁）。「相続の開始を知った時」を起算点とすることも検討されたが、相続の開始（被相続人の死亡）の事実を知ったとしても、相続人が誰であるかを知らなければ実際には権利を行使できないことから、「相続の開始及び相続人を知った時」が起算点とされた。

　「相続開始の時から1年を経過したとき」という期間制限も規定された理由

は、①「特別寄与者が被相続人の死亡は知ったものの相続人の存在を覚知できなかった場合や、特別寄与者が本方策に基づく金銭の支払を請求していた相続人が特別寄与者の知らないうちに相続放棄をしていたような場合に」、6か月を経過しただけで「特別寄与者が新たに認知した相続人に対する支払請求をすることを否定するのは相当でない」こと（部会資料24-2・41～42頁）、および、②特別寄与者が相続の開始および相続人を知るのが遅かった場合でも、「相続開始の時から1年を経過したとき」には権利行使を否定することが、相続をめぐる紛争の複雑化、長期化を防止するために必要という点にある。

（3）　考慮要素（本条3項）　　本条3項は、「前項本文の場合には、家庭裁判所は、寄与の時期、方法及び程度、相続財産の額その他一切の事情を考慮して、特別寄与料の額を定める」と規定している。ここにいう「前項本文の場合」の場合とは、「特別寄与料の支払について、当事者間に協議が調わないとき、又は協議をすることができないとき」であるから、これは、寄与分に関する民法904条の2第2項と同趣旨の規定である。

　相続人以外の者の貢献である特別寄与料については、一定の絶対的基準で判断することとされており、その意味では、通常の寄与と対比される寄与分とは異なっている。しかし、「その金額をどういうふうに算定するかというところについては、基本的に現行の寄与分と同じように、被相続人の財産の維持又は増加にどの程度貢献したかという点を考慮して決めることになる」、「その意味では、実務においても、その計算については基本的には寄与分の考え方を参考にしながら行うことになる」と説明された（堂薗幹事：部会議事録23回7頁）。

　その具体的な算定方法については、「特別寄与料の額の算定方法につきましては、おおむね、現行の寄与分制度において相続人が被相続人に対する療養看護等の労務を提供した場合と同様の取扱いがされることとなると考えられます。現行寄与分の実務的な、代表的な考え方によりますと、寄与分の額は、第三者が同様の療養看護を行った場合における日当額に療養看護を行った日数を掛けて、乗じて算定された額を基準といたしまして、この基準額に裁判官が相続人と被相続人との関係等を考慮して決定する裁量割合を乗じて算定することとされておりまして、特別寄与料の額の算定に当たりましても、こういった考え方が参考となるものと考えられます」と説明された（小野瀬民事局長：参議院会議録19号4頁）。

（4）　限度額（本条4項）　　本条4項は、「特別寄与料の額は、被相続人が相

続開始の時において有した財産の価額から遺贈の価額を控除した残額を超えることができない」と規定している。

　これは、寄与分に関する民法904条の2第3項が、被相続人が相続開始のときにおいて有した財産の価額から遺贈の価額を控除した残額を超えることができないこととしており、遺贈された財産について寄与分を認めることは否定していることと同趣旨の規定である。このように規律された理由は、「相続人以外の者についても現行の寄与分と同様の要件の下で権利行使を求めるものですので、少なくとも寄与分が認められる相続人よりも有利な地位を認めるのは相当ではありません」という点にある（合田関係官：部会議事録7回38頁）。

　この点、特別寄与料の請求権者は、相続人以外の者であって相続債務を一切承継しないため、例えば相続財産が債務超過である場合には、相続人は寄与分が認められる場合でも相続債務を弁済したことにより自分の手元に財産が残らない事態が生ずるのに対し、相続人以外の者については特別寄与料に相当する額が手元に残ることになり結果的に相続人よりも有利な地位に置かれることになることへの疑問から、相続開始時における純資産額（積極財産から相続債務を控除した残額）の範囲で定めることも検討されたが、採用されなかった。その理由は、「寄与分に関する民法904条2第3項と平仄を合わせまして、相続財産が債務超過である場合に、本方策に基づく請求が認められないことについては条文上は明示しないこととしております」と説明された（満田関係官：部会議事録22回55頁）。

（5）　負担割合（本条5項）　　本条5項は、「相続人が数人ある場合には、各相続人は、特別寄与料の額に900条から902条までの規定により算定した当該相続人の相続分を乗じた額を負担する」と規定している。

　これは、特別寄与者の請求権については、各相続人が法定相続分（民法900条・901条）または指定相続分（民法902条）に応じて責任を負うことを意味する。一問一答（相続）190頁は、「相続分の指定がされている場合には、各相続人がその指定相続分に応じて特別寄与料を負担するのが相続人間の公平に適うものと考えられ、また、これにより、相続分の指定により一切財産を相続しない者が特別寄与料の支払義務のみを負担することを避けることができること等を考慮したもの」と説明している。

　また、計算方法が「各相続人」の負担額として規定された点については、「1人の相続人に対して行われた審判が、他の相続人との関係で効力を持つも

のではないということを明らかにするため、特別寄与者に支払うべき金銭の総額を算定し、これに各相続人の相続分を乗ずることにより、各相続人が支払うべき額を算定する」という表現にしたものと説明された（満田関係官：部会議事録22回54～55頁）。

　そのため、共同相続の場合であっても、特別寄与者は、その全員を相手とする必要はなく、一部の者だけに請求することも認められる。このことは、「基本的には各相続人に対してそれぞれに請求するということですし、裁判所が決める内容も、各相続人に対する支払額を定めると。複数の相続人に対して請求する場合も、その総額を定めるのではなくて、それぞれの相続人に対する請求額を審判の処分で掲げるということを想定しております」、「総額ではなくて、各相続人に対する支払額を掲げるということです。誰々に対して幾ら幾ら払えという、最終的には給付請求の部分はそういうことになる」、「5項は、飽くまで、各相続人に対して、幾ら請求できるかという点について計算方法を書いたものということになりますので、主文の中で総額を明らかにしなければいけないという趣旨ではありません」と説明された（堂薗幹事：部会議事録24回46・47頁）。

　なお、本条の構造としては、単独相続の場合と共同相続の場合とで取扱いが若干変わるところもあるため、本条1項から4項までは、基本的に単独相続の場合を想定した規定とし、本条5項で共同相続の場合について規定している。その理由としては、例えば、4項の規律については、共同相続の場合も一緒に規定しようとすると、特別寄与料の請求額の総額（共同相続である場合には、共同相続人らに対する請求額の総額）がここでの残額を超えることができないという規律になるところ、そのような規律を個別に条文化すると規定ぶりが複雑になるという事情があるため、「まず単独相続の場合を想定した規定を設けた上で、共同相続の場合にはこうなりますという書き方にさせていただいている」と説明された（堂薗幹事：部会議事録24回47頁）。

3　実務への影響
（1）　財産法上の請求権との関係　　相続人以外の者が特別の寄与をした場合の保護としては前記1(2)ないし(4)のとおり、準委任契約に基づく請求（民法656条・民法643条）、事務管理に基づく請求（民法697条）および不当利得返還請求（民法703条以下）によることが可能な場合もある。このことは、「財産法の法理は、この提案がされたときに、それでは難しいところもあるという趣旨

だったと思いますので、否定されているということではない」、「財産法上、できるものはできるということになる」と説明された（大村部会長：部会議事録23回12頁）。

　これらの財産法上の請求権がある場合に、本条による特別寄与料の請求権は否定されるのかという問題については、「寄与分においても同様の問題があるところですので、基本的にはそれとパラレルに考えられるのではないかと思います。寄与分につきましては、寄与分の申立てがされた場合に相手方として財産法上の請求権が成立するということを抗弁として主張することはできないという整理になっていると思いますので、当然二重取りにはならないような調整は必要になりますが、財産法上の請求が成り立ち得るような場合でもこの申立てをすること自体は否定されない、そこは寄与分と同じような考え方に立つ」と説明された（堂薗幹事：部会議事録19回20頁）。

　また、本条による特別寄与料の請求権がある場合に、不当利得返還請求の要件はどのようになるのかという問題については、「基本的には、こちらで請求が認められれば、その分損失が減るということにはなるんだろうと思いますので、そこは現行の寄与分と不当利得と同じような関係に立つ」と説明された（堂薗幹事：部会議事録24回54頁）。

（２）　**税法上の取扱い**　　特別寄与料については、相続とは異なる側面があるため、税法上の取扱いにも注意する必要がある。

　この点については、「相続に伴ういろいろなケースについての現行法における取扱い、例えば、相続人が特別の寄与に応じて遺産分割を受けた場合の取扱いですとか、特別の寄与を行った方に対して遺贈する場合の取扱い、また、相続後に相続人から特別の寄与を行った方に贈与する場合の取扱いなどを参考としつつ、検討する必要がある」という指摘があり（田島参考人：衆議院会議録21号10頁）、「一般的に、法律上新たな制度を創設した場合の税法上の取扱いにつきましては、制度の具体的な内容が確定したことを前提として検討されているものと承知しております。法務省としましては、立案作業を進めている段階におきましても、税務当局との間で議論の状況を共有するなどして連携を図ってきたところでございますが、今後も適切な連携を図っていきたいと考えております」と説明された（小野瀬民事局長：衆議院会議録21号10頁）。

（３）　**類推適用の可能性**　　本条は、「被相続人の親族」であることを要件としているから、内縁の配偶者等には直接には適用されない。

§1050

　しかし国会において「現代社会において家族の在り方が多様に変化してきていることに鑑み、多様な家族の在り方を尊重する観点から、特別の寄与の制度その他の本法の施行状況を踏まえつつ、その保護の在り方について検討すること」という附帯決議がされており、今後も検討が続けられることが期待されている。このことは、「親族に限定をしておりまして、その結果として、事実婚の関係にある者や同性カップルのパートナーにつきましては本制度を利用することができないということでございます。現行法のもとにおきましても、事実婚の配偶者や、また同性カップルのパートナーに対しましては、遺言を活用することによりまして、自身の財産の全部又は一部を与えることが可能でございます。本法律案におきましては、遺言の利用を促進する方策として、自筆証書遺言の方式の緩和をすると同時に、また、自筆証書遺言を法務局で保管するといった制度を創設することとしているところでございます。……我が国におきましては、法律上、同性婚が認められておりませんし、また、選択的夫婦別氏制度も導入されておりません。これらの問題につきましては、いずれも家族のあり方にかかわる大変重要な問題でございまして、国民の皆様の意識をしっかりと踏まえた形での、より幅広い検討が必要になるものというふうに考えております」と説明された（上川法務大臣：衆議院会議録19号8頁）。

　そして、このような視点を詰めていくことは、内縁の配偶者等について本条を類推適用することの可否に関する検討にもつながる。本条における要件・効果は、相続人以外の者を実質的に保護するに当たり様々な利益を適切に調整するための基準を示すものであり、そこでは相続人以外の者が一方的に保護されているわけではなく、権利行使の期間制限など相続人の利益にも配慮する規定があることからすれば、家族として生活してきた内縁の配偶者等について本条を類推適用することは、関係者間の利益調整として現実的な方法となり得るものであり、議論する価値が高い問題といえよう。

　この点については、「広い範囲で、例えば無制限にその請求を認めるということになりますと、相続に様々な人が介在してくることになりまして、相続というのは非常に重いものになってまいります。そこで、何らかの線引きが必要なのではないかということで……親族ということで線を引いているわけです。なぜ親族なのかというと、親族間であれば財産法で処理できるような明確な法律関係というのが結びにくいと、事後的にこれを財産法以外の法理で評価してやるということが必要なんじゃないかと、こんなふうな観点から親族というと

ころで線が引かれたというふうに考えております」、「この先の話になりますけれども、立法の段階では親族ということで線を引いたけれども、これでよいのだという考え方を社会が取るのか、それとも、この親族というのは、立法段階ではこういうふうに線を引いたけれども、もっと緩めて考えていく必要があるのか、ここは考え方が分かれるところで、我々の社会がこの親族というのを緩やかに解するべきだというふうに考えていくということであれば、仮に立法の際に親族は親族であってその外の者は含まないというふうに考えていたとしても、そうでない方向での法形成がなされる可能性というのはあるかもしれない」と指摘されたことがある（大村部会長：参議院会議録20号11頁）。

【参考判例等】

1　東京高裁平成22年9月13日決定・家月63巻6号82頁

〈事案〉　被相続人は、Xの妻であるAが嫁いで間もなく脳梗塞で倒れて入院し、付き添いに頼んだ家政婦が被相続人の過大な要望に耐えられなかったため、Aは、少なくとも3か月間は被相続人の入院中の世話をし、その退院後は右半身不随となった被相続人の通院の付き添い、入浴の介助など日常的な介護に当たり、さらに被相続人が死亡するまでの半年の間は、被相続人が毎晩失禁する状態となったことから、その処理をする等被相続人の介護に多くの労力と時間を費やした。

〈判旨〉　被相続人が入院した期間のうち約2か月は家政婦に被相続人の看護を依頼し、被相続人は、在宅期間中は入浴や食事を作ることを除けば、おおむね独力で生活する能力を有していたことが認められるが、Aによる被相続人の入院期間中の看護、その死亡前約半年間の介護は、本来家政婦などを雇って被相続人の看護や介護に当たらせることを相当とする事情の下で行われたものであり、それ以外の期間についてもAによる入浴の世話や食事および日常の細々した介護が13年余りにわたる長期間にわたって継続して行われたものであるから、Aによる被相続人の介護は、同居の親族の扶養義務の範囲を超え、相続財産の維持に貢献した側面があると評価することが相当である。

そして、Aによる被相続人の介護は、Xの履行補助者として相続財産の維持に貢献したものと評価でき、その貢献の程度を金銭に換算すると、200万円を下ることはないというべきであるから、この限度でXのこの点に関する寄与分の主張には理由がある。

2　東京家裁平成12年3月8日審判・家月52巻8号35頁

〈事案〉　被相続人は、昭和54年9月に脳梗塞で入院し、同年11月には退院したが、

その際に左手左足に麻痺が残り、離床や就床、入浴等、起きあがりや立ち上がりの所作については人の介助（抱き起こし等）が必要で、歩行等の移動については物の支えまたは人の介助に頼る状態となった。特に被相続人の退院後しばらくの間は、介助者も介助される被相続人も要介助状態に慣れていないことから、介助に一層体力を必要とするなど、全般に苦労があった。その後はいくらか被相続人の状態も改善され、一時は外出ができた時期もあったが、昭和61年夏ころ以降、被相続人の体力はかなり低下して病臥することが多くなり、介助の必要性が高くなった。但し、被相続人の知的能力には最後まで特段の衰えはなく、食事は自力で可能であったし、排泄についても、トイレまでの移動や着座、起立に介助があれば、概ね自力で行うことが可能であった。

被相続人の介助には、主としてXがあたっていたが、Aも折に触れてXとともに、あるいは単独で、被相続人の介助にあたった。また、B、C、Dも、成長するに連れて、空いた時間に入浴の手伝いをしたり、聴力の弱いXに代わって、深夜にトイレまで付き添いを行うことが多くなった。

〈判旨〉 Yらは、被相続人の介護は専らXが行っており、相手方やその妻子は同居の親族として通常期待し得る程度の補助をしたに過ぎないと主張するが、X自身も大正3年1月27日生まれで、昭和54年から61年にかけては65歳から72歳という体力に衰えの生ずる年代であった上、聴力が弱かったこと等を考慮すると、被相続人の介助を全面的にX1人で行えるものではなく、相手方の妻子らによる介助が、まったくの補助的労務でしかなかったとは認めがたい。特に、退院当初の介助に不慣れな時期や、Xが年老いる一方で被相続人の体調が悪化した晩年のころには、介助の負担も相当重いものとなり、相手方の妻子による介助は被相続人の日常生活の上で不可欠のものであったと考えられる。よって、これらA、B、C、Dによる介助行為は、相手方の履行補助者的立場にある者の無償の寄与行為として、特別の寄与に当たるものと解する。

但し、Aは少なくとも昭和57年5月以降は日中パートタイム労働に従事していたし、B、C、Dはそれぞれ昭和44年、昭和45年、昭和48年の生まれで、被相続人が介助を要した昭和54年から61年にかけては年長のBでも10歳から16歳、Dについては6歳から13歳までの時期に当たり、学校生活はもとより部活動や塾通いもしていたことを考えると、いずれも終日介護に従事していたものとは認められない。また、相手方一家は、長年の間被相続人夫妻と同居することにより、その生活上の諸利益を得ていたことが推認されるので、寄与分算定に当たっては、同居の親族として一定程度の相互扶助義務を負っていることも考慮されなければならない。

前記……事実、事情を総合的に考慮し、社団法人日本臨床看護家政協会作成の看護補助者による看護料金一覧表（昭和62年4月1日実施のもの）による普通病（軽症2人付）の場合の1人当たり基本給が日勤3390円（但し、食費1200円分を控除したもので、勤務時間8時間、内休憩1時間を含む。）、深夜勤5110円（但し、食費1200円分を控除したもので、勤務時間8時間、内休憩1時間を含む。）であることを参考にして……、相手方の寄与分を金170万円と定める。

（参考式）

607円×1.5時間×2588日×0.7＝164万9461円

・前出看護補助者の基本給による日勤1時間当たり単価484円（3390円を実労働時間7時間で除したもの）と深夜勤1時間当たり単価730円（5110円を実労働時間7時間で除したもの）の平均額607円
・相手方およびその妻子による1日当たり想定平均介助時間1.5時間
・介助期間約7年1か月＝2588日
・親族としての相互扶助義務考慮による減価0.3

3　横浜家裁平成6年7月27日審判・家月47巻8号72頁

〈事案〉　被相続人は、大正4年9月19日Aと婚姻し、Aの父Bが大正7年7月5日死亡したため、Aが家督相続により農地……を相続し、被相続人夫婦は農業によって生活してきた。Aと被相続人間の長男であるC（相手方Xの父）は、昭和17年4月4日Dと婚姻し、C、D夫婦、と被相続人らが農業に専従していたが、Aは昭和27年ころ貸家を建てその家賃収入を得、Cは農閑期に工場で働くなどの副収入を得て、被相続人らの生活費に当てた。昭和31年12月13日Aが死亡したため、それ以降、Cが中心となって農業経営を維持し、Aの遺産は被相続人とCが相続し、被相続人の相続した物件が本件遺産となった。被相続人は昭和41年ころ脳溢血で倒れ、それ以降農作業はできなくなったところ、昭和43年8月28日Cが死亡し、農業の中心的担い手は相手方XおよびDとなった。遺産の固定資産税は、昭和31年から昭和43年はCが、昭和43年以降はXが負担した。

〈判旨〉　以上の事実によれば、亡CおよびD、Xは亡Aおよび被相続人の家業である農業を維持することによって農地などの遺産の維持に寄与したものと認められ、亡Cの代襲相続人であるXは、被相続人の相続人としての亡Cの地位を承継するのであるから、亡Cの寄与分あるいは、DがCおよびXの履行補助者として寄与したことを承継ないし包含するものということができる。そこで、Xの寄与分として本件遺産の……評価額の50％と認めるのが相当である。

4　神戸家裁豊岡支部平成4年12月28日審判・家月46巻7号57頁

〈事案〉　被相続人は、農業に従事していたが、昭和25年ころから、農作業はXに任せ、花売りの行商に従事するようになった。しかし、昭和44年ころ、高血圧と心臓病が悪化したことから、花売りの行商を止め、以後はXに扶養されていた。昭和48年末ころからは、前記持病に老衰も加わって、寝たきりの状態となった。近隣には入院できる病院はなく、また、被相続人も入院を嫌ったため、自宅療養し、Xの妻Aが専らその付添看護を行っていた。Aは、被相続人の病状が進行した昭和49年3月ころからは、垂れ流しの大小便の世話のため、30分以上の外出をすることが出来なくなり、被相続人の発作の危険が増した昭和50年12月ころからは、昼夜、被相続人の側に付きっきりで看護した。そのため、Aは、慢性的な睡眠不足となり、被相続人の死後、長期間の看病疲れから自律神経失調症を患ったほどであった。

〈判旨〉　Aの被相続人に対する献身的看護は、親族間の通常の扶助の範囲を超えるものがあり、そのため、被相続人は、療養費の負担を免れ、遺産を維持することができたと考えられるから、遺産の維持に特別の寄与貢献があったものと評価するのが相当であるところ、右看護は、Xの妻として、Xと協力しあい、Xの補助者または代行者としてなされたものであるから、本件遺産分割に当たっては、Xの寄与分として考慮すべきである。

　　前記寄与分の価格は、相続開始時において、120万円と評価するのが相当である（昭和49年3月以降概ね28か月として、死亡直前の6か月を月9万円程度、その余の22か月を月3万円程度が通常の扶助を超える部分の評価とした。）。

5　東京高裁平成元年12月28日決定・家月42巻8号45頁

　　寄与分制度は、被相続人の財産の維持または増加につき特別の寄与をした相続人に、遺産分割に当たり、法定または指定相続分をこえて寄与相当の財産額を取得させることにより、共同相続人間の衡平を図ろうとするものであるが、共同相続人間の衡平を図る見地からすれば、被代襲者の寄与に基づき代襲相続人に寄与分を認めることも、相続人の配偶者ないし母親の寄与が相続人の寄与と同視できる場合には相続人の寄与分として考慮することも許されると解するのが相当である。

　　これを本件についてみるに……Aが中学卒業後農業後継者として相続財産の増加・維持に寄与した事実およびBがAの配偶者として農業に従事し、A死亡後も被相続人らと同居の上、Aの遺志を継いで……農業後継者のために農業に従事して相続財産の維持に寄与した事実を、X_1およびX_2の寄与分として認めることは寄与分制度の趣旨に反するものではないと解される。そして、AおよびBの寄与の期間、

方法および程度、本件の相続財産の額、他の相続人の生活歴および寄与の有無等記録に顕われた一切の事情を考慮すれば、AおよびBの寄与に基づくX_1およびX_2の寄与分を相続財産額の半額と定めた原審判の判断が原審判に許された裁量判断をこえて違法であると認めることはできない。

第7 家事事件手続法

(相続に関する審判事件の管轄権)
第3条の11
1 　裁判所は、相続に関する審判事件(別表第1の86の項から110の項まで及び133の項並びに別表第2の11の項から15の項までの事項についての審判事件をいう。)について、相続開始の時における被相続人の住所が日本国内にあるとき、住所がない場合又は住所が知れない場合には相続開始の時における被相続人の居所が日本国内にあるとき、居所がない場合又は居所が知れない場合には被相続人が相続開始の前に日本国内に住所を有していたとき(日本国内に最後に住所を有していた後に外国に住所を有していたときを除く。)は、管轄権を有する。
2 　相続開始の前に推定相続人の廃除の審判事件(別表第1の86の項の事項についての審判事件をいう。以下同じ。)、推定相続人の廃除の審判の取消しの審判事件(同表の87の項の事項についての審判事件をいう。第188条第1項及び第189条第1項において同じ。)、遺言の確認の審判事件(同表の102の項の事項についての審判事件をいう。第209条第2項において同じ。)又は遺留分の放棄についての許可の審判事件(同表の110の項の事項についての審判事件をいう。第216条第1項第2号において同じ。)の申立てがあった場合における前項の規定の適用については、同項中「相続開始の時における被相続人」とあるのは「被相続人」と、「相続開始の前」とあるのは「申立て前」とする。
3 　裁判所は、第1項に規定する場合のほか、推定相続人の廃除の審判又はその取消しの審判の確定前の遺産の管理に関する処分の審判事件(別表第1の88の項の事項についての審判事件をいう。第189条第1項及び第2項において同じ。)、相続財産の保存又は管理に関する処分の審判事件(同表の90の項の事項についての審判事件をいう。第201条第10項において同じ。)、限定承認を受理した場合における相続財産の管理人の選任の審判事件(同表の94の項の事項についての審判事件をいう。)、財産分離の請求後の相続財産の管理に関する処分の審判事件(同表の97の

項の事項についての審判事件をいう。第202条第1項第2号及び第3号において同じ。）及び相続人の不存在の場合における相続財産の管理に関する処分の審判事件（同表の99の項の事項についての審判事件をいう。以下同じ。）について、相続財産に属する財産が日本国内にあるときは、管轄権を有する。

4 　当事者は、合意により、いずれの国の裁判所に遺産の分割に関する審判事件（別表第2の12の項から14の項までの事項についての審判事件をいう。第3条の14及び第191条第1項において同じ。）及び特別の寄与に関する処分の審判事件（同表の15の項の事項についての審判事件をいう。第3条の14及び第216条の2において同じ。）の申立てをすることができるかについて定めることができる。

5 　民事訴訟法（平成8年法律109号）第3条の7第2項から第4項までの規定は、前項の合意について準用する。

（改正前家事事件手続法3条の11）

1 　裁判所は、相続に関する審判事件（別表第1の86の項から110の項まで及び133の項並びに別表第2の11の項から14の項までの事項についての審判事件をいう。）について、相続開始の時における被相続人の住所が日本国内にあるとき、住所がない場合又は住所が知れない場合には相続開始の時における被相続人の居所が日本国内にあるとき、居所がない場合又は居所が知れない場合には被相続人が相続開始の前に日本国内に住所を有していたとき（日本国内に最後に住所を有していた後に外国に住所を有していたときを除く。）は、管轄権を有する。

2 　本条2項と同じ。

3 　本条3項と同じ。

4 　当事者は、合意により、いずれの国の裁判所に遺産の分割に関する審判事件（別表第2の12の項から14の項までの事項についての審判事件をいう。3条の14及び191条1項において同じ。）の申立てをすることができるかについて定めることができる。

5 　本条5項と同じ。

◆解説

1 　趣旨

特別の寄与に関する改正民法1050条の新設に伴い、特別の寄与に関する処分

が、家事事件手続法別表第2の15の項の事項とされたことを受けた改正である。

2　内容

改正前家事事件手続法3条の11は、平成30（2018）年4月25日に公布された人事訴訟法等の一部を改正する法律（平成30年法律20号）により新設されていた条文である（施行期日は、平成31年4月1日）。これは、相続に関する審判事件の、国際的な管轄権に関する規定である。

今回の改正では、1項では、相続に関する審判事件の定義のうち「14項」を「15項」に改めることで、「別表第1の86の項から110の項まで及び133の項並びに別表第2の11の項から15の項までの事項についての審判事件をいう。」と規定した。

また、4項では、「及び特別の寄与に関する処分の審判事件（同表の15の項の事項についての審判事件をいう。3条の14及び216条の2において同じ。）」を加えた。

3　実務への影響

実質的な変更はない。

（特別の事情による申立ての却下）
第3条の14
裁判所は、第3条の2から前条までに規定する事件について日本の裁判所が管轄権を有することとなる場合（遺産の分割に関する審判事件又は特別の寄与に関する処分の審判事件について、日本の裁判所にのみ申立てをすることができる旨の合意に基づき申立てがされた場合を除く。）においても、事案の性質、申立人以外の事件の関係人の負担の程度、証拠の所在地、未成年者である子の利益その他の事情を考慮して、日本の裁判所が審理及び裁判をすることが適正かつ迅速な審理の実現を妨げ、又は相手方がある事件について申立人と相手方との間の衡平を害することとなる特別の事情があると認めるときは、その申立ての全部又は一部を却下することができる。

（改正前家事事件手続法3条の14）
裁判所は、3条の2から前条までに規定する事件について日本の裁判所が管轄権を有することとなる場合（遺産の分割に関する審判事件について、日本の裁判所にのみ申立てをすることができる旨の合意に基づき申立てがされた場合を除く。）におい

ても、事案の性質、申立人以外の事件の関係人の負担の程度、証拠の所在地、未成年者である子の利益その他の事情を考慮して、日本の裁判所が審理及び裁判をすることが適正かつ迅速な審理の実現を妨げ、又は相手方がある事件について申立人と相手方との間の衡平を害することとなる特別の事情があると認めるときは、その申立ての全部又は一部を却下することができる。

◆解説
1　趣旨
　特別の寄与に関する改正民法1050条の新設に伴い、特別の寄与に関する処分が、家事事件手続法別表第2の15の項の事項とされたことを受けた改正である。

2　内容
　改正前家事事件手続法3条の14は、平成30（2018）年4月25日に公布された人事訴訟法等の一部を改正する法律（平成30年法律20号）により新設されていた条文である（施行期日は、平成31年4月1日）。これは、日本の裁判所が管轄権を有する場合でも、原則として、特別の事情がある場合には裁判所が申立てを却下することができる旨を定める規定である。ただし、遺産の処分の審判事件について、日本の裁判所にのみ申立てがされた場合は、その例外とされている。
　今回の改正では、遺産の処分の審判事件に加えて、特別の寄与に関する処分の審判事件についても、日本の裁判所のみに申立てがされた場合には、同条による申立ての却下はできない旨が定められた。

3　実務への影響
　特別の寄与に関する処分の審判事件の新設に伴い、その例外的な性質について定めるものである。

（遺産の分割の審判事件を本案とする保全処分）
第200条
1　家庭裁判所（第105条第2項の場合にあっては、高等裁判所。次項及び第3項において同じ。）は、遺産の分割の審判又は調停の申立てがあった場合において、財産の管理のため必要があるときは、申立てにより又は職権で、担保を立てさせないで、遺産の分割の申立てについての審判が効力を生ずるまでの間、財産の管理者を選任し、又は事件の関係人に対し、財産の管理に関する事項を指示することができる。

2 家庭裁判所は、遺産の分割の審判又は調停の申立てがあった場合において、強制執行を保全し、又は事件の関係人の急迫の危険を防止するため必要があるときは、当該申立てをした者又は相手方の申立てにより、遺産の分割の審判を本案とする仮差押え、仮処分その他の必要な保全処分を命ずることができる。

3 前項に規定するもののほか、家庭裁判所は、遺産の分割の審判又は調停の申立てがあった場合において、相続財産に属する債務の弁済、相続人の生活費の支弁その他の事情により遺産に属する預貯金債権（民法第466条の5第1項に規定する預貯金債権をいう。以下この項において同じ。）を当該申立てをした者又は相手方が行使する必要があると認めるときは、その申立てにより、遺産に属する特定の預貯金債権の全部又は一部をその者に仮に取得させることができる。ただし、他の共同相続人の利益を害するときは、この限りでない。

4 第125条第1項から第6項までの規定及び民法第27条から第29条まで（同法第27条第2項を除く。）の規定は、第1項の財産の管理者について準用する。この場合において、第125条第3項中「成年被後見人の財産」とあるのは、「遺産」と読み替えるものとする。

（改正前家事事件手続法200条）

1 家庭裁判所（第105条第2項の場合にあっては、高等裁判所。次項において同じ。）は、遺産の分割の審判又は調停の申立てがあった場合において、財産の管理のため必要があるときは、申立てにより又は職権で、担保を立てさせないで、遺産の分割の申立てについての審判が効力を生ずるまでの間、財産の管理者を選任し、又は事件の関係人に対し、財産の管理に関する事項を指示することができる。

2 本条2項と同じ。

3 本条4項と同じ。

◆解説

1 趣旨

判例は、可分債権は当然に分割されるから遺産分割の対象ではないとし（⇨§909の2・**判例1**）、預貯金債権についても同様としていた（⇨§909の2・**判例2**）。ところが、平成28（2016）年12月19日に預貯金債権については判例が変更され、「共同相続された普通預金債権、通常貯金債権及び定期貯金債権は、

いずれも、相続開始と同時に当然に相続分に応じて分割されることはなく、遺産分割の対象となるものと解するのが相当である」と判断するに至った（⇨§909の2・**判例3**）。

　この判例変更によって、「共同相続人において被相続人が負っていた債務の弁済をする必要がある、あるいは、被相続人から扶養を受けていた共同相続人の当面の生活費を支出する必要があるなどの事情により被相続人が有していた預貯金を遺産分割前に払い戻す必要があるにもかかわらず、共同相続人全員の同意を得ることができない場合に払い戻すことができないという不都合を生ずるおそれがあることとなった」（追加試案補足12頁）。

　この不都合を生じさせないため、まず、遺産分割前における預貯金債権の行使を、一定範囲の金額に限り、裁判所の手続を経ずに認める制度として、改正民法909条の2が新設された。また、より柔軟に預貯金債権の行使を認める方法としては、本条2項の仮分割の仮処分を活用することが考えられるが、本条2項は「強制執行を保全し、又は事件の関係人の急迫の危険を防止するため必要があるとき」という厳格な要件を定めており、預貯金債権の行使について、この要件を満たすことは難しい。この点については、「この保全処分は、本案の執行の保全を目的とするものではなく、現在の危険を除去するため暫定的な法律関係を形成するものであるから、仮の地位を定める仮処分（107条）であるが、一般的には、遺産の分割の審判を本案とする保全処分でこのようなものはあまり想定し難い」「例えば、遺産分割までの時間が相当かかることが見込まれる場合に、生活の困窮しているため一刻も早く生活費に当てる現金を取得したい場合に、相続財産中の現金をこの者に取得させるため他の共同相続人に仮払を命ずる場合などが考えられようか」と指摘されている（逐条解説633〜634頁）。そこで、預貯金債権に関する特則として、本条3項が追加されたのである。

　預貯金債権についてだけ本条2項よりも緩和された要件で仮払いが認められる理由については、「基本的に預貯金債権の場合はほかの財産と違って、一部分割や、あるいは仮分割をしても、後に遺産分割をする際に、適正な分配が困難になるという事態が生じにくいという面があるのではないかと思います。すなわち、預貯金債権ですので現金類似の性質を有しており、換価が容易であって、金銭で分配できるという性質がありますので、預貯金債権全部の仮払い等認めることになりますと問題になるかもしれませんが、一部について特定の相

続人に仮払いをしたとしても、残部の遺産分割では、ほかの預貯金債権で調整をすることもできますし、また、基本的には預貯金債権については、例えばほぼ全ての相続人に同額ずつ分配するというようなことも十分可能ですし、かつ、その方が公平な場合も多いのだろうと思います。そういった意味で、預貯金債権について要件を緩和することが可能である」と説明された（堂薗幹事：部会議事録20回13頁）。

2　内容
(1)　一部行使の容認（本条3項本文）

(a)　**本案係属要件**　本条3項本文は、「遺産の分割の審判又は調停の申立てがあった場合」であることを要件としている。

このことは、「他の審判前の保全処分については、本案係属要件が要求されていることとの平仄に加え、遺産分割の調停の申立自体は、書式も家庭裁判所のホームページに掲載されており、申立費用も1200円と低額であり、また、提出すべき添付書類についても、審判前の保全処分と本案とでさほど差異はなく、本案係属要件を要求したとしても当事者に過大な負担を課すわけではないと考えられることからすると、現行法どおり本案係属要件は維持すべき」と説明された（部会資料18・19頁）。

(b)　**必要性**　本条3項本文は、「相続財産に属する債務の弁済、相続人の生活費の支弁その他の事情により遺産に属する預貯金債権を当該申立てをした者又は相手方が行使する必要があると認めるとき」であることを要件としている。

「その他の事情」とあるとおり「相続財産に属する債務の弁済、相続人の生活費の支弁」は例示にすぎない。その理由は、「費目を限定列挙とする場合、必要かつ十分に書き切れるかという問題に直面いたしまして……例示列挙とすることといたしまして、その必要性の判断につきましては裁判所の裁量に委ねること」にしたと説明された（神吉関係官：部会議事録20回4頁）。

また、必要性に関する疎明の程度については、「遺産の中に預貯金債権以外にほかの何かの遺産財産があった場合に、当該預貯金債権を取得するという蓋然性……までの疎明は必要ないのではないかと考えております。……基本的に最初に言うべきこととしては、遺産の総額と、申立人の相続分の割合、それから、仮払いを受ける必要性について疎明をすれば基本的にはよい」と説明され

た（神吉関係官：部会議事録20回12頁）。

(c) **効果** 本条3項本文は、「遺産に属する特定の預貯金債権の全部又は一部をその者に仮に取得させることができる」と規定している。

これは、仮に取得させる預貯金の割合等についても、裁判所の裁量を認めるものである。

（2） 否定される場合（本条3項ただし書） 本条3項ただし書は、「他の共同相続人の利益を害するときは、この限りではない」として、一定の場合には裁判所の裁量による預貯金債権の仮取得を否定している。

例外の要件については、相当性を基準とすることも検討されたが、より適当な表現として、「他の共同相続人の利益を害するとき」という文言が採用された。また、その内容については、以下の「解釈論を許容することができるように思われる」と説明された（部会資料20・4頁）。

① 原則として、遺産の総額に法定相続分を乗じた額の範囲内（相手方から特別受益の主張がある場合には具体的相続分の範囲内）で仮払いを認める。
② 被相続人の債務の弁済を行う場合など事後的な精算を含めると相続人間の公平が担保され得る場合には、前記①の額を超えた仮払いを認めることもあり得る。
③ 前記①の額の範囲内での仮払いを認めるのも相当でなく、当該預貯金債権の額に法定相続分を乗じた額の範囲内に限定するのが相当な場合（例えば、預貯金債権のほかには、一応の資産価値はあるが市場流通性の低い財産が大半を占めている場合。このような場合には、他の共同相続人も預貯金債権の取得を希望することが多いと思われる）にはその部分に限定することもあり得る。

3　実務への影響

本条は、改正民法909条の2の解説の**判例3**によって遺産分割の対象とされた預貯金債権について、家庭裁判所の判断を経ることによって仮に取得できる場合を、従来よりも広く認めるものであり、実務上の意義は大きい。

改正民法909条の2前段は、家庭裁判所の判断を経ないで各相続人が単独で行使できる範囲について、①預貯金口座ごとの上限額について、相続開始時の預貯金債権額の3分の1に法定相続分（900条および901条の規定により算定した当該共同相続人の相続分）を乗じた額を基本としつつ、②預貯金債権の債務者ごとに法務省令で定める額（平成30年法務省令29号により150万円と規定された）も重ねて上限としている。したがって、この上限額を超える預貯金を仮に取得

する必要性がある場合には、本条を利用することになる。
　本条3項の新設に伴い、家事事件手続規則104条が改正された。これは改正前家事事件手続法200条3項が本条4項になることに対応するための形式的な改正である。

（管轄）
第216条の2
特別の寄与に関する処分の審判事件は、相続が開始した地を管轄する家庭裁判所の管轄に属する。
（新設）

◆解説
1　趣旨
　特別の寄与に関する改正民法1050条の新設に伴い、18節の2（特別の寄与に関する審判事件）を設け、特別の寄与に関する処分の審判事件の管轄について規定したものである。
2　内容
　本条は、特別の寄与に関する処分の審判事件について、「相続が開始した地を管轄する家庭裁判所の管轄に属する」と規定している。
　家事事件手続法3条は「この法律に定めるもののほか、家事事件の手続に関し必要な事項」は、最高裁判所規則で定める」と規定しているところ、法律事項と規則事項の振り分けについては、「当事者の権利義務に重大な影響を及ぼす事項や手続の大綱となる事項は法律で定め、手続の細目的事項については最高裁判所規則で定めるという基準」によっている（逐条解説7頁）。
　家事事件手続法は、第2章では管轄に関する原則的な規律のみを定め、具体的な管轄裁判所については個別の審判事件等に関する節で定めることとしている。本条は、特別の寄与に関する処分の審判事件の管轄を「相続が開始した地を管轄する家庭裁判所」に認めている。これは、遺産の分割に関する審判事件の管轄の原則（家事事件手続法191条1項）と同趣旨の規定である。
　なお、特別の寄与（改正民法1050条）に関する審判事件においては、遺産分割の審判事件の当事者ではない相続人以外の者が申立人となり、遺産分割の審

判においては争点とならない事項（特別の寄与の有無など）が審理判断の対象となる。そのため、遺産分割事件と併合するか否かは、裁判所の裁量に委ねられている。このことは、特別寄与料の「権利行使の手続……における紛争を遺産分割に関する紛争とは分離して解決することを前提としております。もっともこの手続の相手方は遺産分割事件の当事者に含まれますので、家庭裁判所の裁量的判断により、遺産分割事件と併合することは当然に可能であり、これによって遺産分割事件との一回的な解決を図ることもできると考えられます」と説明された（合田関係官：部会議事録7回38頁）。

　この点、寄与分を定める処分の審判事件については、遺産分割審判事件が係属している裁判所に管轄が認められており（家事事件手続法191条2項）、これと同様の規律を設けることも検討されたが、採用されなかった。その理由は、①家事事件手続法191条2項は「遺産分割審判事件との併合強制の規律が設けられている（同法192条前段）ことを前提とするものであって」、特別の寄与に関する「審判事件は、遺産分割の審判事件の前提問題ではなく、併合審理も強制されないという点で前提が異なる」こと、②「家事審判事件の場合には、公益性も考慮し、個別の家事審判事件ごとに、その事件の性質等を踏まえて、個別に適切な家庭裁判所が定められているから、仮に1つの申立てで数個の事項について審判が求められたとしても、そのうちの1つについて管轄権を有する裁判所が、その余についても管轄権を有することとするのは、相当でないとされている」こと、および、③「併合審理を可能にする必要性が相当程度認められる場合であっても、それを理由に別途管轄を認めるということまでは必要なく、合意管轄、自庁処理又は移送によって対応することで足りる」ことにあると説明された（部会資料24-2・42頁）。

3　実務への影響

　特別の寄与（改正民法1050条）の審判事件に関する手続規定であり、合意によって解決できない事案等において利用することになる。

　改正民法1050条の新設に伴い、家事事件手続規則16節の2（特別の寄与に関する審判事件）が設けられた。新設の家事事件手続規則116条の2は、特別の寄与に関する処分の審判の申立書には、①「特別の寄与の時期、方法及び程度その他の特別の寄与の実情」、および、②「相続の開始及び相続人を知った年月日」を記載しなければならないとしている。その理由は、①寄与分を定める処分の審判事件の申立書の記載事項（家事事件手続規則102条2項1号）と同趣旨

の事項に加え、②申立てに期間制限が定められていること（改正民法1050条2項ただし書）からその起算点を把握するための事項も必要ということである。改正家事事件手続規則116条の2は、家事調停の申立てについて準用される（改正家事事件手続規則127条）。

（給付命令）
第216条の3
家庭裁判所は、特別の寄与に関する処分の審判において、当事者に対し、金銭の支払を命ずることができる。
（新設）

◆解説
1　趣旨

特別の寄与に関する改正民法1050条の新設に伴い、特別の寄与に関する処分の審判事件における給付命令について規定したものである。

2　内容

本条は、家庭裁判所は、特別の寄与に関する処分の審判において、「当事者に対し、金銭の支払を命ずることができる」と規定している。

これは、遺産の分割に関する審判事件における給付命令について「家庭裁判所は、遺産の分割の審判において、当事者に対し、金銭の支払、物の引渡し、登記義務の履行その他の給付を命ずることができる」と規定する家事事件手続法196条と同趣旨の規定である。特別の寄与については、「金銭の支払」のみが認められており（改正後民法1050条）、「物の引渡し、登記義務の履行その他の給付」を命じることはないため、その限度で文言が異なっている。

本条の趣旨は、特別の寄与に関する処分の審判は権利関係を形成するものであるが、その形成された権利関係を実現するためにさらに給付請求を必要とする場合もあると考えられるところ、このような場合に「金銭の支払を命ずること」を認めることにより、特別の寄与に関する処分の審判事件の総合的かつ迅速な解決を図ることにある。この点については、家事事件手続法196条に関する「遺産の分割の審判は、遺産についての権利関係を形成するものであり、その形成された権利関係を実現するためにさらに給付請求を必要とする場合もあ

ると考えられるところ、このような場合に、遺産の分割の審判においては権利関係の形成しかできないものとすると、審判確定後に別途給付を求める裁判を提起する必要が生じ、遺産の分割の審判事件の総合的かつ迅速な解決を図ることができない」という説明が参考になる（逐条解説624頁）。

3 実務への影響
特別の寄与（改正民法1050条）の審判事件に関する手続規定であり、合意によって解決できない事案等において利用することになる。

（即時抗告）
第216条の4
次の各号に掲げる審判に対しては、当該各号に定める者は、即時抗告をすることができる。
　(1)　特別の寄与に関する処分の審判　申立人及び相手方
　(2)　特別の寄与に関する処分の申立てを却下する審判　申立人
（新設）

◆解説

1 趣旨
特別の寄与に関する改正民法1050条の新設に伴い、特別の寄与に関する処分の審判等に対する即時抗告について規定したものである。

2 内容
(1) 処分の審判に対する即時抗告（本条1号）　本条1号は「特別の寄与に関する処分の審判」に対して「申立人及び相手方」が即時抗告することを認めている。

これは、「寄与分を定める処分の審判」に対して「相続人」が即時抗告することを認める家事事件手続法198条1項4号と同趣旨の規定である。

本条の趣旨は、申立人および相手方は、特別の寄与に関する処分の審判に対して、より自己に有利な判断を求めて家庭裁判所の判断を争う利益があることにある。この点については、家事事件手続法198条1項4号に関する、「相続人は、これらの審判に対して、より自己に有利と思う判断を求めて家庭裁判所の判断を争う利益があると認められる」という説明が参考になる（逐条解説627頁）。

（2） 申立てを却下する審判に対する即時抗告（本条2号）　本条2号は「特別の寄与に関する処分の申立てを却下する審判」に対して「申立人」が即時抗告することを認めている。

これは、「寄与分を定める処分の申立てを却下する審判」に対して「申立人」が即時抗告することを認める家事事件手続法198条1項5号と同趣旨の規定である。

本条の趣旨は、申立人は、特別の寄与に関する処分の申立てを却下する審判に対して、より自己に有利な判断を求めて家庭裁判所の判断を争う利益があるのに対し、相手方にはそのような利益がないことにある。

3　実務への影響

特別の寄与（改正民法1050条）の審判事件に関する手続規定であり、合意によって解決できない事案等において利用することになる。

（特別の寄与に関する審判事件を本案とする保全処分）
第216条の5
家庭裁判所（第105条第2項の場合にあっては、高等裁判所）は、特別の寄与に関する処分についての審判又は調停の申立てがあった場合において、強制執行を保全し、又は申立人の急迫の危険を防止するため必要があるときは、当該申立てをした者の申立てにより、特別の寄与に関する処分の審判を本案とする仮差押え、仮処分その他の必要な保全処分を命ずることができる。
（新設）

◆解説

1　趣旨

特別の寄与に関する改正民法1050条の新設に伴い、特別の寄与に関する処分の審判事件を本案とする保全処分について規定したものである。

2　内容

本条は、家庭裁判所（105条2項の場合にあっては、高等裁判所）に対し、「特別の寄与に関する処分についての審判又は調停の申立てがあった場合において、強制執行を保全し、又は申立人の急迫の危険を防止するため必要があるときは、

当該申立てをした者の申立てにより、特別の寄与に関する処分の審判を本案とする仮差押え、仮処分その他の必要な保全処分を命ずること」を認めている。

これは、遺産の分割に関する審判事件を本案とする保全処分について、「家庭裁判所は、遺産の分割の審判又は調停の申立てがあった場合において、強制執行を保全し、又は事件の関係人の急迫の危険を防止するため必要があるときは、当該申立てをした者又は相手方の申立てにより、遺産の分割の審判を本案とする仮差押え、仮処分その他の必要な保全処分を命ずることができる」と規定する家事事件手続法200条2項と同趣旨の規定である。

本条にいう「強制執行を保全し、又は申立人の急迫の危険を防止するため必要があるとき」の意義については、家事事件手続法200条2項に関する、「『強制執行を保全するため必要があるとき』とは、具体的には、遺産の分割の対象となる不動産を相続人の1人が自己の単独名義に登記を移転した上で第三者に売却しようとしている場合に、本案の審判における当該不動産の引渡命令の強制執行を保全するため、当該相続人に対して当該不動産の処分禁止の仮処分をする必要があるときなどが考えられる。次に……『事件の関係人の急迫の危険を防止する必要があるとき』の『事件の関係人』とは……相続人のいずれかについて急迫の危険を防止する必要がある場合のほか、求める保全処分の内容に関し一定の関係を有する者について認められる急迫の危険を防止する必要がある場合も含める趣旨である。この保全処分は、本案の執行の保全を目的とするものではなく、現在の危険を除去するため暫定的な法律関係を形成するものであるから、仮の地位を定める仮処分（107条）であるが、一般的には、遺産の分割の審判を本案とする保全処分でこのようなものはあまり想定し難い」という説明が参考になる（逐条解説633～634頁）。

3　実務への影響

特別の寄与（改正民法1050条）の審判事件に関する手続規定であり、合意によって解決できない事案等において利用することになる。

（厚生年金保険法に規定する審判事件）
第233条
1　請求すべき按分割合に関する処分の審判事件（別表第2の16の項の事項についての審判事件をいう。）は、申立人又は相手方の住所地を管轄

する家庭裁判所の管轄に属する。
2　申立人及び相手方は、請求すべき按分割合に関する処分の審判及びその申立てを却下する審判に対し、即時抗告をすることができる。
3　請求すべき按分割合に関する処分の審判の手続については、第68条第2項の規定は、適用しない。

(改正前家事事件手続法233条)
1　請求すべき按分割合に関する処分の審判事件（別表第2の15の項の事項についての審判事件をいう。）は、申立人又は相手方の住所地を管轄する家庭裁判所の管轄に属する。
2　本条2項と同じ。
3　本条3項と同じ。

◆解説
1　趣旨
　特別の寄与に関する改正民法1050条の新設に伴い、特別の寄与に関する処分が、家事事件手続法別表第2の15の項の事項とされたことを受けた改正である。
2　内容
　本条は請求すべき按分割合に関する処分の審判について規定しており、特別の寄与に関する処分が別表第2の15の項の事項とされたことに伴い、本条1項において、別表第2の項が「15項」から「16項」に改められた。
3　実務への影響
　実質的な変更はない。

(生活保護法等に規定する審判事件)
第240条
1　施設への入所等についての許可の審判事件（別表第1の129の項の事項についての審判事件をいう。第3項において同じ。）は、被保護者の住所地を管轄する家庭裁判所の管轄に属する。
2　扶養義務者の負担すべき費用額の確定の審判事件（別表第2の17の項の事項についての審判事件をいう。）は、扶養義務者（数人に対する申立てに係るものにあっては、そのうちの1人）の住所地を管轄する家庭

裁判所の管轄に属する。
3 　第118条の規定は、施設への入所等についての許可の審判事件における被保護者、被保護者に対し親権を行う者及び被保護者の後見人について準用する。
4 　家庭裁判所は、施設への入所等についての許可の申立てについての審判をする場合には、申立てが不適法であるとき又は申立てに理由がないことが明らかなときを除き、被保護者（15歳以上のものに限る。）、被保護者に対し親権を行う者及び被保護者の後見人の陳述を聴かなければならない。
5 　施設への入所等についての許可の審判は、第74条第1項に規定する者のほか、被保護者に対し親権を行う者及び被保護者の後見人に告知しなければならない。
6 　次の各号に掲げる審判に対しては、当該各号に定める者は、即時抗告をすることができる。
　(1) 　施設への入所等についての許可の審判　被保護者に対し親権を行う者及び被保護者の後見人
　(2) 　施設への入所等についての許可の申立てを却下する審判　申立人
　(3) 　扶養義務者の負担すべき費用額の確定の審判及びその申立てを却下する審判　申立人及び相手方

（改正前家事事件手続法240条）
1 　本条1項と同じ。
2 　扶養義務者の負担すべき費用額の確定の審判事件（別表第2の16の項の事項についての審判事件をいう。）は、扶養義務者（数人に対する申立てに係るものにあっては、そのうちの1人）の住所地を管轄する家庭裁判所の管轄に属する。
3 　本条3項と同じ。
4 　本条4項と同じ。
5 　本条5項と同じ。
6 　本条6項と同じ。

◆解説
1　趣旨
　特別の寄与に関する改正民法1050条の新設に伴い、特別の寄与に関する処分

が、家事事件手続法別表第2の15の項の事項とされたことを受けた改正である。
2 内容
本条2項は扶養義務者の負担すべき費用額の確定の審判について規定しており、特別の寄与に関する処分が別表第2の15の項の事項とされたことに伴い、別表第2の項が「16項」から「17項」に改められた。
3 実務への影響
実質的な変更はない。

別表第1（略）		
項	事項	根拠となる法律の規定
109	遺留分を算定するための財産の価額を定める場合における鑑定人の選任	民法1043条2項
110	遺留分の放棄についての許可	民法1049条1項

（改正前別表第1（略））

項	事項	根拠となる法律の規定
109	遺留分を算定する場合における鑑定人の選任	民法1029条2項
110	遺留分の放棄についての許可	民法1043条1項

◆解説
1 趣旨
今回の民法改正により民法の規定の配置等が変更されたことを受けた改正である。
2 内容
改正前民法1029条2項（遺留分の算定）の内容は、今回の民法改正における法条の整理により、実質的に同じ内容にて、改正民法1043条2項へと移された。また、改正民法で遺留分行使の効果が金銭債権に一本化された（改正民法1046条1項）ことを反映して、改正前民法1029条2項の「遺留分」という文言は、改正民法1043条2項では「遺留分を算定するための財産の価額」という文言へ

と置き換えられた。

　また、改正前民法1043条1項（遺留分の放棄）の内容は、今回の民法改正における法条の整理により、全く同じ文言にて、改正民法1049条1項へと移された。

　本表の改正は、それらの改正をそのまま反映したものである。

3　実務への影響
　実質的な変更はない。

別表第2（略）		
項	事項	根拠となる法律の規定
15 新設	特別の寄与に関する処分	民法1050条2項
16	請求すべき按分割合に関する処分	厚生年金保険法（昭和29年法律115号）78条の2第2項
17	扶養義務者の負担すべき費用額の確定	生活保護法77条2項（ハンセン病問題の解決の促進に関する法律（平成20年法律82号）21条2項において準用する場合を含む。）

（改正前別表第2（略））

項	事項	根拠となる法律の規定
15	請求すべき按分割合に関する処分	厚生年金保険法（昭和29年法律115号）78条の2第2項
16	扶養義務者の負担すべき費用額の確定	生活保護法77条2項（ハンセン病問題の解決の促進に関する法律（平成20年法律82号）21条2項において準用する場合を含む。）

が、家事事件手続法別表第2の15の項の事項とされたことを受けた改正である。
2　内容
　特別の寄与に関する改正民法1050条の新設に伴い、別表第2の15の項が新設された。また、それにより、もともと15の項および16の項とされていた項の番号を、16の項および17の項へと繰り下げた。
3　実務への影響
　実質的な変更はない。

第8　附則（民法等改正法）

(施行期日)
第1条
この法律は、公布の日から起算して1年を超えない範囲内において政令で定める日から施行する。ただし、次の各号に掲げる規定は、当該各号に定める日から施行する。
(1)　附則第30条及び第31条の規定　公布の日
(2)　第1条中民法第968条、第970条第2項及び第982条の改正規定並びに附則第6条の規定　公布の日から起算して6月を経過した日
(3)　第1条中民法第998条、第1000条及び第1025条ただし書の改正規定並びに附則第7条及び第9条の規定　民法の一部を改正する法律（平成29年法律44号）の施行の日
(4)　第2条並びに附則第10条、第13条、第14条、第17条、第18条及び第23条から第26条までの規定　公布の日から起算して2年を超えない範囲内において政令で定める日
(5)　第3条中家事事件手続法第3条の11及び第3条の14の改正規定並びに附則第11条第1項の規定　人事訴訟法等の一部を改正する法律（平成30年法律20号）の施行の日又はこの法律の施行の日のいずれか遅い日

◆解説
1　趣旨
改正民法および改正家事事件手続法の施行時期を定めている。
2　内容
（1）原則的な施行日（原則施行日）　本条柱書本文は、「この法律は、公布の日から起算して1年を超えない範囲内において政令で定める日から施行する」と規定している。これを受けた政令により、この施行日は、令和元(2019)年7月1日と定められた（平成30年政令316号）。

法令の「公布」とは、成立した法令を一般に周知させる目的で、一定の方式

により一般の国民が知ることのできる状態に置くことをいう（ワークブック34頁）。民法及び家事事件手続法の一部を改正する法律（以下、「民法等改正法」という）は、法務局における遺言書の保管等に関する法律とともに、平成30（2018）年7月13日に公布された。

　法令の「施行」とは、法令の規定の効力が一般的、現実的に発動し、作用することになることをいう（ワークブック34頁）。

　本条柱書本文は、民法等改正法の原則施行日について、「公布の日から起算して1年を超えない範囲内において政令で定める日」と規定している。これは、原則として1年程度の周知期間が必要という理由による。

　民法等改正法の対象事項は「相続」に関する場面を中心にひろく及び、また、その変更内容は多岐にわたる。特に民法は社会生活の基本を定める規範であり、「相続」は、どのような自然人であっても関係する可能性がある事柄であるから、その権利・義務に関する法律が変更されることは、多くの人の社会生活に影響を及ぼす。このような法律の一部改正については、今までの法秩序を破壊しないように配慮しつつ、新しい法秩序へと円滑に移行するための工夫が必要とされる。そのため、施行の前に周知期間を設ける必要性が高いところ、施行の準備等に要する期間が明らかではなく、その施行時期を民法等改正法において確定的に定めることが困難である。そのため、民法等改正法においては、それぞれの状況に応じて上限を定めた上で、具体的な施行日については政令に委任している。

　本条柱書本文は、周知期間の上限について「公布の日から起算して1年を超えない範囲内」という原則を示したものである。平成30年政令316号は、この規定を受けて、民法等改正法の原則施行日を、公布の日から起算して1年を超えない範囲内である令和元（2019）年7月1日と定めたものである。

（2）　例外的な施行日　　本条柱書には「ただし、次の各号に掲げる規定は、当該各号に定める日から施行する」とあり、以下の例外を規定している。

　1つの法令は、まとまった内容を有しているから、全ての規定が一斉に施行されることが素直である。しかし、さまざまな理由から、一定の規定について施行時期を分けることがある。ワークブック295頁は「全ての規定について同時に施行するのが普通であるが、法令によっては、その一部の規定についてその施行期日を異ならせる必要のある場合がある」「多くの異なる施行期日を定める場合には……号を用いて表現することもある」と指摘している。

(a) **政令への委任規定等**　本条1号は、「附則30条及び31条の規定」の施行日について、「公布の日」と規定している。公布の日は平成30（2018）年7月13日であるから、附則30条および31条の規定は、平成30年7月13日から施行される。

附則30条は、債権法改正の一部改正に関するものであり、債権法改正後民法1012条2項を同条3項に改めることや、債権法改正後民法1016条2項を削る改正規定を削ることなどを定めている。これを平成30年7月13日から施行したのは、債権法改正の原則施行日である令和2（2020）年4月1日より前に対応する必要に備えるためである。

また、附則31条は「この附則に規定するもののほか、この法律の施行に関し必要な経過措置は、政令で定める」と定めている。これを平成30年7月13日から施行したのは、経過措置を定める必要に備えるためである。

(b) **自筆証書遺言の方式緩和**　本条2号は、「改正法1条中民法968条、970条2項及び982条の改正規定並びに附則6条の規定」の施行日について、「公布の日から起算して6月を経過した日」と規定している。

民法等改正法の交付の日は平成30年7月13日であるから、改正法1条中民法968条、970条2項および982条の改正規定並びに附則6条の規定は、公布の日から起算して6月を経過した日である平成31（2019）年1月13日から施行される。

改正法1条により改正された改正民法968条、改正民法970条2項および改正民法982条は、自筆証書遺言の方式緩和に関する規定である。これが平成31年1月13日から施行されるのは、これは自筆証書遺言を活用するための改正であり、方式の緩和により遺言を作成しやすくなること（遺言が方式違反により無効となる場面が少なくなること）は早い方が望ましいとされたためである。

(c) **債権法改正と平仄を合わせる改正（第三号施行日）**　本条3号は、「改正法1条中民法998条、1000条及び1025条ただし書の改正規定並びに附則7条及び9条の規定」の施行日について、「民法の一部を改正する法律（平成29年法律44号）の施行の日」と規定している。これは、附則7条1項において「第三号施行日」とされている。

「民法の一部を改正する法律（平成29年法律44号）の施行の日」は債権法改正後民法の原則施行日すなわち令和2（2020）年4月1日であるから（平成29年政令309号）、「改正法1条中民法998条、1000条及び1025条ただし書の改正規定並びに附則7条及び9条の規定」は、令和2年4月1日から施行される。

改正法1条により改正された改正民法998条（遺贈義務者の引渡義務）、改正民法1000条（第三者の権利の目的である財産の遺贈に関する規定の削除）および改正民法1025条ただし書（遺言の撤回に関する錯誤）は、いずれも債権法改正の内容を受けて改正された規定である。これが令和2年4月1日から施行されるのは、債権法改正後民法と同時に施行するためである。

　(d)　**配偶者の居住の権利（第四号施行日）**　本条4号は、「改正法2条並びに附則10条、13条、14条、17条、18条及び23条から26条までの規定」の施行日について、「公布の日から起算して2年を超えない範囲内において政令で定める日」と規定している。これは、附則10条1項において「第四号施行日」とされている。

　これは、周知期間の上限について「公布の日から起算して2年を超えない範囲内」という例外を示したものである。これを受けて、「改正法2条並びに附則10条、13条、14条、17条、18条及び23条から26条までの規定」の施行日は、公布の日から起算して2年を超えない範囲内である令和2年4月1日と定められた（平成30年政令316号）。なお、政令で定められたこの施行日は、債権法改正後民法の原則施行日と同日である。したがって、第三号施行日と第四号施行日は結局のところ同じ日となった。

　改正法2条により改正された改正民法1028条から改正後民法1041条までの規定は、配偶者の居住の権利に関するものである。これが令和2年4月1日から施行されるのは、配偶者居住権について対抗要件である登記制度を整備する必要があること、配偶者居住権については具体的相続分に反映させることとの関係で評価方法を検討する必要があること、配偶者短期居住権と配偶者居住権は調和的に用いられる必要があることなどから、原則施行日よりも長い周知期間が必要とされたことによる。

　(e)　**相続に関する審判事件の管轄権等**　本条5号は、「改正法3条中家事事件手続法3条の11及び3条の14の改正規定並びに附則11条1項の規定」の施行日について、「人事訴訟法等の一部を改正する法律（平成30年法律20号）の施行の日又はこの法律の施行の日のいずれか遅い日」と規定している。

　人事訴訟法等の一部を改正する法律（平成30年法律20号）の施行日は平成31年4月1日であり（平成30年政令322号）、民法等改正法の原則施行日は令和元（2019）年7月1日であるから（平成30年政令316号）、「改正法3条中家事事件手続法3条の11及び3条の14の改正規定並びに附則11条1項の規定」は、前記の

うちより遅い日である令和元年7月1日から施行される。

改正家事事件手続法3条の11（相続に関する審判事件の管轄権）および改正家事事件手続法3条の14（特別の事情による申立ての却下）が令和元年7月1日から施行されるのは、人事訴訟法等の一部を改正する法律（平成30年法律20号）との調整が必要であるところ、民法等改正法の原則施行日の方が遅いことによる。

3 実務への影響

施行時期については、経過措置と合わせて理解しておく必要がある。

（民法の一部改正に伴う経過措置の原則）
第2条
この法律の施行の日（以下「施行日」という。）前に開始した相続については、この附則に特別の定めがある場合を除き、なお従前の例による。

◆解説

1 趣旨

改正民法の経過措置について、相続が開始した日を基準とするという原則を示している。

2 内容

法令の「適用」とは、法令の規定が、個別的、具体的に特定の人、特定の地域、特定の事項について、現実に発動し、作用することをいう（ワークブック37頁）。施行が一般的観念であるのに対し、適用は、個別具体的である。

適用の時期についても附則で定めるのが通例であり、これを経過規定という。これは、既存の（旧法による）法律関係と民法等改正法本則に定められた（改正民法による）法律関係との調整などの経過措置を定め、どのような事象に対して改正民法が適用されるのかを明らかにするものである。

新法は、施行日から適用されるというのが原則である。しかし、一部改正法令においては、既存の（旧法による）法律関係との調整を避けることはできないから、必要に応じて、施行日以後であっても新法の規定を適用しないことを規定する。施行日前に形成された法律関係に新法が適用されると当事者の予測に反する結果を生む懸念がある場合などに、施行日以後であっても新法の規定

§2

を適用しないという例外を規定することが多い。そのため、どのような事象に対して一部改正法により改正された規定（新法）が適用になるのかを明らかにする必要がある。

　民法等改正法の「適用」については、附則2条ないし12条が定めている。このように多くの規定が設けられたのは、これが民法及び家事事件手続法の一部を改正する法律であり、対象事項が多岐にわたることへの配慮による。特に民法は社会生活の基本を定める規範であるから、その内容が変更されることは、多くの人の社会生活に影響を及ぼす。このような法律の一部改正については、今までの法秩序を破壊しないように配慮しつつ、新しい法秩序へと円滑に移行するための工夫が必要とされる。民法等改正法は対象事項が多く、その中には大幅な変更となるものも少なくないため、人の社会生活に影響を及ぼす程度が著しい。

　本条は、改正後民法に関する経過措置の原則について、「この法律の施行の日（以下「施行日」という。）前に開始した相続については、この附則に特別の定めがある場合を除き、なお従前の例による」と規定している。

　このように単に「施行の日」または「施行日」と規定されているときは、原則施行日を意味している。この点について、吉田利宏・いしかわまりこ『法令読解心得帖―法律・政省令の基礎知識とあるき方・しらべ方』（日本評論社・2009）80頁は、「法令の附則では、『この法律の施行の日（以下「施行日」という。）』という表現をよく見かけますが、これも要注意です。一般に、この『施行』とは原則施行のことを指し、『施行日』というのは、原則施行日を指すものだからです。『この法律の施行の際』とあれば、『この法律の原則施行の際』と、『施行日』とあれば『原則施行日』と頭の中で読み替えてみてください。規定の理解が進むはずです」と指摘している。

　そして、本条の「例による」という表現は、個々の規定を特定することなく、ある事項についての制度そのものを包括的に利用して、他の事項について同じような取扱いをしようとする場合に用いられる。「なお従前の例による」という表現は、この一種であり、既存の（旧法による）法律関係に対する当事者の信頼を保護するため、これまでに扱っていたのと同じように扱うという意味である。大島稔彦『立法学―理論と実務』（第一法規・2013）218頁は、「経過措置では、適用区分として用いられるので、対象行為や対象事象をある時点で区分することが必要であり、原則として、その時点の直前の法状態の直前の法状態

あるいは直前において適用状態にあった法が『従前』の内容になる」と指摘している。

本条は、相続が開始した日を基準とし、原則施行日（令和元〔2019〕年7月1日）よりも前に相続が生じた場合については、改正民法を適用しないという原則を示している。「相続は、死亡によって開始する」から（民法882条）、令和元年7月1日以後に被相続人が死亡した場合には、改正民法によることが原則となる。その理由は、一般に、相続人や相続債権者等は、相続が開始した時点において通用している法令の規定がその相続について適用されると考えるのが通常であるため、原則施行日前に相続が開始した場合についてまで改正民法を適用すると、その相続に対して法令が適用された結果として形成される権利関係等についての予測を害する結果となることなどが考慮されたものである。

3　実務への影響
経過措置については、施行時期と合わせて理解しておく必要がある。

（共同相続における権利の承継の対抗要件に関する経過措置）
第3条
第1条の規定による改正後の民法（以下「新民法」という。）第899条の2の規定は、施行日前に開始した相続に関し遺産の分割による債権の承継がされた場合において、施行日以後にその承継の通知がされるときにも、適用する。

◆解説

1　趣旨
共同相続における権利の承継の対抗要件に関する改正民法899条の2について、債権の承継の通知がされた日を基準とする例外的な経過措置を定めている。

2　内容
本条は、「改正法1条の規定による改正後の民法（以下「新民法」という。）899条の2の規定は、施行日前に開始した相続に関し遺産の分割による債権の承継がされた場合において、施行日以後にその承継の通知がされるときにも、適用する」と規定している。

改正民法899条の2第1項は、「相続による権利の承継は、遺産の分割による

ものかどうかにかかわらず、次条及び901条の規定により算定した相続分を超える部分については、登記、登録その他の対抗要件を備えなければ、第三者に対抗することができない」と規定し、相続分の指定や遺産分割方法の指定も対抗要件主義の対象とした（これは改正民法899条の２解説の**判例２**、３と異なる規律をしたものである）。そして、同条２項は、「前項の権利が債権である場合において、次条及び901条の規定により算定した相続分を超えて当該債権を承継した共同相続人が当該債権に係る遺言の内容（遺産の分割により当該債権を承継した場合にあっては、当該債権に係る遺産の分割の内容）を明らかにして債務者にその承継の通知をしたときは、共同相続人の全員が債務者に通知したものとみなして、同項の規定を適用する」と規定し、債権譲渡の対抗要件としての通知について特則を定めている。

　本条が、改正民法899条の２について、「施行日前に開始した相続に関し遺産の分割による債権の承継がされた場合において、施行日以後にその承継の通知がされるときにも、適用する」と規定し、債権の「承継の通知」をした日を基準としているのは、債権の承継に関する対抗要件は、当該債権の帰属に関して利害関係を有するすべての者に影響するところ、債権の「承継の通知」をした日という明確な基準によることは、画一的な処理にとって有益だからである。

　例えば、大量の契約を迅速に処理する必要がある金融機関等の対応において、仮に民法等改正法附則２条の原則に従って「相続」が開始した日を基準とするとすれば、それぞれの事案における被相続人の死亡の日を確認してから処理すべきことになり、事案に応じて個別に対応するために事務処理が煩雑になる。これに対し、本条が定める例外によるときは、金融機関等としては、原則施行日（令和元〔2019〕年７月１日）以後に債権の承継の通知がされたことを基準として、一律に改正民法899条の２を適用することができ、以前の債権者（被相続人）が死亡した日に応じて事務処理を変える必要がないことになる。このような画一的処理によって金融機関等において対抗要件について迅速に判断できるようにすることは、預貯金等の債権を承継した者の保護にとっても有意義である。

3　実務への影響

　経過措置については、施行時期と合わせて理解しておく必要がある。

§4

> （夫婦間における居住用不動産の遺贈又は贈与に関する経過措置）
> 第4条
> 新民法第903条第4項の規定は、施行日前にされた遺贈又は贈与については、適用しない。

◆解説
1 趣旨
　夫婦間における居住用不動産の遺贈または贈与に関する改正民法903条について、遺贈または贈与の日を基準とする例外を定めている。
2 内容
　本条は、「新民法903条4項の規定は、施行日前にされた遺贈又は贈与については、適用しない」と規定している。
　改正民法903条4項は、「婚姻期間が20年以上の夫婦の一方である被相続人が、他の一方に対し、その居住の用に供する建物又は敷地について遺贈又は贈与をしたときは、当該被相続人は、その遺贈又は贈与について1項の規定を適用しない旨の意思表示をしたものと推定する」と規定し、改正民法903条1項の規定を適用しない旨の意思表示（特別受益の持戻し免除の意思表示）の推定について定めている。
　本条が、改正民法903条4項について、「施行日前にされた遺贈又は贈与については、適用しない」として、遺贈または贈与の日を基準としているのは、意思表示の推定規定である以上、その意思表示がされた時点における当事者の認識によることが適切であるためである。
　この点については、一問一答（債権）379頁における「一般に、取引の当事者等は、法律行為や意思表示をした時点において通用している法令の規定がその法律行為や意思表示について適用されると考えるのが通常である。そのため、新法の施行日前に法律行為や意思表示がされた場合であるのに新法を適用すると、その法律行為等に対して法令が適用された結果形成される権利関係等についての当事者の予測を害する結果となる」という記載が参考になる。すなわち、遺贈または贈与の当事者等は、遺贈または贈与をした時点において通用している法令の規定が遺贈または贈与について適用されると考えるのが通常であるため、原則施行日（令和元〔2019〕年7月1日）前に遺贈または贈与がされた場合

§5

についてまで改正民法903条4項を適用すると、遺贈または贈与に対して法令が適用された結果として形成される権利関係等についての当事者の予測を害する結果となる。本条は、このような結果を避けるため、民法等改正法附則2条の原則に対する例外を定めている。

3 実務への影響

経過措置については、施行時期と合わせて理解しておく必要がある。

（遺産の分割前における預貯金債権の行使に関する経過措置）
第5条
1　新民法第909条の2の規定は、施行日前に開始した相続に関し、施行日以後に預貯金債権が行使されるときにも、適用する。
2　施行日から附則第1条第3号に定める日の前日までの間における新民法第909条の2の規定の適用については、同条中「預貯金債権のうち」とあるのは、「預貯金債権（預金口座又は貯金口座に係る預金又は貯金に係る債権をいう。以下同じ。）のうち」とする。

◆解説

1　趣旨

遺産の分割前における預貯金債権の行使に関する改正民法909条の2について、預貯金債権が行使される日を基準とする例外を定めている。

2　内容

（1）預貯金債権が行使される日を基準とする経過措置（本条1項）　本条1項は、「新民法909条の2の規定は、施行日前に開始した相続に関し、施行日以後に預貯金債権が行使されるときにも、適用する」と規定している。

改正民法909条の2は、「各共同相続人は、遺産に属する預貯金債権のうち相続開始の時の債権額の3分の1に900条及び901条の規定により算定した当該共同相続人の相続分を乗じた額（標準的な当面の必要生計費、平均的な葬式の費用の額その他の事情を勘案して預貯金債権の債務者ごとに法務省令で定める額を限度とする。）については、単独でその権利を行使することができる。この場合において、当該権利の行使をした預貯金債権については、当該共同相続人が遺産の一部の分割によりこれを取得したものとみなす」と規定し、遺産の分割前に

おける預貯金債権の単独行使について定めている。

　本条1項が、改正民法909条の2について、「施行日前に開始した相続に関し、施行日以後に預貯金債権が行使されるときにも、適用する」と規定し、預貯金債権の行使の日を基準としているのは、画一的な処理を可能とするためである。一問一答（相続）200頁は、「施行日前に開始した相続に第909条の2の規定の適用を認めたとしても、これによって特に不利益を受ける者はいない」と指摘している。

　大量の預貯金債権について迅速に処理する必要がある金融機関等において、仮に民法等改正法附則2条の原則に従って「相続」が開始した日を基準として単独行使の可否を判断するとすれば、それぞれの事案における被相続人の死亡の日を確認することが必要になり、事案に応じて個別に対応するために事務処理が煩雑になる。これに対し、本条が定める例外によるときは、金融機関等としては、原則施行日（令和元〔2019〕年7月1日）以後に預貯金債権の単独行使がされたことを基準として、一律に改正民法909条の2を適用することができ、以前の債権者（被相続人）が死亡した日に応じて事務処理を変える必要がないことになる。このような画一的処理によって金融機関等において迅速な対応が可能となることは、預貯金債権を単独行使する者の保護にとっても有意義である。

（2）　預貯金債権の定義（本条2項）　　本条2項は、「施行日から附則1条3号に定める日の前日までの間における新民法909条の2の規定の適用については、同条中『預貯金債権のうち』とあるのは、『預貯金債権（預金口座又は貯金口座に係る預金又は貯金に係る債権をいう。以下同じ。）のうち』とする」と規定している。

　民法等改正法「附則1条3号に定める日」とは、債権法改正後民法の原則施行日すなわち令和2（2020）年4月1日である（平成29年政令309号）。債権法改正後民法466条の5第1項は、「預貯金債権」を「預金口座又は貯金口座に係る預金又は貯金に係る債権」と定義している。

　本条2項は、「施行日から附則1条3号に定める日の前日までの間」すなわち債権法改正後民法466条の5第1項が施行されていない期間についても、預貯金債権の定義は同じであることを定めている。

3　実務への影響

　経過措置については、施行時期と合わせて理解しておく必要がある。なお、

本条2項については、改正の前後で結論が変わらないため、実務への影響はないものと思われる。

> **（自筆証書遺言の方式に関する経過措置）**
> **第6条**
> 附則第1条第2号に掲げる規定の施行の日前にされた自筆証書遺言については、新民法第968条第2項及び第3項の規定にかかわらず、なお従前の例による。

◆解説

1 趣旨

自筆証書遺言の方式に関する改正民法968条2項および3項について、自筆証書遺言による遺言がされた日を基準とする例外を定めている。

2 内容

本条は、「附則1条2号に掲げる規定の施行の日前にされた自筆証書遺言については、新民法968条2項及び3項の規定にかかわらず、なお従前の例による」と規定している。

「民法等改正法附則1条2号に掲げる規定」は、改正民法968条、改正民法970条2項および改正民法982条の改正規定並びに本条であり、その施行日は、「公布の日から起算して6月を経過した日」（平成31年1月13日）である。

本条が、平成31（2019）年1月13日より前にされた自筆証書遺言については「なお従前の例による」と規定し、遺言がされた日を基準としているのは、遺言の有効性に関する規定である以上、その遺言がされた時点における当事者の認識によることが適切であるためである。

この点については、一問一答（債権）379頁における「一般に、取引の当事者等は、法律行為や意思表示をした時点において通用している法令の規定がその法律行為や意思表示について適用されると考えるのが通常である。そのため、新法の施行日前に法律行為や意思表示がされた場合であるのに新法を適用すると、その法律行為等に対して法令が適用された結果形成される権利関係等についての当事者の予測を害する結果となる」という記載が参考になる。すなわち、遺言の当事者等は、遺言をした時点において通用している法令の規定が遺言に

ついて適用されると考えるのが通常であるため、施行日（平成31年1月13日）前に遺言がされた場合についてまで改正民法968条2項および3項を適用すると、遺言に対して法令が適用された結果形成される権利関係等についての当事者の予測を害する結果となる。本条は、このような結果を避けるため、民法等改正法附則2条の原則に対する例外を定めている。

3 実務への影響
経過措置については、施行時期と合わせて理解しておく必要がある。

（遺贈義務者の引渡義務等に関する経過措置）
第7条
1 附則第1条第3号に掲げる規定の施行の日（以下「第三号施行日」という。）前にされた遺贈に係る遺贈義務者の引渡義務については、新民法第998条の規定にかかわらず、なお従前の例による。
2 第1条の規定による改正前の民法第1000条の規定は、第三号施行日前にされた第三者の権利の目的である財産の遺贈については、なおその効力を有する。

◆解説
1 趣旨
遺贈義務者の引渡義務等に関する改正民法998条および改正前民法1000条の経過措置について、遺贈の日を基準とする例外を定めている。

2 内容
（1） 改正民法998条の経過措置（本条1項） 本条1項は、「附則1条3号に掲げる規定の施行の日（以下「第三号施行日」という。）前にされた遺贈に係る遺贈義務者の引渡義務については、新民法998条の規定にかかわらず、なお従前の例による」と規定している。

改正民法998条は、「遺贈義務者は、遺贈の目的である物又は権利を、相続開始の時（その後に当該物又は権利について遺贈の目的として特定した場合にあっては、その特定した時）の状態で引き渡し、又は移転する義務を負う。ただし、遺言者がその遺言に別段の意思を表示したときは、その意思に従う」と規定している。これは、遺贈義務者の引渡義務の内容について、債権法改正後民法

563条以下において売買等の有償契約におけるいわゆる特定物ドグマが否定され、無償行為である贈与においても基本的に同じ考え方が採用されたこと（債権法改正後民法551条1項）を考慮して、遺贈においても同様の考え方を採用したものである。

　本条1項が、改正民法998条について、民法等改正法「附則1条3号に定める日」すなわち債権法改正後民法の原則施行日である令和2（2020）年4月1日より「前にされた遺贈に係る遺贈義務者の引渡義務については、新民法998条の規定にかかわらず、なお従前の例による」と規定し、遺贈の日を基準としているのは、遺贈の効力に関する規定である以上、その遺贈がされた時点における当事者の認識によることが適切であるためである。

　この点については、一問一答（債権）379頁における「一般に、取引の当事者等は、法律行為や意思表示をした時点において通用している法令の規定がその法律行為や意思表示について適用されると考えるのが通常である。そのため、新法の施行日前に法律行為や意思表示がされた場合であるのに新法を適用すると、その法律行為等に対して法令が適用された結果形成される権利関係等についての当事者の予測を害する結果となる」という記載が参考になる。すなわち、遺贈の当事者等は、遺贈をした時点において通用している法令の規定が遺贈について適用されると考えるのが通常であるため、施行日である令和2年4月1日より前に遺贈がされた場合についてまで改正民法998条を適用すると、遺贈に対して法令が適用された結果形成される権利関係等についての当事者の予測を害する結果となる。本条は、このような結果を避けるため、民法等改正法附則2条の原則に対する例外を定めている。

（2）　改正前民法1000条の経過措置（本条2項）　　本条2項は、「改正法1条の規定による改正前の民法1000条の規定は、第三号施行日前にされた第三者の権利の目的である財産の遺贈については、なおその効力を有する」と規定している。

　改正前民法1000条は、「遺贈の目的である物又は権利が遺言者の死亡の時において第三者の権利の目的であるときは、受遺者は、遺贈義務者に対しその権利を消滅させるべき旨を請求することができない。ただし、遺言者がその遺言に反対の意思を表示したときは、この限りでない」と規定していたが、改正民法998条を設けたことによって「特定遺贈の目的である物又は権利が、第三者の権利の対象となっていた場合においても、遺贈義務者は、その状態で引き渡

し又は権利を移転すれば足りることとなり、当該第三者の権利を消滅させる必要はないことが明らかになる」ため削除された（部会資料24-2・25〜26頁）。

本条2項が、改正前民法1000条について、「第三号施行日」すなわち債権法改正後民法の原則施行日である令和2年4月1日より「前にされた第三者の権利の目的である財産の遺贈については、なおその効力を有する」と規定し、遺贈の日を基準としているのは、本条1項と同様、遺贈の効力に関する規定である以上、その遺贈がされた時点における当事者の認識によることが適切であるためである。

3　実務への影響

経過措置については、施行時期と合わせて理解しておく必要がある。

（遺言執行者の権利義務等に関する経過措置）
第8条
1　新民法第1007条第2項及び第1012条の規定は、施行日前に開始した相続に関し、施行日以後に遺言執行者となる者にも、適用する。
2　新民法第1014条第2項から第4項までの規定は、施行日前にされた特定の財産に関する遺言に係る遺言執行者によるその執行については、適用しない。
3　施行日前にされた遺言に係る遺言執行者の復任権については、新民法第1016条の規定にかかわらず、なお従前の例による。

◆解説

1　趣旨

遺言執行者の権利義務等に関する改正後民法の規定の経過措置について、例外を定めている。

2　内容

（1）遺言執行者の権利義務（本条1項）　本条1項は、「新民法1007条2項及び1012条の規定は、施行日前に開始した相続に関し、施行日以後に遺言執行者となる者にも、適用する」と規定している。

改正民法1007条2項は、「遺言執行者は、その任務を開始したときは、遅滞なく、遺言の内容を相続人に通知しなければならない」と規定している。また、

§8

　改正民法1012条は、遺言執行者の権利義務について、1項で「遺言執行者は、遺言の内容を実現するため、相続財産の管理その他遺言の執行に必要な一切の行為をする権利義務を有する」、2項で「遺言執行者がある場合には、遺贈の履行は、遺言執行者のみが行うことができる」、3項で「644条、645条〜647条まで及び650条の規定は、遺言執行者について準用する」と規定している。

　本条1項が、改正民法1007条2項および1012条について、「施行日前に開始した相続に関し、施行日以後に遺言執行者となる者にも、適用する」と規定し、遺言執行者となる日を基準としているのは、遺言執行者の権利義務の内容は、その遺言に関して利害関係を有するすべての者に影響するところ、遺言執行者となる日という明確な基準によることは、画一的な処理にとって有益である。そして、一問一答（相続）203頁は「遺言執行者の法的地位を不利益に変更することにはならない」と指摘している。これによって、原則施行日（令和元〔2019〕年7月1日）以後に遺言執行者となる場合であれば、相続の時期に関係なく、改正民法1007条2項および1012条が適用されることになる。

（2）　特定財産承継遺言に係る遺言執行者の行為（本条2項）　　本条2項は、「新民法1014条2項から4項までの規定は、施行日前にされた特定の財産に関する遺言に係る遺言執行者によるその執行については、適用しない」と規定している。

　改正民法1014条は、特定財産に関する遺言の執行について、2項で「遺産の分割の方法の指定として遺産に属する特定の財産を共同相続人の1人又は数人に承継させる旨の遺言（以下「特定財産承継遺言」という。）があったときは、遺言執行者は、当該共同相続人が899条の2第1項に規定する対抗要件を備えるために必要な行為をすることができる」、3項で「前項の財産が預貯金債権である場合には、遺言執行者は、同項に規定する行為のほか、その預金又は貯金の払戻しの請求及びその預金又は貯金に係る契約の解約の申入れをすることができる。ただし、解約の申入れについては、その預貯金債権の全部が特定財産承継遺言の目的である場合に限る」、4項で「前2項の規定にかかわらず、被相続人が遺言で別段の意思を表示したときは、その意思に従う」と規定している。

　本条3項が、改正民法1014条2項から4項までについて、「施行日前にされた特定の財産に関する遺言に係る遺言執行者によるその執行については、適用しない」と規定し、遺言のされた日を基準としているのは、特定財産承継遺言

があった場合に関する遺言執行者の権利義務については、その遺言がされた時点における当事者の認識によることが適切であることによる。

(3) 遺言執行者の復任権（本条3項）　本条3項は、「施行日前にされた遺言に係る遺言執行者の復任権については、新民法1016条の規定にかかわらず、なお従前の例による」と規定している。

改正民法1016条は、遺言執行者の復任権について、1項で「遺言執行者は、自己の責任で第三者にその任務を行わせることができる。ただし、遺言者がその遺言に別段の意思を表示したときは、その意思に従う」、2項で「前項本文の場合において、第三者に任務を行わせることについてやむを得ない事由があるときは、遺言執行者は、相続人に対してその選任及び監督についての責任を負う」と規定している。

本条3項が、改正民法1016条について、「施行日前にされた遺言に係る遺言執行者の復任権については、新民法1016条の規定にかかわらず、なお従前の例による」と規定し、遺言のされた日を基準としているのは、遺言執行者の復任権については、その遺言がされた時点における当事者の認識によることが適切であることによる。

3　実務への影響

経過措置については、施行時期と合わせて理解しておく必要がある。

> **（撤回された遺言の効力に関する経過措置）**
> **第9条**
> 第三号施行日前に撤回された遺言の効力については、新民法第1025条ただし書の規定にかかわらず、なお従前の例による。

◆解説

1　趣旨

撤回された遺言の効力に関する改正民法1025条ただし書の経過措置について、撤回された日を基準とする例外を定めている。

2　内容

本条は、「第三号施行日前に撤回された遺言の効力については、新民法1025条ただし書の規定にかかわらず、なお従前の例による」と規定している。

改正民法1025条ただし書は、撤回された遺言の効力について、「その行為が錯誤、詐欺又は強迫による場合は、この限りでない」と規定し、前の遺言が例外的に復活する場合について定めている。

本条が、「第三号施行日」すなわち債権法改正後民法の原則施行日である令和2（2020）年4月1日より「前に撤回された遺言の効力については、新民法1025条ただし書の規定にかかわらず、なお従前の例による」と規定し、撤回の日を基準としているのは、撤回の効力に関する規定である以上、その撤回がされた時点における当事者の認識によることが適切であることによる。

3　実務への影響

改正民法1025条ただし書に「錯誤」を加えたのは、債権法改正によって「錯誤」の効果が取消しとなった（詐欺・強迫と同じ効果となった）ことにより反対解釈の可能性が生じることを考慮し、改正前と同じ結論を確実に導くためにすぎず、復活主義によるという結論は改正の前後で変わらない。したがって、実務への影響はないと思われる。

（配偶者の居住の権利に関する経過措置）
第10条
1　第2条の規定による改正後の民法（次項において「第四号新民法」という。）第1028条から第1041条までの規定は、次項に定めるものを除き、附則第1条第4号に掲げる規定の施行の日（以下この条において「第四号施行日」という。）以後に開始した相続について適用し、第四号施行日前に開始した相続については、なお従前の例による。
2　第四号新民法第1028条から新民法第1036条までの規定は、第四号施行日前にされた遺贈については、適用しない。

◆解説

1　趣旨

配偶者居住権に関する規定（改正民法1028〜1036条）および配偶者短期居住権に関する規定（改正民法1037〜1041条）の経過措置について定めている。

2　内容

（1）　相続開始の日を基準とする原則　　本条1項は、「改正法2条の規定に

よる改正後の民法（次項において「第四号新民法」という。）1028条から1041条までの規定は、次項に定めるものを除き、附則1条4号に掲げる規定の施行の日（以下この条において「第四号施行日」という。）以後に開始した相続について適用し、第四号施行日前に開始した相続については、なお従前の例による」と規定している。

　改正後民法1028条から1041条までの規定は、配偶者居住権および配偶者短期居住権に関するものである。

　本条1項は、相続が開始した日を基準とし、第四号施行日である令和2（2020）年4月1日よりも前に相続が生じた場合については改正民法1028条から改正民法1041条までの規定を適用しないという原則を示している。「相続は、死亡によって開始する」から（民法882条）、令和2年4月1日以後に被相続人が死亡した場合には、改正民法1028条から改正民法1041条までの規定を適用することが原則となる。その理由は、一般に、相続人や相続債権者等は、相続が開始した時点において通用している法令の規定がその相続について適用されると考えるのが通常であるため、第四号施行日前に相続が開始した場合について改正民法1028条から改正民法1041条までの規定を適用すると、その相続に対して法令が適用された結果として形成される権利関係等についての予測を害する結果となることなどが考慮されたものである。

（2）　**遺贈された日を基準とする例外**　本条2項は、「第四号新民法1028条から新民法1036条までの規定は、第四号施行日前にされた遺贈については、適用しない」と規定している。

　改正民法1028条から1036条までの規定は、配偶者居住権に関するものである。配偶者居住権は、遺贈の目的とされることがある（改正民法1028条1項1号）。

　本条2項が、配偶者居住権について遺贈された日を基準とし、第四号施行日である令和2年4月1日より前にされた遺贈については、改正民法1028条から1036条までの規定を適用しないと定めているのは、意思表示の効力に関する規定である以上、その意思表示がされた時点における当事者の認識によることが適切であるためである。

　この点については、一問一答（債権）379頁における「一般に、取引の当事者等は、法律行為や意思表示をした時点において通用している法令の規定がその法律行為や意思表示について適用されると考えるのが通常である。そのため、新法の施行日前に法律行為や意思表示がされた場合であるのに新法を適用する

と、その法律行為等に対して法令が適用された結果形成される権利関係等についての当事者の予測を害する結果となる」という記載が参考になる。すなわち、遺贈の当事者等は、遺贈をした時点において通用している法令の規定が遺贈について適用されると考えるのが通常であるため、第四号施行日である令和2年4月1日より前に遺贈された場合についてまで改正民法1028条から新民法1036条までの規定を適用すると、遺贈に対して法令が適用された結果として形成される権利関係等についての当事者の予測を害する結果となる。本条は、このような結果を避けるため、民法等改正法附則2条の原則に対する例外を定めている。

なお、配偶者短期居住権に関する規定（改正民法1037条〜1041条）が本条2項の対象とされていないのは、配偶者短期居住権は要件を満たすことによって当然に取得するものであり、遺贈による取得が想定されていないためである。

3　実務への影響

経過措置については、施行時期と合わせて理解しておく必要がある。

（家事事件手続法の一部改正に伴う経過措置）
第11条
1　第3条の規定による改正後の家事事件手続法（以下「新家事事件手続法」という。）第3条の11第4項の規定は、附則第1条第5号に掲げる規定の施行の日前にした特定の国の裁判所に特別の寄与に関する処分の審判事件（新家事事件手続法別表第2の15の項の事項についての審判事件をいう。）の申立てをすることができる旨の合意については、適用しない。
2　施行日から第三号施行日の前日までの間における新家事事件手続法第200条第3項の規定の適用については、同項中「民法第466条の5第1項に規定する預貯金債権」とあるのは、「預金口座又は貯金口座に係る預金又は貯金に係る債権」とする。

◆解説

1　趣旨

本条は、相続人以外の者による特別の寄与に関する処分（改正民法1050条2

項）の審判事件に係る規律（改正家事事件手続法3条の11第4項）についての経過措置を定めている。

2　内容

（1）　特別の寄与に関する処分の審判事件の管轄合意（本条1項）　　本条1項は、「3条の規定による改正後の家事事件手続法（以下「新家事事件手続法」という。）3条の11第4項の規定は、附則1条5号に掲げる規定の施行の日前にした特定の国の裁判所に特別の寄与に関する処分の審判事件（新家事事件手続法別表第2の15の項の事項についての審判事件をいう。）の申立てをすることができる旨の合意については、適用しない」と規定している。

改正家事事件手続法3条の11第4項は、「当事者は、合意により、いずれの国の裁判所に遺産の分割に関する審判事件（別表第2の12の項から14の項までの事項についての審判事件をいう。3条の14及び191条1項において同じ。）及び特別の寄与に関する処分の審判事件（同表の15の項の事項についての審判事件をいう。3条の14及び216条の2において同じ。）の申立てをすることができるかについて定めることができる」と規定している。これは、特別の寄与に関する改正民法1050条の新設に伴い、特別の寄与に関する処分が、家事事件手続法別表第2の15の項の事項とされたことを受けて、改正前家事事件手続法3条の11第4項に、「及び特別の寄与に関する処分の審判事件（同表の15の項の事項についての審判事件をいう。3条の14及び216条の2において同じ。）」を加えたものである。

本条が、改正家事事件手続法3条の11第4項について、附則1条5号に掲げる規定の施行の日（令和元〔2019〕年7月1日）前にした特定の国の裁判所に特別の寄与に関する処分の審判事件（新家事事件手続法別表第2の15の項についての審判事件をいう。）の申立てをすることができる旨の合意については、適用しない」としているのは、合意の効力については、その合意がされた時点における当事者の認識によることが適切であるためである。

（2）　預貯金債権の定義（本条2項）　　本条2項は、「施行日から第三号施行日の前日までの間における新家事事件手続法200条3項の規定の適用については、同項中『民法466条の5第1項に規定する預貯金債権』とあるのは、『預金口座又は貯金口座に係る預金又は貯金に係る債権』とする」と規定している。

「第三号施行日」とは「附則1条3号に掲げる規定の施行の日」であり（附則7条1項）、これは債権法改正後民法の原則施行日すなわち令和2（2020）年4月1日である。債権法改正後民法466条の5第1項は、「預貯金債権」を「預

金口座又は貯金口座に係る預金又は貯金に係る債権」と定義している。

本条2項は、「施行日から第三号施行日の前日までの間」すなわち債権法改正後民法466条の5第1項が施行されていない期間についても、預貯金債権の定義は同じであることを定めている。

3　実務への影響

　経過措置等については、施行時期と合わせて理解しておく必要がある。なお、本条2項については、改正の前後で結論が変わらないため、実務への影響はないものと思われる。

（家事事件手続法の一部改正に伴う調整規定）
第12条
施行日が人事訴訟法等の一部を改正する法律の施行の日前となる場合には、同日の前日までの間における新家事事件手続法第216条の2及び別表第2の規定の適用については、同条中「審判事件」とあるのは「審判事件（別表第2の15の項の事項についての審判事件をいう。）」と同表中「第197条」とあるのは「第197条、第216条の2」とする。

◆解説

1　趣旨

　家事事件手続法の一部改正に伴う調整規定である。

2　内容

　本条は、「施行日が人事訴訟法等の一部を改正する法律の施行の日前となる場合には、同日の前日までの間における新家事事件手続法216条の2及び別表第2の規定の適用については、同条中「審判事件」とあるのは「審判事件（別表第2の15の項の事項についての審判事件をいう。）」と同表中「197条」とあるのは「197条、216条の2」とする」と規定している。

　これは、改正家事事件手続法216条の2および別表第2の規定について、人事訴訟法等の一部を改正する法律（平成30年法律20号）との調整に配慮したものである。

3　実務への影響

　人事訴訟法等の一部を改正する法律の施行日は平成31（2019）年4月1日で

あり（平成30年政令322号）、民法等改正法の原則施行日は令和元（2019）年7月1日であるから（平成30年政令316号）、本条にいう「施行日が人事訴訟法等の一部を改正する法律の施行の日前となる場合に」該当しない。そのため、本条が適用されることはないと思われる。

（刑法の一部改正）
第13条
刑法（明治40年法律45号）の一部を次のように改正する。
　第115条及び第120条第2項中「賃貸し」の下に「、配偶者居住権が設定され」を加える。
　第262条中「又は賃貸した」を「賃貸し、又は配偶者居住権が設定された」に改める。

◆解説

1　趣旨

刑法の一部を改正するものである。
　ここでは、配偶者居住権（改正民法1028～1036条）が賃借権類似の法定債権であることに基づき、賃借権と同様の規律とすることが明文化されている。

2　内容

改正後の該当条文は、以下のとおりとなる。
◇刑法115条（差押え等に係る自己の物に関する特例）
　109条1項及び110条1項に規定する物が自己の所有に係るものであっても、差押えを受け、物権を負担し、賃貸し、配偶者居住権が設定され、又は保険に付したものである場合において、これを焼損したときは、他人の物を焼損した者の例による。
◇刑法120条（非現住建造物等浸害）
1　出水させて、前条に規定する物以外の物を浸害し、よって公共の危険を生じさせた者は、1年以上10年以下の懲役に処する。
2　浸害した物が自己の所有に係るときは、その物が差押えを受け、物権を負担し、賃貸し、配偶者居住権が設定され、又は保険に付したものである場合に限り、前項の例による。
◇刑法262条（自己の物の損壊等）

自己の物であっても、差押えを受け、物権を負担し、賃貸し、又は配偶者居住権が設定されたものを損壊し、又は傷害したときは、前三条の例による。

3　実務への影響
刑法についても相続法改正が影響することに注意が必要である。

（抵当証券法の一部改正）
第14条
抵当証券法（昭和6年法律15号）の一部を次のように改正する。
　第4条第9号中「又ハ賃借権」を「、賃借権又ハ配偶者居住権」に改める。
　第41条中「第157条第1項乃至第3項」を「第157条（第4項ヲ除ク）」に改める。

◆解説

1　趣旨
抵当証券法の一部を改正するものである。
ここでは、配偶者居住権（改正民法1028〜1036条）が賃借権類似の法定債権であることに基づき、賃借権と同様の規律とすることが明文化されている。

2　内容
改正後の該当条文は、以下のとおりとなる。
◇抵当証券法4条
申請書ニハ左ノ事項ヲ記載シ申請人之ニ記名捺印スルコトヲ要ス
　(1)〜(8)　（略）
　(9)　地上権、永小作権、地役権、賃借権又ハ配偶者居住権ノ登記アルトキハ其ノ権利者ノ氏名及住所並ニ登記ノ年月日
　(10)・(11)　（略）
◇抵当証券法41条
不動産登記法8条、10条、23条1項、3項及4項、24条、119条1項、3項及4項、121条2項及3項、153条、155条、156条、157条（4項ヲ除ク）並ニ158条ノ規定ハ抵当証券ニ付之ヲ準用ス此ノ場合ニ於テハ同法23条1項中「前条」トアルハ「抵当証券法（昭和6年法律15号）3条1項」ト、「同条ただし書の規定」トアルハ「正当な理由」ト、同法119条1項中「登記記録に記録されている事項の

全部又は一部を証明した書面（以下「登記事項証明書」という。）」トアリ並ニ同条3項及び4項中「登記事項証明書」トアルハ「抵当証券の控えの謄本又は抄本」ト、同法121条2項及び3項中「登記簿の附属書類」トアリ並ニ同法153条及155条中「登記簿等」トアルハ「抵当証券の控え及びその附属書類」ト読替フルモノトス

3 実務への影響

抵当証券法についても相続法改正が影響することに注意が必要である。

（農業協同組合法及び農地中間管理事業の推進に関する法律の一部改正）
第15条
次に掲げる法律の規定中「第93条」の下に「、第95条、第96条」を加える。
 1 農業協同組合法（昭和22年法律132号）第11条の47
 2 農地中間管理事業の推進に関する法律（平成25年法律101号）第29条

◆解説

1 趣旨

　農業協同組合法および農地中間管理事業の推進に関する法律の一部を改正するものである。その内容は、信託法の規定のうち「農業協同組合への信託」および「信託法人への信託」に適用されないものを指示する表現を、「93条から98条まで」から、「93条、95条、96条から98条まで」に改めるものである。これはすなわち、そこから除外された信託法94条および95条の2が、「農業協同組合への信託」および「信託法人への信託」に適用されることになったということを意味する。

　これは、民法等改正法附則27条において、信託法の一部が改正されたことに伴う改正である。そして、本条は、特殊な信託である「農業協同組合への信託」および「信託法人への信託」についても、通常の信託と同様に、①信託法94条（受益権の譲渡の対抗要件）1項「受益権の譲渡は、譲渡人が受託者に通知をし、又は受託者が承諾しなければ、受託者その他の第三者に対抗することができない」および同条2項「前項の通知及び承諾は、確定日付のある証書によってしなければ、受託者以外の第三者に対抗することができない」という規定

を適用すること、および、②民法等改正法附則27条において新設された信託法95条の2（共同相続における受益権の承継の対抗要件）も適用することを意味する。

ここでは、共同相続における権利の承継の対抗要件に関する改正民法899条の2と同様に、対抗要件主義の適用範囲が拡大されている。

2　内容

改正後の該当条文は、以下のとおりとなる。

◇農業協同組合法11条の47

10条3項の信託の引受けの事業を行う農業協同組合への信託には、信託法3条（3号に係る部分に限る。）、4条3項、6条、23条2項から4項まで、28条、35条、55条、79条から89条まで、93条、95条、96条から98条まで、103条、104条、146条、8章、10章、11章、267条から269条まで並びに270条2項及び4項の規定は、適用しない。

◇農地中間管理事業の推進に関する法律29条

信託法3条（2号及び3号に係る部分に限る。）、4条2項及び3項、5条、6条、23条2項から4項まで、55条、79条から91条まで、93条、95条、96条から98条まで、103条、104条、123条から130条まで、146条から148条まで、8章、10章、11章、267条から269条まで並びに270条2項及び4項の規定は、信託法人への信託については、適用しない。

3　実務への影響

農業協同組合法および農地中間管理事業の推進に関する法律についても相続法改正が影響することに注意が必要である。

（農業協同組合法及び農地中間管理事業の推進に関する法律の一部改正に伴う経過措置）
第16条
前条の規定による改正後の同条各号に掲げる法律の規定は、施行日前に開始した相続に関し遺産の分割による受益権の承継がされた場合において、施行日以後にその承継の通知がされるときにも、適用する。

◆解説

1　趣旨

農業協同組合法および農地中間管理事業の推進に関する法律の一部改正に伴

う経過措置を定めている。
2　内容
　本条は、「前条の規定による改正後の同条各号に掲げる法律の規定は、施行日前に開始した相続に関し遺産の分割による受益権の承継がされた場合において、施行日以後にその承継の通知がされるときにも、適用する」と規定している。
　ここでは、共同相続における権利の承継の対抗要件に関する改正民法899条の2について、債権の承継の通知がされた日を基準とする例外的な経過措置を定める民法等改正法附則3条と同様の内容が、民法等改正法附則15条による改正後の農業協同組合法11条の47および農地中間管理事業の推進に関する法律29条について定められている。
3　実務への影響
　農業協同組合法および農地中間管理事業の推進に関する法律に関する相続法改正の影響については、経過措置にも注意が必要である。

> （公共用地の取得に関する特別措置法の一部改正）
> 第17条
> 公共用地の取得に関する特別措置法（昭和36年法律150号）の一部を次のように改正する。
> 　第38条第2項中「除く。）」の下に「又は配偶者居住権を有する者」を、「その建物の賃借権」の下に「又は配偶者居住権」を加える。

◆解説
1　趣旨
　公共用地の取得に関する特別措置法の一部を改正するものである。
　ここでは、配偶者居住権（改正民法1028～1036条）が賃借権類似の法定債権であることに基づき、賃借権と同様の規律とすることが明文化されている。
2　内容
　改正後の該当条文は、以下のとおりとなる。
　◇公共用地の取得に関する特別措置法38条
　1　（略）

2　特定公共事業の用に供する土地にある建物の賃借人（一時使用のため建物を賃借りした者を除く。）又は配偶者居住権を有する者は、その建物が収用されるときは、その建物の賃借権又は配偶者居住権に対する補償金の全部又は一部に代えて建物の賃借権をもって、損失を補償することを収用委員会に要求することができる。
3　（略）

3　実務への影響

公共用地の取得に関する特別措置法についても相続法改正が影響することに注意が必要である。

（都市再開発法の一部改正）
第18条
都市再開発法（昭和44年法律38号）の一部を次のように改正する。
　第2条第13号中「賃借権」の下に「（一時使用のため設定されたことが明らかなものを除く。以下同じ。）及び配偶者居住権」を加え、同号ただし書を削る。
　第73条第1項第12号中「借家権」を「賃借権」に改め、「者）」の下に「又は施行地区内の土地（指定宅地を除く。）に存する建築物について配偶者居住権を有する者から賃借権の設定を受けた者」を加え、「権利」を「賃借権」に改め、同項第13号中「借家権」を「賃借権」に改め、同項中第23号を第25号とし、第14号から第22号までを2号ずつ繰り下げ、第13号の次に次の2号を加える。
　⒁　施行地区内の土地（指定宅地を除く。）に存する建築物について配偶者居住権を有する者（その者が賃借権を設定している場合を除く。）で、当該配偶者居住権に対応して、施設建築物の一部について配偶者居住権を与えられることとなるものの氏名及び住所並びにその配偶者居住権の存続期間
　⒂　前号に掲げる者に配偶者居住権が与えられることとなる施設建築物の一部
　第77条第5項中「借家権」を「賃借権」に改め、「者）」の下に「又は施行地区内の土地（指定宅地を除く。）に存する建築物について配偶者居住権を有する者から賃借権の設定を受けている者」を、「第1項の規定に

より」の下に「それぞれ」を加え、同条に次の2項を加える。
  6　権利変換計画においては、第71条第3項の申出をした者を除き、施行地区内の土地（指定宅地を除く。）に存する建築物について配偶者居住権の設定を受けている者（その者が賃借権を設定している場合を除く。）に対しては、第1項の規定により当該建築物の所有者に与えられることとなる施設建築物の一部について、配偶者居住権が与えられるように定めなければならない。ただし、当該建築物の所有者が同条第1項の申出をしたときは、第4項の規定により施行者に帰属することとなる施設建築物の一部について、配偶者居住権が与えられるように定めなければならない。
  7　前項の場合においては、権利変換計画は、施行地区内の土地（指定宅地を除く。）に存する建築物について配偶者居住権の設定を受けている者に対し与えられることとなる施設建築物の一部についての配偶者居住権の存続期間が当該土地に存する建築物の配偶者居住権の存続期間と同一の期間となるように定めなければならない。

　第80条第1項中「第16号又は第17号」を「第18号又は第19号」に改める。
　第81条中「第14号又は第15号」を「第16号又は第17号」に改める。
　第85条第1項中「第16号又は第17号」を「第18号又は第19号」に改める。
　第102条第1項及び第2項第3号並びに第103条第1項中「借家権」を「賃借権」に改める。
　第110条第5項の表第40条第1項、第73条第1項第18号及び第19号の項中「第73条第1項第18号及び第19号」を「第73条第1項第20号及び第21号」に改め、同表第73条第1項第17号の項中「第73条第1項第17号」を「第73条第1項第19号」に改め、同表第73条第1項第20号の項中「第73条第1項第20号」を「第73条第1項第22号」に改め、同表第73条第1項第23号の項中「第73条第1項第23号」を「第73条第1項第25号」に改める。
　第110条の2第6項の表第40条第1項、第73条第1項第18号及び第19号、第103号の見出しの項中「第73条第1項第18号及び第19号」を「第73条第1項第20号及び第21号」に改め、同表第73条第1項第17号、第91条第1項の項中「第73条第1項第17号」を「第73条第1項第19号」に改め、同表第73条第1項第20号の項中「第73条第1項第20号」を「第73条第1項第22号」に改め、同表第73条第1項第23号の項中「第73条第1項第23号」を

「第73条第1項第25号」に改め、同表第85条第1項の項中「第16号又は第17号」を「第18号又は第19号」に改め、同表第103条第1項の項中「借家権」を「賃借権」に改める。

　第111条の表第40条第1項、第73条第1項第18号及び第19号並びに第4項ただし書、第77条の見出し、同条第1項、第2項前段及び第4項、第79条第3項、第88条第3項、第102条第1項、第103条の見出し、第108条の見出し、同条第1項の項中「第73条第1項第18号及び第19号」を「第73条第1項第20号及び第21号」に改め、同表第73条第1項第17号、第91条第1項、第103条第1項、第104条第1項の項中「第73条第1項第17号」を「第73条第1項第19号」に改め、同表第73条第1項第20号の項中「第73条第1項第20号」を「第73条第1項第22号」に改め、同表第81条の項中「第14号」を「第16号」に、「第15号」を「第17号」に改める。

◆解説

1　趣旨

都市再開発法の一部を改正するものである。

ここでは、配偶者居住権（改正民法1028〜1036条）が賃借権類似の法定債権であることに基づき、賃借権と同様の規律とすることが明文化されている。

2　内容

規律の内容が変更された（項または号の新設に伴い、関連条文において数字が繰り下げられたこと以外の改正がされた）条文について、改正後の内容は、以下のとおりとなる。

　◇都市再開発法2条（定義）

　　この法律において、次の各号に掲げる用語の意義は、それぞれ当該各号に定めるところによる。

　　　(1)〜(12)　（略）

　　　(13)　借家権　　建物の賃借権（一時使用のため設定されたことが明らかなものを除く。以下同じ。）及び配偶者居住権をいう。

　◇都市再開発法73条（権利変換計画の内容）

　1　権利変換計画においては、国土交通省令で定めるところにより、次に掲げる事項を定めなければならない。

　　　(1)〜(11)　（略）

⑿　施行地区内の土地（指定宅地を除く。）に存する建築物について賃借権を有する者（その者が更に賃借権を設定しているときは、その賃借権の設定を受けた者）又は施行地区内の土地（指定宅地を除く。）に存する建築物について配偶者居住権を有する者から賃借権の設定を受けた者で、当該賃借権に対応して、施設建築物の一部について賃借権を与えられることとなるものの氏名又は名称及び住所
⒀　前号に掲げる者に賃借権が与えられることとなる施設建築物の一部
⒁　施行地区内の土地（指定宅地を除く。）に存する建築物について配偶者居住権を有する者（その者が賃借権を設定している場合を除く。）で、当該配偶者居住権に対応して、施設建築物の一部について配偶者居住権を与えられることとなるものの氏名及び住所並びにその配偶者居住権の存続期間
⒂　前号に掲げる者に配偶者居住権が与えられることとなる施設建築物の一部
⒃～㉕　（略）
2～4　（略）
◇都市再開発法77条（施設建築物の一部等）
1～4　（略）
5　権利変換計画においては、71条3項の申出をした者を除き、施行地区内の土地（指定宅地を除く。）に権原に基づき建築物を所有する者から当該建築物について賃借権の設定を受けている者（その者が更に賃借権を設定しているときは、その賃借権の設定を受けた者）又は施行地区内の土地（指定宅地を除く。）に存する建築物について配偶者居住権を有する者から賃借権の設定を受けている者に対しては、1項の規定によりそれぞれ当該建築物の所有者に与えられることとなる施設建築物の一部について、賃借権が与えられるように定めなければならない。ただし、当該建築物の所有者が同条1項の申出をしたときは、前項の規定により施行者に帰属することとなる施設建築物の一部について、賃借権が与えられるように定めなければならない。
6　権利変換計画においては、71条3項の申出をした者を除き、施行地区内の土地（指定宅地を除く。）に存する建築物について配偶者居住権の設定を受けている者（その者が賃借権を設定している場合を除く。）に対しては、1項の規定により当該建築物の所有者に与えられることとなる施設建築物の一部について、配偶者居住権が与えられるように定めなければならない。ただし、当該建築物の所有者が同条1項の申出をしたときは、4項の規定により施行者に帰属することとなる施設建築物の一部について、配偶者居住権が与えられるように定めなければならない。
7　前項の場合においては、権利変換計画は、施行地区内の土地（指定宅地を除

く。）に存する建築物について配偶者居住権の設定を受けている者に対し与えられることとなる施設建築物の一部についての配偶者居住権の存続期間が当該土地に存する建築物の配偶者居住権の存続期間と同一の期間となるように定めなければならない。

◇都市再開発法102条（借家条件の協議及び裁定）
1 権利変換計画において施設建築物の一部等が与えられるように定められた者と当該施設建築物の一部について77条5項本文の規定により賃借権が与えられるように定められた者は、家賃その他の借家条件について協議しなければならない。
2 100条2項規定による公告の日までに前項の規定による協議が成立しないときは、施行者は、当事者の一方又は双方の申立てにより、審査委員の過半数の同意を得、又は市街地再開発審査会の議決を経て、次に掲げる事項について裁定することができる。この場合においては、79条2項後段の規定を準用する。
　(1)・(2)　（略）
　(3)　敷金又は賃借権の設定の対価を支払うべきときは、その額
3～7　（略）

◇都市再開発法103条（施設建築物の一部等の価額等の確定）
1 施行者は、第一種市街地再開発事業の工事が完了したときは、速やかに、当該事業に要した費用の額を確定するとともに、政令で定めるところにより、その確定した額及び80条1項に規定する30日の期間を経過した日における近傍類似の土地、近傍同種の建築物又は近傍類似の土地若しくは近傍同種の建築物に関する同種の権利の取引価格等を考慮して定める相当の価額を基準として、施設建築敷地若しくはその共有持分、施設建築物の一部等若しくは個別利用区内の宅地若しくはその使用収益権を取得した者又は施行者の所有する施設建築物の一部について77条5項ただし書の規定により賃借権が与えられるように定められ、88条5項の規定により賃借権を取得した者ごとに、施設建築敷地若しくはその共有持分、施設建築物の一部等若しくは個別利用区内の宅地若しくはその使用収益権の価額、施設建築敷地の地代の額又は施行者が賃貸する施設建築物の一部の家賃の額を確定し、これらの者にその確定した額を通知しなければならない。
2・3　（略）

3　実務への影響

都市再開発法についても相続法改正が影響することに注意が必要である。

> **（著作権法の一部改正）**
> **第19条**
> 著作権法（昭和45年法律48号）の一部を次のように改正する。
> 　第77条第１号及び第88条第１項第１号中「（相続その他の一般承継によるものを除く。次号において同じ。）」を削る。

◆**解説**

1　趣旨

著作権法の一部を改正するものである。ここでは、「（相続その他の一般承継によるものを除く。次号において同じ。）」という文言が削られている。

このことは、共同相続における権利の承継の対抗要件に関する改正民法899条の２と同様に、対抗要件主義の適用範囲が拡大されることを意味する。

2　内容

改正後の該当条文は、以下のとおりとなる。

◇著作権法77条（著作権の登録）

次に掲げる事項は、登録しなければ、第三者に対抗することができない。

(1) 著作権の移転若しくは信託による変更又は処分の制限
(2) （略）

◇著作権法88条（出版権の登録）

1　次に掲げる事項は、登録しなければ、第三者に対抗することができない。

(1) 出版権の設定、移転、変更若しくは消滅（混同又は複製権若しくは公衆送信権の消滅によるものを除く。）又は処分の制限
(2) （略）

2　（略）

3　実務への影響

著作権法についても相続法改正が影響することに注意が必要である。

> **（著作権法の一部改正に伴う経過措置）**
> **第20条**
> 前条の規定による改正後の著作権法第77条（同法第104条において準用する場合を含む。）及び第88条第１項の規定は、施行日以後の著作権、出版

権若しくは著作隣接権又はこれらの権利を目的とする質権（以下この条において「著作権等」という。）の移転について適用し、施行日前の著作権等の移転については、なお従前の例による。

◆解説

1　趣旨

著作権法の一部改正に伴う経過措置を定めている。

2　内容

本条は、「前条の規定による改正後の著作権法77条（同法104条において準用する場合を含む。）及び88条1項の規定は、施行日以後の著作権、出版権若しくは著作隣接権又はこれらの権利を目的とする質権（以下この条において「著作権等」という。）の移転について適用し、施行日前の著作権等の移転については、なお従前の例による」と規定している。

ここでは、原則施行日（令和元〔2019〕年7月1日）以後の著作権等の移転については民法等改正法附則19条による改正後の著作権法77条（同法104条において準用する場合を含む。）および88条1項の規定を適用し、施行日前の著作権等の移転については、なお従前の例によることが定められている。

なお、①民法等改正法附則19条による著作権法の改正は、②改正民法899条の2の新設とでは、その趣旨は同様（対抗要件主義の適用範囲の拡大）であるが、その経過規定の基準時は異なる。すなわち、前記②の経過規定（民法等改正法附則3条）では、預貯金債権を念頭において、債務者が大量の通知に対し適切に対応しやすくするために、基準時を通知時としているが、前記①の経過規定（本条）では、基準時を権利移転時としている。

3　実務への影響

著作権法に関する相続法改正の影響については、経過措置にも注意が必要である。

（半導体集積回路の回路配置に関する法律の一部改正）
第21条
半導体集積回路の回路配置に関する法律（昭和60年法律43号）の一部を次

のように改正する。
　第21条第１項各号中「(相続その他の一般承継によるものを除く。)」を削る。

◆解説

1　趣旨

　半導体集積回路の回路配置に関する法律の一部を改正するものである。ここでは、「(相続その他の一般承継によるものを除く。)」という文言が削られている。
　このことは、共同相続における権利の承継の対抗要件に関する改正民法899条の２と同様に、対抗要件主義の適用範囲が拡大されることを意味する。

2　内容

　改正後の該当条文は、以下のとおりとなる。
　◇半導体集積回路の回路配置に関する法律21条（登録の効果）
　次に掲げる事項は、登録しなければ、第三者に対抗することができない。
　(1)　回路配置利用権の移転又は処分の制限
　(2)　専用利用権の設定、移転、変更、消滅（混同又は回路配置利用権の消滅によるものを除く。）又は処分の制限
　(3)　通常利用権の移転、変更、消滅（混同又は回路配置利用権若しくは専用利用権の消滅によるものを除く。）又は処分の制限
　(4)　回路配置利用権、専用利用権又は通常利用権を目的とする質権の設定、移転、変更、消滅（混同又は担保する債権の消滅によるものを除く。）又は処分の制限
　2・3　（略）

3　実務への影響

　半導体集積回路の回路配置に関する法律についても相続法改正が影響することに注意が必要である。

（半導体集積回路の回路配置に関する法律の一部改正に伴う経過措置）
第22条
前条の規定による改正後の半導体集積回路の回路配置に関する法律第21条第１項の規定は、施行日以後の回路配置利用権、専用利用権若しくは通常

> 利用権又はこれらの権利を目的とする質権（以下この条において「回路配置利用権等」という。）の移転について適用し、施行日前の回路配置利用権等の移転については、なお従前の例による。

◆解説
1　趣旨
　半導体集積回路の回路配置に関する法律の一部改正に伴う経過措置を定めている。

2　内容
　本条は、「前条の規定による改正後の半導体集積回路の回路配置に関する法律21条1項の規定は、施行日以後の回路配置利用権、専用利用権若しくは通常利用権又はこれらの権利を目的とする質権（以下この条において「回路配置利用権等」という。）の移転について適用し、施行日前の回路配置利用権等の移転については、なお従前の例による」と規定している。

　ここでは、原則施行日（令和元〔2019〕年7月1日）以後の回路配置利用権等の移転については民法等改正法附則21条による改正後の半導体集積回路の回路配置に関する法律21条1項を適用し、施行日前の回路配置利用権等の移転については、なお従前の例によることが定められている。

3　実務への影響
　半導体集積回路の回路配置に関する法律に関する相続法改正の影響については、経過措置にも注意が必要である。

> （密集市街地における防災街区の整備の促進に関する法律の一部改正）
> 第23条
> 密集市街地における防災街区の整備の促進に関する法律（平成9年法律49号）の一部を次のように改正する。
> 　第2条第15号中「賃借権」の下に「（一時使用のため設定されたことが明らかなものを除く。第13条第3項及び第5章を除き、以下同じ。）及び配偶者居住権」を加え、同号ただし書を削る。
> 　第205条第1項第12号中「の借家権者」を「について賃借権を有する

者」に、「借家権を」を「賃借権を」に、「借家権の」を「賃借権の」に改め、「者）」の下に「又は施行地区内の土地（指定宅地を除く。）に存する建築物について配偶者居住権を有する者から賃借権の設定を受けた者」を加え、「借家権に」を「賃借権に」に改め、同項第13号中「借家権」を「賃借権」に改め、同項第23号中を第25号とし、第14号から第22号までを第２号ずつ繰り下げ、第13号の次に次の２号を加える。

　⒁　施行地区内の土地（指定宅地を除く。）に存する建築物について配偶者居住権を有する者（その者が賃借権を設定している場合を除く。）で、当該配偶者居住権に対応して、防災施設建築物の一部について配偶者居住権を与えられることとなるものの氏名及び住所並びにその配偶者居住権の存続期間

　⒂　前号に掲げる者に配偶者居住権が与えられることとなる防災施設建築物の一部

第209条第５項中「借家権」を「賃借権」に改め、「者）」の下に「又は施行地区内の土地（指定宅地を除く。）に存する建築物について配偶者居住権を有する者から賃借権の設定を受けている者」を、「第１項の規定により」の下に「それぞれ」を加え、同条に次の２項を加える。

　６　権利変換計画においては、第203条第３項の申出をした者を除き、施行地区内の土地（指定宅地を除く。）に存する建築物について配偶者居住権の設定を受けている者（その者が賃借権を設定している場合を除く。）に対しては、第１項の規定により当該建築物の所有者に与えられることとなる防災施設建築物の一部について、配偶者居住権が与えられるように定めなければならない。ただし、当該建築物の所有者が同条第１項の申出をしたときは、第４項の規定により施行者に帰属することとなる防災施設建築物の一部について、配偶者居住権が与えられるように定めなければならない。

　７　前項の場合においては、権利変換計画は、施行地区内の土地（指定宅地を除く。）に存する建築物について配偶者居住権の設定を受けている者に対し与えられることとなる防災施設建築物の一部についての配偶者居住権の存続期間が当該土地に存する建築物の配偶者居住権の存続期間と同一の期間となるように定めなければならない。

第213条第１項中「第16号又は第17号」を「第18号又第19号」に改める。

> 第214条中「第14条又は第15号」を「第16号又は第17号」に改める。
> 　第218条第1項中「第16号又は第17号」を「第18号又は第19号」に改める。
> 　第246条第1項及び第2項第3号並びに第247条第1項中「借家権」を「賃借権」に改める。

◆解説

1　趣旨

　密集市街地における防災街区の整備の促進に関する法律の一部を改正するものである。

　ここでは、配偶者居住権（改正民法1028～1036条）が賃借権類似の法定債権であることに基づき、賃借権と同様の規律とすることが明文化されている。

2　内容

　規律の内容が変更された（項または号の新設に伴い、関連条文において数字が繰り下げられたこと以外の改正がされた）条文について、改正後の内容は、以下のとおりとなる。

◇密集市街地における防災街区の整備の促進に関する法律2条（定義）

この法律（10号に掲げる用語にあっては、48条を除く。）において、次の各号に掲げる用語の意義は、それぞれ当該各号に定めるところによる。

　(1)～(14)　（略）

　(15)　借家権　建物の賃借権（一時使用のため設定されたことが明らかなものを除く。13条3項及び5章を除き、以下同じ。）及び配偶者居住権をいう。

◇密集市街地における防災街区の整備の促進に関する法律205条（権利変換計画の内容）

1　権利変換計画においては、国土交通省令で定めるところにより、次に掲げる事項を定めなければならない。

　(1)～(11)　（略）

　(12)　施行地区内の土地（指定宅地を除く。）に存する建築物について賃借権を有する者（その者が更に賃借権を設定しているときは、その賃借権の設定を受けた者）又は施行地区内の土地（指定宅地を除く。）に存する建築物について配偶者居住権を有する者から賃借権の設定を受けた者で、当該賃借権に対応して、防災施設建築物の一部について賃借権を与えられることとなるものの氏名又は

名称及び住所
(13) 前号に掲げる者に賃借権が与えられることとなる防災施設建築物の一部
(14) 施行地区内の土地(指定宅地を除く。)に存する建築物について配偶者居住権を有する者(その者が賃借権を設定している場合を除く。)で、当該配偶者居住権に対応して、防災施設建築物の一部について配偶者居住権を与えられることとなるものの氏名及び住所並びにその配偶者居住権の存続期間
(15) 前号に掲げる者に配偶者居住権が与えられることとなる防災施設建築物の一部
(16)～(25)　(略)
2～4　(略)
◇密集市街地における防災街区の整備の促進に関する法律209条(防災施設建築物の一部等)
1～4　(略)
5　権利変換計画においては、203条3項の申出をした者を除き、施行地区内の土地(指定宅地を除く。)に権原に基づき建築物を所有する者から当該建築物について賃借権の設定を受けている者(その者が更に賃借権を設定しているときは、その賃借権の設定を受けている者)又は施行地区内の土地(指定宅地を除く。)に存する建築物について配偶者居住権を有する者から賃借権の設定を受けている者に対しては、1項の規定によりそれぞれ当該建築物の所有者に与えられることとなる防災施設建築物の一部について、賃借権が与えられるように定めなければならない。ただし、当該建築物の所有者が同条1項の申出をしたときは、前項の規定により施行者に帰属することとなる防災施設建築物の一部について、賃借権が与えられるように定めなければならない。
6　権利変換計画においては、203条3項の申出をした者を除き、施行地区内の土地(指定宅地を除く。)に存する建築物について配偶者居住権の設定を受けている者(その者が賃借権を設定している場合を除く。)に対しては、1項の規定により当該建築物の所有者に与えられることとなる防災施設建築物の一部について、配偶者居住権が与えられるように定めなければならない。ただし、当該建築物の所有者が同条1項の申出をしたときは、4項の規定により施行者に帰属することとなる防災施設建築物の一部について、配偶者居住権が与えられるように定めなければならない。
7　前項の場合においては、権利変換計画は、施行地区内の土地(指定宅地を除く。)に存する建築物について配偶者居住権の設定を受けている者に対し与えられることとなる防災施設建築物の一部についての配偶者居住権の存続期間が当該土地に存する建築物の配偶者居住権の存続期間と同一の期間となるように定めな

◇密集市街地における防災街区の整備の促進に関する法律246条（借家条件の協議及び裁定）
1　権利変換計画において防災施設建築物の一部等が与えられるように定められた者と当該防災施設建築物の一部について209条5項本文の規定により賃借権が与えられるように定められた者は、家賃その他の借家条件について協議しなければならない。
2　244条2項の公告の日までに前項の規定による協議が成立しないときは、施行者は、当事者の一方又は双方の申立てに基づき、審査委員の過半数の同意を得、又は防災街区整備審査会の議決を経て、次に掲げる事項について裁定することができる。この場合においては、212条2項後段の規定を準用する。
　(1)・(2)　（略）
　(3)　敷金又は賃借権の設定の対価を支払うべきときは、その額
3〜7　（略）
◇密集市街地における防災街区の整備の促進に関する法律247条（防災施設建築物の一部等の価額等の確定）
1　施行者は、防災街区整備事業の工事が完了したときは、速やかに、当該事業に要した費用の額を確定するとともに、国土交通省令で定めるところにより、その確定した額及び基準日における近傍類似の土地、近傍同種の建築物又は近傍類似の土地若しくは近傍同種の建築物に関する同種の権利の取引価格等を考慮して定める相当の価額を基準として、防災施設建築敷地若しくはその共有持分、防災施設建築物の一部等若しくは個別利用区内の宅地若しくはその使用収益権を取得した者又は施行者の所有する防災施設建築物の一部について賃借権を取得した者（209条5項ただし書の規定により賃借権が与えられるように定められたものに限る。）ごとに、防災施設建築敷地若しくはその共有持分、防災施設建築物の一部等若しくは個別利用区内の宅地若しくはその使用収益権の価額、防災施設建築敷地の地代の額又は施行者が賃貸する防災施設建築物の一部の家賃の額を確定し、これらの者にその確定した額を通知しなければならない。
2・3　（略）

3　実務への影響

　密集市街地における防災街区の整備の促進に関する法律についても相続法改正が影響することに注意が必要である。

（マンションの建替え等の円滑化に関する法律の一部改正）
第24条
　マンションの建替え等の円滑化に関する法律（平成14年法律78号）の一部を次のように改正する。
　　目次中「賃借人等」を「借家権者等」に改める。
　　第２条第１項第18号中「賃借権」の下に「（一時使用のため設定されたことが明らかなものを除く。以下同じ。）及び配偶者居住権」を加え、同号ただし書を削る。
　　第４条第２項第５号中「賃借人（一時使用のための賃借をする者を除く」を「借家権者（借家権を有する者をいう」に改め、同項第８号中「賃借人」を「借家権者」に改める。
　　第58条第１項第７号中「借家権」を「賃借権」に改め、「者）」の下に「又は施行マンションについて配偶者居住権を有する者から賃借権の設定を受けた者」を加え、「権利」を「賃借権」に改め、同項第８号中「借家権」を「賃借権」に改め、同項中第17号を第19号とし、第９号から第16号までを２号ずつ繰り下げ、第８号の次に次の２号を加える。
　　⑼　施行マンションについて配偶者居住権を有する者（その者が賃借権を設定している場合を除く。）で、当該配偶者居住権に対応して、施行再建マンションについて配偶者居住権を与えられることとなるものの氏名及び住所並びにその配偶者居住権の存続期間
　　⑽　前号に掲げる者に配偶者居住権が与えられることとなる施行再建マンションの部分
　　第58条第３項中「第１項第16号」を「第１項第18号」に改める。
　　第60条第４項本文中「から」の下に「当該」を加え、「借家権」を「賃借権」に改め、「者）」の下に「又は施行マンションについて配偶者居住権を有する者から賃借権の設定を受けている者」を、「より」の下に「それぞれ」を加え、同項ただし書中「第56条第１項」を「同条第１項」に、「借家権」を「賃借権」に改め、同条に次の第２項を加える。
　　５　権利変換計画においては、第56条第３項の申出をした者を除き、施行マンションについて配偶者居住権の設定を受けている者（その者が賃借権を設定している場合を除く。）に対しては、第１項の規定により当該施行マンションの区分所有者に与えられることとなる施行再建

マンションの部分について、配偶者居住権が与えられるように定めなければならない。ただし、施行マンションの区分所有者が同条第1項の申出をしたときは、第3項の規定により施行者に帰属することとなる施行再建マンションの部分について、配偶者居住権が与えられるように定めなければならない。
6　前項の場合においては、権利変換計画は、施行マンションについて配偶者居住権の設定を受けている者に対し与えられることとなる施行再建マンションの部分についての配偶者居住権の存続期間が当該施行マンションの配偶者居住権の存続期間と同一の期間となるように定めなければならない。

第62条中「第10号又は第11号」を「第12号又は第13号」に改める。
第63条中「第9号」を「第11号」に改める。
第83条第1項及び第2項第3号中「借家権」を「賃借権」に改め、同条第3項中「賃借人」を「賃借権を有する者」に改める。
第2章第2節第2款の款名中「賃借人等」を「借家権者等」に改める。
第90条中「賃借人」を「借家権者」に改める。
第110条第3号中「借家人」を「借家権者」に改める。
第115条中「賃借人」を「借家権者」に改める。

◆解説

1　趣旨

マンションの建替え等の円滑化に関する法律の一部を改正するものである。

ここでは、配偶者居住権（改正民法1028～1036条）が賃借権類似の法定債権であることに基づき、賃借権と同様の規律とすることが明文化されている。

2　内容

規律の内容が変更された（項または号の新設に伴い、関連条文において数字が繰り下げられたこと以外の改正がされた）条文について、改正後の内容は、以下のとおりとなる。

◇マンションの建替え等の円滑化に関する法律2条（定義等）
1　この法律において、次の各号に掲げる用語の意義は、それぞれ当該各号に定めるところによる。
(1)～(17)　（略）

(18) 借家権　建物の賃借権（一時使用のため設定されたことが明らかなものを除く。以下同じ。）及び配偶者居住権をいう。
2　（略）
◇マンションの建替え等の円滑化に関する法律4条（基本方針）
1　（略）
2　基本方針においては、次に掲げる事項を定めるものとする。
　(1)～(4)　（略）
　(5)　マンションの建替えが行われる場合における従前のマンションに居住していた借家権者（借家権を有する者をいう。以下同じ。）及び転出区分所有者（従前のマンションの区分所有者で再建マンションの区分所有者とならないものをいう。以下同じ。）の居住の安定の確保に関する事項
　(6)・(7)　（略）
　(8)　売却マンションに居住していた区分所有者及び借家権者の居住の安定の確保に関する事項
　(9)　（略）
3・4　（略）
◇マンションの建替え等の円滑化に関する法律58条（権利変換計画の内容）
権利変換計画においては、国土交通省令で定めるところにより、次に掲げる事項を定めなければならない。
　(1)～(6)　（略）
　(7)　施行マンションについて賃借権を有する者（その者が更に賃借権を設定しているときは、その賃借権の設定を受けた者）又は施行マンションについて配偶者居住権を有する者から賃借権の設定を受けた者で、当該賃借権に対応して、施行再建マンションについて賃借権を与えられることとなるものの氏名又は名称及び住所
　(8)　前号に掲げる者に賃借権が与えられることとなる施行再建マンションの部分
　(9)　施行マンションについて配偶者居住権を有する者（その者が賃借権を設定している場合を除く。）で、当該配偶者居住権に対応して、施行再建マンションについて配偶者居住権を与えられることとなるものの氏名及び住所並びにその配偶者居住権の存続期間
　(10)　前号に掲げる者に配偶者居住権が与えられることとなる施行再建マンションの部分
　(11)～(19)　（略）
2・3　（略）
◇マンションの建替え等の円滑化に関する法律60条（区分所有権及び敷地利用権等）

1～3　（略）
4　権利変換計画においては、56条3項の申出をした者を除き、施行マンションの区分所有者から当該施行マンションについて賃借権の設定を受けている者（その者が更に賃借権を設定しているときは、その賃借権の設定を受けている者）又は施行マンションについて配偶者居住権を有する者から賃借権の設定を受けている者に対しては、1項の規定によりそれぞれ当該施行マンションの区分所有者に与えられることとなる施行再建マンションの部分について、賃借権が与えられるように定めなければならない。ただし、施行マンションの区分所有者が同条1項の申出をしたときは、前項の規定により施行者に帰属することとなる施行再建マンションの部分について、賃借権が与えられるように定めなければならない。
5　権利変換計画においては、56条3項の申出をした者を除き、施行マンションについて配偶者居住権の設定を受けている者（その者が賃借権を設定している場合を除く。）に対しては、1項の規定により当該施行マンションの区分所有者に与えられることとなる施行再建マンションの部分について、配偶者居住権が与えられるように定めなければならない。ただし、施行マンションの区分所有者が同条1項の申出をしたときは、3項の規定により施行者に帰属することとなる施行再建マンションの部分について、配偶者居住権が与えられるように定めなければならない。
6　前項の場合においては、権利変換計画は、施行マンションについて配偶者居住権の設定を受けている者に対し与えられることとなる施行再建マンションの部分についての配偶者居住権の存続期間が当該施行マンションの配偶者居住権の存続期間と同一の期間となるように定めなければならない。

◇マンションの建替え等の円滑化に関する法律83条（借家条件の協議及び裁定）
1　権利変換計画において施行再建マンションの区分所有者が与えられるように定められた者と当該施行再建マンションについて60条4項本文の規定により賃借権が与えられるように定められた者は、家賃その他の借家条件について協議しなければならない。
2　第81条の公告の日までに前項の規定による協議が成立しないときは、施行者は、当事者の一方又は双方の申立てにより、審査委員の過半数の同意を得て、次に掲げる事項について裁定することができる。
　(1)・(2)　（略）
　(3)　敷金又は賃借権の設定の対価を支払うべきときは、その額
3　施行者は、前項の規定による裁定をするときは、賃借の目的については賃借部分の構造及び賃借権を有する者の職業を、家賃の額については賃貸人の受けるべき適正な利潤を、その他の事項についてはその地方における一般の慣行を考慮し

て定めなければならない。
　4～7　（略）
◇マンションの建替え等の円滑化に関する法律90条
　1　施行者は、基本方針に従って、施行マンションに居住していた借家権者及び転出区分所有者の居住の安定の確保に努めなければならない。
　2　国及び地方公共団体は、基本方針に従って、施行マンションに居住していた借家権者及び転出区分所有者の居住の安定の確保を図るため必要な措置を講ずるよう努めなければならない。
◇マンションの建替え等の円滑化に関する法律110条（買受計画の認定基準）
　都道府県知事等は、前条1項の認定の申請があった場合において、次の各号のいずれにも該当すると認めるときは、その認定をするものとする。
　(1)・(2)　（略）。
　(3)　代替建築物提供等計画が当該決議要除却認定マンションの区分所有者又は借家権者の要請に係る代替建築物の提供等を確実に遂行するため適切なものであること。
◇マンションの建替え等の円滑化に関する法律115条
　国及び地方公共団体は、基本方針に従って、決議要除却認定マンションに居住していた区分所有者及び借家権者の居住の安定の確保を図るため必要な措置を講ずるよう努めなければならない。

3　実務への影響

　マンションの建替え等の円滑化に関する法律についても相続法改正が影響することに注意が必要である。

（独立行政法人都市再生機構法の一部改正）
第25条
独立行政法人都市再生機構法（平成15年法律100号）の一部を次のように改正する。
　第11条第1項第4号中「第73条第1項第19号」を「第73条第1項第21号」に、「第205条第1項第18号」を「第205条第1項第20号」に改める。

◆解説

1　趣旨

　独立行政法人都市再生機構法の一部を改正するものである。

これは、民法等改正法附則18条において都市再開発法73条1項14号から22号までを2号ずつ繰り下げる改正がされたこと、および、民法等改正法附則23条において密集市街地における防災街区の整備の促進に関する法律（密集市街地整備法）205条1項14号から22号までを2号ずつ繰り下げる改正がされたことを受けたものである。

2　内容

　改正後の該当条文は、以下のとおりとなる。

◇独立行政法人都市再生機構法11条

1　機構は、3条の目的を達成するため、次の業務を行う。

　(1)～(3)　（略）

　(4)　既に市街地を形成している区域において、市街地再開発事業、防災街区整備事業、土地区画整理事業又は住宅街区整備事業に参加組合員（市街地再開発事業にあっては都市再開発法73条1項21号に規定する特定事業参加者を、防災街区整備事業にあっては密集市街地整備法205条1項20号に規定する特定事業参加者を含む。）として参加すること（6号の業務を併せて行うものに限る。）。

　(5)～(17)　（略）

2・3　（略）

3　実務への影響

　実務への影響はないと思われる。

（不動産登記法の一部改正）
第26条
不動産登記法（平成16年法律123号）の一部を次のように改正する。
　第3条中第9号を第10号とし、第8号の次に次の1号を加える。
　(9)　配偶者居住権
第81条の次に次の1条を加える。
（配偶者居住権の登記の登記事項）
第81条の2
配偶者居住権の登記の登記事項は、第59条各号に掲げるもののほか、次のとおりとする。
　(1)　存続期間
　(2)　第三者に居住建物（民法第1028条1項に規定する居住建物をい

> う。）の使用又は収益をさせることを許す旨の定めがあるときは、その定め

◆解説

1　趣旨

不動産登記法の一部を改正するものである。

配偶者居住権について登記が対抗要件とされていること（改正民法1031条）を受けて、配偶者居住権が登記することができる権利等であることを明文化し、その登記事項について定めている。

2　内容

改正後の該当条文は、以下のとおりとなる。

◇不動産登記法3条（登記することができる権利等）

登記は、不動産の表示又は不動産についての次に掲げる権利の保存等（保存、設定、移転、変更、処分の制限又は消滅をいう。次条2項及び105条1号において同じ。）についてする。

(1)～(8)　（略）
(9)　配偶者居住権
(10)　採石権（採石法（昭和25年法律291号）に規定する採石権をいう。50条及び82条において同じ。）

◇不動産登記法81条の2（配偶者居住権の登記の登記事項）

配偶者居住権の登記の登記事項は、59条各号に掲げるもののほか、次のとおりとする。

(1)　存続期間
(2)　第三者に居住建物（民法1028条1項に規定する居住建物をいう。）の使用又は収益をさせることを許す旨の定めがあるときは、その定め

3　実務への影響

不動産登記法についても相続法改正が影響することに注意が必要である。一問一答（相続）33頁は、存続期間の公示について、「別段の定めがない場合には『存続期間　配偶者の死亡時まで』と、別段の定めがある場合には『存続期間　平成○年○月○日から○年（又は平成○年○月○日から平成○年○月○日まで）又は配偶者の死亡時までのうち、いずれか短い期間』と公示することが相当である」と指摘している。

> （信託法の一部改正）
> 第27条
> 信託法（平成18年法律108号）の一部を次のように改正する。
> 　第95条の次に次の1条を加える。
> 　（共同相続における受益権の承継の対抗要件）
> 第95条の2
> 　相続により受益権が承継された場合において、民法第900条及び第901条の規定により算定した相続分を超えて当該受益権を承継した共同相続人が当該受益権に係る遺言の内容（遺産の分割により当該受益権を承継した場合にあっては、当該受益権に係る遺産の分割の内容）を明らかにして受託者にその承継の通知をしたときは、共同相続人の全員が受託者に通知をしたものとみなして、同法第899条の2第1項の規定を適用する。

◆解説

1　趣旨

信託法の一部を改正するものである。

ここでは、共同相続における権利の承継の対抗要件に関する改正民法899条の2と同様に、対抗要件主義の適用範囲が拡大されている。

2　内容

改正後の該当条文は、以下のとおりとなる。

◇信託法95条の2（共同相続における受益権の承継の対抗要件）

相続により受益権が承継された場合において、民法900条及び901条の規定により算定した相続分を超えて当該受益権を承継した共同相続人が当該受益権に係る遺言の内容（遺産の分割により当該受益権を承継した場合にあっては、当該受益権に係る遺産の分割の内容）を明らかにして受託者にその承継の通知をしたときは、共同相続人の全員が受託者に通知をしたものとみなして、同法899条の2第1項の規定を適用する。

3　実務への影響

信託法についても相続法改正が影響することに注意が必要である。

> （信託法の一部改正に伴う経過措置）
> 第28条
> 前条の規定による改正後の信託法第95条の2の規定は、施行日前に開始した相続に関し遺産の分割による受益権の承継がされた場合において、施行日以後にその承継の通知がされるときにも、適用する。

◆解説

1　趣旨

信託法の一部改正に伴う経過措置を定めている。

2　内容

本条は、「前条の規定による改正後の信託法95条の2の規定は、施行日前に開始した相続に関し遺産の分割による受益権の承継がされた場合において、施行日以後にその承継の通知がされるときにも、適用する」と規定している。

ここでは、共同相続における権利の承継の対抗要件に関する改正民法899条の2について、債権の承継の通知がされた日を基準とする例外的な経過措置を定める民法等改正法附則3条と同様の内容が、民法等改正法附則27条による改正後の信託法95条の2について定められている。

3　実務への影響

信託法に関する相続法改正の影響については、経過措置にも注意が必要である。

> （中小企業における経営の承継の円滑化に関する法律の一部改正）
> 第29条
> 中小企業における経営の承継の円滑化に関する法律（平成20年法律33号）の一部を次のように改正する。
> 　第9条第1項中「第1029条第1項の規定及び同法第1044条において準用する同法第903条第1項」を「第1043条第1項の規定及び同法第1044条第3項において読み替えて適用される同条第1項」に改め、同条第3項中「減殺」を「遺留分侵害額の請求」に改める。

◆解説
1　趣旨
　中小企業における経営の承継の円滑化に関する法律の一部を改正するものである。

　これは、遺留分に関する権利が金銭債権に一本化され、民法の条文が全体的に見直され、条数が変更されたほか、「減殺」という文言が使われなくなったことを受けた改正である。

　改正民法1043条1項は、「遺留分を算定するための財産の価額は、被相続人が相続開始の時において有した財産の価額にその贈与した財産の価額を加えた額から債務の全額を控除した額とする」と規定している。また、改正民法1044条1項は、「贈与は、相続開始前の1年間にしたものに限り、前条の規定によりその価額を算入する。当事者双方が遺留分権利者に損害を加えることを知って贈与したときは、1年前の日より前にしたものについても、同様とする」とし、同条3項は、「相続人に対する贈与についての1項の規定の適用については、『1年』とあるのは『10年』と、『価額』とあるのは『価額（婚姻若しくは養子縁組のため又は生計の資本として受けた贈与の価額に限る。）』とする」と規定している。

2　内容
　改正後の該当条文は、以下のとおりとなる。
　◇中小企業における経営の承継の円滑化に関する法律9条（合意の効力）
　1　前条1項の許可があった場合には、民法1043条1項の規定及び同法1044条3項において読み替えて適用される同条1項の規定にかかわらず、4条1項1号に掲げる内容の定めに係る株式等並びに5条及び6条2項の規定による合意に係る財産の価額を遺留分を算定するための財産の価額に算入しないものとする。
　2　（略）
　3　前2項の規定にかかわらず、前条1項に規定する合意は、旧代表者がした遺贈及び贈与について、当該合意の当事者（民法887条2項（同条3項において準用する場合を含む。）の規定により当該旧代表者の相続人となる者（次条4号において「代襲者」という。）を含む。次条3号において同じ。）以外の者に対してする遺留分侵害額の請求に影響を及ぼさない。

3　実務への影響
　本条は、遺留分制度の改正に伴う対応を定めるものであり、遺留分制度の改

正は、中小企業における経営の承継の円滑化の実務にも影響するものと思われる。

（民法の一部を改正する法律の一部改正）
第30条
民法の一部を改正する法律の一部を次にように改正する。
　第1012条第2項の改正規定中「第1012条第2項」を「第1012条第3項」に改める。
　第1016条第2項を削る改正規定を削る。
　附則第36条の見出し中「復任権及び」を削り、同条第1項を削り、同条第2項を同条とする。

◆解説

1　趣旨

　民法の一部を改正する法律（平成29年法律44号）による改正後の民法の一部を、その施行日である令和2（2020）年4月1日の前に、さらに改正するものである。

　本条は、民法等改正法の公布日（平成30年7月13日）から施行されている（民法等改正法附則1条1号）。

2　内容

（1）　**債権法改正後民法1012条の改正**　　本条は、「1012条2項の改正規定中『1012条2項』を『1012条3項』に改める」と規定している。

　債権法改正では、「644条〜647条まで及び650条の規定は、遺言執行者について準用する」と定める1012条2項を、「644条、645条〜647条まで及び650条の規定は、遺言執行者について準用する」と改正することとしていた。

　ところが、相続法改正後民法1012条は、2項で「遺言執行者がある場合には、遺贈の履行は、遺言執行者のみが行うことができる」、3項で「644条、645条〜647条まで及び650条の規定は、遺言執行者について準用する」と規定している。本条は、この改正を受けて、債権法改正の対象を1012条3項に改めたものである。

（2）　**債権法改正後民法1016条の改正**　　本条は、「1016条2項を削る改正規

定を削る」と規定している。

　債権法改正では、遺言執行者の復任権に関する1016条について、債権法改正前における同条2項の「遺言者が前項ただし書の規定により第三者にその任務を行わせる場合には、相続人に対して、105条に規定する責任を負う」という条項を削り、債権法改正前における同条1項の「遺言執行者は、やむを得ない事由がなければ、第三者にその任務を行わせることができない。ただし、遺言者がその遺言に反対の意思を表示したときは、この限りでない」という規律のみを残していた。

　ところが、相続法改正後民法1016条は、1項では「遺言執行者は、自己の責任で第三者にその任務を行わせることができる。ただし、遺言者がその遺言に別段の意思を表示したときは、その意思に従う」と改正され、2項で「前項本文の場合において、第三者に任務を行わせることについてやむを得ない事由があるときは、遺言執行者は、相続人に対してその選任及び監督についての責任を負う」と規定している。本条は、この改正を受けて、1016条2項を削るという債権法改正の規定を削ったものである。

（3）　**債権法改正後民法附則36条の改正**　本条は、「附則36条の見出し中『復任権及び』を削り、同条1項を削り、同条2項を同条とする」と規定している。

　債権法改正後民法附則36条は、遺言執行者の復任権および報酬に関する経過措置について、1項で「施行日前に遺言執行者となった者の旧法1016条2項において準用する旧法105条に規定する責任については、なお従前の例による」、2項で「施行日前に遺言執行者となった者の報酬については、新法1018条2項において準用する新法648条3項及び648条の2の規定にかかわらず、なお従前の例による」と規定していた。

　本条による改正後の附則36条は、遺言執行者の報酬に関する経過措置について、「施行日前に遺言執行者となった者の報酬については、新法1018条2項において準用する新法648条3項及び648条の2の規定にかかわらず、なお従前の例による」と規定するものになる。

　これは、遺言執行者の復任権に関する経過措置については、民法等改正法附則8条3項が適用されることを意味する。

3　実務への影響

　債権法改正後の民法についても相続法改正が影響することに注意が必要であ

る。

> （政令への委任）
> 第31条
> この附則に規定するもののほか、この法律の施行に関し必要な経過措置は、政令で定める。

◆解説
1　趣旨
　経過措置について政令に委任している。
2　内容
　民法等改正法の施行に関する経過措置について、この附則の規定では足りない場合に備えて、政令に委任する規定である。
　本条は公布日（平成30〔2018〕年7月13日）から施行されている（民法等改正法附則1条1号）が、この規定に基づく政令は、現時点では制定されていない。
　なお、民法及び家事事件手続法の一部を改正する法律の施行期日を定める政令（平成30年政令316号）が施行期日を定めているが、これは本条ではなく、民法等改正法附則1条に基づくものである。
3　実務への影響
　経過措置に関する政令が制定される可能性にも注意が必要である。

第9 法務局における遺言書の保管等に関する法律

（趣旨）
第1条
この法律は、法務局（法務局の支局及び出張所、法務局の支局の出張所並びに地方法務局及びその支局並びにこれらの出張所を含む。次条第1項において同じ。）における遺言書（民法（明治29年法律89号）第968条の自筆証書によってした遺言に係る遺言書をいう。以下同じ。）の保管及び情報の管理に関し必要な事項を定めるとともに、その遺言書の取扱いに関し特別の定めをするものとする。

◆解説
1 趣旨

本条は、新たに制定された「法務局における遺言書の保管等に関する法律」（以下、遺言書保管法という）の趣旨について規定している。

自筆証書遺言は、簡易な方式の遺言であり、自書する能力さえあれば他人の力をかりることなく自分の意思に従って作成することができる。そして、改正民法968条2項前段は「自筆証書にこれと一体のものとして相続財産（民法997条1項に規定する場合における同項の権利を含む。）の全部又は一部の目録を添付する場合には、その目録については、自書することを要しない」と規定し、目録について方式を緩和しているから、相続法改正後は、現在よりも作成が容易になる。また、公正証書遺言（民法996条）と異なり、作成には特別の費用がかからない。そのような意味において、自筆証書遺言は、遺言者にとって手軽かつ自由度の高い制度である。

他方で、自筆証書遺言は、その作成や保管について第三者の関与が不要とされているため、遺言者の死亡後、遺言書の真正や遺言内容をめぐって紛争が生ずるリスクがある。また、相続人が遺言書の存在に気づかないまま遺産分割を行ってしまうリスクもある。この点については、「自筆証書遺言は、遺言証書原本が公証役場で厳重に保管される公正証書遺言とは異なり、作成後に遺言書

が紛失し、又は相続人によって隠匿若しくは変造されるおそれがあり、実際に、自筆証書遺言が相続人の1人により破棄又は隠匿されたために裁判手続に提出されなかったとの事実認定がされた裁判例（東京高判平成9年12月15日判例タイムズ987号227頁）があるほか、自筆証書遺言の有効性が争われた裁判例は多数存在する（例えば、東京高判平成12年10月26日判例タイムズ1094号242頁）。また、相続人は、『自己のために相続の開始があったことを知った時から3箇月以内』に相続を承認するか、放棄するかを決めなければならないが（民法915条1項）、相続開始後速やかに遺言の有無及び内容を確認することができなければ、その判断を適切に行うことは困難である。さらに、被相続人が自筆証書遺言を作成していた場合であっても、相続人が遺言書の存在を把握することができないまま遺産分割が終了し、あるいは遺言書が存在しないものとして進められた遺産分割協議が遺言書の発見により無駄になるおそれもある。このほかにも、複数の遺言書が発見された場合や、一部の相続人が遺言書の偽造又は変造を主張した場合には、遺言書の作成の真正等をめぐって深刻な紛争が生ずることになる。これらの問題は、自筆証書遺言を確実に保管し、相続人がその存在を把握することのできる仕組みが確立されていないことがその一因になっている」と指摘された（中間試案補足43〜44頁）。

　高齢化の進展等の社会経済情勢の変化に鑑みると、このようなリスクを考慮し、相続をめぐる紛争を防止することが必要である。

　遺言書保管法は、「手軽で自由度が高いという自筆証書遺言の利点を損なうことなく、他方で、法務局における遺言書の保管及びその画像情報の記録や、保管申請の際に法務局の事務官が行う自筆証書遺言の方式に関する遺言書の外形的確認などにより……自筆証書遺言に伴うリスクを軽減した制度を新設する」ものであり（小野瀬民事局長：衆議院会議録19号5頁）、「自筆証書遺言につきましては、それを自宅において保管するということが多いかと思いますけれども、そうしますと、その遺言書が紛失してしまったりですとか、あるいは改ざんがされるといったような、紛争が起きる可能性がございます。そういったところで、自筆証書を保管する制度を創設することにして、そのような紛争を防止するということができますれば、より自筆証書遺言が利用しやすくなるのではないか、こういう趣旨の改正でございます」と説明された（小野瀬民事局長：同21号6頁）。

2 内容

(1) 法務局 本条は、「法務局」について「法務局の支局及び出張所、法務局の支局の出張所並びに地方法務局及びその支局並びにこれらの出張所を含む」とし、「次条1項において同じ」と規定している。

このことは、遺言書保管法2条1項の解釈において意識すべきである。

(2) 遺言書 本条は、「遺言書」について「(民法(明治29年法律89号)968条の自筆証書によってした遺言に係る遺言書」をいう。……)」と定義し、「以下同じ」と規定している。

このことによって、遺言書保管法においては、単に「遺言書」とあるときでも、自筆証書遺言のみを意味する(公正証書遺言等を含まない)ことになる。

(3) 遺言書保管法の規律対象 本条は、「保管及び情報の管理に関し必要な事項を定めるとともに、その遺言書の取扱いに関し特別の定めをするものとする」と規定している。

法務局における自筆証書遺言の「保管及び情報の管理に関し必要な事項」に関するものとしては、遺言書保管法2条(遺言書保管所)から遺言書保管法12条(手数料)までの規定と、遺言書保管法18条(政令への委任)がある。

「その遺言書の取扱いに関し特別の定めをするもの」としては、遺言書保管法13条(行政手続法の適用除外)から遺言書保管法17条(行政不服審査法の適用除外)までの規定がある。

3 実務への影響

(1) 遺言の撤回との関係 遺言書保管法によって自筆証書遺言が法務局において保管されることは、自筆証書遺言が有効とされる可能性を高めるものであり、遺言の有効性をめぐる紛争が減少することが期待される。ただし、それは絶対的なものではない。

例えば、遺言の撤回については、「遺言者は、いつでも、遺言の方式に従って、その遺言の全部又は一部を撤回することができる」とされており(民法1022条)、前の遺言と後の遺言との抵触等(民法1023条)および遺贈の目的物の破棄(民法1024条後段)に関する規定もある。そのため、法務局において自筆証書遺言を保管している場合であっても、その撤回によって遺言が効力を失う場合がある。

この点について、紛争が生じやすくなるなどの問題があるとして、遺言の撤回を制限することも検討されたが、採用されなかった。その理由は、その遺言

者の遺言の自由、その最終意思を尊重する、という観点にある。例えば、公正証書遺言よりも後に自筆証書遺言が作成された場合であっても、その内容が抵触するときには後の遺言の効力が認められているのであり、遺言書保管所において保管された遺言書についても、同様の観点から、遺言の撤回を制限しないこととされた。このことに関連して、「法務省といたしましては、相続に関するトラブルの防止のために、公正証書による遺言あるいは法務局における遺言書保管制度のメリットを含む遺言制度全般につきまして、広く国民に対する周知を図ってまいりたいというふうに考えております」と説明されたことがある（小野瀬民事局長：参議院会議録21号18頁）。

（２）　相続登記の促進への寄与　　評価額が低い不動産等については、相続による権利承継が起こっても相続登記が適切に行われていない場合があり、そのことが所有者が誰であるかの調査を困難にし、所有者不明土地を増加させているとの指摘がされてきた。登記制度・土地所有権の在り方等に関する研究会の平成30（2018）年6月付「中間取りまとめ」1頁では、「相続による登記が未了のまま放置されている土地……が増加し、不動産登記制度の公示機能が低下しているのではないか」という指摘を受けて、「相続等の発生を登記に反映させるための仕組み等」について検討された。そして、平成31（2019）年2月14日には法制審議会183回会議において法務大臣から「土地の所有者が死亡しても相続登記がされないこと等を原因として、不動産登記簿により所有者が直ちに判明せず、又は判明しても連絡がつかない所有者不明土地問題が生じ、その土地の利用等が阻害されるなどの問題が生じている近年の社会経済情勢に鑑み、相続等による所有者不明土地の発生を予防するための仕組みや、所有者不明土地を円滑かつ適正に利用するための仕組みを早急に整備する観点から民法、不動産登記法等を改正する必要がある」と指摘され（諮問107号）、民法・不動産登記法部会が新設された。

　遺言書保管法は、この相続登記を促進することにも有意義なのではないかと期待されている。具体的には、「遺言につきましては遺産の分配方法に関する被相続人の最終意思を明らかにするものでございまして、その活用は遺産に関する相続人等の権利義務関係の早期確定に資するものでございます。遺言によって権利関係がより早期に確定しますれば、相続人において相続登記を行おうとするインセンティブが高まるケースが増加する、こういう効果がもたらされるのではないかと考えております。さらに、この制度は相続登記の事務を行う

法務局が担うこととしておりますので、法務局の職員が、遺言者の死亡後に遺言書情報証明書の交付請求のために窓口を訪れた相続人等に対して相続登記の申請を促す、またその手続案内を行う、こういったような取組をすることも予定をしております。このような運用面での取組によりましても、相続登記が促進されることとなると考えております」と説明された（小野瀬民事局長：衆議院会議録19号15頁）。

【参考判例等】

1　東京高裁平成9年12月15日判決・判タ987号227頁

　　Aは、XおよびYに対して遺贈をする目的で遺言書を作成することを決意し、弁護士に依頼して原稿を作成してもらい、自らもこれを書き写す形で遺言書の原稿を作成し、弁護士の添削等具体的な指示を受けた上、本件遺言書を完成するに至ったこと、一部の相続人は右訂正の場に立ち会い訂正の正確性を確認したことが明らかである。そして、本件においては、Aが自ら作成し弁護士による添削を受け、清書すればよいばかりになっている遺言書の草稿および封書の見本が証拠として提出されており、そのとおり作成されていれば本件遺言書はその形式および内容において有効な遺言書として欠けるところがないものであると認めることができる。

　　本件遺言書は、Yによって破棄または隠匿されたものと認められ既に現存しておらず、検認の手続も経ておらず、また民法は遺言の方式につき厳格な規定を定めるものではあるが、遺言書作成の動機、経緯、方法および完成した遺言書の同一性を確認できる証拠の存在を考慮すると、本件遺言書は、民法の要求する適式な遺言書であったと推認するのが相当である。そうすると、本件に当たっては適式、有効な遺言書が作成されたものとして本件遺言書につきその効力を認めるのが相当である。

2　東京高裁平成12年10月26日判決・判タ1094号242頁

　　平成2年9月までの間において、両親と最も長く同居し、年をとってからの世話をしてきたのはXであると認められる。したがって、Aの遺産の相続に当たっては、ほぼ民法に定める相続割合で遺産分割協議がされたとしても、Bの遺産の相続に当たっては、Bが、それまで最も両親の世話をした者にその財産を譲りたいと考えることは自然な心情であると考えられる。また、Bの財産の内訳をみると、Aの遺産分割によって計算上取得した金額は大きいが、その大部分が株式であって、不動産については、居住している建物とその借地権およびマンション1室に尽きる。

Bは、Aの死亡後も、自らの生活は自らの金銭で維持していく予定であったと推測され、保有する株式が多少あったとしても、それは生活のために費消されることが予定されていたものにすぎない。一方、Bは、結婚した娘に対してもかなりの金銭的援助をすることをいとわなかったのであるから、Xに対して金銭を残す結果になったとしても、Bの考えに反しているとはいえない。Bが、今後の生活のために金銭を使い、それが自分の死亡時に残っていればXに贈与したい、少なくとも居住する建物とその借地権、マンション1室はXに残したいとの意図で遺言をすることは、それまでの生活状態からして、内容としても合理性を有するものであると解される。

　本件においては、両親とXとの生活状態からすれば、本件遺言がされる動機があり、その内容にも合理性が認められる。そして、Cの平成2年当時の手帳に、遺言書とほぼ同文の記載があることを総合すれば、本件遺言はBの自筆によるものと認めるのが相当である。

（遺言書保管所）
第2条
1　遺言書の保管に関する事務は、法務大臣の指定する法務局が、遺言書保管所としてつかさどる。
2　前項の指定は、告示してしなければならない。

◆解説

1　趣旨
　自筆証書遺言の保管に関する事務をつかさどる法務局について定めている。

2　内容
（1）　法務大臣の指定（本条1項）　　本条1項は、「遺言書の保管に関する事務は、法務大臣の指定する法務局が、遺言書保管所としてつかさどる」と規定している。

　ここにいう「法務局」は、「法務局の支局及び出張所、法務局の支局の出張所並びに地方法務局及びその支局並びにこれらの出張所を含む」ものである（遺言書保管法1条）。

　本条1項は、遺言書の保管に関する事務をつかさどる「遺言書保管所」は、

法務大臣の指定する法務局であると規定している。ここでは、法務局であればすべてが「遺言書保管所」になるわけではなく、法務局のうちから「法務大臣が指定する」ものに限定されていることに注意する必要がある。

（2）告示（本条2項）　本条2項は、「前項の指定は、告示してしなければならない」と規定している。

これは、遺言書保管所に関する法務大臣の指定について、その方法は「告示」によるべきことを定めたものである。

3　実務への影響

自筆証書遺言の保管に関する基礎的な事項として、理解しておく必要がある。

（遺言書保管官）
第3条
遺言書保管所における事務は、遺言書保管官（遺言書保管所に勤務する法務事務官のうちから、法務局又は地方法務局の長が指定する者をいう。以下同じ。）が取り扱う。

◆解説

1　趣旨

遺言書保管所において事務を取り扱う「遺言書保管官」について定めている。

2　内容

本条は、「遺言書保管所における事務は、遺言書保管官が取り扱う」としている。ここにいう「遺言書保管所」とは、法務局（法務局の支局および出張所、法務局の支局の出張所並びに地方法務局およびその支局並びにこれらの出張所を含む。）のうちから「法務大臣が指定する」ものである（遺言書保管法2条）。

本条は、「遺言書保管官」を「遺言書保管所に勤務する法務事務官のうちから、法務局又は地方法務局の長が指定する者」と定義している。「以下同じ」とあるため、遺言書保管法の他の条文においても、同じ意味で理解する必要がある。

ここでは、遺言書保管所に勤務する法務事務官であればだれでも「遺言書保管官」になるわけではなく、そのうちから「法務局又は地方法務局の長が指定する者」に限定されていることが重要である。この点については、「登記や供

託に関する事務と同様に、独立の権限を有する行政官を専門的能力を有する職員の中から任命して、遺言書の保管に関する事務を行わせることとするものでございます。そういったことから、この遺言書保管官には、不動産登記事務における登記官や供託手続における供託官と同様に、独任の行政官として、自己の名において完結的に処理することができるだけの高度の専門的知識及び実務経験が必要とされますために、法務省等が実施する各種研修によって民法等の関係法令に関する高度な専門的知識等を涵養し、また登記事務等の実務経験を十分に積んだ法務事務官を指定することを予定しております」と説明された（小野瀬民事局長：衆議院会議録19号11頁）。

3 実務への影響

自筆証書遺言の保管に関する基礎的な事項として、理解しておく必要がある。

（遺言書の保管の申請）

第4条

1 遺言者は、遺言書保管官に対し、遺言書の保管の申請をすることができる。

2 前項の遺言書は、法務省令で定める様式に従って作成した無封のものでなければならない。

3 第1項の申請は、遺言者の住所地若しくは本籍地又は遺言者が所有する不動産の所在地を管轄する遺言書保管所（遺言者の作成した他の遺言書が現に遺言書保管所に保管されている場合にあっては、当該他の遺言書が保管されている遺言書保管所）の遺言書保管官に対してしなければならない。

4 第1項の申請をしようとする遺言者は、法務省令で定めるところにより、遺言書に添えて、次に掲げる事項を記載した申請書を遺言書保管官に提出しなければならない。

⑴ 遺言書に記載されている作成の年月日

⑵ 遺言者の氏名、出生の年月日、住所及び本籍（外国人にあっては、国籍）

⑶ 遺言書に次に掲げる者の記載があるときは、その氏名又は名称及び住所

イ 受遺者

> 　　ロ　民法第1006条第1項の規定により指定された遺言執行者
> 　⑷　前3号に掲げるもののほか、法務省令で定める事項
> 　5　前項の申請書には、同項第2号に掲げる事項を証明する書類その他法務省令で定める書類を添付しなければならない。
> 　6　遺言者が第1項の申請をするときは、遺言書保管所に自ら出頭して行わなければならない。

◆解説

1　趣旨

　遺言書保管所における自筆証書遺言の保管の申請について定めている。

2　内容

(1)　遺言書保管官に対する申請（本条1項）　本条1項は、「遺言者は、遺言書保管官に対し、遺言書の保管の申請をすることができる」と規定している。

　ここにいう「遺言書保管官」とは、遺言書の保管に関する事務をつかさどるものとして法務大臣に指定された法務局（遺言書保管所）に勤務する法務事務官のうち、法務局または地方法務局の長が指定した者である（遺言書保管法3条）。

　遺言書保管官は、申請を受けた際に審査をするが、その内容は、遺言書が民法968条の定める方式に適合するか否かについて外形的な確認を行うことに限られており、実質的な有効性までを判断するものではない。このことは、「遺言書保管官につきましては、自筆証書遺言の方式であります民法が定める方式に適合するか否か、外形的な確認を行うこととしております。すなわち、日付及び遺言者の氏名の記載、押印の有無、本文部分が手書きで書かれているかどうかを確認するなどの形式的な審査を行うこととしておりまして、そういった審査を超えて、例えば筆跡が遺言者本人のものであるか、あるいは他人のものであるかを見分けるといった実質的な審査までは行わないこととしております」と説明された（小野瀬民事局長：衆議院会議録19号15頁）。

(2)　様式に従って作成された無封の遺言書（本条2項）　本条2項は、「前項の遺言書は、法務省令で定める様式に従って作成した無封のものでなければならない」と規定している。

　(a)　法務省令で定める様式に従って作成した遺言書　保管の申請をするこ

とができる遺言書について、「法務省令で定める様式に従って作成した」ものでなければならないとされている点については、「今後、法務省令におきましてこの遺言書の用紙の大きさ等を規定することを予定しております。これは……用紙の大きさ等の一定の様式を満たすこと、あるいは無封であることを要件とすることによりまして、遺言書の保管事務あるいはその画像情報を記録する事務を円滑に実施することを可能にするため」と説明された（小野瀬民事局長：衆議院会議録19号20頁）。

法務省の定める様式については、遺言書保管制度の利用者の利便性を図る必要があるところ、「この様式につきましては、その利用者の利便性等の観点から、遺言者が容易に把握できるようにする、そういったことで、サンプルデータのダウンロードを可能にすることも含めまして、効果的な方策を検討してまいりたいというふうに考えております」と説明された（小野瀬民事局長：衆議院会議録19号20頁）。

(b) **無封の遺言書**　保管の申請をすることができる遺言書が「無封のものでなければならない」とされている理由は、①「保管の申請があった際に、遺言書保管官が、遺言書が民法968条の定める方式に適合するか否かについて外形的な確認を行うこと、それから、遺言書の作成名義人と申請人の同一性を確認することを可能にする」こと、および、②「遺言書保管官が遺言書に係る情報の管理として、遺言書の画像情報等を磁気ディスクをもって調製する遺言書保管ファイルに記録することを可能にする」ことにある（小野瀬民事局長：衆議院会議録19号11頁）。

なお、遺言書に封がされている場合でも、遺言者本人が（または遺言者の了解を得て）保管の申請等の際に開封することによって保管の対象とすることが予定されている（部会資料17・16～17頁）。

（3） 管轄（本条3項）　本条3項は、「1項の申請は、遺言者の住所地若しくは本籍地又は遺言者が所有する不動産の所在地を管轄する遺言書保管所（遺言者の作成した他の遺言書が現に遺言書保管所に保管されている場合にあっては、当該他の遺言書が保管されている遺言書保管所）の遺言書保管官に対してしなければならない」と規定している。

これは、遺言書保管所の管轄について、①遺言者の住所地、②遺言者の本籍地、または③遺言者が所有する不動産の所在地という要素によって決めることを原則とするものであり、「遺言者の利便性、相続人等の利便性及び法務局に

おける事務量予測の必要性等を考慮」したものである（部会資料24-2・23頁）。

また、本条3項には、「遺言者の作成した他の遺言書が現に遺言書保管所に保管されている場合にあっては、当該他の遺言書が保管されている遺言書保管所」とあるのは、その申請より前に「他の遺言書が保管されている」という事情によって認められた例外である。その理由について、一問一答（相続）211頁は「複数の遺言書を異なる遺言書保管所に分散して保管することを認めた場合に生じ得る閲覧を請求する相続人等の負担の増大や遺言書保管所における事務の複雑化といった弊害を回避する等の考慮に基づくもの」と説明している。

(4) 申請書の記載事項（本条4項） 本条4項は、「1項の申請をしようとする遺言者は、法務省令で定めるところにより、遺言書に添えて、次に掲げる事項を記載した申請書を遺言書保管官に提出しなければならない」と規定している。

(a) **遺言書記載の作成年月日** 本条4項1号は、申請書の記載事項として「遺言書に記載されている作成の年月日」と規定している。

自筆証書によって遺言をするには、遺言者が「日付」を自書しなければならないから（改正民法968条1項）、「遺言書に記載されている作成の年月日」を申請書の記載事項とすることは、この要件に関する注意喚起として有意義である。

また、「前の遺言が後の遺言と抵触するときは、その抵触する部分については、後の遺言で前の遺言を撤回したものとみなす」とされ（民法1023条1項）、この規定が「遺言が遺言後の生前処分その他の法律行為と抵触する場合」について準用されているなど（民法1023条2項）、「遺言書に記載されている作成の年月日」は、その有効性の判断要素となる場合もある。

(b) **遺言者の氏名・出生年月日等** 本条4項2号は、申請書の記載事項として「遺言者の氏名、出生の年月日、住所及び本籍（外国人にあっては、国籍）」と規定している。

自筆証書によって遺言をするには、遺言者が「氏名」を自書しなければならないから（改正民法968条1項）、「遺言者の氏名」を申請書の記載事項とすることは、この要件に関する注意喚起として有意義である。

「15歳に達した者は、遺言をすることができる」から（民法961条）、遺言者の「出生の年月日」を申請書の記載事項とすることは、この要件に関する注意喚起として有意義である。また、相当程度の高齢者については、意思能力の有無について慎重に検討すべき場合があり得るという事情もある。

§4

　民法886条以下では、親子や配偶者という関係に基づいて相続人を定めている。これらの法定相続人についての情報は、遺言者（被相続人）の住民票や戸籍等から調査することができる。遺言者の「住所及び本籍（外国人にあっては、国籍）」を申請書の記載事項とすることは、遺言書保管所において、このような調査をし、相続人に通知するときのために必要である（遺言書保管法9条5項）。

　(c)　**受遺者・遺言執行者の氏名・住所等**　本条4項3号は、申請書の記載事項として「受遺者」または「民法1006条1項の規定により指定された遺言執行者」があるときは、「その氏名又は名称及び住所」と規定している。

　受遺者や遺言執行者は、遺言者の親族ではない場合があるため、遺言者（被相続人）の住民票や戸籍等から調査することができるとは限らない。そこで、「受遺者」または「民法1006条1項の規定により指定された遺言執行者」があるときは「その氏名又は名称及び住所」を申請書の記載事項とすることは、遺言書保管所において、これらの者に通知するときのために必要である（遺言書保管法9条5項）。

　(d)　**法務省令で定める事項**　本条4項4号は、申請書の記載事項として「前3号に掲げるもののほか、法務省令で定める事項」と規定している。

　前記(a)ないし(c)以外にも、細かな事項について申請書に記載する必要があるため、法務省令に委任したものである。

(5)　申請書の添付書類（本条5項）　本条5項は、「前項の申請書には、同項2号に掲げる事項を証明する書類その他法務省令で定める書類を添付しなければならない」と規定している。

　この点については、「保管の申請に係る遺言書に受遺者又は遺言執行者の記載がある場合には、その特定や住所の把握等の観点から、その添付書類として、これらの者の氏名又は名称及び住所を確認する書類、例えば自然人であれば住民票の提出を求めることを検討しております」と説明されたことがある（小野瀬民事局長：衆議院会議録21号4頁）。

(6)　遺言者本人の出頭（本条6項）　本条6項は、「遺言者が1項の申請をするときは、遺言書保管所に自ら出頭して行わなければならない」と規定している。

　ここでは、遺言書保管官が「出頭した遺言者に当該遺言書を自書したことの確認を求めること」が予定されている（小野瀬民事局長：衆議院会議録19号5頁）。

§5

このように遺言者が自ら出頭することが必要とされたのは、「遺言者以外の者による偽造及び変造をできる限り防止するためには、保管手続の申出資格は遺言者本人に限定する必要性が高い」ためである（中間試案補足45頁）。その結果、「遺言者本人が、遺言書保管官の方、法務局の方にみずから出頭するということが必要でございますので、郵送ですとかあるいは他人に託すということはできない」ことになる（小野瀬民事局長：衆議院会議録19号20頁）。ただし、これは他人が同行することまでを否定するものではなく、「遺言者は、付添人の方がおられましても、みずから御出頭されていれば保管の申請をすることは可能でございます」と説明された（小野瀬民事局長：衆議院会議録21号4頁）。

3　実務への影響

自筆証書遺言の保管を遺言書保管官に申請するためには、本条の要件を満たす必要があるから、法務省令を含め、正確に理解する必要がある。

なお、遺言書作成に必要な能力との関係については、遺言書保管官は、遺言者の遺言能力を審査することとはされていない。もっとも、遺言者がみずから出頭して行わなければならないため（本条6項）、「遺言者は必ず遺言書保管官と本人確認等のやりとりをすることとなりますので、遺言書保管所に遺言書が保管されていれば、少なくとも保管の申請があった時点で、遺言者が一見して意思能力を欠くような状態にはなかったことが事実上推認される」と説明されたことがなる（小野瀬民事局長：衆議院会議録21号4頁）。

（遺言書保管官による本人確認）
第5条
遺言書保管官は、前条第1項の申請があった場合において、申請人に対し、法務省令で定めるところにより、当該申請人が本人であるかどうかの確認をするため、当該申請人を特定するために必要な氏名その他の法務省令で定める事項を示す書類の提示若しくは提出又はこれらの事項についての説明を求めるものとする。

◆解説

1　趣旨

自筆証書遺言の保管の申請時における本人確認について定めている。

2 内容

　本条は、「遺言書保管官は、前条1項の申請があった場合において、申請人に対し、法務省令で定めるところにより、当該申請人が本人であるかどうかの確認をするため、当該申請人を特定するために必要な氏名その他の法務省令で定める事項を示す書類の提示若しくは提出又はこれらの事項についての説明を求めるものとする」と規定している。

　遺言書保管法4条1項の遺言書保管官に対する申請は、遺言者が「自ら出頭して行わなければならない」ものであるから（遺言書保管法4条5項）、当該申請人が遺言者本人であるかどうかの確認をする必要性が高い。本条は、この必要性に応えるため、遺言書保管官に対して、①「当該申請人を特定するために必要な氏名その他の法務省令で定める事項を示す書類の提示若しくは提出」を求める権限、および、「これらの事項についての説明」を求める権限を与えたものである。

　この点については、「成り済ましの防止という観点から」の検討が必要であるところ、「遺言書保管官におきましては、申請人が本人であることにつきまして確認をするということになるわけであります。この確認、本人確認の書類、これを提示する若しくは提出又は本人を特定するために必要な事項についての説明を求めるということでございます。具体的な内容等につきましては、今後、法務省令で定めることとしておるわけでありますが、本人確認書類といたしましては、本人特定事項として、氏名のほかにその本籍又は住所、生年月日等が記載されている公的機関が発行した顔写真付きの証明書、例えば個人番号カードや運転免許証の提示又は提出を求めること、また遺言書保管官は、これらの事項や書類に疑義が生じた場合には、申請者に対しまして必要な説明を求めることなどを予定しているところ」であり、「最も信頼性の高い水準の本人確認ということを行うこととしている」と説明された（上川法務大臣：参議院会議録19号7頁）。

3 実務への影響

　本人確認のため、申請時には必要書類を持参しなければならない。

　本人確認ができない場合等について、「遺言書保管官は遺言能力を審査することはいたしませんが、本人確認ができるかどうか、また申請の意思があるかどうかというところはチェックいたしますので、そういった、本人確認もできない、また申請の意思も欠くと認められるような場合には、保管を受け付ける

ことはできないということになろうかと思います」と説明されたことがある（小野瀬民事局長：衆議院会議録21号4～5頁）。

（遺言書の保管等）
第6条
1　遺言書の保管は、遺言書保管官が遺言書保管所の施設内において行う。
2　遺言者は、その申請に係る遺言書が保管されている遺言書保管所（第4項及び第8条において「特定遺言書保管所」という。）の遺言書保管官に対し、いつでも当該遺言書の閲覧を請求することができる。
3　前項の請求をしようとする遺言者は、法務省令で定めるところにより、その旨を記載した請求書に法務省令で定める書類を添付して、遺言書保管官に提出しなければならない。
4　遺言者が第2項の請求をするときは、特定遺言書保管所に自ら出頭して行わなければならない。この場合においては、前条の規定を準用する。
5　遺言書保管官は、第1項の規定による遺言書の保管をする場合において、遺言者の死亡の日（遺言者の生死が明らかでない場合にあっては、これに相当する日として政令で定める日）から相続に関する紛争を防止する必要があると認められる期間として政令で定める期間が経過した後は、これを廃棄することができる。

◆解説

1　趣旨
遺言書保管官による自筆証書遺言の保管等について定めている。

2　内容
（1）　保管場所（本条1項）　　本条1項は、「遺言書の保管は、遺言書保管官が遺言書保管所の施設内において行う」と規定している。

これによって、自筆証書遺言は、遺言書保管官が遺言書保管所の施設内において保管することになるところ、「その保管方法の詳細につきましては、遺言書がプライバシー性の高い情報であることに鑑みまして、施錠可能な書棚等の設備を用いて保管することを予定している」と説明された（上川法務大臣：衆議院会議録19号12頁）。

§6

　また、保管する遺言書に係る情報の管理については、電磁的な画像情報等について、遺言書保管ファイルに電磁的に記録することによって行うこととされている（遺言書保管法7条）。このように、遺言書の原本については遺言書保管官が安全性の高い保管設備において保管することに加えて、保管開始時の画像データを保存する等の措置を講ずるため、遺言書が改ざんされるリスクは、極めて低いものとなる。この点については、「遺言書保管官が、安全性の高い保管設備におきまして保管をするだけではなく、保管開始時の画像データを保存する等の措置を講ずることとしておりまして、信頼性の高い制度となっているところでございます。当然のことながら、その運用ということが厳しく問われるわけでございますけれども、本法律案の成立後におきましては、業務を担う職員に対して十分な指導、研さんを行うなどして本制度が制度の趣旨にしっかり沿った形で運用をされることを確実にし、……この制度が幅広く多くの方々に利用していただくことができるように努力をしてまいりたい」と説明された（上川法務大臣：衆議院会議録19号12頁）。
　なお、遺言書保管官が遺言書を改ざんした場合の法的責任については、「遺言書保管官による改ざんに係る、それについての規定は設けておりません。当然、遺言書保管官は国家公務員でございますので、国家公務員に関する規律に関するそういったような規定というものは当然適用になってくる」と説明された（小野瀬民事局長：衆議院会議録19号12頁）。

（2）　遺言者による閲覧（本条2項）　　本条2項は、「遺言者は、その申請に係る遺言書が保管されている遺言書保管所（4項及び8条において『特定遺言書保管所』という。）の遺言書保管官に対し、いつでも当該遺言書の閲覧を請求することができる」と規定している。

　これは、「遺言者本人が自らの作成した遺言書の内容を確認する機会を与えておくことが必要と考えられるため、相続開始前においては、遺言者本人から遺言書原本の閲覧を求めることができるもの」としたものである。ここでは、「プライバシー保護の観点から、相続開始前に遺言書原本を閲覧することができる者については遺言者本人に限定」されている（部会資料17・17頁）。

（3）　閲覧請求の方法（本条3項）　　本条3項は、「前項の請求をしようとする遺言者は、法務省令で定めるところにより、その旨を記載した請求書に法務省令で定める書類を添付して、遺言書保管官に提出しなければならない」と規定している。

遺言書の閲覧が適法なものであるかについて、遺言書保管官は、まずは、提出された請求書および添付書類を確認することになる。

（4）遺言者本人の出頭等（本条4項）

(a) **本人の出頭**　本条4項前段は、「遺言者が2項の請求をするときは、特定遺言書保管所に自ら出頭して行わなければならない」と規定している。

ここにいう「特定遺言書保管所」とは、「遺言者……の申請に係る遺言書が保管されている遺言書保管所」である（本条2項）。

遺言者が自ら特定遺言書保管所に出頭することが必要とされたのは、「プライバシー保護の観点から、相続開始前に遺言書原本を閲覧することができる者については遺言者本人に限定」されているところ（部会資料17・17頁）、本人以外の者の関与を確実に防ぐために出頭を求めるものである。

(b) **本人確認**　本条4項後段は、「この場合においては、前条の規定を準用する」と規定している。

これは、遺言書の閲覧を請求して出頭した遺言者に関する本人確認について、遺言書保管法5条（遺言書保管官による本人確認）の規定を準用するものである。このことは、閲覧の請求時においても、保管の申請時と同様に、最も信頼性の高い水準の本人確認をすることを意味する。

（5）遺言書の原本の廃棄（本条5項）

本条5項は、「遺言書保管官は、1項の規定による遺言書の保管をする場合において、遺言者の死亡の日（遺言者の生死が明らかでない場合にあっては、これに相当する日として政令で定める日）から相続に関する紛争を防止する必要があると認められる期間として政令で定める期間が経過した後は、これを廃棄することができる」と規定している。

「遺言は、遺言者の死亡の時からその効力を生ずる」ものであり（民法985条1項）、「遺言者の死亡の日（遺言者の生死が明らかでない場合にあっては、これに相当する日として政令で定める日）から相続に関する紛争を防止する必要があると認められる期間として政令で定める期間」が経過した後は、遺言書の原本を保管する必要が非常に少なくなるため、その廃棄を認めるものである。一問一答（相続）216頁は「様々な事案があり得ることに照らし、相当長期間とすることを予定している」と指摘している。

3　実務への影響

自筆証書遺言の閲覧を遺言書保管官に請求するためには、本条の要件を満たす必要があるから、法務省令を含め、正確に理解する必要がある。

> （遺言書に係る情報の管理）
> 第7条
> 1 　遺言書保管官は、前条第1項の規定により保管する遺言書について、次項に定めるところにより、当該遺言書に係る情報の管理をしなければならない。
> 2 　遺言書に係る情報の管理は、磁気ディスク（これに準ずる方法により一定の事項を確実に記録することができる物を含む。）をもって調製する遺言書保管ファイルに、次に掲げる事項を記録することによって行う。
> 　(1)　遺言書の画像情報
> 　(2)　第4条第4項第1号から第3号までに掲げる事項
> 　(3)　遺言書の保管を開始した年月日
> 　(4)　遺言書が保管されている遺言書保管所の名称及び保管番号
> 3 　前条第5項の規定は、前項の規定による遺言書に係る情報の管理について準用する。この場合において、同条第5項中「廃棄する」とあるのは、「消去する」と読み替えるものとする。

◆解説

1　趣旨

遺言書保管官による自筆証書遺言の情報の管理について定めている。

2　内容

(1)　遺言書保管官による情報の管理（本条1項）　本条1項は、「遺言書保管官は、前条1項の規定により保管する遺言書について、次項に定めるところにより、当該遺言書に係る情報の管理をしなければならない」と規定している。

遺言書保管法6条1項は「遺言書の保管は、遺言書保管官が遺言書保管所の施設内において行う」と規定しており、本条1項は、遺言書の原本を保管している遺言書保管官に対して、本条2項に係る情報の管理を義務付けている。

(2)　遺言書保管ファイル（本条2項）　本条2項は、「遺言書に係る情報の管理は、磁気ディスク（これに準ずる方法により一定の事項を確実に記録することができる物を含む。）をもって調製する遺言書保管ファイルに、次に掲げる事項を記録することによって行う」と規定している。

　(a)　**遺言書の画像情報**　本条2項1号は、遺言書保管ファイルの記録事項

§7

として「遺言書の画像情報」と規定している。

　遺言書の原本については遺言書保管官が安全性の高い保管設備において保管すること（遺言書保管法6条）に加えて、保管開始時の画像データを保存する等の措置を講ずることによって、遺言書が改ざんされるリスクは、極めて低いものとなる。

　なお、画像データを作成する理由については、「大規模災害等による遺言書原本の滅失のおそれを考慮したものであり、万一、大規模災害等により遺言書原本が滅失した場合であっても、法務局において保管している当該遺言書の画像データを利用して遺言書の正本を作成することができるものとすることが考えられる」と指摘されたことがある（部会資料17・17頁）。

　(b)　**4条4項1号から3号までに掲げる事項**　本条2項2号は、遺言書保管ファイルの記録事項として「4条4項1号から3号までに掲げる事項」と規定している。

　遺言書保管法4条4項は、遺言書の保管の申請をしようとする遺言者が提出すべき申請書の記載事項を定めている。同項1号から3号までに掲げる事項は、以下のとおりである。

　　(ⅰ)　遺言書に記載されている作成の年月日
　　(ⅱ)　遺言者の氏名、出生の年月日、住所および本籍（外国人にあっては、国籍）
　　(ⅲ)　遺言書に「受遺者」または「民法1006条1項の規定により指定された遺言執行者」の記載があるときは、「その氏名又は名称及び住所」

　(c)　**保管を開始した年月日**　本条2項3号は、遺言書保管ファイルの記録事項として「遺言書の保管を開始した年月日」と規定している。

　(d)　**遺言書を保管している遺言書保管所の名称および保管番号**　本条2項4号は、遺言書保管ファイルの記録事項として「遺言書が保管されている遺言書保管所の名称及び保管番号」と規定している。

（3）　**遺言書の原本の廃棄（本条3項）**　本条3項は、「前条5項の規定は、前項の規定による遺言書に係る情報の管理について準用する。この場合において、同条5項中『廃棄する』とあるのは、『消去する』と読み替えるものとする」と規定している。

　遺言書保管法6条5項は遺言書の原本の廃棄に関する規定であり、その一部の文言を読み替えて準用することにより、遺言書保管官は、本条1項の規定に

よる遺言書の情報の管理をする場合において、遺言者の死亡の日（遺言者の生死が明らかでない場合にあっては、これに相当する日として政令で定める日）から相続に関する紛争を防止する必要があると認められる期間として政令で定める期間が経過した後は、これを消去することができることになる。

「遺言は、遺言者の死亡の時からその効力を生ずる」ものであり（民法985条1項）、「遺言者の死亡の日（遺言者の生死が明らかでない場合にあっては、これに相当する日として政令で定める日）から相続に関する紛争を防止する必要があると認められる期間として政令で定める期間」が経過した後は、遺言書の情報を管理する必要が非常に少なくなるため、その消去を認めるものである。

3　実務への影響

自筆証書遺言の閲覧を遺言書保管官に請求するためには、本条の要件を満たす必要があるから、法務省令を含め、正確に理解する必要がある。

（遺言書の保管の申請の撤回）
第8条
1　遺言者は、特定遺言書保管所の遺言書保管官に対し、いつでも、第4条第1項の申請を撤回することができる。
2　前項の撤回をしようとする遺言者は、法務省令で定めるところにより、その旨を記載した撤回書に法務省令で定める書類を添付して、遺言書保管官に提出しなければならない。
3　遺言者が第1項の撤回をするときは、特定遺言書保管所に自ら出頭して行わなければならない。この場合においては、第5条の規定を準用する。
4　遺言書保管官は、遺言者が第1項の撤回をしたときは、遅滞なく、当該遺言者に第6条第1項の規定により保管している遺言書を返還するとともに、前条第2項の規定により管理している当該遺言書に係る情報を消去しなければならない。

◆解説

1　趣旨

遺言者による保管の申請の撤回について定めている。

§8

　本条1項が規定しているのは、「4条1項の申請」すなわち「遺言書の保管の申請」に関する撤回である。これによって、遺言書原本の返還を受けることができることになるところ（本条4項）、このような撤回が規定されたのは、「遺言者において、事後の事情変更等により当該遺言書を撤回するなどの必要が生ずることが想定されることに対応したものである」（部会資料17・18頁）。

　ここでは、法務局（特定遺言書保管所）における保管を希望しないという意思が表明されるにすぎず、当該遺言の効力が当然に否定されるわけではない（民法1022条以下が規定する「遺言の撤回」とは異なる）。

2　内容

（1）　遺言保管官に対する申請の撤回（本条1項）　　本条1項は、「遺言者は、特定遺言書保管所の遺言書保管官に対し、いつでも、4条1項の申請を撤回することができる」と規定している。

　ここにいう「特定遺言書保管所」とは、「遺言者……の申請に係る遺言書が保管されている遺言書保管所」のことである（遺言書保管法6条2項）。

（2）　撤回の方法（本条2項）　　本条2項は、「前項の撤回をしようとする遺言者は、法務省令で定めるところにより、その旨を記載した撤回書に法務省令で定める書類を添付して、遺言書保管官に提出しなければならない」と規定している。

　遺言書の保管の申請の撤回が適法なものであるかについて、遺言書保管官は、まずは、提出された撤回書および添付書類を確認することになる。

（3）　遺言者本人の出頭等（本条3項）

　(a)　**本人の出頭**　　本条3項前段は、「遺言者が1項の撤回をするときは、特定遺言書保管所に自ら出頭して行わなければならない。」と規定している。

　これは、遺言書の保管の申請を撤回することができるのは遺言者本人に限定されているところ（本条1項）、本人以外の者の関与を確実に防ぐために、遺言者本人の出頭を求めるものである。

　(b)　**本人確認**　　本条3項後段は、「この場合においては、5条の規定を準用する」と規定している。

　これは、遺言書の保管の申請を撤回するため出頭した遺言者に関する本人確認について、遺言書保管法5条（遺言書保管官による本人確認）の規定を準用するものである。このことは、保管の申請の撤回時においても、保管の申請時と同様に、最も信頼性の高い水準の本人確認をすることを意味する。

（4） 遺言書の返還等（本条4項）　本条4項は、「遺言書保管官は、遺言者が1項の撤回をしたときは、遅滞なく、当該遺言者に6条1項の規定により保管している遺言書を返還するとともに、前条2項の規定により管理している当該遺言書に係る情報を消去しなければならない」と規定している。

これは、遺言者による遺言書の保管の申請が撤回されたときには、遺言書の原本の保管および情報の管理が不要となるためである。

なお、遺言者の生存中についても遺言書情報証明書（遺言書保管法9条）を交付することも検討されたが、採用されなかった。その理由は、①「遺言書が返還され新たな遺言書が保管される可能性が残っている遺言者の生存中に、法務局が作成した遺言書に係る画像情報等を証明した書面が交付されることは、遺言書をめぐる将来の紛争を誘発する可能性があること」、および、②「遺言書の返還及び閲覧を認めることにより遺言者の保護は十分であること」にある（部会資料24-2・22～23頁）。

3　実務への影響

遺言者が自筆証書遺言の保管の申請を撤回するためには、本条の要件を満たす必要があるから、法務省令を含め、正確に理解する必要がある。

（遺言書情報証明書の交付等）
第9条
1　次に掲げる者（以下この条において「関係相続人等」という。）は、遺言書保管官に対し、遺言書保管所に保管されている遺言書（その遺言者が死亡している場合に限る。）について、遺言書保管ファイルに記録されている事項を証明した書面（第5項及び第12条第1項第3号において「遺言書情報証明書」という。）の交付を請求することができる。
　(1)　当該遺言書の保管を申請した遺言者の相続人（民法第891条の規定に該当し又は廃除によってその相続権を失った者及び相続の放棄をした者を含む。以下この条において同じ。）
　(2)　前号に掲げる者のほか、当該遺言書に記載された次に掲げる者又はその相続人（ロに規定する母の相続人の場合にあっては、ロに規定する胎内に在る子に限る。）
　　イ　第4条第4項第3号イに掲げる者

ロ　民法781条第2項の規定により認知するものとされた子（胎内に在る子にあっては、その母）
　　ハ　民法第893条の規定により廃除する意思を表示された推定相続人（同法第892条に規定する推定相続人をいう。以下このハにおいて同じ。）又は同法第894条第2項において準用する同法第893条の規定により廃除を取り消す意思を表示された推定相続人
　　ニ　民法第897条第1項ただし書の規定により指定された祖先の祭祀を主宰すべき者
　　ホ　国家公務員災害補償法（昭和26年法律191号）第17条の5第3項の規定により遺族補償一時金を受けることができる遺族のうち特に指定された者又は地方公務員災害補償法（昭和42年法律121号）第37条第3項の規定により遺族補償一時金を受けることができる遺族のうち特に指定された者
　　ヘ　信託法（平成18年法律108号）第3条第2号に掲げる方法によって信託がされた場合においてその受益者となるべき者として指定された者若しくは残余財産の帰属すべき者となるべき者として指定された者又は同法第89条第2項の規定による受益者指定権等の行使により受益者となるべき者
　　ト　保険法（平成20年法律56号）第44条第1項又は第73条第1項の規定による保険金受取人の変更により保険金受取人となるべき者
　　チ　イからトまでに掲げる者のほか、これらに類するものとして政令で定める者
　(3)　前2号に掲げる者のほか、当該遺言書に記載された次に掲げる者
　　イ　第4条第4項第3号ロに掲げる者
　　ロ　民法第830条第1項の財産について指定された管理者
　　ハ　民法第839条第1項の規定により指定された未成年後見人又は同法第848条の規定により指定された未成年後見監督人
　　ニ　民法第902条第1項の規定により共同相続人の相続分を定めることを委託された第三者、同法第908条の規定により遺産の分割の方法を定めることを委託された第三者又は同法第1006条第1項の規定により遺言執行者の指定を委託された第三者
　　ホ　著作権法（昭和45年法律48号）第75条第2項の規定により同条第

　　　　　１項の登録について指定を受けた者又は同法第116条第３項の規定
　　　　により同条第１項の請求について指定を受けた者
　　　　ヘ　信託法第３条第２号に掲げる方法によって信託がされた場合にお
　　　　いてその受託者となるべき者、信託管理人となるべき者、信託監督
　　　　人となるべき者又は受益者代理人となるべき者として指定された者
　　　　ト　イからヘまでに掲げる者のほか、これらに類するものとして政令
　　　　で定める者
　２　前項の請求は、自己が関係相続人等に該当する遺言書（以下この条及
　　び次条第１項において「関係遺言書」という。）を現に保管する遺言書
　　保管所以外の遺言書保管所の遺言書保管官に対してもすることができる。
　３　関係相続人等は、関係遺言書を保管する遺言書保管所の遺言書保管官
　　に対し、当該関係遺言書の閲覧を請求することができる。
　４　第１項又は前項の請求をしようとする者は、法務省令で定めるところ
　　により、その旨を記載した請求書に法務省令で定める書類を添付して、
　　遺言書保管官に提出しなければならない。
　５　遺言書保管官は、第１項の請求により遺言書情報証明書を交付し又は
　　第３項の請求により関係遺言書の閲覧をさせたときは、法務省令で定め
　　るところにより、速やかに、当該関係遺言書を保管している旨を遺言者
　　の相続人並びに当該関係遺言書に係る第４条第４項第３号イ及びロに掲
　　げる者に通知するものとする。ただし、それらの者が既にこれを知って
　　いるときは、この限りでない。

◆**解説**

1　趣旨

　遺言書情報証明書（すなわち、遺言書保管所に保管されている遺言書について、遺言書保管ファイルに記録されている事項を証明した書面）について交付請求できる場合等を定めている。なお、これができるのは、遺言者の死後に限られる。

2　内容

（１）遺言書情報証明書の交付請求（本条１項）　　本条１項柱書は、「次に掲げる者（以下この条において「関係相続人等」という。）は、遺言書保管官に対し、遺言書保管所に保管されている遺言書（その遺言者が死亡している場合に限る。）について、遺言書保管ファイルに記録されている事項を証明した書面（５項及

び12条1項3号において「遺言書情報証明書」という。）の交付を請求することができる」と規定している。

本条1項柱書は、「遺言書情報証明書」を、「遺言書保管ファイルに記録されている事項を証明した書面」として定義している。遺言書保管ファイルに記録されている事項とは、①遺言書の画像情報、②遺言書保管法4条4項1号から3号までに掲げる事項（遺言書・遺言者・受遺者等に係る情報）、③遺言書の保管を開始した年月日、④遺言書が保管されている遺言書保管所の名称および保管番号のことである（遺言書保管法7条2項）。このように、遺言書情報証明書には遺言書の画像情報が含まれているため、これを見れば遺言書の内容が分かることになる。

遺言書情報証明書の交付請求の主体について「関係相続人等」として限定列挙されているのは、その遺言書の内容について利害関係を有する者である（具体的には、下記(a)ないし(c)に列挙したとおりである）。この点については、「遺言書情報証明書……につきましては、例えば当該遺言書の保管を申請した遺言者の相続人ですとか、あるいはこの遺言書に記載された遺言執行者ですとか、あるいはその認知された子ですとか、そういったその遺言書に関係する人たち、そういった方々がこういった遺言書情報証明書の交付を求めることができるという形にしております」と説明された（小野瀬民事局長：衆議院会議録19号20頁）。

本条1項柱書に「遺言書（その遺言者が死亡している場合に限る。）」とあるため、遺言書情報証明書の交付請求が認められるのは、その遺言者が死亡している場合に限られる。その理由は、①「遺言者のプライバシーを保護する必要性がある（遺言の存在を他者に知らせるか否かは遺言者自身の意思に委ねられるべきである）こと」、および、②「現行法上、遺言は遺言者の死亡の時からその効力が生ずるもので、かつ、遺言者においていつでも撤回することができるとされている（民法985条1項）ため、相続開始前に遺言者以外の者（推定相続人等）にその存否を把握させる必要性は認められないこと」にある（部会資料17・18頁）。

本条1項に基づいて認められるのは遺言書情報証明書の交付請求であり、関係相続人等（相続人、受遺者および遺言執行者等）には、遺言書原本の返還を求める権利は認められていない。これは、「仮に原本の返還を認めるとすると、複数の相続人による返還請求が競合した場合の対応が困難となる上、特定の相続人が遺言書原本の返還を受けた後にこれを隠匿するなどのおそれもあること

等を考慮したものである」（部会資料17・18頁）。

　(a)　**遺言者の相続人**　本条1項1号は、関係相続人等として、「当該遺言書の保管を申請した遺言者の相続人（民法891条の規定に該当し又は廃除によってその相続権を失った者及び相続の放棄をした者を含む。以下この条において同じ。）」と規定している。

　これは、遺言者の相続人は、遺言書の内容について最も大きな利害関係を有しているからである。

　(b)　**遺言書に記載された受遺者等**　本条1項2号柱書は、「前号に掲げる者のほか、当該遺言書に記載された次に掲げる者又はその相続人（ロに規定する母の相続人の場合にあっては、ロに規定する胎内に在る子に限る。）」と規定している。

　「次に掲げる者」として列挙されているのは、以下の(i)以下の者である。

　また、本条1項2号柱書が「又はその相続人」と規定しているのは、「次に掲げる者」はいずれも遺言書によって権利を取得する者等であるため、それらの者が死亡した場合の「相続人」もまた、遺言書の内容について利害関係を有するためである。ここにいう「相続人」には「民法891条の規定に該当し又は廃除によってその相続権を失った者及び相続の放棄をした者を含む」ことに注意する必要がある（本条1項1号）。

　　(i)　**受遺者**　本条1項2号イは、関係相続人等として、「4条4項3号イに掲げる者」と規定している。

　遺言書保管法4条4項3号イに掲げる者は、「受遺者」である。受遺者は、遺贈を受けた者であるから、遺言書の内容について利害関係を有する。その者が死亡した場合の「相続人」についても同様である。

　　(ii)　**認知するものとされた子等**　本条1項2号ロは、関係相続人等として、「民法781条2項の規定により認知するものとされた子（胎内に在る子にあっては、その母）」と規定している。

　民法781条（認知の方式）2項は、「認知は、遺言によっても、することができる」と規定している。

　これにより「認知するものとされた子（胎内に在る子にあっては、その母）」は、遺言書の内容について利害関係を有する。その者が死亡した場合の「相続人」についても基本的に同様であるが、「ロに規定する母の相続人の場合にあっては、ロに規定する胎内に在る子に限る」ことに注意を要する（本条1項2号柱

書)。

　(ⅲ)　廃除する意思を表示された推定相続人等　　本条1項2号ハは、関係相続人等として、「民法893条の規定により廃除する意思を表示された推定相続人（同法892条に規定する推定相続人をいう。以下このハにおいて同じ。）又は同法894条2項において準用する同法893条の規定により廃除を取り消す意思を表示された推定相続人」と規定している。

　民法892条は、「推定相続人」を「相続が開始した場合に相続人となるべき者」と定義している。民法893条は、「被相続人が遺言で推定相続人を廃除する意思を表示したときは、遺言執行者は、その遺言が効力を生じた後、遅滞なく、その推定相続人の廃除を家庭裁判所に請求しなければならない。この場合において、その推定相続人の廃除は、被相続人の死亡の時にさかのぼってその効力を生ずる」と規定している。そして、民法894条2項は、「前条の規定は、推定相続人の廃除の取消しについて準用する」と規定している。

　これらの規定により「廃除する意思を表示された推定相続人」および「廃除を取り消す意思を表示された推定相続人」は、遺言書の内容について利害関係を有する。その者が死亡した場合の「相続人」についても同様である。

　(ⅳ)　祖先の祭祀を主宰すべき者　　本条1項2号ニは、関係相続人等として、「民法897条1項ただし書の規定により指定された祖先の祭祀を主宰すべき者」と規定している。

　民法897条1項ただし書は、「被相続人の指定に従って祖先の祭祀を主宰すべき者があるときは、その者が承継する」と規定している。

　これにより「指定された祖先の祭祀を主宰すべき者」は、遺言書の内容について利害関係を有する。その者が死亡した場合の「相続人」についても同様である。

　(ⅴ)　遺族補償一時金を受けることのできる遺族のうち遺言で特に指定された者　　本条1項2号ホは、関係相続人等として、「国家公務員災害補償法（昭和26年法律191号）17条の5第3項の規定により遺族補償一時金を受けることができる遺族のうち特に指定された者又は地方公務員災害補償法（昭和42年法律121号）37条3項の規定により遺族補償一時金を受けることができる遺族のうち特に指定された者」と規定している。

　国家公務員災害補償法17条の5第3項は、「職員が遺言又はその者の属する実施機関の長に対する予告で、1項3号及び4号に掲げる者のうち特に指定し

た者があるときは、その指定された者は、同項3号及び4号に掲げる他の者に優先して遺族補償一時金を受けるものとする」と規定している。また、地方公務員災害補償法37条3項は、「職員が遺言又はその者の任命権者（地方独立行政法人の職員にあつては、当該地方独立行政法人の理事長。45条において同じ。）に対する予告で、1項3号及び4号に掲げる者のうち特に指定した者がある場合には、その者に、同項3号及び4号に掲げる他の者に優先して遺族補償一時金を支給する」と規定している。

これらの規定により「当該遺言書に記載された」「遺族補償一時金を受けることができる遺族のうち特に指定された者」は、遺言書の内容について利害関係を有する。その者が死亡した場合の「相続人」についても同様である。

　(vi)　受益者となるべき者として遺言で指定された者等　　本条1項2号ヘは、関係相続人等として、「信託法（平成18年法律108号）3条2号に掲げる方法によって信託がされた場合においてその受益者となるべき者として指定された者若しくは残余財産の帰属すべき者となるべき者として指定された者又は同法89条2項の規定による受益者指定権等の行使により受益者となるべき者」と規定している。

信託法3条2号は、信託の方法として、「特定の者に対し財産の譲渡、担保権の設定その他の財産の処分をする旨並びに当該特定の者が一定の目的に従い財産の管理又は処分及びその他の当該目的の達成のために必要な行為をすべき旨の遺言をする方法」によることを認めている。また、信託法89条2項は、「前項の規定にかかわらず、受益者指定権等は、遺言によって行使することができる」と規定している。

これらの規定により「当該遺言書に記載された」「その受益者となるべき者として指定された者若しくは残余財産の帰属すべき者となるべき者として指定された者」および「受益者指定権等の行使により受益者となるべき者」は、遺言書の内容について利害関係を有する。これらの者が死亡した場合の「相続人」についても同様である。

　(vii)　遺言による保険金受取人の変更により保険金受取人となるべき者　　本条1項2号トは、関係相続人等として、「保険法（平成20年法律56号）44条1項又は73条1項の規定による保険金受取人の変更により保険金受取人となるべき者」と規定している。

保険法44条1項は、生命保険契約（人の生存または死亡に関し一定の保険給付

を行うことを保険者が約する保険契約。保険法2条8号）について、「保険金受取人の変更は、遺言によっても、することができる」と規定している。また、保険法73条1項は、傷害疾病定額保険（人の傷害疾病に基づき一定の保険給付を行うことを保険者が約する保険契約。保険法2条9号）について、「保険金受取人の変更は、遺言によっても、することができる」と規定している。

　これらの規定により「当該遺言書に記載された」「保険金受取人の変更により保険金受取人となるべき者」は、遺言書の内容について利害関係を有する。その者が死亡した場合の「相続人」についても同様である。

　　(viii)　**前記(i)ないし(vii)に類するものとして政令で定める者**　本条1項2号チは、関係相続人等として、「イからトまでに掲げる者のほか、これらに類するものとして政令で定める者」と規定している。

　これは、前記(i)ないし(vii)（本条1項2号イからトまで）に掲げられてはいないが、これらに類するものとして遺言書に利害関係を有する者を関係相続人等に含めるため、それを定めることを政令に委任したものである。

　(c)　**遺言書に記載された遺言執行者等**　本条1項3号柱書は、「前2号に掲げる者のほか、当該遺言書に記載された次に掲げる者」と規定している。

　本条1項3号柱書においては、本条1項2号柱書と異なり、次に掲げる者「の相続人」は対象とされていない。これは、「次に掲げる者」はいずれも遺言書に関連する職務を行う者等であるため、それらの者が死亡した場合の「相続人」は、遺言書の内容について利害関係を有しないためである。

　　(i)　**遺言執行者**　本条1項3号イは、関係相続人等として、「4条4項3号ロに掲げる者」と規定している。

　遺言書保管法4条4項3号ロに掲げる者は、「民法1006条1項の規定により指定された遺言執行者」である。民法1006条1項は、「遺言者は、遺言で、一人又は数人の遺言執行者を指定し、又はその指定を第三者に委託することができる」と規定している。

　この規定により「指定された遺言執行者」は、遺言書の内容について利害関係を有する。

　　(ii)　**財産について遺言書で指定された管理者**　本条1項3号ロは、関係相続人等として、「民法830条1項の財産について指定された管理者」と規定している。

　民法830条1項は、「無償で子に財産を与える第三者が、親権を行う父又は母

にこれを管理させない意思を表示したときは、その財産は、父又は母の管理に属しないものとする」と規定している。この財産の管理者については、民法830条2項が「前項の財産につき父母が共に管理権を有しない場合において、第三者が管理者を指定しなかったときは、家庭裁判所は、子、その親族又は検察官の請求によって、その管理者を選任する」とし、無償で未成年者に財産を与える第三者が、当該財産の管理者を指定できることを前提とした定めを置いている。

　これらの規定により「当該遺言書に記載された」「民法830条1項の財産について指定された管理者」は、遺言書の内容について利害関係を有する。

　(ⅲ)　**遺言で指定された未成年後見人等**　本条1項3号ハは、関係相続人等として、「民法839条1項の規定により指定された未成年後見人又は同法848条の規定により指定された未成年後見監督人」と規定している。

　民法839条1項は、「未成年者に対して最後に親権を行う者は、遺言で、未成年後見人を指定することができる。ただし、管理権を有しない者は、この限りでない」と規定している。また、民法848条は、「未成年後見人を指定することができる者は、遺言で、未成年後見監督人を指定することができる」と規定している。

　これらの規定により「指定された未成年後見人」および「指定された未成年後見監督人」は、遺言書の内容について利害関係を有する。

　(ⅳ)　**共同相続人の相続分を定めることを委託された第三者等**　本条1項3号ニは、関係相続人等として、「民法902条1項の規定により共同相続人の相続分を定めることを委託された第三者、同法908条の規定により遺産の分割の方法を定めることを委託された第三者又は同法1006条1項の規定により遺言執行者の指定を委託された第三者」と規定している。

　改正後民法902条1項は、「被相続人は、前2条の規定にかかわらず、遺言で、共同相続人の相続分を定め、又はこれを定めることを第三者に委託することができる」と規定している。また、民法908条は、「被相続人は、遺言で、遺産の分割の方法を定め、若しくはこれを定めることを第三者に委託し、又は相続開始の時から5年を超えない期間を定めて、遺産の分割を禁ずることができる」と規定している。そして、民法1006条1項は、「遺言者は、遺言で、一人又は数人の遺言執行者を指定し、又はその指定を第三者に委託することができる」と規定している。

these規定により「共同相続人の相続分を定めることを委託された第三者」、「遺産の分割の方法を定めることを委託された第三者」および「遺言執行者の指定を委託された第三者」は、遺言書の内容について利害関係を有する。

(v) 著作権の登録等について遺言で指定を受けた者　本条1項3号ホは、関係相続人等として、「著作権法（昭和45年法律48号）75条2項の規定により同条1項の登録について指定を受けた者又は同法116条3項の規定により同条1項の請求について指定を受けた者」と規定している。

著作権法75条1項は「無名又は変名で公表された著作物の著作者は、現にその著作権を有するかどうかにかかわらず、その著作物についてその実名の登録を受けることができる」とし、同条2項は「著作者は、その遺言で指定する者により、死後において前項の登録を受けることができる」と規定している。また、著作権法116条1項は「著作者又は実演家の死後においては、その遺族（死亡した著作者又は実演家の配偶者、子、父母、孫、祖父母又は兄弟姉妹をいう。以下この条において同じ。）は、当該著作者又は実演家について60条又は101条の3の規定に違反する行為をする者又はするおそれがある者に対し112条の請求を、故意又は過失により著作者人格権又は実演家人格権を侵害する行為又は60条若しくは101条の3の規定に違反する行為をした者に対し前条の請求をすることができる」とし、同条3項は「著作者又は実演家は、遺言により、遺族に代えて1項の請求をすることができる者を指定することができる。この場合において、その指定を受けた者は、当該著作者又は実演家の死亡の日の属する年の翌年から起算して50年を経過した後（その経過する時に遺族が存する場合にあつては、その存しなくなつた後）においては、その請求をすることができない」と規定している。

これらの規定により「登録について指定を受けた者」および「請求について指定を受けた者」は、遺言書の内容について利害関係を有する。

(vi) 遺言信託の受託者となるべき者等　本条1項3号ヘは、関係相続人等として、「信託法3条2号に掲げる方法によって信託がされた場合においてその受託者となるべき者、信託管理人となるべき者、信託監督人となるべき者又は受益者代理人となるべき者として指定された者」と規定している。

信託法3条2号は、信託の方法として、「特定の者に対し財産の譲渡、担保権の設定その他の財産の処分をする旨並びに当該特定の者が一定の目的に従い財産の管理又は処分及びその他の当該目的の達成のために必要な行為をすべき

旨の遺言をする方法」によることを認めている（遺言信託）。

この規定により「その受託者となるべき者、信託管理人となるべき者、信託監督人となるべき者又は受益者代理人となるべき者として指定された者」は、遺言書の内容について利害関係を有する。

(vii)　前記(i)ないし(vi)に類するものとして政令で定める者　本条1項3号トは、関係相続人等として、「イからへまでに掲げる者のほか、これらに類するものとして政令で定める者」と規定している。

これは、前記(i)ないし(vi)（本条1項3号イからへまで）に掲げられてはいないが、これらに類するものとして遺言書に利害関係を有する者を関係相続人等に含めるため、それを定めることを政令に委任したものである。

(2)　遺言書情報証明書の交付請求の対象となる遺言書保管所（本条2項）
本条2項は、「前項の請求は、自己が関係相続人等に該当する遺言書（以下この条及び次条1項において「関係遺言書」という。）を現に保管する遺言書保管所以外の遺言書保管所の遺言書保管官に対してもすることができる」と規定している。

これは、遺言書情報証明書は「遺言書保管所に保管されている遺言書（……）について、遺言書保管ファイルに記録されている事項を証明した書面」であり（本条1項柱書）、電磁的記録である遺言書保管ファイル（遺言書保管法7条2項）の内容を証明する書面なので、遺言書原本を保管していない遺言書保管所においても作成できることによる。

(3)　遺言書の閲覧請求の対象となる遺言書保管所（本条3項）　本条3項は、「関係相続人等は、関係遺言書を保管する遺言書保管所の遺言書保管官に対し、当該関係遺言書の閲覧を請求することができる」と規定している。

これは、関係「相続人等において相続開始後に遺言書の内容を確認することは不可欠と考えられることから、相続人等が法務局において遺言書原本の閲覧をすることができるものとし」たものである（部会資料17・17頁）。

遺言書原本の閲覧請求の相手方は、「関係遺言書を保管する遺言書保管所の遺言書保管官」に限定されている（この点、遺言書情報証明書の交付請求の場合（本条2項）とは異なる）。これは、遺言書の原本の閲覧は、遺言書原本を保管していない遺言書保管所においては対応が困難であるためである。

(4)　請求書および添付書類（本条4項）　本条4項は、「1項又は前項の請求をしようとする者は、法務省令で定めるところにより、その旨を記載した請

求書に法務省令で定める書類を添付して、遺言書保管官に提出しなければならない」と規定している。

　遺言書情報証明書の交付請求（本条1項）および遺言書原本の閲覧請求（本条3項）が適法なものであるかについて、遺言書保管官は、まずは、提出された請求書および添付書類を確認することになる。

　相続人等に対する通知（本条5項）との関係については、「遺言者の相続人の一人が遺言書情報証明書の交付請求や遺言書の閲覧請求をする際の請求書の記載事項等につきましては、法務省令で定めることとしておりますけれども、この請求書には、ほかの相続人の住所を記載していただくことを想定しております。また、その住所に宛てても通知ができなかったときは、住民票の写しを添付書類として提出していただくことも想定しております。このような情報に基づきまして、遺言書保管官が通知すべき者及びその通知先を把握することとしております」と説明された（小野瀬民事局長：衆議院会議録21号3頁）。

（5）　相続人等に対する通知（本条5項）　　本条5項は、「遺言書保管官は、1項の請求により遺言書情報証明書を交付し又は3項の請求により関係遺言書の閲覧をさせたときは、法務省令で定めるところにより、速やかに、当該関係遺言書を保管している旨を遺言者の相続人並びに当該関係遺言書に係る4条4項3号イ及びロに掲げる者に通知するものとする。ただし、それらの者が既にこれを知っているときは、この限りでない」と規定している。

　ここにいう「遺言書情報証明書」とは、「遺言書保管所に保管されている遺言書について、遺言書保管ファイルに記録されている事項を証明した書面」であり（本条1項柱書）、「関係遺言書」とは、「自己が関係相続人等に該当する遺言書」である（本条2項）。

　本条5項は、遺言書保管官が他の関係相続人等に対し当該関係遺言書を保管している旨を通知することにより、同人らが「遺言書の存在を知る……機会を確保することを図っている」（部会資料17・19頁）。ただし、遺言書保管所の義務の程度については、「調査のために特別のコストをかけてまで必ず通知しなければならないことを規定するものではございません。したがいまして、受遺者や遺言執行者の住所の移転が住民票に反映されていないような場合にまで法務局にこれらの者の住所を調査する義務を負わせるものではございません」と説明された（小野瀬民事局長：衆議院会議録21号4頁）。

　本条5項の通知の対象者は、①遺言者の相続人、②当該関係遺言書に係る受

遺者（遺言書保管法4条4項3号イに掲げる者）、および、③民法1006条1項の規定により指定された遺言執行者（遺言書保管法4条4項3号ロに掲げる者）である。これらの者は、本条5項の通知によって関係遺言書が保管されていることを知ることによって、遺言書情報証明書の交付請求（本条1項）および遺言書原本の閲覧請求（本条3項）をすることができるようになる。このことによって、相続人が遺言書保管所に保管されている遺言書の存在を知らないまま遺産分割協議を行うといったような事態の発生を防止できる可能性は高い。このことは、相続に関する紛争を減少させるために重要である。

この点については、「相続人が適時適切に把握できるようにし、相続人が遺言書保管所に保管されている遺言書の存在を知らないまま遺産分割協議を行うといったような事態の発生を防止したいと考えております。その上で、あくまでも一般論として述べますと、相続人が遺言書の存在を知らないまま遺産分割協議を行った後に遺言書があることが判明し、遺言の内容と遺産分割協議の内容が異なっていたとしましても、一律に遺産分割協議の効力が否定されるものではないと考えられます。もっとも、例えば、遺言で遺産分割の方法が定められておって、相続人がその遺言の存在と内容を知っていれば当該遺産分割協議をしなかった蓋然性が高い、こういったようなケースの場合には、錯誤によって遺産分割協議の合意をしたとして、その遺産分割協議が無効となることもあり得ると考えられます」と説明された（小野瀬民事局長：衆議院会議録19号5～6頁）。

3 実務への影響

遺言書情報証明書の交付等については、本条の要件を満たす必要があるから、法務省令を含め、正確に理解する必要がある。

また、本条5項の通知は、相続人等に遺言書の存在を知らせる重要なものであるが、その具体的内容については、さらに検討することが予定されている。

まず、システムの構築については、「遺言書保管所に遺言書が保管されている遺言者が死亡したときに、法務局から速やかに遺言者の相続人に対して遺言書が保管されている旨を通知する仕組みを実現することは重要であると考えております。そのためには複数の方法があり得ますが、最も確実な方法は、戸籍等により遺言者の死亡の事実を把握し、法務局が速やかに通知を行うということでございます。今後、平成32年以降に登記簿と戸籍等との連携を目指してシステムを改修することを検討しておりまして、これにあわせて、本制度につき

ましても、戸籍等と連携するシステムを設けることにより、速やかな通知を可能にすることを目指してまいりたい」と説明された（小野瀬民事局長：衆議院会議録19号6頁）。

また、遺言書の保管申請がされた後に受遺者や遺言執行者が転居した場合において、遺言書保管所がこれらの者に対して通知を行うために、その通知先を把握する仕組みについては、「遺言書情報証明書の交付請求や遺言書の閲覧請求をした請求者にその住所を明らかにする書面を提出させること、あるいは、遺言書保管官が職権で住民票上の住所の変更を調査することなどが考えられるところでございます。いずれの仕組みとするかにつきましては、今後、下位法令を定める中で検討してまいりたい」と説明された（小野瀬民事局長：衆議院会議録21号4頁）。

（遺言書保管事実証明書の交付）
第10条
1　何人も、遺言書保管官に対し、遺言書保管所における関係遺言書の保管の有無並びに当該関係遺言書が保管されている場合には遺言書保管ファイルに記録されている第7条第2項第2号（第4条第4項第1号に係る部分に限る。）及び第4号に掲げる事項を証明した書面（第12条第1項第3号において「遺言書保管事実証明書」という。）の交付を請求することができる。
2　前条第2項及び第4項の規定は、前項の請求について準用する。

◆解説

1　趣旨

遺言書保管事実証明書（すなわち、①遺言書保管所における関係遺言書の保管の有無並びに②当該関係遺言書が保管されている場合には、「遺言書に記載されている作成の年月日」および「遺言書が保管されている遺言書保管所の名称及び保管番号」を証明した書面）について、これを交付請求できる場合等を定めている。

遺言書保管事実証明書は、亡くなった人の関係者において遺言書が保管されているか否か等を確認できるようにすることで、その者が遺言書情報証明書の交付請求または遺言書の閲覧請求（遺言書保管法9条）を行うか否かの判断や

その手続に役立つ情報を提供するものである。

2　内容

(1) 遺言書保管事実証明書の交付請求（本条1項）　　本条1項は、「何人も、遺言書保管官に対し、遺言書保管所における関係遺言書の保管の有無並びに当該関係遺言書が保管されている場合には遺言書保管ファイルに記録されている7条2項2号（4条4項1号に係る部分に限る。）及び4号に掲げる事項を証明した書面（12条1項3号において「遺言書保管事実証明書」という。）の交付を請求することができる」と規定している。

　本条1項は、「遺言書保管事実証明書」を、「遺言書保管ファイルに記録されている7条2項2号（4条4項1号に係る部分に限る。）及び4号に掲げる事項を証明した書面」として定義している。遺言書保管法7条2項2号は遺言書保管ファイルの記録事項として「4条4項1号から3号までに掲げる事項」と規定しているところ、本条1項では「4条4項1号に係る部分に限る」とされており、遺言書保管法4条4項1号は「遺言書に記載されている作成の年月日」と規定している。また、遺言書保管法7条2項4号は、遺言書保管ファイルの記録事項として「遺言書が保管されている遺言書保管所の名称及び保管番号」と規定している。したがって、当該関係遺言書が保管されている場合に遺言書保管事実証明書に記載されるのは、①遺言書に記載されている作成の年月日、および、②遺言書が保管されている遺言書保管所の名称および保管番号である。

　本条1項は「何人も」と規定しているが、ここにいう「関係遺言書」とは、「自己が関係相続人等に該当する遺言書」であるから（遺言書保管法9条2項）、遺言書保管事実証明書に前記①②の情報が記載されるのは、自己が関係相続人等に該当する遺言書に関するものに限られる。全く無関係の者に関する遺言書についてまで、前記①②の情報が入手できるわけではない。

　本条1項に基づいて遺言書保管事実証明書の交付を請求できる時期は、遺言書情報証明書（遺言書保管法9条）と同様に、相続開始後に限られるものと思われる（法制審要綱第3の2(4)参照）。その理由は、「遺言者のプライバシーを保護する必要性がある（遺言の存在を他者に知らせるか否かは遺言者自身の意思に委ねられるべきである）ことと、現行法上、遺言は遺言者の死亡の時からその効力が生ずるもので、かつ、遺言者においていつでも撤回することができるとされている（民法985条1項）ため、相続開始前に遺言者以外の者（推定相続人等）にその存否を把握させる必要性は認められないこと」にある（部会資料17・18

（2） 遺言書保管事実証明書の交付請求の対象となる遺言書保管所（本条2項）

本条2項は、「前条2項及び4項の規定は、前項の請求について準用する」と規定している。

遺言書保管法9条2項は、遺言書情報証明書の交付請求の対象となる遺言書保管所について、「自己が関係相続人等に該当する遺言書を現に保管する遺言書保管所以外の遺言書保管所の遺言書保管官に対してもすることができる」と規定している。これが準用されることによって、遺言書保管事実証明書の交付についても、遺言書原本を保管していない遺言書保管所に対しても請求できることになる。

遺言書保管法9条4項は、遺言書情報証明書の請求書および添付書類について、「法務省令で定めるところにより、その旨を記載した請求書に法務省令で定める書類を添付して、遺言書保管官に提出しなければならない」と規定している。これが準用されることによって、遺言書保管事実証明書の交付請求（本条1項）が適法なものであるかについて、遺言書保管官は、まずは、提出された請求書および添付書類を確認することになる。

3　実務への影響

遺言書保管事実証明書の交付等については、本条の要件を満たす必要があるから、法務省令を含め、正確に理解する必要がある。

（遺言書の検認の適用除外）
第11条
民法第1004条第1項の規定は、遺言書保管所に保管されている遺言書については、適用しない。

◆解説

1　趣旨

本条は、遺言書保管所において保管されていた遺言書については検認を要しないものとしている。その理由は、①遺言書保管法は、自筆証書遺言の保管について、遺言書保管官において遺言書の方式を一定程度審査した上で保管することとしていること（遺言書保管法4条）、および、②関係相続人等から遺言情

報証明書の交付請求等があった場合には、他の相続人等に対しても遺言書の保管事実を通知するものとして、相続人等が遺言書の存在を知る機会を確保していること（遺言書保管法9条5項）にある（部会資料17・19頁）。

　公正証書遺言との比較等については、「民法1004条1項でございますが、遺言書の保管者や遺言書を発見した相続人に、遺言書を家庭裁判所に提出して検認を請求すること、これは義務付けているところでございます。その趣旨は……検認時におきまして、遺言書の状態の確認、その証拠の保全ということにあるわけでございます。公正証書遺言につきましては、これを公証人が作成、保管をするということの制度でございますので、一般に偽造、変造等のおそれがなく、保存が確実であるため検認の対象から除かれていると、こうした制度になっているところでございます。そこで、今回の制度につきましては、遺言書保管所に保管されることとなる遺言書につきましても、遺言書保管官が厳重にこれを保管することから、保管開始以降、偽造、変造等のおそれがなく保存が確実であるため、公正証書遺言と同様の扱いとし、検認を不要とすることとしたところでございます」と説明された（上川法務大臣：参議院会議録19号8頁）。

2　内容

　本条は、「民法1004条1項の規定は、遺言書保管所に保管されている遺言書については、適用しない」と規定している。

　民法1004条1項は、「遺言書の保管者は、相続の開始を知った後、遅滞なく、これを家庭裁判所に提出して、その検認を請求しなければならない。遺言書の保管者がない場合において、相続人が遺言書を発見した後も、同様とする。」と規定しているから、本条は、遺言書保管所において保管されていた自筆証書遺言については、検認の手続を不要とするものである。なお、民法1004条2項は、「前項の規定は、公正証書による遺言については、適用しない」と規定しており、公正証書遺言について検認の手続は不要とされている。

3　実務への影響

　遺言書保管所において保管されていた場合には、自筆証書遺言であっても（公正証書遺言と同様に）検認を要しないことは、理解しておく必要がある。

> （手数料）
> 第12条
> 1 次の各号に掲げる者は、物価の状況のほか、当該各号に定める事務に要する実費を考慮して政令で定める額の手数料を納めなければならない。
> (1) 遺言書の保管の申請をする者　遺言書の保管及び遺言書に係る情報の管理に関する事務
> (2) 遺言書の閲覧を請求する者　遺言書の閲覧及びそのための体制の整備に関する事務
> (3) 遺言書情報証明書又は遺言書保管事実証明書の交付を請求する者　遺言書情報証明書又は遺言書保管事実証明書の交付及びそのための体制の整備に関する事務
> 2 前項の手数料の納付は、収入印紙をもってしなければならない。

◆解説

1　趣旨

本条は、遺言書保管所を利用する場合の手数料等について定めている。

2　内容

(1) 政令で定める手数料　本条1項は、「次の各号に掲げる者は、物価の状況のほか、当該各号に定める事務に要する実費を考慮して政令で定める額の手数料を納めなければならない」と規定している。これは、遺言書保管所を利用する場合の手数料について、その場面に応じた考慮要素を定めた上で、政令に委任したものである。

(a) 遺言書の保管の申請をする者　本条1項1号は、「遺言書の保管の申請をする者」（遺言書保管法4条1項参照）の納めるべき手数料の際に考慮される実費の対象について、「遺言書の保管及び遺言書に係る情報の管理に関する事務」と規定している。

(b) 遺言書の閲覧を請求する者　本条1項2号は、「遺言書の閲覧を請求する者」（遺言書保管法9条3項参照）の納めるべき手数料の際に考慮される実費の対象について、「遺言書の閲覧及びそのための体制の整備に関する事務」と規定している。

(c) 遺言書情報証明書または遺言書保管事実証明書の交付を請求する者

本条1項3号は、「遺言書情報証明書又は遺言書保管事実証明書の交付を請求する者」（遺言書保管法9条1項柱書、10条参照）の納めるべき手数料の際に考慮される実費の対象について、「遺言書情報証明書又は遺言書保管事実証明書の交付及びそのための体制の整備に関する事務」と規定している。

(2) 手数料の納付方法　本条2項は、「前項の手数料の納付は、収入印紙をもってしなければならない」と規定している。

3　実務への影響

遺言書保管所を利用するためには本条に基づく手数料を納付する必要があるから、政令を含め、正確に理解する必要がある。

> **（行政手続法の適用除外）**
> **第13条**
> **遺言書保管官の処分については、行政手続法（平成5年法律88号）第2章の規定は、適用しない。**

◆解説

1　趣旨

遺言書保管官の処分について、行政手続法第2章（申請に対する処分）の適用を除外するものである。

2　内容

本条は、「遺言書保管官の処分については、行政手続法（平成5年法律88号）第2章の規定は、適用しない」と規定している。

行政手続法は、「処分、行政指導及び届出に関する手続並びに命令等を定める手続に関し、共通する事項を定めることによって、行政運営における公正の確保と透明性（行政上の意思決定について、その内容及び過程が国民にとって明らかであることをいう。46条において同じ。）の向上を図り、もって国民の権利利益の保護に資することを目的とする」（行政手続法1条2項）。

そして、行政手続法第2章は申請に対する処分について定めており、そこには、5条（審査基準）、6条（標準処理期間）、7条（申請に対する審査、応答）、8条（理由の提示）、9条（情報の提供）、10条（公聴会の開催等）、11条（複数の行政庁が関与する処分）の規定がある。

遺言書保管官が行う処分は、自筆証書遺言の保管等に関する特殊なものに限られているため、行政手続法第２章の規定を適用することは適切でない。

なお、遺言書保管官の処分に不服がある場合等の審査請求については、遺言書保管法16条および17条に規定されている。

3 実務への影響

適用除外についても理解しておく必要はある。

（行政機関の保有する情報の公開に関する法律の適用除外）
第14条
遺言書保管所に保管されている遺言書及び遺言書保管ファイルについては、行政機関の保有する情報の公開に関する法律（平成11年法律42号）の規定は、適用しない。

◆解説

1 趣旨

遺言書保管所に保管されている遺言書および遺言書保管ファイルについて、行政機関の保有する情報の公開に関する法律（以下、「情報公開法」）の適用を除外するものである。

2 内容

本条は、「遺言書保管所に保管されている遺言書及び遺言書保管ファイルについては、行政機関の保有する情報の公開に関する法律（平成11年法律42号）の規定は、適用しない」と規定している。

情報公開法は、「国民主権の理念にのっとり、行政文書の開示を請求する権利につき定めること等により、行政機関の保有する情報の一層の公開を図り、もって政府の有するその諸活動を国民に説明する責務が全うされるようにするとともに、国民の的確な理解と批判の下にある公正で民主的な行政の推進に資することを目的とする」としている（１条）。

遺言書保管所に保管されている遺言書および遺言書保管ファイルの内容は、遺言者および関係相続人等にのみ関係するものであるから、情報公開法の規定を適用することは適切でない。

3　実務への影響

適用除外についても理解しておく必要はある。

> （行政機関の保有する個人情報の保護に関する法律の適用除外）
> 第15条
> 遺言書保管所に保管されている遺言書及び遺言書保管ファイルに記録されている保有個人情報（行政機関の保有する個人情報の保護に関する法律（平成15年法律58号）第2条第5項に規定する保有個人情報をいう。）については、同法第4章の規定は、適用しない。

◆解説

1　趣旨

遺言書保管所に保管されている遺言書および遺言書保管ファイルに記録されている保有個人情報について、行政機関の保有する個人情報の保護に関する法律（以下、「行政機関個人情報保護法」）第4章の規定の適用を除外するものである。

2　内容

本条は、「遺言書保管所に保管されている遺言書及び遺言書保管ファイルに記録されている保有個人情報（行政機関の保有する個人情報の保護に関する法律（平成15年法律58号）2条5項に規定する保有個人情報をいう。）については、同法第4章の規定は、適用しない」と規定している。

行政機関個人情報保護法は、「行政機関において個人情報の利用が拡大していることに鑑み、行政機関における個人情報の取扱いに関する基本的事項及び行政機関非識別加工情報（行政機関非識別加工情報ファイルを構成するものに限る。）の提供に関する事項を定めることにより、行政の適正かつ円滑な運営を図り、並びに個人情報の適正かつ効果的な活用が新たな産業の創出並びに活力ある経済社会及び豊かな国民生活の実現に資するものであることその他の個人情報の有用性に配慮しつつ、個人の権利利益を保護することを目的とする」としている（1条）。

また、行政機関の保有する個人情報の保護に関する法律第4章第1節には開示に関する規定が、2節には訂正に関する規定が、第3節には利用停止に関する規定がおかれている。

遺言書保管所に保管されている遺言書および遺言書保管ファイルの内容は、遺言者および関係相続人等にのみ関係するものであり、制度上、開示等の手続に特殊な配慮がされているから、行政機関の保有する個人情報の保護に関する法律第4章の規定を適用することは適切でない。

3　実務への影響

　適用除外についても理解しておく必要はある。

（審査請求）
第16条
1　遺言書保管官の処分に不服がある者又は遺言書保管官の不作為に係る処分を申請した者は、監督法務局又は地方法務局の長に審査請求をすることができる。
2　審査請求をするには、遺言書保管官に審査請求書を提出しなければならない。
3　遺言書保管官は、処分についての審査請求を理由があると認め、又は審査請求に係る不作為に係る処分をすべきものと認めるときは、相当の処分をしなければならない。
4　遺言書保管官は、前項に規定する場合を除き、3日以内に、意見を付して事件を監督法務局又は地方法務局の長に送付しなければならない。この場合において、監督法務局又は地方法務局の長は、当該意見を行政不服審査法（平成26年法律68号）第11条第2項に規定する審理員に送付するものとする。
5　法務局又は地方法務局の長は、処分についての審査請求を理由があると認め、又は審査請求に係る不作為に係る処分をすべきものと認めるときは、遺言書保管官に相当の処分を命じ、その旨を審査請求人のほか利害関係人に通知しなければならない。
6　法務局又は地方法務局の長は、審査請求に係る不作為に係る処分についての申請を却下すべきものと認めるときは、遺言書保管官に当該申請を却下する処分を命じなければならない。
7　第1項の審査請求に関する行政不服審査法の規定の適用については、同法第29条第5項中「処分庁等」とあるのは「審査庁」と、「弁明書の提出」とあるのは「法務局における遺言書の保管等に関する法律（平成

> 30年法律73号）第16条第4項に規定する意見の送付」と、同法第30条第1項中「弁明書」とあるのは「法務局における遺言書の保管等に関する法律第16条第4項の意見」とする。

◆解説
1　趣旨
遺言書保管官の処分に不服がある者等の審査請求について定めている。

2　内容
（1）　監督法務局長等への審査請求（本条1項）　　本条1項は、「遺言書保管官の処分に不服がある者又は遺言書保管官の不作為に係る処分を申請した者は、監督法務局又は地方法務局の長に審査請求をすることができる」と規定している。

審査請求する権利を認めたものである。

（2）　提出書類（本条2項）　　本条2項は、審査請求をするには、遺言書保管官に審査請求書を提出しなければならない」と規定している。

審査請求をする者の手続について定めたものである。

（3）　遺言書保管官による相当の処分（本条3項）　　本条3項は、「遺言書保管官は、処分についての審査請求を理由があると認め、又は審査請求に係る不作為に係る処分をすべきものと認めるときは、相当の処分をしなければならない」と規定している。

遺言書保管官が「処分についての審査請求を理由があると認め」るたとき、および、「審査請求に係る不作為に係る処分をすべきものと認めるとき」について、速やかに「相当の処分」をすべきことを定めている。

（4）　監督法務局長等への送付（本条4項）　　本条4項は、「遺言書保管官は、前項に規定する場合を除き、3日以内に、意見を付して事件を監督法務局又は地方法務局の長に送付しなければならない。この場合において、監督法務局又は地方法務局の長は、当該意見を行政不服審査法（平成26年法律68号）11条2項に規定する審理員に送付するものとする」と規定している。

遺言書保管官が「処分についての審査請求を理由がある」と認めないとき、または、「審査請求に係る不作為に係る処分をすべきもの」と認めないときについて、監督法務局長等への送付等を定めている。

「行政不服審査法11条2項に規定する審理員」とは、同項が参照する同法9条1項において「審査請求がされた行政庁……は、審査庁に所属する職員……のうちから第3節に規定する審理手続……を行う者を指名する」と規定されたところの「審理手続を行う者」である。本条は、この審理員に対して、監督法務局長等が遺言書保管官の意見を送付することも定めている。

(5) **監督法務局長等による相当の処分の命令等（本条5項）**　本条5項は、「法務局又は地方法務局の長は、処分についての審査請求を理由があると認め、又は審査請求に係る不作為に係る処分をすべきものと認めるときは、遺言書保管官に相当の処分を命じ、その旨を審査請求人のほか利害関係人に通知しなければならない」と規定している。

これは、監督法務局長等が「処分についての審査請求を理由があると認め、又は審査請求に係る不作為に係る処分をすべきものと認めるとき」の規律である。ここでは「遺言書保管官に相当の処分を命じ、その旨を審査請求人のほか利害関係人に通知しなければならない」とされており、「相当の処分」をする主体は、遺言書保管官である。

(6) **監督法務局長等による却下する処分の命令（本条6項）**　本条6項は、「法務局又は地方法務局の長は、審査請求に係る不作為に係る処分についての申請を却下すべきものと認めるときは、遺言書保管官に当該申請を却下する処分を命じなければならない」と規定している。

これは、監督法務局長等が「審査請求に係る不作為に係る処分についての申請を却下すべきものと認めるとき」の規律である。ここでは「遺言書保管官に当該申請を却下する処分を命じなければならない」とされており、「却下する処分」をする主体は、遺言書保管官である。

(7) **行政不服審査法の読替え（本条7項）**　本条7項は、「1項の審査請求に関する行政不服審査法の規定の適用については、同法29条5項中『処分庁等』とあるのは『審査庁』と、『弁明書の提出』とあるのは『法務局における遺言書の保管等に関する法律（平成30年法律73号）16条4項に規定する意見の送付』と、同法30条1項中『弁明書』とあるのは『法務局における遺言書の保管等に関する法律16条4項の意見』とする」と規定している。

行政不服審査法29条（弁明書の提出）5項を本条により読み替えると、「審理員は、審査庁から法務局における遺言書の保管等に関する法律（平成30年法律73号）1条4項に規定する意見の送付があったときは、これを審査請求人及び

参加人に送付しなければならない」という内容になる。

行政不服審査法30条（反論書等の提出）1項を本条により読み替えると、「審査請求人は、前条5項の規定により送付された法務局における遺言書の保管等に関する法律16条4項の意見に記載された事項に対する反論を記載した書面（以下「反論書」という。）を提出することができる。この場合において、審理員が、反論書を提出すべき相当の期間を定めたときは、その期間内にこれを提出しなければならない」という内容になる。

3　実務への影響
遺言書保管官の処分に不服がある場合について審査請求が認められていることを理解しておく必要はある。

（行政不服審査法の適用除外）
第17条
行政不服審査法第13条、第15条第6項、第18条、第21条、第25条第2項から第7項まで、第29条第1項から第4項まで、第31条、第37条、第45条第3項、第46条、第47条、第49条第3項（審査請求に係る不作為が違法又は不当である旨の宣言に係る部分を除く。）から第5項まで及び第52条の規定は、前条第1項の審査請求については、適用しない。

◆解説
1　趣旨
遺言書保管法16条1項の審査請求については、原則として審査請求に関する一般法である行政不服審査法が適用されることになるが、本条は、行政不服審査法の一部の規定の適用を除外することを定めている。

2　内容
本条により適用が除外される規定は、以下のものである。
　　◇行政不服審査法13条（参加人）
　　◇行政不服審査法15条（審理手続の承継）6項
　　◇行政不服審査法18条（審査請求期間）
　　◇行政不服審査法21条（処分庁等を経由する審査請求）
　　◇行政不服審査法25条（執行停止）2項から7項まで

◇行政不服審査法29条（弁明書の提出）1項から4項まで
◇行政不服審査法31条（口頭意見陳述）
◇行政不服審査法37条（審理手続の計画的遂行）
◇行政不服審査法45条（処分についての審査請求の却下又は棄却）3項
◇行政不服審査法46条（処分についての審査請求の認容）
◇行政不服審査法47条（同上）
◇行政不服審査法49条（不作為についての審査請求の裁決）3項から5項
　（ただし、3項のうち審査請求に係る不作為が違法又は不当である旨の宣言に係る部分を除く）
◇行政不服審査法52条（裁決の拘束力）

3　実務への影響
適用除外についても理解しておく必要はある。

（政令への委任）
第18条
この法律に定めるもののほか、遺言書保管所における遺言書の保管及び情報の管理に関し必要な事項は、政令で定める。

◆解説
1　趣旨
必要な事項について政令に委任している。

2　内容
遺言書保管所における遺言書の保管および情報の管理に関し必要な事項について、この法律の規定では足りない場合に備えて、政令に委任する規定である。

3　実務への影響
政令が制定される可能性についても注意が必要である。

第10　附則（法務局における遺言書の保管等に関する法律）

> 附則（法務局における遺言書の保管等に関する法律）
> この法律は、公布の日から起算して2年を超えない範囲内において政令で定める日から施行する。

◆解説

1　趣旨

法務局における遺言書の保管等に関する法律（以下、「遺言書保管法」）の施行日について「2年」という上限を定めて政令に委任している。

2　内容

法令の「公布」とは、成立した法令を一般に周知させる目的で、一定の方式により一般の国民が知ることのできる状態に置くことをいう（ワークブック34頁）。遺言書保管法は、民法及び家事事件手続法の一部を改正する法律とともに、平成30（2018）年7月13日に公布された。

法令の「施行」とは、法令の規定の効力が一般的、現実的に発動し、作用することになることをいう（ワークブック34頁）。

本条は、遺言書保管法の施行日について、「公布の日から起算して2年を超えない範囲内において政令で定める日」と規定している。これは、自筆証書遺言を法務局で保管するための体制整備等に時間を要すること、および、その周知にも時間を要することを考慮し、2年程度の期間が必要という理由による。この規定を受けて、施行日は、公布の日から2年を超えない範囲内である平成32（令和2〔2020〕）年7月10日と指定された（平成30年政令317号）。

なお、民法等改正法と異なり、遺言書保管法については例外的な施行日がない。これは、新たに制定する法令であり、既存の制度との調整が必要ないためである。

3　実務への影響

施行日について理解する必要がある。

法令の「適用」とは、法令の規定が、個別的、具体的に特定の人、特定の地

域、特定の事項について、現実に発動し、作用することをいう（ワークブック37頁）。施行が一般的観念であるのに対し、適用は、個別具体的である。適用の時期についても附則で定めるのが通例であり、これを経過規定という。しかし、遺言書保管法の附則には、経過規定がない。したがって、法令は施行日から適用されるという原則に従い、この法律の規定はすべて、施行日である令和2年7月10日から適用されることになる。

事項索引

い

違憲判決 …………………………………… 3
遺言 ………………………… 5, 16, 23, 173
　——の撤回 ………………… 91, 263, 302
　「相続させる」趣旨の—— ……………… 174
遺言執行者 ……… 72, 73, 86, 88, 261, 298, 328
遺言者による閲覧 ………………………… 315
遺言者本人の出頭 ………………………… 311
遺言書情報証明書 ………………………… 321
遺言書の画像情報 ………………………… 317
遺言書の保管の申請 ……………………… 307
　——の撤回 ……………………………… 319
遺言書保管官 ……………………………… 306
遺言書保管事実証明書 …………………… 334
遺言書保管所 ……………………………… 305
遺言書保管ファイル ……………………… 317
遺言書保管法→法務局における遺言書の保管等に
　関する法律
遺産に属する財産の処分 ………………… 39
遺産分割 ………………………… 17, 100, 138
遺産分割方法の指定 ……………………… 8, 35
意思表示の推定 …………………………… 36
　特別受益の持戻し免除の—— ………… 104
　持戻し免除の—— ……………………… 33
遺贈 ………………… 8, 35, 37, 74, 101, 190
　居住用不動産の—— …………………… 255
遺贈義務者 ………………………………… 69
　——の引渡義務 ………………………… 259
遺贈等 ……………………………………… 140
一部分割 …………………………………… 48
遺留分 …………………………… 162, 296
遺留分侵害額 ……………………………… 171
　——の計算 ……………………………… 177
遺留分侵害額請求権 ……………………… 201

か

加害の認識 ………………………………… 167
確定日付 …………………………………… 13
仮想通貨 …………………………………… 56
家族 ………………………………………… 3, 5

可分債権 …………………………………… 56
管轄 ………………………………… 236, 309
管轄権 ……………………………………… 250
関係遺言書 ………………………………… 323
関係相続人等 ……………………………… 321

き

期間の制限 ………………………………… 201
求償権 ……………………………………… 193
給付命令 …………………………………… 238
行政機関の保有する個人情報の保護に関する法律
　（行政機関個人情報保護法）…………… 341
行政機関の保有する情報の公開に関する法律
　（情報公開法）…………………………… 340
行政手続法 ………………………………… 339
行政不服審査法 …………………………… 345
共同相続人全員 …………………………… 41
共有 ………………………………………… 98
共有持分 ………………………………… 104, 156
居住 ………………………………………… 99
居住建物 …………………………………… 94
　——の一部 ……………………………… 142
　——の修繕等 …………………………… 122
　——の全部 ……………………………… 102
　——の費用の負担 ……………………… 124
　——の返還義務 ………………………… 127
　——の返還等 ………………………… 126, 155
居住建物取得者 …………………………… 142
居住用不動産 ……………………………… 34
　——の遺贈 ……………………………… 255
　——の贈与 ……………………………… 255
寄与分制度 ………………………………… 4
金銭債権化 ……………… 1, 7, 60, 164, 172, 175
金融機関 …………………………………… 53

け

経過措置 …………………………………… 251
欠格 ………………………………… 145, 214
減殺 …………………………… 175, 201, 296
原則施行日 ………………………… 247, 252
限度額 ……………………………… 52, 218

検認	336
権利行使期間	130, 158, 217
権利の承継	10, 253, 272, 279, 294
──の対抗要件	8

こ

合意	110
公正証書遺言	300
公布	247, 347
高齢	94
高齢化社会	3, 94
高齢者	30

さ

債権の譲渡	13
債権法改正	249, 297
財産評価額	105
債務消滅行為	192
債務の承継	24
錯誤	91
作成	67
参考人	4

し

死因贈与	37
施行	248, 347
自己責任の原則	88
事実婚（内縁）	97, 222
自書	61, 63
自筆証書遺言	1, 5, 61, 249, 258, 300
死亡	130, 158
事務管理	208
諮問	3
借地権	98, 137
受遺者	174, 188, 325
──の負担額	186
終身	130
──の原則	112
修繕権	159
所有者の──	123
配偶者の──	123
従前の用法	117
──に従う義務	151
受益相続人	16
受贈者	174, 188

──の負担額	186
準委任契約	207
使用および収益	103, 117
第三者による──	120
使用する権利	143
承諾	13
譲渡禁止	118, 159
情報公開法→行政機関の保有する情報の公開に関する法律	
消滅時効の完成猶予	131, 158
消滅請求権	121, 152
消滅の申入れ	149
処分	45
署名押印	64
所有権	95
審査請求	343
親族	205, 212
審判	109

せ

生前贈与	31
性的マイノリティ	5
政令	299, 346
善管注意義務	117, 152
占有補助者	135

そ

増改築	120
相続債権者	75
相続債務	24
「相続させる」趣旨の遺言	174
相続登記	303
相続人	214, 325
──に対する贈与	165
──の債権者	75
相続人以外の者	205
相続人全員	18
相続の放棄をした者	214
相続分の指定	8, 24
相当の期限	186
──の許与	194
贈与	35, 165, 190
居住用不動産の──	255
贈与税の特例	31
即時抗告	239

即時取得 …………………………………… 19

た

対抗要件 ………………………… 12, 272, 279, 294
　権利の承継の―― …………………………… 8
第三者 …………………………………………… 99
　――による使用・収益 ……………… 120, 152
代物弁済 ……………………………………… 196
代理人 ………………………………………… 86
短期居住権 …………………………………… 135

ち

嫡出でない子 ………………………………… 3
中間試案 ………………………………… 4, 196
長期居住権 …………………………………… 94
賃借権 …………………………………… 96, 114
賃借物件 ……………………………………… 107

つ

追加試案 ………………………………… 4, 196
追完請求権 …………………………………… 70
通常の必要費 ……………………………… 125, 160
通常の必要費以外の費用 …………………… 125
通知 ………………………… 13, 16, 72, 160, 332

て

適用 ……………………………………… 251, 348
手数料 ………………………………………… 338
撤回された遺言 ………………………… 91, 263
転貸 …………………………………………… 131

と

同意 ……………………………………… 42, 45
登記 …………………………………………… 12
登記請求権 ……………………………………… 113
同時受贈者間 ………………………………… 188
同性カップル ………………………………… 222
特定遺贈 ………………………………… 60, 74
特定財産承継遺言 ……………………… 79, 174
特別縁故者制度 ……………………………… 207
特別寄与者 …………………………………… 211
特別寄与料 …………………………………… 216
特別受益 ……………………………………… 167
　――の持戻し免除の意思表示の推定 …… 104
特別受益者 …………………………………… 29

特別の寄与 ……………… 5, 205, 211, 236, 238, 239, 240
特別の必要費 …………………………… 126, 161

な

内縁（事実婚） ………………………… 97, 221
「なお従前の例による」 …………………… 252

は

配偶者 ………………………… 30, 94, 96, 117, 136
　――の修繕権 ……………………………… 123
　――の使用 ………………………………… 151
　――の通知義務 …………………………… 123
配偶者居住権 ……………… 1, 5, 37, 94, 109, 145, 250,
　　　　　　　　　　　264, 269, 270, 274, 282, 292
　――の消滅 ………………………………… 153
　――の存続期間 …………………… 111, 129
　――の登記等 ……………………………… 113
　――の評価方法 …………………………… 105
配偶者短期居住権 …………………………… 134
廃除 ……………………………………… 145, 214
破産 …………………………………………… 195

ひ

引渡義務 ……………………………………… 69
　遺贈義務者の―― ………………………… 259
引渡し ………………………………………… 13
被相続人の財産に属した建物 ……………… 137
非復活主義 ……………………………………… 91
秘密証書遺言 …………………………………… 68

ふ

複数の異時受贈者間 ………………………… 189
複数の受遺者間 ……………………………… 188
復任権 …………………………………… 88, 298
不相当な対価をもってした有償行為 ……… 169
附則 ……………………………………………… 2, 3
附則（法務局における遺言書の保管に関する
　　法律） …………………………………… 347
附則（民法等改正法） ……………………… 247
附属物等 ……………………………………… 156
附属物の収去等 ……………………………… 127
負担付贈与 …………………………………… 169
負担割合 ……………………………………… 219
復活主義 ……………………………………… 91
物権的効力 …………………………………… 172

不当利得返還請求 …………………… 209

へ

平均寿命 ……………………………………… 4
変更 ………………………………………… 67
弁済 ……………………………………… 195

ほ

妨害 ………………………………… 75, 115, 146
包括遺贈 …………………………………… 60, 74
包括承継 …………………………………………… 8
放棄 ……………………………………… 130
方式の緩和 …………………………………… 61
法定相続分 …………………………………… 4, 11
法務局 …………………………………… 302
法務局における遺言書の保管等に関する法律
　（遺言書保管法） ……………………… 300
法務省令 ………………………………… 308
保管場所 ………………………………… 314
保全処分 ………………………………… 240
本案係属要件 …………………………… 234
本則 ………………………………………… 2
本人確認 ………………………………… 312

む

無償 …………………………… 103, 143, 210

無封 ……………………………………… 308

め

滅失 ……………………………… 132, 159
免責的債務引受 ………………………… 195

も

目録 ……………………………………… 63
持戻し免除の意思表示の推定 …………… 33
　特別受益の―― ………………………… 104

や

やむを得ない事由 ……………………… 89

ゆ

有益費 …………………………… 126, 160

よ

預貯金口座 ……………………………… 52
預貯金債権 ……… 1, 40, 51, 55, 79, 232, 256, 267

れ

「例による」 …………………………… 252

ろ

労務の提供 …………………………… 210

判例索引

昭和元～20年
大決 昭2・9・17 民集6-501 ……………… 90
大判 昭5・6・16 民集9-550 ……………… 78

昭和21～30年
最判 昭29・4・8 民集8-4-819 ……………… 57
最判 昭30・5・10 民集9-6-657 ……………… 75

昭和31～40年
最判 昭38・2・22 民集17-1-235 ……………… 19
最判 昭39・3・6 民集18-3-437 ……………… 20

昭和41～50年
最判 昭41・5・19 民集20-5-947 ……………… 128
最判 昭41・7・14 民集20-6-1183 ……………… 203
最判 昭42・1・20 民集21-1-16 ……………… 20
最判 昭43・5・31 民集22-5-1137 ……………… 75
最判 昭45・7・24 民集24-7-1177 ……………… 184
最判 昭45・12・4 民集24-13-1987 ……………… 22
最判 昭46・1・26 民集25-1-90 ……………… 21
最判 昭46・11・16 民集25-8-1182 ……………… 21
東京家審 昭47・7・28 判時676-55 ……………… 199

昭和51～60年
最判 昭51・8・30 民集30-7-768 ……………… 181
東京家審 昭52・1・28 家月29-12-62 ……………… 108
高松高決 昭53・9・6 家月31-4-83 ……………… 199
最判 昭54・2・22 判時923-77 ……………… 46
最判 昭57・11・12 民集36-11-2193 ……………… 203

昭和61～63年
最判 昭62・4・23 民集41-3-474 ……………… 78
最判 昭62・4・24 判時1243-24 ……………… 23

平成元～10年
東京高決 平元・12・28 家月42-8-45 ……………… 226
大阪高判 平2・2・28 判時1372-83 ……………… 93
最判 平3・4・19 民集45-4-477 ……………… 183
神戸家豊岡支審 平4・12・28 家月46-7-57 ……………… 226
最判 平5・7・19 判時1525-61 ……………… 19

横浜家審 平6・7・27 家月47-8-72 ……………… 225
最判 平7・1・24 判時1523-81 ……………… 22
最判 平8・1・26 民集50-1-132 ……………… 181
東京高決 平8・8・26 家月49-4-52 ……………… 38
最判 平8・11・26 民集50-10-2747 ……………… 184
最判 平8・12・17 民集50-10-2778 ……………… 150
東京高判 平9・12・15 判タ987-227 ……………… 304
最判 平10・2・26 民集52-1-274 ……………… 200
最判 平10・3・24 民集52-2-433 ……………… 168

平成11～20年
最判 平11・12・16 民集53-9-1989 ……………… 85
東京高判 平12・3・8 判時1753-57 ……………… 198
東京家審 平12・3・8 家月52-8-35 ……………… 223
東京高判 平12・10・26 判タ1094-242 ……………… 304
福岡高那覇支判 平13・4・26 判時1764-76
 ……………… 46
最判 平14・6・10 判時1791-59 ……………… 20
大阪高判 平14・6・21 判時1812-101 ……………… 200
最判 平16・4・20 判時1859-61 ……………… 57

平成21年～
最判 平21・3・24 民集63-3-427 ……………… 28, 185
東京高決 平22・9・13 家月63-6-82 ……… 108, 223
最判 平23・3・1 判時2114-52 ……………… 200
最決 平24・1・26 判時2148-61 ……………… 182
最大決 平28・12・19 民集70-8-2121
 ……………… 57

条文索引

民法

885条	7
899条の2	8
902条	23
902条の2	24
903条	29
906条の2	39
907条	47
909条の2	51
964条	60
968条	61
970条	68
982条	69
998条	69
1000条	69
1007条	72
1012条	73
1013条	75
1014条	79
1015条	86
1016条	88
1025条	91
1028条	94
1029条	109
1030条	111
1031条	113
1032条	117
1033条	122
1034条	124
1035条	126
1036条	129
1037条	134
1038条	151
1039条	153
1040条	155
1041条	157
1042条	162
1043条	164
1044条	165
1045条	169
1046条	171
1047条	186
1048条	201
1049条	203
1050条	205

改正前民法

885条	7
902条	23
903条	30
907条	47
964条	60
968条	61
970条	68
982条	69
998条	70
1000条	70
1007条	72
1012条	73
1013条	76
1014条	79
1015条	86
1016条	88
1025条	91
1028条	162
1029条	164
1030条	165
1031条	171
1032条	164, 171
1033条	186
1034条	187
1035条	187
1036条	171
1037条	187
1038条	169
1039条	169
1040条	172
1041条	172
1042条	201
1043条	204
1044条	162

債権法改正前民法
1012条2項 ·· 73
1016条 ·· 88

附則（民法等改正）
1条 ·· 247
2条 ·· 251
3条 ·· 253
4条 ·· 255
5条 ·· 256
6条 ·· 258
7条 ·· 259
8条 ·· 261
9条 ·· 263
10条 ·· 264
11条 ·· 266
12条 ·· 268
13条 ·· 269
14条 ·· 270
15条 ·· 271
16条 ·· 272
17条 ·· 273
18条 ·· 274
19条 ·· 279
20条 ·· 279
21条 ·· 280
22条 ·· 281
23条 ·· 282
24条 ·· 287
25条 ·· 291
26条 ·· 292
27条 ·· 294
28条 ·· 295
29条 ·· 295
30条 ·· 297
31条 ·· 299

法務局における遺言書の保管等に関する法律（遺言書保管法）
1条 ·· 300
2条 ·· 305
3条 ·· 306
4条 ·· 307
5条 ·· 312
6条 ·· 314

7条 ·· 317
8条 ·· 319
9条 ·· 321
10条 ·· 334
11条 ·· 336
12条 ·· 338
13条 ·· 339
14条 ·· 340
15条 ·· 341
16条 ·· 342
17条 ·· 345
18条 ·· 346

家事事件手続法
別表第1 ·· 244
別表第2 ·· 245
3条の11 ·· 228
3条の14 ·· 230
200条 ··· 231
216条の2 ·· 236
216条の3 ·· 238
216条の4 ·· 239
216条の5 ·· 240
233条 ··· 241
240条 ··· 242

改正前家事事件手続法
別表第1 ·· 244
別表第2 ·· 245
3条の11 ·· 229
3条の14 ·· 230
200条 ··· 232
233条 ··· 242
240条 ··· 243

刑法
115条 ··· 269
120条 ··· 269
262条 ··· 269

著作権法
77条 ·· 279
88条 ·· 279

抵当証券法
- 4条 ………………………………………… 270
- 41条 ………………………………………… 270

都市再開発法
- 2条 ………………………………………… 276
- 73条 ………………………………………… 276
- 77条 ………………………………………… 277
- 102条 ……………………………………… 278
- 103条 ……………………………………… 278

不動産登記法
- 3条 ………………………………………… 293
- 81条の2 …………………………………… 293

マンションの建替え等の円滑化に関する法律（マンション建替え円滑化法）
- 2条 ………………………………………… 288
- 4条 ………………………………………… 289
- 58条 ………………………………………… 289
- 60条 ………………………………………… 289
- 83条 ………………………………………… 290
- 90条 ………………………………………… 291
- 110条 ……………………………………… 291
- 115条 ……………………………………… 291

密集市街地における防災街区の整備の促進に関する法律（密集市街地整備法）
- 2条 ………………………………………… 284
- 205条 ……………………………………… 284
- 209条 ……………………………………… 285
- 246条 ……………………………………… 286
- 247条 ……………………………………… 286

その他
- 公共用地の取得に関する特別措置法38条 …… 273
- 信託法95条の2 ……………………………… 294
- 中小企業における経営の承継の円滑化に関する法律9条 ……………………………………… 296
- 独立行政法人都市再生機構法11条 ………… 292
- 農業協同組合法11条の47 …………………… 272
- 農地中間管理事業の推進に関する法律29条 …… 272
- 半導体集積回路の回路配置に関する法律21条 ……………………………………………… 281

中込 一洋（なかごみ かずひろ）

弁護士：東京弁護士会所属、46期、司綜合法律事務所
昭和40年生まれ
昭和63年3月　法政大学法学部卒業
平成30年9月　最高裁判所家庭規則制定諮問委員会幹事

主要著作
「告知義務違反解除と詐欺・錯誤」『遠藤光男元最高裁判所判事喜寿記念文集』（ぎょうせい・平成19年9月）
「重過失とは何か」『下森定先生傘寿記念論文集 債権法の近未来像』（酒井書店・平成22年12月）
『逆転の交渉術』（幻冬舎・平成25年9月）
『駐車場事故の法律実務』（共著、学陽書房・平成29年4月）
『Q&A ポイント整理改正債権法』（共著、弘文堂・平成29年7月）
『実務解説改正債権法』（共著、弘文堂・平成29年7月）
『債権法改正事例にみる契約ルールの改正ポイント』（共著、新日本法規・平成29年7月）
『Before/After 民法改正』（共編著、弘文堂・平成29年9月）
『Q&A 改正相続法のポイント』（共著、新日本法規・平成30年11月）
『Q&A 改正相続法の実務』（共著、ぎょうせい・平成30年12月）
『ケースでわかる改正相続法』（共著、弘文堂・平成31年3月）

実務解説 改正相続法

2019（令和元）年5月15日　初版1刷発行

著　者	中込　一洋	
発行者	鯉渕　友南	
発行所	株式会社 弘文堂	101-0062 東京都千代田区神田駿河台1の7 TEL 03(3294)4801　振替 00120-6-53909 https://www.koubundou.co.jp
装　丁	笠井亞子	
印　刷	港北出版印刷	
製　本	井上製本所	

Ⓒ 2019 Kazuhiro Nakagomi. Printed in Japan

JCOPY 〈(社)出版者著作権管理機構 委託出版物〉
本書の無断複写は著作権法上での例外を除き禁じられています。複写される場合は、そのつど事前に、(社)出版者著作権管理機構（電話 03-5244-5088、FAX 03-5244-5089、e-mail:info@jcopy.or.jp）の許諾を得てください。
また本書を代行業者等の第三者に依頼してスキャンやデジタル化することは、たとえ個人や家庭内での利用であっても一切認められておりません。

ISBN978-4-335-35789-3

―― 好評発売中 ――

実務解説
改正債権法

日本弁護士連合会=編

改正の経緯・条文の趣旨・実務への影響がこの1冊でわかる。民法改正作業と並走してきた日本弁護士連合会・民法(債権関係)部会バックアップチームの集大成ともいえる待望の逐条解説書。改正債権法のすべてがわかる決定版。　A5判 568頁 本体4000円

【本書の特色】
- 今回の民法改正作業において大きな役割を果たしてきた日弁連・民法(債権関係)部会バックアップチームの手による唯一無二の逐条解説書
- 改正法の条文の後に、新旧対照を容易にするため、改正前民法も掲載
- 「背景」には改正の経緯を、「趣旨」には条文の内容を、「実務への影響」には今後の実務上の注意点を、わかりやすく解説
- 関連する判例・裁判例を「参考判例等」として、ピックアップ
- 今後の改正を見据え「改正から除外された重要論点」についても言及
- 有機的な理解を可能にするクロス・リファランス
- 弁護士、司法書士、行政書士、税理士、公認会計士などの実務家、そして、多くの市民にとって役立つ必携必備の一冊

＊定価(税抜)は、2019年5月現在のものです。

───── 好評発売中 ─────
詳解 相続法

潮見佳男=著

642の具体的なCaseで、最新の相続法の全体像を詳説した信頼の厚い基本書。平成30年改正に完全対応。　A5判　616頁　本体4000円

ケースでわかる改正相続法

東京弁護士会=編

東京弁護士会法制委員会相続法部会メンバーが、事例形式で平成30年成立の相続法改正の要点を解説。　A5判　360頁　本体3600円

Before/After 民法改正

潮見佳男・北居功・高須順一
赫高規・中込一洋・松岡久和　=編著

改正の前後で、どのような違いが生じるのかを、シンプルな設例（Case）をもとに、「旧法での処理はどうだったか」（Before）、「新法での処理はどうなるか」（After）に分け、民法学者・実務家が、見開き2頁でわかりやすく解説。　A5判　504頁　本体3300円

● 近刊 ─────
Before/After 相続法改正

潮見佳男・窪田充見・中込一洋　=編著
増田勝久・水野紀子・山田攝子

＊定価(税抜)は、2019年5月現在のものです。

条解シリーズ

条解民事訴訟法〔第2版〕	兼子一=原著　松浦馨・新堂幸司・竹下守夫・高橋宏志・加藤新太郎・上原敏夫・高田裕成
条解破産法〔第2版〕	伊藤眞・岡正晶・田原睦夫・林道晴・松下淳一・森宏司=著
条解民事再生法〔第3版〕	園尾隆司・小林秀之=編
条解信託法	道垣内弘人=編
条解不動産登記法	七戸克彦=監修　日本司法書士会連合会・日本土地家屋調査士会連合会=編
条解消費者三法　消費者契約法・特定商取引法・割賦販売法	後藤巻則・齋藤雅弘・池本誠司=著
条解弁護士法〔第4版〕	日本弁護士連合会調査室=編著
条解刑事訴訟法〔第4版増補版〕	松尾浩也=監修　松本時夫・土本武司・池田修・酒巻匡=編集代表
条解刑法〔第3版〕	前田雅英=編集代表　松本時夫・池田修・渡邉一弘・大谷直人・河村博=編
条解行政手続法〔第2版〕	髙木光・常岡孝好・須田守=著
条解行政事件訴訟法〔第4版〕	南博方=原編著　高橋滋・市村陽典・山本隆司=編
条解行政不服審査法	小早川光郎・高橋滋=編著
条解国家賠償法	宇賀克也・小幡純子=編著
条解行政情報関連三法　公文書管理法・行政機関情報公開法・行政機関個人情報保護法	高橋滋・斎藤誠・藤井昭夫=編著
条解独占禁止法	村上政博=編集代表　内田晴康・石田英遠・川合弘造・渡邉惠理子=編

弘文堂

＊2019年5月現在